福建方言与文化

李如龙 著

海峡出版发行集团
THE STRAITS PUBLISHING & DISTRIBUTING GROUP
福建人民出版社

图书在版编目（CIP）数据

福建方言与文化/李如龙著．--福州：福建人民出版社，2022.3（2023.6 重印）

ISBN 978-7-211-08811-9

Ⅰ.①福... Ⅱ.①李... Ⅲ.①闽语—方言词典—福建②地方文化—文化研究—福建 Ⅳ.①H177②G127.57

中国版本图书馆 CIP 数据核字（2022）第 004633 号

福建方言与文化

FUJIAN FANGYAN YU WENHUA

作　　者：李如龙
责任编辑：陈稚瑶
出版发行：福建人民出版社　　**电　　话：**0591—87533169(发行部)
网　　址：http://www.fjpph.com　　**电子邮箱：**fjpph7211@126.com
地　　址：福州市东水路 76 号　　**邮政编码：**350001
印　　刷：福州德安彩色印刷有限公司
地　　址：福州市仓山区浦上工业区 B 区 42 栋
开　　本：700 毫米×1000 毫米　1/16
印　　张：24
字　　数：364 千字
版　　次：2022 年 3 月第 1 版
印　　次：2023 年 6 月第 2 次印刷
书　　号：ISBN 978-7-211-08811-9
定　　价：78.00 元

序

李如龙老师是福建方言研究的大师级人物。60年前，我是厦门大学中文系的学生，李老师给我们上现代汉语课。他讲课生动有趣，听课简直就是个享受。他还会讲多种方言，令我佩服得五体投地，是我大学老师中最为崇拜的一位。40年前，我回到福建，和他成为同道，并在福建师范大学共事，来往密切起来，不但经常听他的学术讲座，而且经常看他写的书。

李如龙老师要我给他这本大作写个序言，我深感惶恐，自觉难担此大任，但师命又不好违，且可进一步学习老师的大作，成为第一个读者，也甚为有幸，因此，鸭子上架，猴子称王，强将学习体会请教于方家和读者。

《福建方言与文化》约36万字，内容极其丰富。以方言和文化两支轴，构建了从文化的角度来研究福建方言的理论框架，又从福建方言的视点，来描绘福建文化的瑰丽画面，可以说是福建文化语言学的鸿篇巨制。

先谈从文化的角度来研究福建方言的理论框架。李如龙老师从文化的角度对福建方言做了极为全面深刻的论述。李老师从汉人入闽论及福建诸方言的形成，从社会变迁论及福建各方言区的变动，从闽人的外徙论及福建诸方言的流播，从民族的接触论及福建方言与其他民族语言的交流。在细节论述上，也有许多闪光点，如他指出："福建方言是多源的，这就是本书的结论。"他还指出，莆仙方言和闽中方言都是后期分化出来的，"一是莆仙方言，与宋置兴化军有关；一是沙县永安一带的闽中方言，是元明之后才从闽北方言分化出来的"。他还指出："从整体上看把邵武四县市方言定为赣方言或称为闽语赣化是合适的。"由此可见，论述中涉及汉语方言理论之广之深，令人叹服！

语言是文化整体中的一部分，研究语言不能不顾及文化，研究文化也不能无视语言。因此，不同的方言区，也就会形成不同的地域文化。李老师又以福建方言为视点，对福建文化的瑰丽画面加以精心的描绘。

首先要解决方言和文化的关联问题。李老师说："就考察方法说，探讨方言间的文化关联，研究方言和地域文化各自的历史和现状，考察二者之间的互动和演变，都应该注意如下三点：一是有系统的观念，语言是个结构系统，文化也是由多个系统组成的；二是抓住重点，语言有核心词、基本词，文化也有主要事件、重点人物；三是注意动态演变，不论是方言或地域文化都是处在不断矛盾、统一的变异之中。"

李老师提出方言的文化特征。一是整合力，包括叠置和结构规律的创新。二是竞争力，三是活跃度，四是稳定度。他还提出方言的文化类型：单纯型和驳杂型，向心型和离心型，扩展型和收缩型，活跃型和萎缩型，稳固型和变异型。在此理论基础上，李老师精辟地论述了福建各区方言的文化类型。又从方言这一视点，探讨福建各方言区的地域文化。

透过方言去考察地域文化特征是文化语言学的微观研究。李老师提出，不是所有的方言词语都能表现地域文化特征。能表现地域文化特征的方言词语可以称为"文化词语"。常见的文化词语包括方物词、风俗词、观念词、色彩词、哲谚。他还据此论述了福建各方言区的地域文化。闽东方言区是江城文化、省城文化，闽南、莆仙方言区是海洋文化，闽北方言区是青山文化、理学文化，闽西客家方言区是移垦文化、崇尚正统的文化。

李老师还进一步论述了福建方言与文化的历史发展，论述了决定方言与文化变异的诸因素，包括自然环境、民族成分、交通往来、经济状况和政治生活。论述了福建方言和文化的分化与融合，继承与变异，福建方言和文化从歧异趋向一致。此外，他还论述了在福建方言土壤中成长的语言学：音韵学方面有《韵补》、《七音略》、《古今韵会举要》、《毛传古音考》等著作；方言学方面则有《戚林八音》、《建州八音》、《汇音妙悟》、《八音定诀》等；另外还有文字改革方面的研究——这些都是福建方言文化的光辉表现。

我从2008年到2018年，曾组织编纂《闽台文化大辞典》，该书涉及闽台文化的方方面面，而这些内容很多在李老师这本《福建方言与文化》中都有涉及，李老师学识之渊博，论述之深广，叹为观止。

李老师这一本大作不但内容深邃丰富，而且结构严密，文字优美，内容与形式完美结合，读来轻松愉悦，收益良多！有兴趣的读者，何不来试试？

林玉山

于福州炳仙斋，2021年11月

弁　言

本书的原本是1997年福建人民出版社出版的《福建方言》。1998年年底，我离开福建师范大学到暨南大学任职结束、准备返回厦门大学时，到日本的京都大学讲学，听日本朋友说，该书是当年中文学术论著在日本最畅销的一本，这是我没有料到的，后来我看到曹志耘先生谈到文化语言学的时候，认为这本小册子设置了一个从文化的角度研究汉语方言的理论框架，这就引起了我的两点思考：第一，中国东南部的福建方言由于地理位置和历史经历的特殊，确实有许多值得研究的地方；第二，由于日本和福建的交往很深，日本学界对福建的方言文化也就有更多的关注。那次赴日讲学，除了和平田昌司教授亲切接触、反复研讨之外，我还到东京拜访了对汉语史有深入研究的早稻田大学的平山久雄教授、专门研究《琉球官话课本》的中国文化大学的濑户口律子教授。长期研究邵武人所编《古今韵会举要》的东北大学花登正宏教授也请我去仙台访问，让我跟他的学生讲客家的语言和文化。这都使我体会到中日语言文化的密切交流和学者们的友好热情。至于我的那本小册子，其实还只是浅尝辄止，没有充分展开，语言和文化就像太平洋和大西洋，都是深邃莫测的，真要展示它们之间的关系谈何容易！我真不敢接受对它的过高评价。另外，我本来拟的书名是《福建方言与文化》，当时因为是作为“福建文化丛书”的一种，总编辑觉得“文化”二字与丛书之名有重复之嫌，就把它删去了，结果，真有点儿“里外不是人”，研究方言的人会说，关于方言的事说得太少了，不满意；对于想了解文化的人，认为这本书是讲“福建方言”的，他就懒得去翻阅了。两头经过删减，读者圈就小多了。

因此，我早就想把这项研究向前推进一步，增加一些内容，换个切合实际的书名重新出版。可是，回到福建又过去20多年，在厦大退休也十几年了，我虽然因为研究有关课题或参加一些学术会议，先后又写了十几篇与此相关的论文，但总是有别的事缠身，一直没有充分的时间坐下来改写这本小册子。直到前几年，福建人民出版社的林玉山同志回厦大参加中文系66届毕业生40周年团聚，我作为仅存的几位老师应邀出席聚餐会，在阔别多年的亲切交谈之中提起这本书，我表示，《福建方言》的版权已经失效，希望能充实一些内容，另外出版一本新书。这位老骥伏枥、著作等身的博士生导师立即表示热情的支持，回福州后即着手办理申报重版手续，不久就获得领导的批示，同意出版《福建方言与文化》。

可是这个好消息一来，我又费思量了。福建省的语言和文化，虽然不像太平洋和大西洋那么浩瀚深邃，总也有古田水库和金溪水库那样的容量吧，跨着两个学科，真要把这几千年的历史文化和复杂多样的方言的关系都说清楚，实在不是简单的工程。再三思忖，也考虑自己已经是“80后”，精力不济、效率不高，只好退而求其次，鉴于原书的框架还是基本可取的，在内容上做点补充，字句上做一些修改，再把后来研究的有价值的成果，选上几篇，附在相关的章节之后，就像一件穿旧了的大衣，不把它拆开重新缝制，而是洗洗干净，修修领子和袖口，加几个内外的口袋和衬里，尽量整旧如新吧。这样的书读起来可能有些麻烦，有的地方不能一气呵成，有时也难免有些重复，因为是相隔多年写下的专文，内容和写作的背景、笔调都可能有些不协调，只好请读者诸君谅解了。福建的方言与文化都是很有特色、很有价值的，诚望有高明的学者为此写出更有质量的好书。

在新编定之后，我寄给玉山同志过目，并请他给写个序，他也欣然同意了。在改编的过程中，责编陈稚瑶同志工作认真热情、态度谦和，也展示了她良好的语言学修养和编辑水平。在此一并表示感谢。

目 录

绪　论

一、语言与文化

文化是一个广泛而永恒的主题。困顿之中人们上下求索解脱之道，成功之后人们忙于制定长治久安之计，历尽坎坷而落伍者总要看看先进者走的什么路，对自己的过去做一番审慎的回顾，这是人类为了生存和发展的文化思考。温饱之余，人们开始研究饮食文化、居处文化、服饰文化，乃至更为细致的茶文化、酒文化，在物质生活里发掘属于精神生活的因素，当然也研究声、色、动、静等各种给人们带来美的享受的艺术，这都是生活中不可缺少的文化内容。

文化的思考和研究，可以就文化论文化，例如进行文化学、思想史、音乐学、文艺美学等的研究。也可以换个观察点，透过语言现象来研究文化，因为语言是文化最重要的载体，二者之间有着千丝万缕的联系。就事论事的研究有时难免会“不识庐山真面目”，因为“只缘身在此山中”。而“横看成岭侧成峰”有时则可能有意外的发现。

那末，语言的研究能不能换一个文化的视角呢？“就语言而研究语言”的口号已经流行了近百年，不能说这期间没有成绩，然而语言学的路子却越走越窄了。近几十年，联系社会生活和文化现象来研究语言，确实为语言学开辟了一片广阔的天地。

现代科学的发展，往往走着综合研究的道路。自然科学如此，社会科学也如此。就相关的社会现象进行综合的文化研究，不但在理论上可以获得新的突破，而且在普及和应用上也可以迈出新的步子。这应该是当代社会科学发展的一条好经验。

语言与文化究竟有什么样的关系呢？

几十万年之前，原始人在群居生活和集体劳动中创造了语言。从此便有了人类的文明。语言是区分人类与动物的最重要的条件之一，也是人类文化最早的一项伟大成就。

达尔文在《人类的由来》中论证了人与高等哺乳动物在心理能力方面并不存在本质差别，其区别仅仅在于人的几乎无限巨大的能力——把极其多样的声音和观念联系在一起。笛卡尔的《方法论》也做过类似的论断："人无论怎样愚笨，总有把不同的词联系在一起的能力……动物无论怎样聪明，总是缺乏这种能力。"据此，美国人类学家 L. A. 怀特指出："人类和文化的开端在于语词之中。"他在其代表作《文化科学》一书中，对此有过透彻的论述，他认为，全部文化依赖于符号。正是由于符号能力的产生和运用，才使文化得以产生和存在，正是由于符号的使用，才使得文化有可能永存不朽。没有符号就没有文化，人也就仅仅是动物而不会成为人类。他还提到，人所创造的象征符号是解开一切文化秘密的魔术钥匙……没有言语，我们便不会有政治、经济、宗教或军事组织，不会有礼仪或伦理的法规，不会有法律，不会有科学、神学或文学，不会有游戏或音乐……没有清楚的语言，我们就不可能改进工具。[①]

可见语言和文化都是在人类从动物界分化出来时就产生了的。从这个意义上说，它们是一对孪生兄弟。

一般来说，社会的文化包含着三个层面，即物质文化、制度文化和精神文化。物质文化是社会生活的模式，也是人们适应和改造自然从而改造自己的成果，是变动不居的表层。制度文化是维持社会生活的规范和人际间的行为准则，是沟通和调节物质文化与精神文化的中介。精神文化则是最为稳固的深层的思维理念的体系，包括价值观念、思维方式、审美趣味、道德情操、宗教感情和民族性格等等。不论是哪个层面的文化，都必须拿语言作为载体。人们发明一种技术、制作一件产品、设计一套工艺流程，立即就要有一批名

① ［美］L. A. 怀特：《文化科学》，纽约 1949 年版，第 33—34 页。

称和术语来称说它。从行政管理、道德标准、法律条文到风俗习惯，也必须有系统化、规范化的词语来进行确认。我国古代的典章制度是极其烦琐而严密的，单是各种官职和称谓就令人眼花缭乱，难以掌握。至于各种心理活动，更是只能依赖语言才能够进行，也只有依靠语言才能把思维成果概括起来，表达出来。萨丕尔在他的《语言论》里写道："语言的基本事实毋宁说在于概念的分类、概念的形式构造和概念的关系。再说一次，语言，作为一种结构来看，它的内面是思维的模式。"① 特别是制度文化和精神文化的词语，更是浸透了民族的色彩，充满着地方风味。最重要的表现民族心理的语词（例如汉语里的忠、孝、仁、义之类），最具鲜明的附加色彩和引申义的语词（例如汉语中的红、白、猪、狗之类），简直无法用别种语言来翻译。然而正是这些基本概念，左右着千百万人的思想和行为，规定着他们的好恶和爱憎。英国语言学家帕默尔写道："语言忠实反映了一个民族的全部历史文化，忠实反映了它的各种游戏和娱乐，各种信仰和偏见……语言不仅仅是思想和感情的反映，它实在还对思想和感情产生种种影响。"② 另一位著名的人类学家马林诺夫斯基则说："说话是一种人体的习惯，是精神文化的一部分，和其他风俗的方式在性质上是相同的。"他认为，一个人慢慢长大时，语言的知识是和在技术知识增加时所获得之技术名词相平行发展的。礼貌客套、命令口号、法律措辞等社会性词汇是慢慢地由他加入了社会组织并担负了社会责任后逐渐获得的。最后，随着他对宗教及道德价值的经验的增加，他获得了文化中全部的礼仪及伦理的"公式"。语言知识的成熟，实就等于他在社会中及文化中地位的成熟。语言是文化整体中的一部分。③

语言和文化的关系，从共时的平面看，从静态的角度看，是一种相互包

① ［美］爱德华·萨丕尔：《语言论——言语研究导论》，陆卓元译，商务印书馆，1985年版，第19页。

② ［英］L. R. 帕默尔：《语言学概论》，李荣等译，商务印书馆，1983年版，第139页。

③ ［英］马林诺夫斯基：《文化论》，费孝通译，中国民间文艺出版社，1987年版，第6—7页。

容、相互依存、互为表里的关系。

从动态的角度看，语言和文化的发展则是互为因果、相互制约的。物质文明的任何一点进步，都在语言上留下语词的印记。进入农业社会之后，畜牧时代的三岁马、五岁马的不同名称就因为不需加以区别而被淡忘了。社会动荡，国家分裂，人民迁徙，造成方言的分化，资本主义国内市场的形成则普遍造成民族语言的统一。残酷的殖民压迫曾使一些民族放弃自己的语言。文学巨匠的出现往往使民族语言得到艺术的升华，使它不但更加丰富和优美，而且形成新的规范。这些都是历史上屡见不鲜的事，无须列举例证。像英国宫廷使用法语，造成大量法语词汇进入英语；日本遣唐使带去中国文化，使汉语语词大量涌入日语，使汉字成为日本语的表达形式，这都是文化决定语言演变的典型事例。但由于语言变化比较缓慢，它对文化的发展所发生的影响，往往只是局部的，而不可能是全局性的巨变。

从文化大系统的分体上看，语言和诸多的文化领域也有至为密切的关系。例如语言是思维的成果，又是思维的工具。语言的艺术化、精密化和形象思维、逻辑思维的发展都有密切的关系。语言是教育的工具，是文化传承的凭借。基于这一点，任何民族都把语文教育排在教育的首位，并且十分注重语文政策的制定和推行。语言是文学的第一要素，文学是语言的艺术，不注重口头语言和书面语言的提炼、加工以及规范化、艺术化的研究，就不可能使文学创作得到健康的发展。又如当前的信息时代，科学技术发展迅猛，各种学科的术语层出不穷，如果未能及时地对科学术语做规范化处理，势必影响新的科技成果的交流、引进和传播。

可见，语言和文化在发展过程中是互相促进而又互相制约的。

然而，语言和文化毕竟是两种不同的社会现象。

语言是语音、词汇和语法构成的体系，它存在于种种社会群体的交际之中，也存在于个人的言语活动之中，保证着各种言语变异能够互相沟通，为变异提供着规范，也在变异之中使规范得到发展。至于文化，至今还没有大家都满意的界定，从物质到精神，它是许多十分庞杂的子系统构成的大系统。各个子系统之间相互依存相互制约，同一个子系统内部又往往有两种因素的对立，并且常常造成尖锐的矛盾，有时要经过对抗而得到解决。为了维持社会的交际和历史的传承，语言的变异是有限度的，语言的发展只能渐变；文化的发展则往往发生着大角度的转弯甚至突然的变革。人们常说，语言是文化的载体，但是语言并非纯粹的形式，它自身又是内容和形式的统一体。语言的内容（语义）和文化的内涵并非同一。此外，语言和文化之间的互为表里，也并非永远是固定的关系，由于历史的变迁，有的民族放弃了自己的语言，接受了其他民族的语言，但却保存着自己的文化（例如美洲的印第安人）；有的语言大体保持不变，却由于在新地殖民而形成新的民族文化（例如说英语的美国人）。因此，我们只能说，研究语言不能不顾文化，研究文化也不能无视语言。语言和文化的研究必须互相参照，但又是不能互相代替的。

二、方言与地域文化

通常所说的方言指的是通行在一定地域的民族语言的变体。就结构和功能来说，方言和民族语言并没有本质的差别，它照样有自己的语音系统、词汇库和语法结构规律，依然能够很好地交流思想，表现文化内容和进行艺术创作。不同的只是它只能通行于一定的地域，在现代社会里，它往往是更大范畴里的共通语的补充形式。如果一个方言地区发展成独立国家，或者形成一个新的民族，该方言也就成了民族语言。那些由方言演化而成的亲属语言彼此之间往往很相似，有时比起其他一些语言中的方言差异更小。

汉字是表意胜过表音的文字，正好可以弥补汉语方音歧异的不足，便于不同方言区之间的沟通。因此，即使汉语方言间语音、词汇甚至语法的结构很不相同，大家也总认为自己的话只是汉语的一种方言。

世界上现存的方言大多是在古代社会形成的。拿汉语的诸方言说，历史最短的也已有七八百年之久。方言的形成主要是由于社会分裂、人民迁徙、民族融合以及山川的阻隔。中国漫长的封建社会时期，自然经济是一以贯之的，农民们耕种着小块土地，自给自足、安土重迁，一辈子不出乡里是常事。但是，多次战乱和分裂造成了北方人口的大规模南移和东部人口的陆续西迁。南下的汉人和百越各族打打和和，先后在不同程度上融合了。由于经济长期停滞不前，交通也十分落后，数千年间人们总在羊肠小道上步行、肩挑、手扛，少数平原地区才有点手推车，江河下游也只有小木船通行。在这种情况下，社会生活的节奏是十分缓慢的。这样的状况正是形成方言、保持方言的大环境。从一些保存的方言韵书和地方典籍可以看到，有些方言在最近的三五百年间基本上没有什么大的变化。

从时间上说，汉语方言形成的历史长，从空间上说，汉语方言的分布不但地域广而且地形复杂，相距遥远。或高山或平原或丘陵或沿海，人们随遇而安，适应既有的环境，走出一条生存繁衍的路。于是，每个方言区便有自己的生产门路、劳动工具、经营方式，以及与此互相适应的聚落、居处、饮食、服饰、交往等生活方式和各种地方特有的观念、习俗和艺术。换言之，不同的方言区也形成了不同的地域文化。

地域方言作为民族语言的变体，它和民族共同语之间便是同中有异、异中有同的关系。与此相仿，地域文化是民族文化整体中的一部分，是民族文化中的亚文化。亚文化和整体文化也是同中有异、异中有同的关系，也就是说，既有共性也有个性。

现代汉语方言之间不论有多大差异，其语音结构总是由声母、韵母和声调组成音节。声母都是单辅音，没有复合辅音。韵母一般都由韵头、韵腹、韵尾构成。声调都用高低升降长短来区别。其词汇系统总是双音和单音词占优势，有发达的量词和四字格成语。其语法结构则总是缺乏形态变化，多用虚词，语序灵活。这些汉语的基本特点是各方言普遍存在的。

中国的诸多地域文化之间可能有各种差别，但中华文化的许多基本特点总是各地共有的。例如讲究人格、提倡趋善求治的道德修养的人文主义，求仁政、重教化、经世致用的现实主义，讲等级、论辈分、崇古尊老的宗族主义；又如重人生、讲究人世而轻自然，忽略客观规律的探寻，重道统而轻技艺，重集体而轻个人，求稳定而拒变革，求一统而反分裂等等。

方言和地域文化之所以发生变异，有地理的原因，也有历史的原因。

人类要在不同的地理环境中活动，首先就必须对不同的地貌和地形进行认真的考察、区分其差异并确定不同的名称。例如西北方言有沟、梁、峁、塬、峁，长江三角洲的河网地区有泾、滨、堰、渡、闸，珠江三角洲称涌、凼、望、沥、滘，东南丘陵地则有坑、坪、坡、垅。为了适应不同的自然条件，人们各自创造着不同的文化景观。单说居处，黄土高原上住窑洞，华北平原住草房，江南住瓦房，山区有干栏式楼房，沿海因为常有台风，多造石头房子。在贵州，“石板当瓦盖”是就地取材；客家人则为了宗族聚居、团结御外而建造牢固的土楼、围屋……由于居处方式的不同，聚落的结构也有差异，因此也形成了不同的习俗。凡此种种必定在方言的语词、俗语中有着详尽的反映。

历史的变迁对方言及文化的影响往往更加迅速和深远。中原汉人南下之后，都和不同的原住民发生过融合，不同的方言区有不同的原住民，吴语区是吴越、瓯越，闽语区是闽越，粤语区是南粤，湘语区是苗瑶，现今各地的方言和地域文化无不打上这些古民族的种种文化烙印。

有的方言区（例如赣语区）历史上发生过大规模的战乱，人口经过多次大规模的出入迁徙，因而方言显得分歧多样，历史层次多，缺乏统一的方言特征。有的方言区（如客方言区）是按照迁徙的过程分布的，不论连片不连片，都比较能固守自己的方言特点。

方言和地域文化都有自己的结构系统。这两个系统中，哪些部分容易产生变异，哪些部分相对较为稳定，都有一定的规律。就方言而论，一般词汇是最活跃的因素，变化快、创新多；基本词汇和语法结构则比较稳固。语音之中，音值变得快，音类变得慢。就文化来说，表层的物质文化变化最快，因为人们为了适应环境以图生存，为了改造环境以求发展，就必须不断地去认识世界、改良工具、更新技术。制度文化的变异就比物质文化要慢些，尤其是政治、法律，因为有统一的国家，地方上变动的余地就小。生活的习俗则可能有更多的变化和创新。至于人们的意识、观念就更加稳固了。同一个民族的不同地域，彼此在文化心态上往往只是强弱、轻重、松紧、浓淡之类的不同，很少是有与无的差异。

三、福建方言与福建文化

福建的方言历来以复杂与特殊而著称。就品种说，除了闽方言之外还有客方言、赣方言、吴方言和不止一处的北方方言岛。全国重要的方言除粤方言、湘方言外，这里都有了。就分布说，以福建省为主体和故乡的闽方言，除了通行在闽、粤、台、琼、浙五省的大片地域之外，还散见于苏、赣、桂、川等省。在海外，菲律宾、越南、缅甸、泰国、新加坡、马来西亚、印度尼西亚等国家，说闽方言的人数不下五六千万。就方言特征说，福建境内主要方言——闽方言所保存的上古汉语和中古汉语的一些特点，在全国各方言中是不多见的，它和现代汉民族共同语之间历来被认为差别甚大，因此早有“南蛮鴂舌”之称。正因为如此，闽方言古来就引起研究家们的注意。明清以来为闽方言所编的地方韵书多达十几种，是诸方言中所罕见的。几十年以来，福建方言一直是国内外语言学家所瞩目的对象。应该说，学者们对福建境内各方言的研究，布点比较广泛而均衡，研究成果也具有较高的学术水平。

在特定的地理环境和历史背景之下，福建的文化也颇具特色。据史籍所载，早期的福建，水域甚多，闽越人善舟好斗，能神速地出没于山水之间。中原汉人来到这片丘陵地后，因为耕地缺乏（俗称“八山一水一分田”），发展农业生产很困难，于是靠山吃山，靠海吃海。在内陆山区，人们致力于种茶、烧瓷、制漆、造纸等手工业的经营，宋元以来的瓷窑和焙茶作坊自北至南，遍布全省，所产的瓷器和茶叶至今仍负有盛名。在沿海一带，人们继承了古代闽越人的技术，发展渔业，造船航运。唐宋之后从泉州出发就可以远航东南亚。唐宋以来兴盛起的海上丝绸之路，是沟通东西方的伟大壮举。随着人类对海洋的开发，福建人遍布东南亚，在外定居的闽裔早已超过本土的人口，并且一贯与故土保持着密切的联系，从而产生了富于特色的海洋文化。这种海洋文化正是福建文化有别于其他中华地域文化的重要特色。与海洋文化相关，不但有对外贸易带来的商业意识，远洋航行培养出来的冒险拼搏精神，多种宗教、多神崇拜并存的习俗，而且由于城市的形成和繁荣也刺激了地方戏曲的蓬勃发展，福建的地方戏曲和音乐，其品种之多、艺术水平之高，在海内外都是相当闻名的。

关于福建文化的研究，20 世纪 30 年代以来在若干专题上曾取得了可喜的成绩，例如关于民俗歌谣的研究、地方史尤其是海外交通史的研究、华侨史和侨乡的研究、地方戏曲的研究、明清以来经济史的研究等。但是，从整体上、宏观上探讨福建文化的特点，拿它和国内的其他地域文化（例如中原文化、齐鲁文化、江汉文化、湖湘文化、岭南文化等）相比较，从而探寻中华文化与各个地域的亚文化的关系，还有，把地域文化的研究同方言的研究结合起来，相互为用，应该说在这些方面都还没有认真的起步。然而正是这样一些课题，才是把福建文化的研究引向深入的关键。沿着这个方向走下去，福建方言的研究也必定会开辟一个新的局面，也为人文科学的研究做出贡献。

四、关于本书的旨趣、内容和方法

本书是关于福建方言与福建文化的关系研究的尝试。几十年来，笔者从南到北、从东到西调查了全省近百个点的方言，就像走进了琳琅满目的博物馆，越是知道了更多奇特的方言现象，就越是觉得难以对它们做出解释。例如方言词语的许多不同说法就使人难以理解：为什么最基本的概念“女人”，各地会有那么多不同说法，诸娘、阿娘、婶娘、查某、做母、妇娘、妹子，不一而足，而管红薯叫“番薯”却又是全省各地毫无例外的一致说法？为什么有些地方称母为姐，称父为哥，有的地方却称女婿为姐夫，称侄为孙？为什么“合适”可以理解为“占便宜”，也可理解为“活该”？还有些社会语言现象也很令人费解。例如，为什么文化程度较高的海边人的方言意识反比文化程度较低的山里人更强烈？为什么方言最纷繁的地方，普通话反而普及得快？为什么在方言交界地带有双语带也有非双语带，有的方言边界常通双语，有的方言区则总让别区的人说双语？显然，就方言研究方言，不可能透彻地理解方言现象，非得联系方言地区的文化背景才能得到解释。在 20 世纪 80 年代的“文化热”中，不少学者不但对传统文化进行了反思，而且对地域文化进行了一些研究。语言学者也开始了社会语言学、人类语言学和文化语言学等的研究。笔者在大学里也开设过相关的课程。在福建文化研究的一些学术活动中，还和其他学科的专家共同商讨过文化问题。在主持编写《福建省方言志》的过程中又对全省方言进行了一番综合的分析，于是便构思了本书的内容。参加福建文化研究所编写《福建文化概览》时，我写了《福建方言》一章，[①] 算是对这些思考的初步整理。

联系文化历史来研究方言，或者透过方言来说明历史文化，也许应该归入文化语言学的范围。文化语言学是中国学者提出来的，这应该和中国文化中的人文主义传统有关系。在国外，有关这方面的内容一般是归入语言人类学或人类语言学。其实这项工作是人类学家先做起来的。他们研究一个民族、一个社区，最好先学会当地的语言，然后在社区中与所研究的人群共同生活，进行田野考察，记录各种材料。他们的着眼点在于人类文化，这和我们所理解的文化语言学尚有不少区别。应该说文化语言学还未能建立成熟的理论框架，其研究方法也还在摸索之中。笔者认为，建立一门新兴学科，实在并不需要先去建构理论框架，重要的是应该致力于实际材料的了解和分析，从事实的分析中得出论点，只要罗列的事实准确，分析的方法正确，具体的结论是对的，材料和论点积累多了，理论框架就会逐渐明朗起来。笔者的意图只是把多年来在调查研究福建方言的过程中所思考的与文化相关的问题做一番梳理，提供一批事实，也提出一些经过思考后的见解，和各行专家们共同讨论。在处理材料和思考问题时，我坚持几条原则：第一，方言材料一定要经过核实，但不能要求系统化。书中的语料尽量采取我自己所熟知或亲自调查过的，因此可能在各区方言的选材上会畸轻畸重，既然是研究语言与文化的关系，就只把有明显关系的材料抽出来说，因此不可能像方言学那样讲求全面、系统。第二，史料要经过核对但并未进行考证，凡是可以与方言事实相互论证的，不论是正史、野史、传说、谱牒，都可加以利用。各种史料可谓汗牛充栋，其中也有相互矛盾的，史学家运用史料考证也许会得出不同的结论。我认为从不同出发点，用不同方法去分析史料可能各成其说，有争议并不可怕，历史也许会在将来做出裁决。第三，理论观点方面不求系统严密，

① 《福建文化概览》，福建教育出版社，1994 年版。

有多少材料说多少话，不固守某家权威之说，也不重引证，不事争鸣，因为本书的目标不在于建立理论或纠正成说。第四，选材和分析尽量做到通俗化。回避过于专门的学科知识和术语，多从常见的事实选材，把道理说得浅显些，为的是让读者容易理解，联系自己的感性知识去思考、去鉴别。笔者认为，新兴的学科的创建，并不全是作者的事，读者的取舍、评论、赞同或反对也能起很大的作用。一本书如能引起读者的共鸣，唤起更多的人的关注，给后人提供准确的事实和合理的思路，就很有益了，哪怕说了错话为后人所纠正，也是无可厚非的。

第一章
汉人入闽与福建诸方言的形成

第一节　福建的早期开发与福建的古方言

一、先秦两汉时期福建原住民的活动

福建是三面环山一面朝海的丘陵地。北部的洞宫山、太姥山，西面的武夷山多有海拔千米以上高峰，把福建和东南吴楚隔离开来。武夷山区的黄岗山海拔2158米，是我国大陆东南部的最高峰。由于地理的原因，汉人入闽开发较之江浙的吴语区和岭南的粤语区都迟。两汉以前，汉人很少涉足福建。《周礼》称这里为“七闽”：“职方氏掌天下之图，以掌天下之地，辨其邦国、都鄙、四夷、八蛮、七闽、九貉、五戎、六狄之人民。”郑玄注云：“闽，蛮之别也，《国语》曰：闽，芈蛮矣。四、八、七、九、五、六，周之所服国数也。”[①] 现代的闽南话闽、蛮仍同音。《说文解字·虫部》：“蛮，南蛮，蛇种”，“闽，东南越，蛇种”。至今闽南闽西一带还有“蛇郎君”的传说，建有蛇王庙。大概分布于福建的这支“东南越”是以蛇为图腾的。那时的闽相当于后代的什么民族，史学界现在还有不同意见，应是非汉族的，这是没有争议的。秦立闽中郡但“弃弗属”，后来闽越人佐汉灭秦，汉高祖五年（公元前202

① 《十三经注疏·周礼注疏》（卷三十三），中华书局，1979年版，第861页。

年）“立无诸为闽越王，王闽中故地，都东冶”[①]。后来，强势的闽越“数反复”，汉武帝曾派兵欲攻闽越，淮南王刘安谏曰：“越，方外之地，劗发文身之民也……自三代之盛，胡越不与受正朔……自汉初定已来七十二年，吴越人相攻击者不可胜数，然天子未尝举兵而入其地也。”他还描述了当时的闽越，“非有城郭邑里也，处溪谷之间，篁竹之中，习于水斗，便于用舟，地深昧而多水险，中国之人不知其势阻而入其地，虽百不当其一”，并说“越甲卒不下数十万”。[②] 然而刘彻还是两次出兵平定了不服统治的闽越。《史记·东越列传》说：“东越狭多阻，闽越悍，数反复，诏军吏皆将其民徙处江淮间，东越地遂虚。”

朱熹在武夷山设学数十年，道光版《武夷图序》里他曾说：“武夷君之名，著自汉世，祀以干鱼，不知果何神也。今建宁府崇安县南二十余里，有山名武夷，相传即神所宅，峰峦岩壑，秀拔奇伟，清溪九曲，流出其间。两崖绝壁，人迹所不到处，往往有枯槎插石罅间，以庋舟船棺柩之属，柩中遗骸，外列陶器，尚皆未坏。颇疑前世道阻未通，川壅未决时，夷落所居，而汉祀者即其君长。”[③] 朱熹的推测是合理的，武夷山的船棺至今犹存，经测定，其年代相当于商朝。类似的船棺自闽、赣、湘到云、贵、川、桂皆有发现，从种种文化特征来看，当时的本地聚落，当有现今的壮侗语族诸民族的先民。

嘉靖《建阳县志》“闽王城”条云：“在崇文里，地名城村，……有土堆如城，其中平坦，故老相传为王殿基，外有水田环绕，乃旧城壕。”至今村口尚有“古粤”牌坊。经 20 世纪 60 年代及 80 年代两度发掘，发现有冶铁遗址和汉代铁器，还有封泥及瓦当文字（“常乐万岁”）等，考古学家已确认其为西汉时代越人所建的军事城堡。

闽越人是闽中的原始居民，往上推的话，应该是和新石器时代的昙石山文化一脉相承。到了秦汉时代，他们的主要活动地点是闽北山区和闽江两岸。

---

① 《二十五史·史记·东越列传》，上海古籍出版社、上海书店，1986 年版。本书所引二十五史者，皆为此版本，文中已注明出处者，文后将不再注明。

② 《二十五史·前汉书·严助传》。

③ 转引自朱维幹：《福建史稿》（上），福建教育出版社，1985 年版，第 8 页。

从地下发掘文物看，当时已经有了铁器，说明他们已进入农业社会。《史记·货殖列传》说："楚越之地，地广人希，饭稻羹鱼，或火耕而水耨，果隋蠃蛤，不待贾而足，地势饶食，无饥馑之患，以故呰窳偷生，无积聚而多贫。"他们"水行而山处"，善架舟，能治船，说"甲卒不下数十万"，怕是言过其实，但已有较强的军事实力，是可能的。

二、东吴时代福建的初步开发

三国时，东吴曾多次发重兵平定福建。这时入闽通道有二：一是山路，经崇安（今武夷山）[①] 入闽北；一是海路，经福鼎入闽东。之后，闽中汉人日多，至永安三年（260 年）建安郡至少已辖有九县，综合《晋书·地理志》和《宋书·地理志》，这些县是：建安（今建瓯）、建平（今建阳）、昭武（今邵武）、东平（今松溪、政和）、绥安（今建宁、泰宁）、吴兴（今浦城）、将乐、延平（今南平）、沙村（今沙县）。

闽越人善制船。孙吴据有闽中之后，在福州设立了典船校尉，在温麻（今霞浦）设立温麻船屯，并以此为基地，向海外探险，遣将率领甲士万人浮海求夷洲（今台湾省）、亶洲（据梁章钜《三国志旁证》卷二十六，亶洲即小吕宋）。左思《吴都赋》写道："弘舸连舳，巨舰接舻……篙工楫师，选自闽禺。习御长风，狎玩灵胥。责千里于寸阴，聊先期而须臾。"[②] 闽禺就是闽隅，当年的船工水手都是福建人。他们的航海技术已经十分熟练。这大约是闽人走向海外的最早记录。

经过东吴的数十年的经营，到晋代太康三年（282 年）又从建安郡分立晋安郡，据《晋书·地理志》，晋安辖有八县：侯官——原属建安郡；原丰——改典船校尉而立，至唐改为闽县；温麻——废温麻船屯而立，后为霞浦县；晋安、同安——由原建安郡之东安分立，后晋安改称南安；新罗——闽西一

① 崇安为旧地名，即今武夷山市。行文多处涉及此处的古代行政区划，下文不再括注今地名。

② 《文选》（上），中华书局，1977 年版，第 92 页。

带新立县，故址在今上杭县东；罗江——一说为今宁德，一说为今罗源。另有宛平一县无考。

至于人口数，《晋书·地理志》所载，两郡皆有 4300 户，明显是个估约的数字。

这就是魏晋之间福建的初步开发，这时闽中人口虽然不多，从吴楚南下的汉人可能已占着主要比重。

三、闽方言中的古楚语和古吴语

东吴开发福建时来的都是什么人呢？当时的江东主要是汉化了的吴越人，孙吴政权还沿江而上管辖到柴桑、赤壁一带，西边的“南楚”也已经汉化了。那时过江的中原人还不多，入闽的兵卒人等应是就地招募的吴越人和南楚人的后裔。这一点可以从现今的闽方言里找到例证。

在早期的字书、韵书中都有一些古楚语和古吴语的记录。我们从这些记录里可以看出，有些很有特色的吴、楚方言词正是保存在现今的闽方言里，甚至有的在现今的江浙吴语和湘赣地区的方言里已经失传了，在闽方言中却还是口语中的常用词。举例如下：①

1. 闽方言中的古楚语。

夥　《史记·陈涉世家》曾记载了陈涉的一段传说，陈涉为王之后，他的老乡来看他，“入宫，见殿屋帷帐，客曰：‘夥颐！涉之为王沈沈者’，楚人谓多为夥，故天下传之，夥涉为王，由陈涉始”。《方言》卷一：“凡物盛多谓之寇……齐宋之交、楚魏之际曰夥”，郭璞注：“夥，音祸”。《广韵》记载：“夥，胡火切，楚人云多也。”今闽赣方言邵武话仍谓多为“夥”，音［ᶜvai］。闽东闽南虽不单说，却都有以“夥”为多的用法。福州话询问“几多”曰“若夥”，音［nuoʔ꜀ uaiᵓ］。泉州谓“为数不多”曰“无夥”，音［꜀bo ᶜ̲ua］。“胡火切”声母为匣母，在闽方言白读多有零声母的读法，例如“话、鞋、

① 此节材料取自李如龙：《闽方言中的古楚语和古吴语》，见《方言与音韵论集》，香港中文大学中国文化研究所，1996 年版，第 121—126 页。

闲、后、下”；韵母为戈韵，戈韵字白读在闽东、闽南正有［uai—ua］的对应，例如福州音和厦门音：磨［꜁muai—꜁bua］、破［phuai꜄—phua꜄］、我［꜂ŋuai—꜂gua］。

蜀　《方言》卷十二：“一，蜀也。南楚谓之獨。”今闽方言普遍谓基数“一”为“蜀”。建瓯音［tsi꜇］，福州音［suoʔ꜇］，厦门音［tsit꜇］。陈衍在《福建通志·方言志》里已做过考证。从“蜀”、“獨”的谐声也可以论证蜀有独义。

箬　《说文·竹部》：“箬，楚谓竹皮曰箬。”徐注：“而勺切”。又《玉篇·竹部》：“箬，竹大叶。”今闽方言泛指一切叶为“箬”。建瓯音［niɔ꜇］，福州音［nuoʔ꜇］，厦门音［hioʔ꜇］。这些成对应的音正是日母、药韵、入声，和“而勺切”相符。

奶　《广韵》：“奶，楚人呼母，奴礼切。”今闽方言多称母为“奶”。建瓯音［꜂nai］，福州音［꜂ne］（引称“郎奶”，对称“依奶”），漳州音［꜂nɛ̃］（娘奶）。

嗟　《文选·左思〈吴都赋〉》：“嗟难得而觏缕。”李善注：“《尔雅》曰：‘嗟，楚人发语端也’。”闽方言至今仍常用“嗟”表示近指的发语辞。福州话“嗟、赘”［tsia꜄、꜁tsui］相当于无实义的“这个、那个”，闽南话嗟［tsia꜄］作为叹词表示提示。

潭　《一切经音义》卷三十六：“潭，闲也。南楚之人谓深水曰潭。”今闽方言仍谓溪流深水处为潭，福州音［꜁thaŋ］，厦门音［꜁tham］，闽台两省常以“潭”作地名通名。例如将乐有黄潭乡，霞浦、长乐均有潭头乡，诏安有西潭乡，台湾台北有潭边村，嘉义有湾潭村。古南楚地今湖南境内湘潭、潭湾、潭湖等以潭作通名的地名也不少。

搰　《方言》卷十：“南楚凡相推搏曰拯，或曰搰。”又《集韵》呼骨切：“搰，楚谓击为搰。”今闽东、闽南均有此说，福州音［houʔ꜆］，厦门音［hut꜆］，音义俱合。

拌　《方言》卷十：“拌，弃也。楚凡挥弃物谓之拌。”今闽方言抖动衣物挥弃尘土仍谓“拌”。福州音［puaŋ꜅］，厦门音［puã꜅］，音义俱合。

嬉　《方言》卷十："江沅之间谓戏为媱，或谓之惕，或谓之嬉。"今赣语及闽北、闽中方言仍谓游玩为"嬉"。建瓯音［꜀xi］，永安音［꜀khy］，音义俱合。

颔　《方言》卷十："颔、颐，颌也。南楚谓之颔，秦晋谓之颌，颐，其通语也。"今闽南话仍称颈为"颔"，泉州音［꜂am］，厦门音［am꜅］。

差　《方言》卷三："差……愈也。南楚病愈者谓之差。"后来写为"瘥"，如《中山狼传》有"疮痍未瘥"句。今福州话谓病情好转为"有差"，音［꜀tsha］，音义俱合。

12. 闽方言中的古吴语。

侬　《玉篇·人部》："侬，吴人称我是也。"《六书故·人一》："侬，吴人谓人侬。"今吴语"侬"用来指第二人称"你"。而沿海闽语则泛指人为"侬"，福州音［꜁nøyŋ］，如说"好侬、大侬、新侬"，也用来指第一人称"我"，如说"侬我唔去硬安侬去"（人家我不去硬要我去）。厦门音［꜁laŋ］，用法同。不论闽东、闽南，"侬"均与"脓"同音。

椀　《方言》卷四："裪裾谓之袖。"郭璞注："衣褾，江东呼椀。"今闽方言多称衣袖为"手椀"，长袖说"长椀"。福州音［꜂uoŋ］，厦门音［꜂ŋ］。

薸　《尔雅·释草》："萍，蓱。"郭璞注："水中浮萍，江东谓之薸，薸音瓢。"今闽方言均称浮萍为"薸"。福州音［꜁phiu］，厦门音［꜁phio］，建瓯音［phiau꜄］。

健　《尔雅·释畜》："未成鸡，健。"郭璞注："江东呼鸡少者曰健，音练也。"闽南、闽北今仍称未下蛋的小母鸡为"鸡健子"，厦门音［nuã꜅］，泉州音［lua꜅］，建瓯音［sɔŋ꜅］。

鲑　《广韵》户佳切："鲑，鱼名。出《吴志》。"《集韵·佳韵》："鲑，吴人谓鱼菜总称。"今吴地已无此说法，而闽东、闽南还用两种读音来表示两种意义：称盐渍小杂鱼，福州音［꜁kie］，厦门音［꜁kue］。称小杂鱼经过发酵制成的咸卤调料为"鲑油"，福州音［꜁ha］，俗写"鲓"；厦门音［꜁he］。闽南话还可泛指荤菜，如说"无鲑无菜"、"好鲑好菜"，"鲑"指荤菜，"菜"指素菜。鲑，声母属匣母字。匣母字文读 h，白读 k，这是闽音一大特点。音义均符合对应。

煠　《广韵·洽韵》:“煠，汤煠。”清代翟灏《通俗编·杂字》:“今以食物纳油或汤中一沸而出曰煠。”今闽方言多谓清水煮物为“煠”，各地音[saʔ꜆]，符合对应，义亦切合。

攄　《广韵》乌吴切:“攄，吴人云牵亦为攄也。”《集韵·祃韵》乌化切:“摦，吴人谓挽曰摭，或作攄。”今闽南方言谓扶物而站稳曰“摦”，如说“攄壁行路”、“攄拐”(扶杖)，厦门音[uaᵓ]。此说亦保留于今上海话。

柎　《玉篇·木部》方无切:“柎，花萼足也。”《集韵·虞韵》:“拊(柎)，艸木房为拊(柎)，一曰华下萼。”《山海经·西山经》:“(崇吾之山)有木焉，员叶而白柎，赤华而黑理。”郭璞注:“今江东人呼草木子房为柎……一曰柎，华下鄂。”今闽东方言用作量词，一朵花说“蜀柎花”，音[꜁puo]，音义合。

敦　《尔雅·释丘》:“丘，一成为敦丘。”郭璞注:“今江东呼地高堆者为敦。”后来多写为“墩”。《广韵》都昆切:“平地有堆。”今闽方言谓小山包为“墩”。福州、建瓯音[꜀touŋ]，俗写或作“垱”，厦门音[꜀tun]。闽台两省多有以“墩”作地名通名者。有人据福建省县市地名普查资料统计，带“墩”字地名多达433处。在台湾，仅台中后里乡就有墩东、墩西、墩南、墩北等村名。

隩　《尔雅·释丘》:“隩，隈。”郭璞注:“今江东呼为浦隩。”今沿海闽方言“隩”指小海湾。福州音[ɔᵓ]，厦门音[oᵓ]，有时写为“澳”、“岙”。如宁德有三都澳，福鼎有澳腰、前岙，厦门有内厝澳，东山有澳角，澎湖有吉贝澳。

3. 闽方言中的吴楚通语。

狶　《方言》卷八:“豬……南楚谓之狶。”古代楚人称小猪为“狶”。《尔雅·释兽》:“豕子，豬。”郭璞注:“江东呼狶，皆通名。”今闽北、闽中仍称猪为“狶”。建瓯音[ᶜkhy]，永安音[ᶜkhyi]。狶，《广韵》虚岂切。属晓母字，闽北、闽中方言晓母字有kh的白读，例如虎[ᶜkhu]，嬉[꜀khy]。

櫼　《方言》卷五:“𧆑，陈楚宋魏之间或谓之箄，或谓之櫼，或谓之瓢。”郭璞注:“今江东通呼勺为櫼，音羲。”櫼，《集韵》虚宜切。《广韵》作稀，许羁切，“杓也”，音义俱同，是异体字。今闽方言仍呼勺为“桸”，如说“鲎桸”，是鲎壳所制水勺，福州音［hau꜇ ꜀hie］，泉州音［hau꜇ ꜀hia］。闽南又可说“匏桸”（葫芦瓜壳所制）、“粗桸”（粪勺）。虚宜切属支韵，支韵字白读闽南有 ia 的对应，如骑、寄、徛。

瀞　《说文·水部》：“瀞，冷寒也。”《集韵》差梗切：“楚人谓冷。”又楚庆切：“冷也，吴人谓之。”吴楚音近义同。今闽语多谓冷为“瀞”，读同古吴语的去声，福州音［tshɛiŋ꜆］，一般用指天气冷，物冷谓“冻”。厦门音［tshin꜆］，用指物冷，天冷谓“寒”。

濑　《汉书·武帝纪》：“甲为下濑将军。”颜师古注：“服虔曰：‘甲，故越人归汉者也。’臣瓒曰：‘濑，湍也。吴、越谓之濑，中国谓之碛。’”《楚辞·九歌·湘君》：“石濑兮浅浅。”王逸注：“濑，湍也。”今闽北、闽南均称浅滩为“濑”。建瓯音［suɛ꜆］，泉州音用作名词时音［lua꜆］，用作形容词时音［sua꜆］。闽台两省“濑”作通名亦不少见。南安有洪濑镇，莆田有濑溪，台北有周濑村，台南有石子濑村。

吴、越、楚都是中国古代的诸侯国。《吴越春秋》和《越绝书》都反复强调：“吴与越，同音共律”，“同俗并土”，“同气共俗”。所谓“江东”的古吴语，应和越（瓯越）语相近。从族缘关系说，闽越似乎同吴楚两面都有关系。荆楚、南楚在西汉之前都称为“蛮”（荆蛮、楚蛮、南蛮），“蛮”是南方诸族的泛称，楚是蛮人所建的国家。《史记·吴太伯世家》索引注：“蛮者，闽也。南夷之名。”今闽北、闽南仍是蛮、闽同音，建瓯音［꜂maiŋ］，厦门音［꜁ban］。楚和吴处于长江中下游，地势平坦，民间应不乏往来，侯国之间则多次交战。春秋之后，楚、吴、越先后强盛起来，和中原诸侯争霸称雄。晋曾联吴攻楚，公元前 506 年，吴王伐楚，攻陷楚都，公元前 473 年越灭吴，公元前 306 年楚灭越。公元前 202 年，越的后裔无诸被立为闽越王。不久闽越又与越的另一后裔瓯越相互攻击。可见，不论从民族关系还是交往关系说，闽与楚、吴两边都有关系。加上孙吴之后的移民也是来自吴楚两地，闽方言中保留这些很有特色、很常用的古吴语、古楚语以及吴楚共用的语词，就很容易理解了。特别有趣的是，这些古吴语和古楚语的词汇在现今的吴地、楚地大多已经失传，反而完好地保留在闽语之中，这就像古生物的化石，按古时候的原样保留下来了。可惜文献中关于古吴语和古楚语的记载太少了，否则一定可以发现更多的这类保留在口中的“文物”。

关于闽语和吴语的关系，已经引起了学术界的注意。有些学者陆续做了一些探索，不论是现状的比较或历史渊源的考证，都应该受到欢迎。然而有的学者很快就做出推论，说闽语的前身就是吴语，这种说法显然带有片面性。在中原汉人入闽之前，闽中有古吴语，也有古楚语，当然还有古闽越语。福建方言是多源的，这就是本书的结论。究竟吴、楚、闽各占多少比例，何种为主，有无时代之分，这就需要做进一步的研究了。

第二节　中原汉人入闽和闽方言的形成

福建的进一步开发是中原汉人的大批移民所带来的。从东晋到唐末，前后五六百年间，大规模的中原汉人入闽有过三次。现在福建境内的主要方言——闽方言，就是随着这三次中原汉人入闽的迁徙逐渐形成的。

一、东晋南朝的移民和闽北方言的形成

闽中地方志和族谱，历来有西晋永嘉之乱中原大族南迁入闽的说法，乾隆《福州府志·外纪》引《九国志》称，晋永嘉二年（308年），中州板荡，衣冠始入闽者八族：林、陈、黄、郑、詹、邱、何、胡是也。以中原多事，畏难怀居，无复北向，故六朝间仕宦名迹，鲜有闻者。这一说法影响最大。其实，经朱维幹教授考证，《九国志》并无此原文。永嘉之乱后，随着王室南迁，衣冠士族确实纷纷渡江避难，平民百姓也四散奔逃，但据谭其骧先生考证，南迁汉人大多止于苏南，达湘赣者已少，并无入闽的记载。当时门阀制度盛行，名门贵族南迁之后携着家奴乡民聚集在一起，往往要建立侨置州郡，而闽中并无侨置州郡之设。当时的福建还是一片荒凉。据《晋书·地理志》所载，自建安郡分立晋安郡时建安郡统县七，晋安郡统县八，才各有4300户，全闽8600户，人口数当仅有数万。名门贵族何必长途跋涉来此蛮荒之地！那期间辗转入闽的平民百姓也许有，但为数不可能太多，许多族谱中自称衣冠士族，

大多攀附名门，不足为凭。

正如朱维幹先生指出的，北人入闽于正史的最早记载为《陈书·世祖纪》所云："天嘉六年三月乙未诏：'侯景以来，遭乱移在建安、晋安、义安郡者，并许还本土，其被略为奴婢者，释为良民。'"可见侯景之乱后，过江北人有继续南下入闽的。关于这次移民，罗香林研究的结论也与此相近，他说："仕宦的人家，多避难大江南北，当时号曰'渡江'，又曰'衣冠避难'，而一般平民则多成群奔窜……青徐诸州的流人，则多集于今日江苏南部，旋复沿太湖流域，徙于今日浙江及福建的北部。"① 南朝近二百年间，福建较之江左江右，相对平静，南渡北人辗转入闽是合理的。其定居地也由闽北山区扩展到闽东闽南沿海。梁天监间析晋安郡南境另置南安郡（辖地为今闽南地区）可以作为旁证。

因此，准确地说，继东吴开发闽北之后，中原汉人的入闽是南朝梁侯景之乱后自江浙等地继续南下的，这次迁徙是长时间、小批量的，主要定居地应是闽北，也有辗转到了闽江下游、木兰溪和晋江流域的。当时的闽北占有全闽一半的县和一半的人口。闽北方言是福建境内最早形成的方言。应该说它在六朝时期就形成了。它的一些古老的方言特点是其他闽方言所没有的。例如从上古到中古的声母中有全浊声母 b、d、g、ɦ、dz 等，现代闽方言中仅见于闽北的石陂、建阳、崇安等地。又如来母字读 s 声母（如聋、篮、鳞、笠、雷、箩等）则见于闽北各县及将乐、邵武、永安等地，闽东闽南极少发现。

二、初唐的征战、屯垦和闽南方言的定型

清代顾祖禹编著的《读史方舆纪要》卷九十九"柳营江条"云："六朝以来，戍闽者屯兵于龙溪，阻江为界，插柳为营，江当梅溪之交，两山插峙，波涛激涌，西岸尽属'蛮獠'。"其中所说的"蛮獠"，应该就是畲族的先民。

唐总章二年（669 年）漳潮间"獠蛮啸聚"，朝廷命中州颍川人陈政为岭南行军总管，统率府兵 3600 名入闽，镇守于漳浦，后其母和兄弟又带领五十八姓军校前来增援。陈政驻漳后，讨平 36 个畲寨，杀蓝、雷二酋。陈政病逝

① 罗香林：《客家研究导论》，台北古亭书屋，1975 年版，第 41 页。

后，21岁的儿子陈元光继父为将，又于仪凤二年（677年）及永隆元年（680年）继续扫平来犯潮州的苗自成、雷万兴，攻克其盘陀岭主力，拓地千里，因请置州。武后垂拱二年（686年）置漳州，陈元光任刺史。自陈政起，陈氏四代守漳，历百年之久。随陈政戍闽的五十八姓各等官佐大都是中州老乡，也都先后在漳落籍。

漳州《颍川开漳族谱》载有《陈将军侯夜行师七唱》，其中第二首云：

屹然一镇云霄末，渐尔群言花柳春。
男生女长通蕃息，五十八氏交为婚。①

安定的局势加以优越的自然条件，他们在沿海围垦煮盐、造船出海，在山区开矿、烧瓷、种菜、种粮，经济有了发展。漳泉二州人口猛增。据唐代李吉甫《元和郡县图志》载，开元年间，漳泉二州7个县共有5万多户，占全闽五州24个县总户数的一半以上。这个人口统计数字很能说明问题。

陈政手下的司马丁儒告老之后有《归闲诗二十韵》：

漳北遥开郡，泉南久罢屯。
归寻初旅寓，喜作旧乡邻。
好鸟鸣檐竹，村黎爱幕臣。
土音今听惯，民俗始知淳。
……
雪霜偏避地，风景独推闽。
辞国来诸属，于兹缔六亲。
追随情语好，问馈岁时频。
相访朝和夕，浑忘越与秦。
功成在炎域，事定有闲身。

① 转引自朱维幹：《福建史稿》（上），第117页。

词赋聊酬和，才名任隐沦。
呼童多种植，长是此方人。[①]

天宝十四年（755年）爆发了安史之乱，黄河流域激战多年，到处田园荒芜，宫殿被焚，民不聊生。江南则相对稳定，加之以气候温和、土地肥沃，物产丰富，于是出现了北人南下的第二次高潮。李白在《永王东巡歌》中写道："三川北虏乱如麻，四海南奔似永嘉。"北人自淮河西，渡过长江，辗转流入福建的也有。黄滔《福州雪峰山故真觉大师碑铭》提到，仅是贞元四年（788年）"奔闽之僧尼士庶"一次便达5000人。[②]

到了中唐，看来不论是老泉州还是新漳州，是久居的土著还是新来的移民，是幕臣还是村黎，大家都十分融洽，彼此听惯的土音，也就是定型了的闽南方言了。莆仙话是宋以后分化出来的，当时应和漳泉音无明显差别。五代的时候，泉州的禅宗和尚曾有语录《祖堂集》，他们说的话基本上是当时的官话，但也杂有泉州话。有些句型和用词从那时到现在一直没有发生过变化。例如：

师云："谁人缚汝？"对曰："无人缚。"师云："既无人缚汝，即是解脱，何须更求解脱？"（卷二，第41页。"缚"即捆绑；"汝"即你）

师曰："吃饭也未？"对曰："吃饭了也。"（卷四，第83页。"吃饭了"即吃过饭）

僧问："五逆之子还爱父的也无？"（卷十，第193页。"五逆"即大不孝）

师云："看汝不是这个脚手。"（卷十，第208页。"脚手"即角色）

师云："忽遇道伴相借问，作摩生向伊道？"（卷十一，第216页。"相借问"即动问；"作摩"即做什么；"伊"即他）[③]

---

① 《古今图书集成·职方典》（漳州府部）第1106卷，中华书局重印本，第17634页。
② 转引自葛剑雄等：《简明中国移民史》，福建人民出版社，1993年版，第249页。
③ 柳田圣山主编：《祖堂集》，日本中文出版社，1984年版，所注卷数及页码皆据此书。

三、五代闽的割据和闽东方言的定型

中唐之后，王室衰微，社会动乱，福建也走了下坡路。由于土地兼并，赋税繁重，政治腐败，经济受到摧残，黄巢起义的战场也扩大到闽北和闽南，全闽人口因逃亡和迁徙而锐减。据《元和郡县志》，自开元到元和的100多年间，全闽户数自10万多户减至7万多户。福州、泉州减少尤多。

从唐末到五代的100多年间，战乱不断，中国大分裂，北方是五代更迭，南方则十国争雄。大江南北到处不得安宁，唯独闽中五州相对得到休养生息，安静了数十年，这便是王潮、王审知兄弟的贡献。

王氏兄弟原是河南光州固始农民。在唐末起义军中当过小头目，跟着王绪自江西转战闽西、闽南、粤北、粤东。见王绪行为不端，军纪败坏，王潮除去了王绪，被众将推为主帅。到泉州时又被荐为刺史。不久进兵福州，平定了建州、汀州，被唐昭宗封为福建观察使，据有全闽。后又升为威武军节度使。王潮死后其弟王审知继任，后梁开平三年（909年）被封为闽王。

王氏兄弟执政期间，采取保境安民的措施，一改横征暴敛、军人干政、贪污腐败之风，生活俭朴、礼贤下士，集中全力为民理政。数十年间，兴修水利，奖励工商，开辟甘棠港，发展对外贸易，海舶北上辽东、渤海、新罗，南航占城、三佛齐。又设学四门，安抚南下逃难的文人学士，闽中文教因之而兴。《旧五代史・王审知传》说："审知起自陇亩，以至富贵，每以节俭自处，选任良吏，省刑惜费，轻徭薄敛，与民休息。三十年间，一境晏然。"

王潮兄弟的起义军本来就是在河南光州、寿州一带组织起来的，他们在闽发迹之后，又有许多老乡南来依附。罗香林的《客家研究导论》说："颍淮汝三水间留余未徙的东晋移民，至是亦渡江南下，至汀漳，依王潮兄弟。"[①]夺得全闽之后，社会安定，经济繁荣，不但来者未返，还陆续有中州人前来避乱。因此，闽中户口有了大幅度的增加。王氏执政期间，将乐、延平升为镛州、镡州，并增设了闽清、罗源、永春、宁德、顺昌、同安等6个县。到

① 罗香林：《客家研究导论》，第46页。

了北宋初年，据《太平寰宇记》，闽中31县总户数达46.7万，是唐元和年间的6倍多。

这次移民时间短、批量大，主要定居地是福州一带。现在的闽东方言显然就是在那个时候形成的。

唐末诗人顾况曾有以《囝》为题的古体诗，写的是闽吏为朝廷置办阉宦、买卖人口的事：

团生闽方，闽吏得之，乃绝其阳。
为臧为获，致金满屋；
为髡为钳，如视草木。……
郎罢别团："吾悔生汝！
及汝既生，人劝不举。
不从人言，果获是苦。"
团别郎罢，心摧血下：
"隔地绝天，及至黄泉，不得在郎罢前。"①

诗中所用方言词和今日福州话毫无二致：囝［ᶜkiaŋ］指儿子。郎罢［꜀louŋ maᵓ］指父亲。汝［ᶜny］则是第二人称代词，表示"你"。

四、从三次北人南下看闽方言的历史层次

中原汉人三次入闽之后，闽方言便基本定型了。当时的闽北、闽南、闽东三种方言之间应该是有差别的，但差别也不会太大。移民祖籍大多是河南中州一带，来闽定居的时间前后相差只有三四百年。由于福建多山，历来交通不便，加上封建割据和自然经济的长期停滞，各区方言形成之后彼此之间的交往并不多，千百年来，各自按照自己的规律发生变异，因而差异越来越大。另外两个小方言区则是后来才分化出来的，一是莆仙方言，与宋置兴化

① 《全唐诗》（上），上海古籍出版社，1986年版，第657页。

军有关；一是沙县永安一带的闽中方言，是元明之后才从闽北方言分化出来的。

中原汉人入闽显然带来了比原住民及先到的吴楚人更先进的文化，正是这种文化上的优势，使得中原的汉语成了闽方言的主体成分，而原来的闽越人的语言以及古吴语和古楚语都退属次要成分了。

从六朝到唐五代正是上古汉语发展为中古汉语的转变期。先期入闽的北人带来的是上古音和上古语词，晚期入闽的则带来中古音和中古语词。此后的1000年间，闽中并无大的战乱，人口变动较少，方言演变也比较缓慢。因此，从现代的闽方言，我们还可以明显地看到上古和中古的两个语言层次。上古层语音多见于口语词，中古音则多见于书面语。以下分别举例说明。

（一）闽方言中的上古汉语遗存

1. 语音。

唐以前轻唇读为重唇（f 读为 p、ph），史称“古无清唇”，闽方言至今仍将许多轻唇音字读为重唇音声母。例如：

	分	斧	饭	蜂	房	放	网	尾
福州	꜀puoŋ	꜂phuo	pouŋ꜅	꜀phuŋ	꜁puŋ	pouŋ꜄	mɔyŋ꜅	꜂mui
建瓯	꜀puiŋ	꜂py	pyiŋ꜅	꜀phɔŋ	꜂pɔŋ	pɔŋ꜄	mɔŋ꜇	꜂myɛ
厦门	꜀pun	꜂pɔ	pŋ꜅	꜀phaŋ	꜁paŋ	paŋ꜄	paŋ꜅	꜂be

唐以前舌上音均读为舌头音（ȶ 读为 t），史称“古无舌上”。闽方言至今无舌上音。例如：

	中	竹	抽	拆	除	陈	直	重
福州	꜀tyŋ	tøyʔ꜆	꜀thiu	thiɛʔ꜆	꜁ty	꜁tiŋ	tiʔ꜇	tɔyŋ꜅
建瓯	꜀tœyŋ	ty꜆	꜀thiu	thia꜆	꜀ty	꜂teiŋ	tɛ꜅	tɔŋ꜅
厦门	꜀tiɔŋ	tik꜆	꜀thiu	thiaʔ꜆	꜁tu	꜁tan	tit꜇	taŋ꜅

上古音匣母和见、溪、群母相关，谐声也通谐（如甲—匣、鸽—合、今—含）。闽方言把部分匣母字读为 k 声母。例如：

	猴	糊	咸	滑	厚	汗
福州	꜁kau	꜁ku	꜁kɛiŋ	kouʔ꜇	kau꜅	kau꜅
建瓯	꜂ke	꜂ku	꜂keiŋ	ko꜇	ke꜇	kuiŋ꜅
厦门	꜁kau	꜁kɔ	꜁kiam	kut꜇	kau꜅	kuã꜅

上古歌韵字读 a 元音，汉代佛经译音以陀、罗译 da、la，今闽方言歌韵字白读仍有以 a 或舌位略高的 ɛ 为主要元音的。例如：

	箩	大	我	拖
福州	꜁lai	tuai꜅	꜂ŋuai	꜀thua
建瓯	suɛ꜄	tuɛ꜅	ŋuɛ꜇	꜀thuɛ
厦门	꜁lua	tua꜅	꜂gua	꜀thua

2. 词汇。

这里只列举上古语词在其他方言已经失传、在闽方言还是各地相当一致的常用词为例，以东汉许慎所编我国最早字书《说文解字》为证：

鼎　《说文·片部》："鼎，三足两耳，和五味之宝器也。"今闽方言多称铁锅为"鼎"。福州音［꜂tiaŋ］，厦门音［꜂tiã］。

汤　《说文·水部》："汤，热水也。"今闽方言仍称热水为"汤"，福州音［꜀thouŋ］，厦门音［꜀thŋ］。

喙　《说文·口部》："喙，口也。"今闽方言多称口为"喙"，音［tshui꜄］（福州、厦门同音）。

跋　《说文·足部》："蹎，跋也。"今闽方言多谓跌倒为"跋"，音［puaʔ꜇］（福州、厦门同音）。

坪　《说文·土部》："坪，地平也。"今闽方言多称大片平地为"坪"。福州音［꜁phaŋ］，厦门音［꜁phiã］。

塗　《说文·土部》："塗，泥也。"今闽方言多称泥土为"塗"，福州音［꜁thu］，厦门音［꜁thɔ］。

骹　《说文·骨部》："骹，胫也。"今闽方言多称足为"骹"，福州、厦门音［꜀kha］，建瓯音［꜀khau］。

櫼　《说文·木部》："櫼，楔也。"今闽方言多称楔子为"櫼"，福州音

[꜀tsieŋ]，厦门音 [꜀tsĩ]。

秫 《说文·禾部》：“秫，稷之黏者。”今闽方言多称糯米为“秫”，福州音 [suʔ꜇]，厦门音 [tsut꜇]。

袒 《说文·衣部》：“袒，衣缝解也。”今闽方言多称缝衣为“袒”，福州音 [thieŋ꜄]，厦门音 [thĩ꜅]。

歠 《说文·欠部》：“歠，饮也。”今闽方言多称喝汤的动作为“歠”。福州音 [tshuɔʔ꜆]，厦门音 [tsheʔ꜆]。

欶 《说文·欠部》：“欶，吮也。”今闽方言多称吮为“欶”，福州音 [sɔʔ꜆]，厦门音 [suʔ꜆]。

鑢 《说文·金部》“鑢，错铜铁也。”今闽方言多称用锉刀锉为“鑢”，福州音 [lɔ꜄]，厦门音 [lue꜄]。

（二）闽方言中的中古汉语遗存

1. 语音。

中古音见系声母不论与何种韵母相拼均读为 k、kh、h，今闽方言各点均无例外。

	高	交	桥	晓	囝	陷	壳	雄
福州	꜀ko	꜀kau	꜁kyo	꜂hiu	꜂kiaŋ	haŋ꜅	khɔyʔ꜆	꜁hyŋ
建瓯	꜀kau	꜀kau	kiau꜄	꜂hiau	꜂kyiŋ	haŋ꜅	khu꜆	꜂hœyŋ
厦门	꜀ko	꜀kau	꜁kio	꜂hiau	꜂kiã	ham꜅	khak꜆	꜁hiɔŋ

中古音的四等韵应是不带 i 介音的洪音，今闽方言口语中的开口四等韵常用字仍读洪音（普通话及多数方言读为带 i 的细音）。例如：

	底	脐	西	牵	节做～	叠	钉动词	踢
福州	꜂tɛ	꜁sai	꜀sɛ	꜀khɛiŋ	tsaiʔ꜆	thaʔ꜇	tɛiŋ꜄	thɛiʔ꜆
建瓯	꜂tai	tshɛ꜄	꜀sai	꜀khaiŋ	tsai꜆	tha꜅	taiŋ꜄	thɛ꜆
厦门	꜂tue	꜁tsai	꜀sai	꜀khan	tsueʔ꜆	thaʔ꜇	tan꜄	that꜆

中古音鱼虞二韵读音有别，今普通话与多数方言已经不分，各地闽方言尚有一些常用字读为不同韵母。例如：

	苎	去	梳	初	柱	树	住	厨
福州	tɔ꜅	khɔ꜄	꜀sœ	꜀tshœ	thieu꜅	tshieu꜄	tieu꜅	꜁tiu
建瓯	ty꜇	khɔ꜄	꜀su	꜀tshu	thiu꜅	tshiu꜅	tiu꜅	tiu꜄
厦门	tue꜅	khi꜄	꜀sue	꜀tshue	thiau꜅	tshiu꜅	tiu꜅	꜁tu

中古音声调有入声，声母分清浊，今闽方言各点大体按声母清浊把入声字分读为阴入和阳入两类。例如：

	索	粟	竹	百	额	麦	特	药
福州	sɔʔ꜆	tshuɔʔ꜆	tøyʔ꜆	paʔ꜆	ŋiaʔ꜇	maʔ꜇	teiʔ꜇	yoʔ꜇
建瓯	sɔ꜆	sy꜆	ty꜆	pa꜆	nia꜇	ma꜇	thɛ꜇	iɔ꜇
厦门	soʔ꜆	tshik꜆	tik꜆	paʔ꜆	hiaʔ꜇	beʔ꜇	tik꜇	ioʔ꜇

2. 词汇。

唐宋间许多口语词至今在闽方言中仍为常用词，而在其他方言则较为少见。仅以唐宋诗词中常见的几个单音词为例：

解　《广韵》胡买切："解，晓也"。普通话应读 xiè，意义相当于今口语的"会"，福州音 [a꜅]，厦门音 [e꜅]，在唐宋诗词中有许多用例，如王维《听百舌鸟》"入春解作千般语，拂曙能先百鸟鸣"，张渭《夜同宴》"竹风能醒酒，花月解留人"，白居易《池上竹下作》"水能性淡为吾友，竹解心虚即我师"，韩愈《醉赠张秘书》"不解文字饮，惟能醉红裙"，李商隐《哭刘贲》"只有安仁能作诔，何曾宋玉解招魂"。这些用例中"解"与"能"都见于可以互换的对偶句中（古称"互文"），最为明显。此外用例尚多，常见的如杜甫《月夜》"遥邻小儿女，未解忆长安"，李白《月下独酌》"月既不解饮，影徒随我身"。

去　用于动词之后，不是表示趋向而是表示动作的完成。闽方言均读轻声，福州音弱化为 [o]，厦门音 [khi]。唐宋间也有许多用例，如王维《观别者》"不行无可养，行去百忧新"，李商隐《题僧壁》"大去便应欺粟颗，小来兼可隐针锋"，苏轼《海棠》"只恐夜深花睡去，故烧高烛照红妆"，史达祖《祝英台近》"此情老、去须休，春风多事，便老去、越难回避"。这些用例对应成普通话只能说"了"，用闽方言的用作动词补语的"去"读来却十分切合原意。

故　用作副词，意为“还、尚、犹”。今闽方言仍有此用法，福州音［ku꜄］，厦门音略有变化读为［koʔ꜆］。唐宋诗词用例，如杜甫《绝句漫兴》“熟知茅斋绝低小，江上燕子故来频”，杜甫《秋兴》“信宿渔人还汎汎，清秋燕子故飞飞”，王安石《观明州图》“投老心情非复昔，当时山水故依然”，黄庭坚《和外舅夙兴》“短童疲洒扫，落叶故纷披”。

底　有两种用法。一种是疑问指代词，相当于“哪，何”。福州话“何人”曰“底侬”［꜂tie꜀nœyŋ］，“何处”曰“底呢”［꜂tie꜀nœ］，泉州话“何处”说“底处”［꜃ti tə꜄］，“何人”曰“底侬”［꜃ti꜁laŋ］，唐诗中此类用例也甚多，有时还只用一个“底”字，如白居易《早出晚归》“若抛风景常闲坐，自问东京作底来”，韩愈《泷吏》“湖州底处所，有罪乃窜流。侬幸无负犯，何由到而知”，范成大《双燕》“底处双飞燕，衔泥上药栏”。有时又写同音字“抵”。例如温庭筠《西洲曲》“去帆不安福，作抵使西风”。“底”又用作方位词“里面”，相当于现代汉语书面语说的“底里”。今福州话音［꜂tie꜂lie］的用法与唐宋诗里用例亦十分切合。例如杜甫《哀王孙》“长安城头头白鸟，夜飞延秋门上呼。又向人家啄大屋，屋底达官走避胡”，杜甫《昼梦》“故乡门巷荆棘底，中原君臣豺虎边”，杨万里《花屿》“桃花无言照水光，玻璃盆底洗新妆”，辛弃疾《卜算子·荷花》“根底藕丝长，花里莲心苦”。

着　有两种用法，一是“在”，一是“应该、需要”，两种用法都见于现代闽方言，福州音［tuoʔ꜇］，厦门音［tioʔ꜇］。在唐宋诗词中可见到许多用例。用作“在”的例如：元稹《定僧》“落魄闲行不着家，遍寻春寺赏年华”，杨万里《怀古堂前小梅渐开》“绝艳元非着粉团，真香亦不在须端”，张元幹《醉落魄》“惜花老去情犹着。客里惊春，生怕东风恶”。用作“应该，需要”的例如：陈师道《独坐》“魑魅须游子，乾坤着腐儒”，陆游《病愈看镜》“镜中稍复旧朱颜，一笑衰翁乃尔顽。三百瓮齑消未尽，不知更着几年还”，薛昂夫《楚天遥带过清江引》“有意送春归，无计留春住。明年又着来，何似休归去”。

斗　有两种用法，作动词表示“拼合”，作副词表示“竞相”，两种用法也均见于现代闽方言，音［tau꜄］。唐宋诗词中，前者用例如：晁补之《扬州杂咏》“双堤斗起如牛角，知是隋家万里桥”，辛弃疾《鹊桥仙》“三分兰菊十分梅，斗合就、一枝风月”。后者用例如：晏殊《酒泉子》“春色初来，遍拆红芳千万树。流莺粉蝶斗翻飞，恋香枝”，晁元礼《感皇恩》“醉中但记，红围绿绕，人面花光斗相照”，曹冠《水调歌头·红梅》“好向歌台舞榭，斗取红妆娇面，偎倚韵偏宜”。

共　用作连词“和”，今福州话、漳州话仍是口语常用说法，泉州话则多见于戏曲唱词。唐宋诗文用例如：王勃《滕王阁序》“落霞与孤鹜齐飞，秋水共长天一色”，无名氏《花前饮》“告你休看书，共我花前饮”，刘孝绰《酬陆长史倕》“萧条聊属和，寂寞少知音。平生意何托，怀抱共君深”。

乞　福州音［khøyʔ̠］，厦门音［khit͙］，都有“给予”和“求取”两个义项，是反义相训，两种用法也都见于唐诗。杜甫《戏简郑广文虔兼呈苏司业源明》“赖有苏司业，时时乞酒钱”，白居易《杨柳枝词八首》之七“小树不禁攀折苦，乞君留取两三条”。前者是“给予”，后者是“乞求”。

泥　明代胡震亨《唐音癸签》说：“俗谓柔言索物曰泥，乃计切。谚所谓软缠也。”他还引证了诸多诗句：杜子美诗“忽忽穷愁泥杀人”，元微之《忆内》诗“泥他沽酒拔金钗”，《非烟传》诗“脉脉春情更泥谁”，杨乘诗“昼泥琴声夜泥书”。[①] “泥”的这种用法见于今福州话，音［꜀nɛ］。

以上的常用词不但常见于唐宋的诗词和口语，也为现代闽方言所常用，最能证明闽方言正是唐宋之间定型的。

第三节　客赣的迁徙和闽西、闽北客赣方言的形成

一、客家入闽和闽西客家方言的形成

在福建境内，除了闽方言之外，分布最广、使用人口最多的便是客赣方言。其中，闽西的客家方言区又比闽西北赣方言区地域大，人口多。

关于客家的迁徙，许多史家已经做过周密详尽的研究，把正史的记载和

① 胡震亨：《唐音癸签》，上海古籍出版社，1981年版，第251页。

民间谱牒的记述结合起来，得到一致而可信的结论。这就是罗香林所概括的客家“三次南迁”论。[①]

客家的第一次迁徙是西晋永嘉之乱后渡江南下，自山西、河南经汝颍平原，达长江两岸。就长江南岸而言，建康（今南京）及沿江南岸最多，有的到了江西的九江和上饶之间，远的甚至赣南的赣州和南康都有他们的足迹。

客家的第二次迁徙是唐末的黄巢起义之后，河南、安徽等地难民渡江入赣，此前在赣北定居的则又南下赣南或由福建宁化的石壁村迁入闽西，这次迁移远者已达循、惠、韶等地，近者则达福建宁化、汀州、上杭、永定等地。

乾符六年（879年）赣北和闽北也成了农民军的主战场，据《新唐书·黄巢传》载，黄巢部队“收众踰江西，破虔、吉、饶、信等州，因刊山开道七百里，直趋建州……儳路围福州”。当时的浙江、湖南，以及两广也是烽烟滚滚，到处烧杀抢掠。欲从赣北平原逃难，唯一可以选择的便是人烟稀少的闽西。那里是开元年间刚设置的汀州，置州时才有3000多户人口，辖长汀、宁化两个小县。恰好在石城与宁化之间有一条平坦的通道和一片河谷盆地——石壁村，石壁村于是成了大批赣北、赣中难民入闽的中转地。许多客家族谱都记载了先祖当时自宁化石壁村入闽的经过。

《崇正同人系谱·罗氏》记载，“唐末有铁史公之子景新，因避黄巢之乱，与父子分散于虔州，乃迁于闽省汀州、宁化县石壁洞葛藤村紫源里家焉。”

兴宁《廖氏族谱》记载，“唐时我祖由江西雩都，避黄巢乱，迁汀州、宁化石壁寨。”

《崇正同人系谱·薛氏》记载，“南方薛族，则由唐代黄巢之乱，其族有避乱而南徙于福建宁化县石壁乡者。”（以上各条引自罗香林《宁化石壁村考》）

《松口钟氏族谱》记载，“向公为江阳太守，时因军乱大变，自颍川逃难，在江西雩都县竹子坝穽窾乡住。后流在福建宁化县白虎村安家乐业。”

《崇正同人系谱·温氏》，温氏原住江西南昌，“至九郎公因遇黄巢之乱，

① 参阅罗香林：《客家研究导论》，第37—92页。

转徙闽汀之上杭”。(以上各条引自罗常培《语言与文化》)

从闽西唐宋间人口的变动可以看出，唐末入闽的客家先民是大批量的。据《元和郡县图志》，唐元和间，汀州辖有长汀、宁化和沙县3个“中下”小县，总计只有2618户。到了北宋初年，据《太平寰宇记》，这里已增至2万多户，翻了近10倍。宋代中叶，汀州增设莲城（元代改为连城）、清流、上杭、武平4县，据《元丰九域志》，全州已有81454户，是宋初的近4倍。

客家先民初到闽西时，闽西主要是畲族的聚居地。此外，还有少数先期定居的南下汉人。经过唐朝初期陈政、陈元光的镇压，畲族的人口锐减，处境十分艰难。客家定居之后，成了闽西居民的主体，各方面都占着优势。经过长时间的民族融合，畲民学会了客家话，后来又陆续从闽西向闽北闽东的山区迁徙。

经过唐末的大迁徙，客家先民在闽西、赣南“反客为主”之后，到了宋代，那里的客家方言大体定型了，在当年的闽西、赣南之间形成的客家话应该还没有明显的差异。

二、从客家方言的历史层次看它的形成年代

根据以上分析，客家先民主要是晚唐五代之间离开中原的，南下渡江之后又经历了江左江右的动荡生活，宋代时才在闽西赣南站稳脚跟。应该说，客家方言最早正是两宋时期在闽西赣南定型的。当然，从两宋到现在，闽西客话又发生了新的变异，但是定型之后的一些基本特点还是可以从现代的方言口语中找到例证。以下仍从语音、词汇两方面举例简述。

1. 语音方面。

从汉语语音发展的历史过程看，现代客家方言的语音特点，可以区分出四个不同的历史层次。

最老的是反映中唐之前的语音特点的，例如口语中少数轻唇字读为重唇（分、肥、网），个别舌上字读为舌头音（知），鱼虞两韵少数字读音有别（去鱼/树柱），一些蟹摄齐韵字读为洪音（底、齐、弟）。这类字虽然只是少数，却是明显的历史遗存。反映了客家先民曾经住在长江以北的时期的语音特点。

例如：

	分	肥	网	知	去
长汀	꜀peŋ	꜁phe	꜂miɔŋ	꜂ti	he꜄
宁化	꜀pɛ̃i	꜁phi	꜂miɔŋ	꜀tsɿ	khə꜄
上杭	꜀fɛ̃	꜁phɛi	꜂miɔŋ	꜀tsɿ	khei꜄
	树	柱	底	齐	弟
长汀	ʃu꜅	꜀tshu	꜂te	꜁tshe	꜀the
宁化	su꜅	꜀tshu	꜂te	꜁tshie	꜀thie
上杭	꜂səu	tshəu꜄	꜂tie	꜁tshɿ	꜀the

其次是反映晚唐五代间的语音特点，例如匣母、云母相混（横、围二字声母相同），山蟹一二等韵有别（盖、干与介、间不同韵），曾、梗两摄字韵母有别（升、食与声、石不同韵），这类字比前一类略多，比下一类主流的层次又较少。

	横	围	盖	干	介	间	升	食	声	石
长汀	꜁vaŋ	꜁vi	kue꜄	꜀kũ	kai꜄	꜀kaŋ	꜀ʃeŋ	sɿ꜅	꜀ʃeŋ	ʃa꜅
宁化	꜁vaŋ	꜁vi	kua꜄	꜀kuæ̃	ka꜄	꜀kæ̃	꜀sɛ̃i	sɿ꜅	꜁ʃaŋ	sa꜅
上杭	꜁vā	꜁vi	kuo꜄	꜀kuõ	tɕia꜄	꜀kã	꜀səŋ	seiʔ꜇	꜀sã	sɒʔ꜇

当然，客家话大量的语音特征是属于两宋时期这一历史层次的。包括全浊声母清化（盘、步、白、豆、坐、贼等读送气清声母），影、微、云等声母的合流（温、闻、运等合为 v），见系二等字大多未腭化（减、巧、瞎读 k、kh、h），歌麻二韵为 o、a 之别（歌、家），唐江二韵字相混（讲、角、降、各），精庄组声母不分（粗、苏与初、书）。这类特点不但条目多，管的字也多，是客方言语音的主流。例如：

	盘	道	温	闻	运	减	巧	瞎	歌	家
长汀	꜁phaŋ	thɔ꜄	꜀veŋ	꜁veŋ	veŋ꜄	꜂kaŋ	꜂tʃhiɔ	꜁hai	꜀ko	꜀ka
宁化	꜁phaŋ	thɒ꜄	꜀vɛĩ	꜁vɛĩ	viŋ꜄	꜂kaŋ	꜂khiɑu	xa꜆	꜀ko	꜀kɒ
上杭	꜁phã	꜂thɔu	꜀vɛ̃	꜁vɛ̃	꜂vəŋ	꜂kã	꜂khɔu	haʔ꜆	꜀kɔu	꜀kɒ

	讲	角	降	各	粗	苏	初	书
长汀	꜂kɔŋ	꜁ko	kɔŋ꜄	꜁ko	꜀tshu	꜀su	꜀tshu	꜀ʃʉ
宁化	꜂kɔŋ	ko꜆	koŋ꜄	ko꜆	꜀tshu	꜀su	꜀tshu	꜀su
上杭	꜂kɒ̃	koʔ꜆	kɒ̃꜄	kɔʔ꜆	꜀tshəu	꜀səu	꜀tshəu	꜂səu

还有一些特点是宋以后的变异和创新。包括晓匣合口混入轻唇（虎＝府毁＝匪），全浊上声字和次浊上声字混入阴平调（抱厚/你咬）等等。例如：

	虎—府		毁—匪		抱	厚	你	咬
长汀	꜂fu	꜂fu	꜂fe	꜂fe	꜀phɔ	꜀hɒɯ	꜀ni	꜀ŋɔ
宁化	꜂fu	꜂fu	꜂fi	꜂fi	꜀phɒu	꜀xəu	꜀ŋi	꜀ŋɒu
上杭	꜂fu	꜂fu	fi꜄	fi꜄	꜀phɔu	꜀kheɔ	꜀ni	꜀ŋəu

2. 词汇方面。

大量的客方言特有的词汇都见于两宋时期所编的韵书《广韵》和《集韵》，仅举若干常用的单音核心词便可见一斑：

秆　稻草。长汀音［꜂kũ］，宁化［꜂kuaŋ］。《广韵》古旱切，“禾茎”。

禾　水稻。长汀、宁化均音［꜁vo］。汉以前，泛指谷类，汉以后指水稻。著名的唐诗“锄禾日当午，汗滴禾下土。谁知盘中餐，粒粒皆辛苦”，就是这种用法。

索　绳子。长汀音［꜁so］，宁化音［so꜆］。《广韵》苏各切，“绳索”。

磉　柱下石。长汀说“磉石”，宁化说“磉盾”，《广韵》苏朗切，“柱下石”。

樵　柴火。长汀音［꜁tshiəɯ］，宁化音［꜁tshiau］，《广韵》昨焦切，“柴”。

豚　器物的底部称“豚”。长汀音［꜁tu］，宁化音［tu꜆］。《广韵》丁木切，“尾下窍也”。《集韵》：“臀也。”义有引申。

䠋　脚跟说“脚䠋”，音［꜀tsaŋ］。《集韵》甾茎切，“足筋”。音义合。

浼　身上的污垢。长汀音［꜀maŋ］，宁化音［maŋ꜄］。《集韵》母伴切，“污也”。音义合。

捥　手脚扭伤。长汀音［ve꜄］，宁化音［iəɯ꜆］。《集韵》纡勿切，“拗戾也”。音义合。

沕　潜水说“沕水”。长汀音［mi꜄］，宁化音［mi꜆］。《集韵》莫佩切，“潜藏也”。音义合。

抨　牵、拉、拔均说“抨”。长汀、宁化音［꜀paŋ］。《集韵》晡横切，“相牵也”。音义合。

徛　站立。长汀音［꜀tʃhi］，宁化音［꜂khi］。《广韵》渠倚切，“立也”。浊上归阴平，音义合。

䕻　盖（动词）。长汀音［꜂keŋ］，宁化音［꜂kε̃i］。《集韵》古禫切，“盖也”。音义合。

揞　用手捂住。长汀音［꜀eŋ］，宁化音［꜀ŋε̃i］。《集韵》于金切，“隐闇也”。音义合。

偋　藏匿。长汀、宁化音均为［piaŋ꜄］。《广韵》防正切，“隐僻也；无人处”。音义合。

诪　热闹。长汀音［iɔŋ꜄］，宁化音［꜂iɔŋ］。《广韵》余亮切，“欢也”。欢，《说文》“哗也”，《广韵》“喧也”。音义合。

三、赣人移闽和闽西北方言的赣语化

南宋之后客赣先民又有第三次迁徙。赣南、闽西的客家先民为避战乱或参加勤王义军南下粤北、粤东，使那里成为客家人的大本营。赣北的赣方言区住民则越过武夷山前来闽西北和闽北定居。

闽北原是福建开发最早的地区，据《元丰九域志》，宋以后，闽北的建州又分出南剑州和邵武军，北宋中叶全闽才有100万户，这一带就占着近40万户人家。朱熹在此讲学数十年，麻沙成为全国出版中心。杨时、柳永、严羽、吴棫、宋慈、真德秀、李纲等名臣大家相继而出，闽北成为当时全国的思想文化中心。“建瓷”、“建茶”驰名四海，铜银冶炼在全国举足轻重。北宋是闽北经济文化发展的鼎盛时期。然而封建制度下的土地兼并、繁重的赋役，茶盐采矿官营专卖等，又导致了深刻的社会矛盾。从北宋末到南宋末的100多年间，农民起义此起彼伏，其中南宋初年的范汝为起义聚众20万，征战一年半，义军几乎攻占了闽北的所有州县，并在赣东北及浙南一带游击。历次起义被镇压后，闽北人口锐减。许多在那里住过的文人描写当时的境况：

“前村不复炊烟起，长是清明寒食时。”（萧澥《绍定庚寅纪事五首》）

“江闽五十邑，荆棘五千里。”（赵汝绩《山台吟稿·寄昭武冯司户》）

“旧时苍陌今谁问，却问新移来住人！”（严灿《兵火后还乡》）①

其中的“新移来住人”便是翻过武夷山的赣人。这些后来的定居者大体按路程的近远而递减，邵武军最多，南剑州（主要是将乐、顺昌）其次，建州（主要是西片的崇安、建阳）又次之。近人陈遵统在他主编的《福建编年史》前言中曾提到，他几乎看过邵武各大姓的家谱，可以总括地下个结论：邵武的大部分人民是由中原移转而来，而迁徙的道路，十有八九由江西而来，考究它的年代，大部分是宋代，而宋代之中，南宋初期比北宋多，元兵围汴的前后，又比南宋初期多。② 其实，赣人东来直到明清之后还在继续，在闽北各县到处都有迁来三五代、八九代的江西“老表”。

唐末的客家人迁入闽西和宋末赣人移居闽北，情况有所不同。前者是为避难而来的，来时本地的居民不多，来人自然是“反客为主”了；后者是来谋生的，来时已有许多本地居民。前次是时间地点集中，数十年间大批量一次完成；后一次是长时间地分散到闽北的十几个县。由于这些不同，客家人迁入闽西时带来了自己的方言，并同化了畲语；而赣人的移居闽北则是汉人之间的共处，少数的赣人陆续融入多数的闽人，赣方言的一些特征逐渐为闽

① 转引自朱维幹：《福建史稿》（上），第343页。

② 转引自《福建汉语方言概况（讨论稿）》（上），1962年铅印稿，第8页。

北的闽方言吸收与融合，形成新的方言区。

四、闽西北方言赣化的三个层次

闽西北受到赣语影响的主要是邵武、光泽、建宁、泰宁、顺昌、将乐、建阳、崇安等八个县市。由于移民的数量不同和文化差异，在赣语化上也表现出三种不同的程度。邵武、光泽、建宁、泰宁四地明清划为邵武府，与江西交往最密，赣人移民也多，除了一些闽语底层词汇之外，大体上已经赣语化了。其中最彻底的是闽赣交界处的建宁和光泽，邵武、泰宁的赣语性质也大体明朗。南片的顺昌、将乐和西片的崇安、建阳也都受到一些影响，表现形态有些不同，从总体上看，顺昌、将乐片赣化更多些，崇安、建阳片较少。以下用方言材料来说明这三种不同情况（罗列材料时只取邵武、建宁、泰宁、将乐、崇安五个点）。①

1. 语音方面。

除崇安、建阳片外，古全浊声母都已变为送气清音；又除泰宁外，有清唇音、晓组合口字和非组字合流现象。例如：

	白	大	直	坐	房	粉	花	红
邵武	pha꜅	thai꜅	thə꜅	꜂thoi	꜁foŋ	꜂fən	꜀fa	꜁fuŋ
建宁	phak꜇	hai꜅	tshik꜇	꜂thə	꜁fəŋ	꜂fun	꜀fa	꜁fuŋ
泰宁	꜂pha	hai꜅	꜀hoi	thuai꜅	꜁xuoŋ	꜂xun	꜀xua	꜁xuŋ
将乐	pha꜇	thæ꜅	tha꜇	thuæ꜅	꜁fəŋ	꜂fĩ	꜀fa	꜁fɤŋ
崇安	pa꜇	tai꜅	lei꜇	lo꜅	꜁xoŋ	꜂xuiŋ	꜀xua	꜁xəŋ

除顺昌、将乐片外，透定母读为擦音 h，清从初昌等母读为 th 声母。例如：

① 参阅《闽西北七县市的方言》，见陈章太、李如龙：《闽语研究》，语文出版社，1991 年版，第 219—265 页。

	拖	吞	糖	袋	草	造	春	窗
邵武	꜀xai	꜀xon	thoŋ꜆	xoi꜅	ᶜthau	thau꜅	꜀thin	꜀thoŋ
建宁	꜀hɔ	꜀hən	꜁hɔŋ	hei꜅	ᶜthau	thau꜅	꜀thun	꜀tɔŋ
泰宁	꜀hai	꜀hun	hoŋ꜄	hai꜅	ᶜtho	tho꜄	꜀tshyn	꜀tshoŋ
将乐	꜀thæ	꜀thuɛ̃	thɔ̃꜆	thæ꜅	ᶜtshau	tshau꜄	꜀tʃhỹ	ᶜtʃhɔŋ
崇安	꜀huai	꜀huiŋ	꜁həŋ	lui꜅	ᶜthau	thau꜄	꜀thəŋ	꜀thəŋ

山、咸、蟹、摄一、二等韵韵母有别，例如：

	寒	闲	官	关	杂	插	改	解
邵武	꜁xon	꜁xien	꜀kuon	꜀kuan	thon꜅	than꜆	ᶜkoi	ᶜkai
建宁	꜁hɔn	꜁han	꜀kuɔn	꜀kan	thap꜇	thap꜆	ᶜkei	ᶜkai
泰宁	꜁xuan	꜁xan	꜀kuan	꜀kuan	꜁tha	ᶜtshɛ	ᶜkuai	ᶜkai
将乐	꜁fɛ̃	꜀xɛ̃	꜀kuɛ̃	꜀kuɛ̃	tsho꜇	ᶜtʃha	ᶜkuæ	ᶜkæ
崇安	꜁kuaiŋ	꜁xaiŋ	꜀kuaiŋ	꜁kyaiŋ	la꜇	tha꜆	ᶜkai	ᶜkai

以上是赣方言特点的反映。

除建宁外，闽北方言中有不少字轻唇读重唇，舌上读舌头，来母读 s 的，这是和闽北方言相同的特点。例如：

	分	斧	饭	竹	抽	池	露	六	篮
邵武	꜀pən	ᶜphy	phən꜅	ty꜆	꜀thəu	꜁thi	so꜄	su꜆	san꜆
建宁	꜀fun	ᶜfu	fan꜅	tsuk꜆	꜀thəu	꜁tshi	lu꜅	liuk꜇	꜁am
泰宁	꜀pən	ᶜpy	phən꜄	ᶜiu	꜀hiu	꜁hi	so꜄	su꜅	saŋ꜅
将乐	꜀pɛ̃	ᶜpi	phɛ̃꜅	tiu꜆	꜀thiu	꜁thi	ʃo꜄	ʃu꜄	ʃan꜆
崇安	꜀xuiŋ	ᶜpəu	piŋ꜅	təu꜆	꜀hiu	꜁lei	su꜅	su꜇	꜁saŋ

由此可见，越是靠西，赣语的特征越充分；越是靠东，闽语的特点越鲜明。

2. 词汇方面。

下表所列词汇多取闽方言与赣方言有异的词目，大体可以看出越接近江西的点，赣语词越多；反之，闽语词越多。

普通话	邵武话	建宁话	泰宁话	将乐话	崇安话
稻子	禾	禾	禾	禾	稻子

续表

普通话	邵武话	建宁话	泰宁话	将乐话	崇安话
臭虫	乌蜱	枯蜱	枯蜱	乌蜱	木虱
东西	东西	东西	东西	东西	事
说话	话事	话事	话事	话事	话事
猪	猪	猪	猪	豨	豨
锄头	镢头	镢头	镢头	镢头	锄头
桌子	盘	盘	盘	桌	桌
稻谷	粟	谷	粟	粟	粟
头发	头发	头发	头毛	头毛	头毛
害怕	畏	怕	畏	惊	惊
（人）瘦	瘬	瘦	瘦	瘦	瘬
玩儿	搞	嬉	嬉	嬉	嬉
穿（衣）	颂	着	颂	颂	颂
脱（衣）	脱	脱	脱	褪	褪
茄子	茄儿	茄儿	茄哩	茄	茄子
淡（味）	簮	淡	簮	簮	簮
脚	骹	脚	骹	骹	骹
儿子	囝儿	子	囝哩	囝	囝
锅	鼎	镬	鼎、锅	鼎	鼎
蛋	卵	蛋	卵	卵	卵
房子	厝	屋	厝	厝	厝
道路	垀	路	垀	垀	垀
父亲	爷佬	爷老	爷	爹哩	爷
丈夫	老子	老公	公哩	老公	老翁
妻子	妈娘	老婆	阿娘	老婆	老妈
上午	上昼	上昼	昼前	上昼	昼前
下午	昼了	下昼	昼了	下昼	昼了
哭	哭	啼	啼	啼	啼
知道	晓得	晓得	晓得	晓得	晓识

第四节 零星移民和其他方言的形成

除了闽客赣三种成片的方言之外，福建境内还有几种分布不广、人口不多的小方言区，它们都是由于历史上的某些原因而形成的，逐一介绍如下。

一、浦城县北的吴方言

浦城县位于福建北端，是武夷山和仙霞岭的接合部，面积3300多平方公里。闽江上源支流南浦溪纵贯全境，地势较为舒缓，宜于农耕。东面北面与浙江省的江山、遂昌、龙泉连界，西北面与江西广丰毗连。边界的枫岭关、二度关历来为闽浙赣之间的主要通道。汉武帝迁闽越人于江淮间后，汉人陆续从那里入闽。东汉建安初年设置的建安、南平、汉兴是全闽最早建置的县分。汉兴县随着改朝换代先后易名为吴兴、唐兴，至唐代天宝元年（742年）定名为浦城县，至今未变。据嘉靖《建宁府志》所载，宋代的浦城县有主客户3.4万多户，是当时人口密集的大县。后来几经战乱，人口锐减，至明洪武十四年（1381年）只剩下1.8万多户。近五六百年来，浙江的衢州人和江西的信州人陆续移居浦城。最近的一次是抗日战争期间逃难的浙江人的流入。浙江的衢州和江西的信州两个地区都属吴方言区，浙赣移民带来的吴方言便随着他们的定居而在浦城北部县境安家落户。这就是县城南浦镇及其以北的大半个县的吴方言的来历。

浦城话的语音具有鲜明的吴语的特点，和闽北方言相比可谓泾渭分明。古全浊声母一概读不送气清音，如：啼［꜁tie］（均标县城南浦镇音，下同）、糖［꜁taũ］、头［꜁tiau］、臼［꜃kiu］。古非组字多读f声母，如：飞［꜀fi］、浮［꜁fiau］、防［꜁faũ］、万［fãi꜄］、亡［꜁fãu］。古知组字读ts、tɕ，不读t、th。如：知［꜀tɕi］、抽［꜀tɕhiu］、箸［tɕfie꜅］、沉［꜁tsẽi］、桌［tsao꜆］、拆［tsha꜆］。古端母字读为l，如：多［꜀luo］、单［꜀lãi］、党［꜂laũ］、德［le꜆］、店［liãi］。古匣母字声母读x不读k，如：寒［꜁xuãi］、行［꜁xãi］、猴［꜁xao］、县［xyãi꜅］。少数来母字也不像闽北各县那样读s，如露［luo꜄］、老

[꜃lau]、雷 [꜁lue]、卵 [꜃luẽi]。古四等韵读细音不读洪音，如：西 [꜀ɕie]、店 [liãi꜄]、肩 [꜀kiãi]、节 [tɕie꜆]、钉 [꜀lẽi]。古蟹摄字 i 韵尾脱落，如：戴 [ta꜄]、鞋 [꜁xa]、街 [꜀ka]、赔 [꜁pe]、乖 [꜀kua]。

词汇方面也有些吴方言的基本词，例如鼻子叫“鼻头”，柱子叫“柱头”，我们说“阿拉”，你说“侬”，伯父、伯母说“伯爷、娘娘”，妹夫说“妹倩”，婆婆说“家娘”，铁锅说“铐铆”，拿说“驮”，口水说“涎”，亲戚说“亲眷”，衣袖说“手袖”，白天、晚上说“日里、晚里”，稻谷说“谷”不说“粟”，穿（衣）说“着”不说“颂”，走路说“走”不说“行”，跑步说“跑”不说“走”，味道说“淡”不说“䜴”，锋利说“快”不说“利”。只有少量语词保留闽北方言的说法，例如：脚说“骹”，儿子说“囝”，房子说“厝”，叶子说“箬”，看说“觑”，脱（衣）说“褪”，玩儿说“嬉”，眼睛说“目珠”，肚子说“腹”，等等。①

浦城北部的方言质变为吴方言和建宁、邵武一带的方言质变为赣方言，在性质上和形式上是极其相似的。至今这些地方的居民仍是更容易听懂邻省的赣语和吴语而听不懂周围的闽方言，而且也没有形成双方言制。经济生活和儿女嫁娶等也与邻省的隔壁县份有不少往来。可以说这是大量移民渗入引起方言质变的一种典型类型。

二、南平市的北方方言岛——土官话

民国年间所修的《南平县志・礼俗志》说：“闽省土音，府殊而县不同，南平城内外独无土音……但语言直朴，上游诸乡与顺昌、建宁相通，漳湖坂以下，则与省会音近。”如今情况已经发生了变化：南平市区由于外来人口剧增，最通行的已是普通话，其次是抗日战争时期省城一带内迁者带去的福州话。然而在城区的梅山一带和郊区的西芹镇，还有 3 万多人保留着祖上传下来的“土官话”。这就是福建省内最大的北方方言岛。

这个方言岛是 500 多年前形成的。明正统十三年（1448 年）南平邻县沙

① 参阅《浦城县内的方言》，见陈章太、李如龙：《闽语研究》，第 392—420 页。

县人邓茂七在陈山寨聚众起义，旬日之间，集结10万之众。数月之间，州县官兵望风而逃，义军占领了20多座州府和县城。明王朝多次抽调京营官兵围剿。后陈山寨被攻破，邓茂七遇难。陈懋所部留闽屯守，用了数年时间才把各地义军扫平。这些长江中游来的士兵不少就在南平市区屯守，他们所说的下江官话（又称江淮官话），就在这里生根。

晚清以来随着普通话的普及，南平的土官话在闽北一带还产生了相当大的影响，民国初年，闽北中小学校教习国语时就是用这种土官话进行正音的。

500多年过去了，这个官话方言岛还大体保留着下江官话的语音架构。只是有些语音和词汇受闽东、闽北方言的影响发生了变化。例如古精、庄、知、章组字全都混为一套塞擦音ts、tsh、s。例如张、浆、章［꜀tsiæŋ］，竹、足、烛［tsu꜆］，程、成、晴［꜁tshiŋ］。这是和闽方言显然不同的特点。另外，也有受闽方言影响而发生的变异：轻唇音f变为舌根擦音x，例如放、饭［xyæŋ꜄］，法［xua꜆］，肥［꜁xui］。许多前鼻音的字读为后鼻音，例如蓝、兰、郎［꜁læŋ］，金、斤、京［꜀kiŋ］，敢、秆、港［꜂kæŋ］。

南平土官话的词汇至今还有不少和闽方言说法截然不同。例如：筷子、锅盖、斗篷（斗笠）、公猪、母猪、胰子、脸盆、老鸦、翅膀、阿仔哥（小孩儿）、婆娘（妇女）、告化（乞丐）、胡子、鼻子、吃、睡、穿、脱、走、跑、高、低、他、你们、那个、这样，这都是全国各地的人都容易听懂的普通话。也有些词汇则显然受了闽北方言的影响。例如：

茅司（厕所）	头牲（牲畜）	拿鱼（打鱼）	鸡公（公鸡）
虱母（虱子）	蠘（梭子蟹）	蛤蟆锤（蝌蚪）	灶前（厨房）
自来火（火柴）	红桔（橘子）	金瓜（南瓜）	油麻（芝麻）
阿妈（祖母）	老公（丈夫）	人客（客人）	孙子（侄儿，孙子）
冰箸（冰棍儿）	鞋套（套鞋）	受气（生气）	味之素（味精）
园（藏）	遮被（盖被子）	惊（怕）	刀利（刀快）①

① 参阅《南平市北方方言岛》，见陈章太、李如龙：《闽语研究》，第472—483页。

三、长乐琴江村的官话方言岛——旗下话

长乐琴江村位于闽江口南岸，清政府为了守卫海疆，在那里修筑了城堡。原先住在里面的都是吃“皇粮”的嫡系部队，属汉军旗人。康熙年间由山海关移驻，雍正七年（1729 年）又改编为水师。他们的生活水平十分优越，不种地，不经商，但学习文化，对比周围的农民，颇有皇室人员的优越感，因而把祖上的“京都话”完好地口口相传下来。一般人不屑学习本地话，也不与本地人通婚。辛亥革命后，他们的优越地位没有了。近百年来，他们走出城堡，到外地营生，做做小生意、教教书，留在家乡的也渐渐学会本地话，和本地人通婚。他们除了说着流利的和福州话相差不大的闽东方言之外，也和本地人说着带着闽腔的普通话。老祖宗的话大都说不来了，少数老年人保留的“京都话”也并不纯正。

琴江的旗下话已经没有翘舌音声母 tʂ、tʂh、ʂ，日母不读 ʐ 而读 z，古影母和疑母都读为 ŋ 声母。韵母方面最大的变化是前鼻音韵尾 n 混为后鼻音韵尾 ŋ，其他韵母也和北京音有异。声调也是阴阳上去四声，但古入声字绝大多数归入阳平调。除声调之外，这些变化大多是受闽东方言影响的结果。

词汇方面，琴江话还保留着不少地道的北方口语词，例如时间词的今儿个、明儿个、昨儿个，亲属称谓的姥爷、姥姥、爷爷、奶奶，其他如包儿米（玉米）、罗锅（驼子）、耗子（老鼠）、老根（红薯）、斗篷（斗笠）、化子（乞丐）等等。也有一些语词是就地从福州话借用的。例如称叔父为“依家”，说傻为［ŋɔuŋ꜊］，东西畅销说［ua꜄］，削皮说［꜀mie］，植物枯萎说［yo꜊］，凝固说［꜁ŋi］，忙乱不堪说［꜀mouŋ］，行贿说［aŋ꜊］，这些语词大多是单音的，也是北方话里没有相应说法的。①

四、武平中山赣方言岛——军家话

《明史·地理志》称：“……有武平城。洪武二十四年正月置武平千户所

① 参阅《长乐琴江村的“旗下话”》，见李如龙等：《福建双方言研究》，汉学出版社，1995 年版。

于此。”康熙《武平县志·建置志》记载略详：“明洪武二十年，山寇谢仕贞倡乱，县丞蒋昭奏闻，遣汀州卫指挥黄敏提军剿捕。因设兵防守，至二十四年始筑城。”城中所居是屯垦守卫的军人及其家属，自称“军家人”，城外有供他们耕种的土地。他们自称是来自南京的“征蛮十八将军”，据许多姓氏所保存着的族谱来看，许多人的原籍在江西抚州、南城一带。旧时城里人相互通婚，以保留自己的方言——军家话为家规。后来也有与城外通婚的。但军家人还是具有强烈的方言意识，军家话和客家话也确实有明显的差异。[①]

然而，赣方言和客家话本来就是比较接近的。虽然军家话至今还可见到一些赣方言的特点，但由于军家人不是从同一个地方迁来的，长时间和本地人相处之后，受到客家话的影响是不可避免的。总之，不论是语音或词汇，都是客赣特点兼有，带有混合语的性质。

就语音说，非组字极少读 p、ph 的（如饭、分、粪、肥等都读 f），尖团多不分，齐＝旗，丘＝秋，旋＝玄，次浊上声字归阴平（如马、买、拿），不分阴阳入，入声只有一调。这都是赣方言的特点。有 v 声母，管的字还不少（如微、围、乌、温、运、文），影母字不读 ŋ（如安、爱、鸭、袄等），宕摄一等字的开合口不分（缸＝光），无撮口呼，则是客方言的普遍特点。

就词汇说，锄头不说“镢头”，插秧说“栽禾”不说“莳田”，蚊子说“蚊虫”，亲属称谓中的叔叔、婶婶、姊姊（姐姐）、母母（伯母）、公公、婆婆、娘娘（姑母）也是赣方言的说法。乳房、乳汁说“奶”不说［neŋ］，鼻涕说“鼻𪖐”，涎水不说“𠹭”，饭汤说“饮汤”，吃说“喫”不说“食”，洗澡不说“洗浴”，什么说“啥哩”不说“么个”，这也都是赣方言的说法而与当地客家话不同。热水说“烧水”不说“滚水”，明天说“天光”不说“明朝”，白天、晚上说“日时头、夜时头”，不说“日里、夜里”，台阶说“碫”，屋脊说“屋栋”，厕所说“屎缸下”，瓶子说“罂子”不说“瓶”或“缸”，手巾说“面帕”不说“手巾”，火柴说“自来火”，牲畜说“头牲”不说“畜生”，螃蟹说“老蟹”，蚂蚁说“蚁公”，蟑螂说“黄蚻”，鳖说“圆鱼”，花生

① 参阅《武平中山镇的“军家话”》，见李如龙等：《福建双方言研究》。

说“番豆”，男人、女人说“男子人、妇娘子”，男孩儿、女孩儿说“大细子、妹子人”，痱子说“热痱”，号脉说“打脉”，藏说“偋”不说“园”，忘记说“添忘”，这些都是客家话的说法，少见于赣语。少数词语同于南城话，如：丝瓜说“纺线”，怀孕说“有子”，哭说“啼”等等；也有少数词条同于武平话而和客赣的一般说法有别，例如：抽屉说“拖格”，柚子说“橙柑”，脖子说“胫管”，害喜说“病子”，麻风说“发癞”。还有些是军家话特有的说法，与多数客赣方言都不相同。例如：母猪、母鸡说“猪母、鸡母”不说“猪嫲”或“鸡婆”，辣椒说“辣子”，丈夫、妻子说“公哩、婆哩”，找说“寻”，谁说“何人”。

附　说“闽”[①]

“闽”作为族称，先秦就有了，从唐后所建的闽国到后来的闽省之称，也已历经千年，闽语作为汉语的重要方言在东南沿海和东南亚有广泛流播。但是“闽”的读音和有关含义至今还不是十分明确。这里列举了古来字书注音和现今各地闽语的读音，论证了“闽”的读音应是读为阳平调的［min］。就其历来的含义说，闽地的闽人和在这里形成并向东南沿海和东南亚散布开去的闽语，已经使“闽”字成为历史文化的符号。我们将运用地名和诸多民俗、信仰的事实说明“闽”的族源早期应是百越的一支，后来又和闽人与畲族、客家的融合有关。

一、“闽”的古今读音考

先看古代的读音。

“闽”首见于《周礼·夏官·职方氏》：“职方氏掌天下之图，以掌天下之地，辨其邦国、都鄙、四夷、八蛮、七闽、九貉、五戎、六狄之人民，与其财用，九谷、六畜之数要，周知其利害。”汉代郑玄注：“东方曰夷，南方曰

① 本文在第14届闽方言国际研讨会上宣读过，后发表于《厦门大学学报（哲学社会科学版）》2017年第6期，文章收入本书时做过修改。

蛮，西方曰戎，北方曰貉狄。玄谓：闽，蛮之别也。《国语》曰：‘闽，芈蛮矣。’……《尔雅》曰：‘九夷、八蛮、六戎、五狄，谓之四海。闽，亡巾反，又音文，又亡千反。《汉书音义》服虔音近蛮，应劭音近文，郑氏音旻。”唐代贾公彦疏：“按郑语史伯曰；‘闽，芈蛮矣’。注云：‘谓上言叔熊避难于濮蛮，随其俗如蛮人也，故曰蛮。’彼不作‘闽’者，彼盖后人转写者误，郑玄以‘闽’为正。叔熊居濮如蛮后，子从分为七种，故谓之七闽也。”① 《平水韵》“闽”在真韵平声，与“民”同音，收有“七闽、东闽、南闽”等例词。

郑玄、服虔、应劭都是东汉时期的经学家，郑玄山东高密人，服虔荥阳人，应劭汝南人，都在河南。按照汉代的说法，闽与蛮似是读音之别，可能就在中原一带也有方音之异，但是不论是《广韵》、《集韵》的无分切，还是《切韵》、《唐韵》的武巾切，《集韵》的眉贫切、谟官切，《洪武正韵》的弥邻切，都是平声的读法，和“民、文”或“蛮”同音。照贾公彦的说法，“闽”、“蛮”本来同义，只是写法有别，“闽”的本义是“蛮”，与“蛮”同音，写为“闽”是误写。

《中原音韵》未收“闽”，后来的《音韵阐微》和《佩文韵府》，直到1937年初版的《国语辞典》，“闽”也只有平声的读音，与“民”同音。

早期闽地的韵书、字典中，“闽”的注音如下：明末福州话韵书《戚林八音》中，“闽”是宾韵（iŋ）、文声母（m）、平声，与“民”同音。道光十年（1830年）编的建瓯话韵书《建州八音》中，“闽”则有两读，一读田韵（aiŋ）、问声母（m）、第二调，与“蛮”同音；一读人韵（eing）、问声母、第三调，与“民”同音（按：建瓯话第二调是早期浊平调混入清去，第三调是后期的浊平字混入上声，二者都来自浊平字）。光绪二十七年（1901年）福州出版的《建宁方言汉英词典》（*Chinese-English of The King-ning Dialect , Methodist Episcopal Anglo-Chinese Book Concern*）的标音与《建州八音》相同。嘉庆五年（1800年）编的泉州话韵书《汇音妙悟》中，“闽”是丹韵（an）、文声母（m）、阳平声，与“蛮”同音，注解为“土”（即白读音），但

① 《十三经注疏·周礼注疏》（卷三十三），中华书局，2009年。

书中未收文读音。漳州话韵书《汇集雅俗通十五音》中是干韵（an）、门声母（m）、阳平声，与“蛮”同音。1915年编的潮州话韵书《十五音全本》是干韵（aŋ）、文声母（m）、阳平调，与“蛮、忙”同音。光绪三十二年（1906年）编的古田话韵书《加订美全八音》中是宾韵（iŋ）、蒙声母（m）、阳平调，与“民、明”同音。

可见，早期闽语中，“闽”的声母都是m。就韵母说，闽东音同“民”，读为［iŋ］；闽北、闽南音同“蛮”，读为aiŋ或an。声调都是阳平调。声母和声调在各地闽语是一致的，韵母则分为两道：闽南、闽北与“蛮”同音，闽东则与“民”同音。这种情况很值得注意。

“闽”读同“蛮”既不是误读，也不是特殊变异，而是文白异读。就闽南话而言，真—质韵（in—it）就有相对应的白读音an—at，闽南最早的韵书《汇音妙悟》标有“土”字小注的有“闽、趁、襯”和“密、漆、虱”六字，该韵书文白异读并没有收全，现今的泉州话这两个韵的文白两读音还有“鳞［lin-lan］、陈［tin-tan］、呻［sin-tshan］，栗［lit-lat］、实［sit-tsat］”等例证。闽北韵书《建州八音》收的真（臻）韵读白读音aiŋ的字则有“闽、蔺、鳞、嗔、臻、榛、蓁”等字。显然，闽南、闽北的白读音是保留了旧层的上古音。中古的先韵字有些就是来自上古的真部，在谐声时代“真、寒”部的字也常常是可以通谐的，例如“民—眠，真嗔瞋慎—滇颠填，粦鳞磷麟隣—憐嫾，臣肾—坚”等，在上古都是真部，到了中古，前者是真韵，后者是寒韵。

从闽地的读音而言，音“蛮”是早期传下的白读，音“民”则是中古字书所注的文读。

再看“闽”的现代读音。

在闽语以外的现代方言中，据《汉语方音字汇》[①] 所记读音，8种官话方言都与“民”同韵，但读上声调。福州和梅县客家话、长沙及双峰的湘语与

① 《汉语方音字汇》（第2版），北京大学中国语言文学系语言教研室编，语文出版社，2003年。

“民”同音，读为阳平调。其余方言也与“民”同韵，但不读阳平调：苏州为阴平，温州、广州为阳上，建瓯、阳江和南昌为阴上，南昌另有一读为阴去。此外，闽语的厦门、潮州、建瓯与“蛮”同韵，其中厦门、潮州与“蛮”一致，为阳平调，建瓯则为阴去调。

可见，“闽”的读音，在闽、客、湘各方言都来自浊平，官话来自上声，其他南方方言中也有从上声来的。作为一个地名、族名专用字，本土的读音和邻近方言的读音（阳平调）都是符合古音的反切，应该是比较可信的。问题是，官话和其他方言的上声读法究竟是怎么来的？《说文通训定声》曾有一种说法：“旻，假借为闵。《诗·大雅·召旻·序》：‘召旻，凡伯刺幽王大坏也，旻，闵也，闵天下无如召公之臣也。’”[①]“旻”在广韵只有平声的反切，假借为“闵”，仅此一说，即使可信，这种不多见的假借恐怕也不可能有这么大的影响力。官话方言这种普遍存在的变读看来另有原因。从同音字的情况看，读为阳平的［min］的常用字只有“民”，而读为上声的［min］的常用字则有“闵、皿、泯、悯”，原来反切属于平声的“闽”（武巾切）和“抿”（眉贫切），因为不常用，又是作为陌生的地名专用字，可能就按照声旁类推（闽—闵、抿—泯），读成了上声。从“名从主人”的原则说，“闽”的声调在中古音应该属于平声，在现代音，次浊平声则应是阳平调。

以下再看现代闽语“闽”字读音的四种类型及其分布。为便于阅读，以下语料不标音，除了已经公开发表的著作、论文之外，都取自香港中文大学和厦门大学于2003年开始合作调查的“大闽语研究计划”所记录的材料。

类型1：闽＝蛮≠民，见于厦门、漳州、南安、晋江、潮州、潮阳、澄海、汕头、揭阳、海丰、台北、台南（鹿港）、仙游、永安、三明（三元）、沙县、建阳、崇安、石陂、菲律宾（马尼拉闽南话）、泰国（曼谷潮州话）、马来西亚（槟城闽南话），共22点。

类型2：闽（白读）＝蛮、闽（文读）＝民，见于泉州、莆田、建瓯、尤溪、福鼎，共5点。

① 《汉语大字典》（缩印本），四川辞书出版社、湖北辞书出版社，1993年，第629页。

类型 3：闽＝民≠蛮，见于福州、古田、福安、寿宁、苍南（闽南话）、上饶（紫湖闽南话）、惠东、龙岩、明溪、泰宁、建宁、将乐、海口、文昌、乐东，共 15 点。

类型 4：闽＝敏（上声）≠蛮、民，见于泰顺（蛮话）、苍南（蛮话）、大田、电白、海康、中山（隆都闽东话）、政和（镇前），共 7 点。

就分布情况说，类型 1、2、3 都是只读阳平调的，这些早期形成并定型的闽语的读音是一致的，共有 42 点，占绝大多数。类型 1、2 都有和“蛮”同音的读法，共有 27 点，占多数，分布在闽南、闽中、台湾、潮汕，其主体是闽南话和莆仙话。类型 4 中，在福建境内的闽语，读为上声调的只有大田和政和（镇前），待核实；此外的 5 个点，都是分布在浙江和广东，与吴语、粤语连片，显然是受当地的非闽方言影响的结果，温州吴语和广州粤语都把“闽”读为上声可以为证。在闽语本土只有个别点是读为上声的，也许是近代以来受普通话影响的结果。

可见，反映闽语本色的是阳平调，更具本土特色的是闽、蛮同音。

官话方言和一些非闽语读为上声都是不符合古音的反切，也不符合福建本地传统读音的。《新华字典》和《现代汉语词典》把“闽”的字音定为上声，可能是按照多数官话地区的读法来定的。如果按照“名从主人”的原则，作为族名、地名的“闽”，现代音定为阳平调的［min］，可能更加合适。但是，定为上声调有多数官话方言和一些南方方言为据，且已经推行 60 多年了，怕也很难更改了。

二、“闽”的历史文化蕴涵

“闽”对于福建省和闽语来说，不只是一个简单的名称用字，而是蕴含着多方面历史文化意义的重要符号。

首先，它为我们提供了闽地、闽人和闽语的历史见证。从历史上说，福建的开发是比较晚的。汉代的江南，还被认为是“方外之地”，《史记·东越列传》记载，直到汉武帝时，因“东越狭多阻，闽越悍，数反复，诏军吏皆将其民徙处江淮间，东越地遂虚”。长期在厦门大学任教的人类学家林惠祥教授早就指出："闽地多山林岛屿，易于藏匿，岂能全迁其民，使无孑遗。不过其伏匿再出者人数既少于前，自晋以后汉人来者渐多，故逐渐被吸收于汉族之中……古时整个越族占居于今之浙江、福建、江西、广东、广西等省，即中国之东南部，此全部越族均汉代以后被吸收同化于汉族之中，故作者认越族为汉族四大来源之一。"① 林惠祥先生早年的这一说法堪称真知灼见。

关于"闽"和"越"，又是国名，又是族名，文献里并没有统一、明确的界定。《说文解字》："闽，东南越，蛇种。"这里说的"闽"是"越"的一支。《史记索隐·吴太伯世家》释"荆蛮"条："蛮者，闽也，南蛮之名，蛮亦称越。"按照这个说法，闽、越是蛮的族类中的同族异名。近人蒙文通则说："越本国名，其族为'闽'，后亦用为族称，泛指古东南沿海之民族。自越王勾践灭吴称霸之后，'越'名大显于世。战国而后，又有'百越'一词，泛指古东南沿海暨岭南地区及其居民。"② 这是古今联系起来的解释。史上所称的"百越"先后有于越、扬越、吴越、瓯越、闽越、东越、南越、骆越、滇越、外越、山越等，闽越是其中的一支，居住在闽地，这是可以肯定的。据《史记·东越列传》记载，秦统一六国时，将闽越王无诸、越东海王摇"废为君长，以其地为闽中郡"，但是实际上"闽中郡"可能只是虚设，至今史学界还无法确认，哪里是它的治所。到秦末大起义时，闽越、瓯越和南越都发兵佐汉抗秦，"汉高祖五年（前202年），以亡诸（无诸）为闽粤（闽越）王，统治闽中，定都东冶"③。1959年以来陆续发掘、后来在武夷山景区仿建的"崇安汉城"，应该就是闽越王的王城故址。

不过，福建人口的大幅度增加，是后来魏晋和唐五代的两次中原汉人南迁的事了。有个统计数字很能说明这个事实。据陈景盛考订，④ 从南朝宋到唐建中的300多年间，福建人口从37524人增至536581人，突破了50万。这次跃进显然和初唐陈元光征讨平定汀漳有关，漳州的增设是垂拱二年（686年）

① 《林惠祥文集》（中），厦门大学出版社，2012年，第744页。

② 陈国强、蒋炳钊等：《百越民族史》，中国社会科学出版社，1988年，第176页。

③ 朱维幹：《福建史稿》（上），第26页。

④ 陈景盛：《福建历代人口论考》，福建人民出版社，1991年。

的事。之后，到宋嘉定十六年（1223年）全闽人口增至3230578人。第一次从几万人发展到50万人是经历了南北朝300多年大乱、北人南迁的结果。另据《元和郡县图志》的统计，元和年间福建的五个州共有户口114129户，这两个数字大体是可以相互论证的。第二次从50万发展到300万则是五代时王审知统一全闽、休养生息的结果。历来关于闽语的历史研究，多数学者认为，闽语正是在中晚唐时代形成、五代十国时期定型的。那以后，闽人在闽地的垦殖开发，从五个州拓展为八个府，据《福建历代人口论考》，至清初全闽人口已达2106万，后来由于迁台和出洋及自然灾害减员，到民初是1500多万。这就是闽地、闽国、闽人、闽语所串联起来的历史。

其次，闽地的闽人、闽语所打造的闽文化展示了可贵的品格和风采。

宋元以来发展起来的闽文化是富于奋斗精神的海洋文化，这是闽人在向东南沿海拓展和走向海洋的过程中锤炼出来的崭新的品格。

闽地布满了高高低低的丘陵，按照中原大地的农耕方式，人口略为增长就难以对付了。进入两宋时期，闽南人（尤其是从泉州分立出的"兴化军"）就陆续涌向潮汕平原和雷州、琼州，明清之后又大批量迁往台湾。在近海拓展提升了航海技术之后，他们还进一步走向海洋。宋代《舆地纪胜》曾援引惠安人谢履的《泉南歌》——"泉州人稠山谷瘠，虽欲就耕无地辟，州南有海浩无穷，每岁造舟通异域"，这是闽人靠着造船和航运走出海洋的最早记录。南宋泉州港一跃成为世界大港，把大宗本地盛产的瓷器和茶叶运往西洋，从而开辟了南方的丝绸之路，这是人所共知的历史事实。

不论是手工操作的近海捕捞还是靠季风远渡重洋，向海洋进发所遭遇的艰险都是难以想象的。闽南话常说"过乌水"、"行船走马三分命"、"敢拼才会赢"，这种面对艰难险阻、勇敢开拓的奋斗精神，就是在长期海洋生活中练就的。在早期海上播迁的时代，闽人在异国他乡得以生存和发展，一是靠冒险拼搏精神，二是靠群体的抱团互助。移居外地的闽人往往是依姓氏聚居，族人乡亲之间，互助友爱，有难同当，乡音、亲情就是维持大大小小的群体的重要黏合剂。数百年来，从闽地走出的闽人，早已远超过留在故地的人口数量。在东南亚的华裔之中，闽人曾经占了近2/3之多，在华语（普通话）

普及之前，闽南话曾经是东南亚华人的共通语（当地称为“福建话”）。西洋人早期了解中华文化，就是在东南亚从闽人的生活言行开始了解的。就这一点说，海上丝绸之路和闽文化是中华文化走向世界的最早机缘。

海洋文化把闽人带到海外异域，在异国他乡的生活也使闽人增长了许多新知，涌现了一批理论家和改革者。在清末的变法维新运动中，留学英国的福州人严复，回国后翻译了《天演论》，当了北京大学的校长，面对腐朽的封建统治，提出了变革社会的“鼓民力、开民智、新民德”理论。出生于马来西亚的同安华侨辜鸿铭，在欧洲游学时就把中国儒家的主要经典翻译成英文，介绍到欧洲，回国后，在北京大学当教授时还对西方文化的核心理论进行了深刻的评判。从新加坡归来的厦门人卢戇章则是为变革教育而提倡把汉字改为“切音字”的第一人。闽式的海洋文化，最可贵的是它的“变通”与“忠诚”的统一。在异邦，闽人随遇而安、图谋发展，却从来没有忘记自己是闽人、华人，总是惦记着故国文化，关心故乡建设。几代人过去了，东南亚各地建立的同乡会、宗亲会至今还是沟通乡音乡情的场所。代代新人早已精通当地语言、融入当地社会，但是，故乡带去的闽语在许多地方还在中老年闽人中保存完好。东南亚各国的闽人，普遍保持的“双语”和“多语”现象，成了一道动人的语言风景线。

三、关于“闽”的族源和信仰

对于“闽”的文化考察，还应该有民族学、民俗学的视角。百越中的“闽越”究竟是现代南方民族中的什么民族？至今还没有明确的结论。林惠祥曾说：“越以百称，明其种类之多。春秋时有于越，战国时有扬越，秦汉时有瓯越、闽越、南越、骆越，三国时有山越。所驻地在今中国东南及南方各省。越族种属更不明，然以其大部同化于华夏，故亦为汉族来源之一种。”[①]《百越民族史》也认为，汉武帝统一南越和闽越之后，百越逐渐被汉族所同化，成为当地汉族的一个重要来源，还有一部分则发展演变为现在的少数民族。学

① 《林惠祥文集》（中），第7页。

术界看法比较一致、佐证较多的是“属于壮侗语族的诸民族，如壮族、侗族、布依族、水族、毛南族以及海南岛的黎族和台湾高山族等，此外如畲族、瑶族和傣族也认为与百越民族有密切的渊源关系”。[①]

武夷山既然是闽越国的根据地，那里的“悬棺葬”之习俗应该是考察闽越族属的重要线索之一，这种葬俗还见于广西、云南的说壮侗语的民族居住区。武夷山南侧的邵武市有几处带“拿”字的地名（拿口、拿上、拿下），“拿”又有特殊的读音，像雷州半岛许多地名中的“那”那样读中平调33，应该就是壮语的“田”的读音［na］的留存。汉代刘向《说苑》所记录的《越人歌》，经过壮语专家韦庆稳的论证，已被确认为是用壮语唱的。在闽方言中还发现了一些壮侗语存留的“底层词”。例如，闽南话地区的“畓［lam5］”作为地名就是表示“烂泥、下陷”的意思，和现代壮侗语也有明显的同源关系。地名是记录民族迁徙的最好证据。这些地名材料可以证明，古代的闽越人很可能就是使用壮侗语的。说壮侗语的闽越人同化于汉族应该是在西汉到中唐的1000年间的事，如今又过去1000多年了，在强盛的中原汉族主体文化的影响之下，能够找到的闽越人语言的蛛丝马迹肯定是不多的了。

说到福建的民族，不能不考虑现今在福建聚居最多的畲族。至2010年畲族总人口有70多万，定居在福建省内的有一半以上，单是在闽东的福安、宁德、罗源一带就有近20万人。福建省的闽北、闽西、闽南也都有数量不等的畲族人分布。除福建外，畲族人聚居较多的是浙南的景宁、平阳、瑞安和浙东、浙北的一些地方，以及粤东、赣东的少数村落。许多地方的畲村都保存着叙述畲族迁徙史的《高皇歌》。这首长篇叙事诗不但交代了“高辛皇”抗敌救国、立功后变为人身并与公主婚配，生育了三男一女，传下盘、蓝、雷、钟四姓的历史，也叙述了畲族人从祖居地广东潮州凤凰山出发，经过闽南、闽西和闽北一直迁徙到闽东、浙南的全过程。据史籍所载，初唐总章年间有“泉潮间蛮僚啸乱”。之后，汉族人与畲民屡有冲突。到唐末乾宁年间，又有“黄连洞蛮二万围汀州”，直至宋元数百年间，还一直有畲民的起义，足见其

① 陈国强、蒋炳钊等：《百越民族史》，第313—314页。

势力之强大。而宋元之后，正是客家人自赣南移徙闽西、闽南的高潮时期。畲族人和客家人在闽西南的山区共同进行刀耕火种的劳动生产，彼此通婚往来，实现了民间的和平融合。现今的畲族，除了广东的海丰、增城、博罗一带一些畲民保存了接近于瑶族布努语的本族语之外，闽浙两省的畲族人所说的语言已经大部同化于客家话，同时也就地吸收了一些闽语或吴语的词汇。[①]

可见，现代畲族应该是宋元之后和福建的客家人以及说闽语的人实行融合共处而逐渐形成的。由于历史文献的缺乏，在进入凤凰山和闽南、闽西之前，畲族的起源究竟是被称为“湖南武陵蛮”的瑶族，或是闽粤赣的百越土著，至今民族学界还没有定论。但从盘瓠传说和图腾看，畲族确与瑶族同源，但是，从另一种关于蛇的崇拜来看，畲族又和古百越有密切的联系。

汉代刘向的《说苑·奉使》说越人“剪发文身，灿然成章，以象龙子者，将避水神也”。《淮南子·原道训》则说“劗发文身，以象鳞虫”，高诱注：“文身，刻画其体，内墨其中，为蛟龙之状。以入水，蛟龙不害也，故曰以象鳞虫也。”《吴越春秋·阖闾内传》说吴立蛇门：“越在巳位，其位蛇也，故南大门上有木蛇，北向首内，示越属吴也。”顾炎武《天下郡国利病书》引《潮州志》云：“以南蛮为蛇种，观其蛋（疍）家神宫蛇像可知。”屈大均《广东新语·鳞语》则说：“南海，龙之都会，古时入水采贝者皆绣身面为龙子，使龙以为己类，不吞噬。”可见，古百越普遍有蛇的图腾崇拜。在福建也曾有过不少关于蛇神庙、蛇王宫的报道，如漳州南台的“蛇王庙”，长汀城西罗汉岭有蛇王宫，南平樟湖板有蛇王庙，闽侯洋里有蛇王宫，香火甚旺的平和三坪寺也供有蛇神“侗者公”，在永春，还流传着“蛇郎君”的传说。《说文解字》所说的“闽，东南越，蛇种”，在东汉时代应该是有所根据的。

畲族的传说和习俗中也有不少表明蛇崇拜的。畲族的习俗历来不吃蛇。闽东畲民祖祠里都供有“龙头祖杖”，祭祖时都要跳龙头舞，而后把龙杖放进神龛接受香火。驱鬼治病时也跳“八字魔蛇舞”。久居山区的畲民难免要和蛇

① 关于畲族的历史和语言，可参阅毛宗武、蒙朝吉：《畲族简志》，民族出版社，1986年；游文良：《畲族语言》，福建人民出版社，2002年。

打交道，也曾用蛇制药除病，编唱长篇的白蛇长歌。在闽东古田一带，还有一个流传广泛的传说：那一带原来有每年以幼童供养“蛇公蛇婆”的习俗，为了破除这个陋俗，陈靖姑奋力斩“南蛇”，此俗遂除。从此，民间以陈靖姑作为地方保护神加以崇拜，又编了《奶娘传》的长歌传唱。综上所述，从古百越到闽地各处，包括畲族地区，都有过蛇神的崇拜。[①]

从百越解体和汉族融合到现在，已有2000多年，不论畲族是百越的一支，或是从“武陵蛮”迁徙来的，他们从离开粤东凤凰山到现在也有1000年了。在诸多民族共处的过程中，在自然环境不断变迁、社会生活快速演进的过程中，一切意识总是客观的物质存在所决定的。民族也好，族群也好，习俗和认识都会发生种种变异和整合。龙图腾和蛇崇拜可以互通、转移、融合，狗王图腾也可以容纳蛇神崇拜，乃至转变为对某个活人的崇拜。林惠祥认为：“原始宗教自始即包含种种观念，因为单用一种观念来解释种种复杂的现象非他们原始人类的脑力所能及；一种观念解释不来时，自然会生出别种观念。主张等时说的说魔术和宗教是自始相混合的，然则在这种混杂的心理之中恐怕各种观念都会有……”[②] 对于任何一个历史久远的民族和族群的精神文化，包括其习俗、信仰都应该采取这种综合、灵活、互动的观点和分析方法。用这个观点来理解和解释畲族和闽地的历史关系，才是顺理成章的。不论畲族最早发源于何地，在闽地，他们和闽人、客家人都有过冲突，也有过融合，畲族的文化和闽文化有密切的关联，这是毋庸置疑的。中华民族在长期发展过程中经历过多次大规模的归整和融合，在研究少数民族和地域文化的时候，林惠祥先生的这个观点是有重要的指导意义的。

从古代字书的反切和现代各地闽方言的读音可以证明，就“名从主人”的原则说，“闽”的标准读音应该是［min］的阳平调。不过，由于闽语以外

① 详细内容可参阅施联朱、雷文先主编：《畲族历史与文化》的有关篇目，中央民族大学出版社，1995年。

② 《林惠祥文集》（上），第420页。

的多数方言，尤其是人口最多的官话方言，大多读为上声，现代汉语的字典、词典也已经标为上声调，恐改动不易。就闽地的历史文化事实说，地名中的“拿”表示“田地”，“畲”表示“烂泥”，这是壮语的“底层”，武夷山的“悬棺葬”也见于西南诸省，则可以说明，这和现代持壮侗语的民族及其习俗相关。“闽”作为族称，早期应该是百越族的一支（闽越）；从“蛇王庙、蛇郎君”的崇拜则可以证明，中古以后住在闽地的闽人的最终形成，和他们与畲族人、客家人的融合也是相关联的。

第二章 社会的变迁与福建方言区的变动

第一节 地域经济发展的不平衡和方言小区的分化

如上文所述，福建境内几种大方言的形成和定型都已经有了千余年的历史。和外省相比，历史上福建战乱比较少，社会经济得到一定的发展，人口大量增加了。由于省内不同地区的自然条件和文化传统都有一些差异，在交通阻塞的条件下，各方言又经历了自身的分化，形成了更加复杂的方言区域。

一、闽东的开发和闽东方言的分化

经过唐五代300多年的发展，闽江下游已经形成了以福州为中心的发达地区。到闽国时期，福州所辖县份有12个：闽县、侯官、长乐、福唐（今福清）、连江、永泰、古田、尤溪、宁德、罗源、闽清、长溪（今霞浦）。除长溪、宁德在闽东沿海之外，其余都在闽江下游。这个范围，除去尤溪县，大致便是现在所说的通行福州话的“十邑”。

闽东腹地的开发较迟。两宋时期从沿海到山区，那里只有长溪、宁德、福安三个县，元至元二十三年（1286年）置福宁州，清雍正十二年（1734年）置福宁府，据《读史方舆纪要》，明代的福宁直隶州（包括宁德、福安两县）才有12260户，还不及当时长乐县的户数多。到清嘉庆二十五年（1820年）福宁府已有人口7511660人，和同时期的延平府、邵武府规模相当。可见那一带是明代中叶到清代中叶的几百年间发展起来的。

福宁府的方言原与福州府是相近的，因为福州是省城，分设州府之后与福州的往来也多，因此两个府的方言异中有同，现在也同属闽东方言区。但是由于开发迟了几百年，福宁府所属各县的方言有两大特点：一是外地移民形成的方言岛多，一是内部差异大，区内不同县份之间有明显不同的口音，甚至难以通话。相对而言，福安和周宁、寿宁较为相近，霞浦、宁德差异不小。福鼎有大片地区为闽南话占据，福鼎话深受闽南话影响，因而变异最大。下面仅举几个语词为例，便可见到一斑。①

	福州话	宁德话	周宁话	福安话	福鼎话
脖子	脰腮	脰项	脰引	脰骨	脰管
膝盖	骹腹头	骹腹头	骹肚头	骹肚头	骹腹头
公公	老官	爹官	爹官	朝官	阿爹
婆婆	大家	爹妈	爹姐	ti^{ɔc}ɛ	阿妈
女人	诸娘侬	做母	妇女侬	诸娘侬	做母侬
漂亮	俊	作佳	有容	绰	特洁
知道	会八	八传	八传	八传	晓得
丝瓜	葑	葑瓜	藤萝	藤萝	萝瓜
台阶	阶座	徛道	$_{c}$leŋ$_{c}$ŋɔ^{c}i	磡	磡级
厕所	粪坑厝	粪池	屎栏	屎房	屎坑
地方	位处	地方	垫位	垫位	所在
上午	上昼	上旦	天光头	上昼	早起
下午	下昼	下旦	日昼	下昼	下昼
锅盖	鼎片	鼎鞔	鼎片	鼎簸	鼎盖
厨房	灶前	鼎下	灶前	灶前	灶下间

二、闽北的兴衰和闽北方言的分化

唐代以前，福建的县份和人口都集中在闽北，那时形成的闽北方言区应该是包括整个闽江上游（含建溪、富屯溪、金溪、沙溪各支流）地区的。这

① 参阅《论闽方言内部的主要差异》，见陈章太、李如龙：《闽语研究》，语文出版社，1991 年版，第 58—138 页。

种情况一直维持到两宋时期。

两宋时期，闽北经济、文化得到长足发展，还由于人口激增，从建州分出了南剑州和邵武军。数百年间，文教之兴尤为突出。就宋代情况而言，一般州县官学学生仅有 50 人左右，百人以上者只占 1/3，而在闽北，多有数百乃至上千学生的县学。据统计，仅建安一县，宋代出过进士 994 人，占全省 7607 人的近 1/7。[①] 浦城章氏一门，自章频、章頔始，北宋 100 多年间出过 1 名状元、23 名进士。当时的闽北，书院林立，学者如云，这自然与朱熹的长期教学活动及巨大影响有关。以麻沙为中心的刻书业的兴起也是文教发达的标志之一。祝穆《方舆胜览》说："麻沙、崇化两坊户书，号为图书之府"，宋代麻沙的书坊有牌号可考的就达 36 家。朱熹《嘉禾县学藏书记》云："麻沙所刻书籍，无远不至。"[②] 自北宋到南宋初期，闽北方言分布地域遍及两州一军，拥有 40 万户人口，是闽方言中的一个大区。南宋之后，由于范汝为起义，闽北人口锐减，吴人逐渐移居浦城，赣人大量移居邵武、将乐一带，于是，浦城中北部蜕变为吴语区，富屯溪和金溪流域的邵武府蜕变为赣语区，将乐和顺昌的富屯溪以西成为闽语与赣语相杂的混合型方言区。

沙溪流域本来只有一个沙县，地盘大，人口少。到了明代设置了永安县，沙溪上游有了进一步开发。现在的永安、三明、沙县一带，由于特殊的地理环境和社会生活，所说的话也逐渐与闽北方言分手，如今已经难以互相通话，可以说，这一带的方言从闽北方言分化出来，成为闽中方言区。

现今的闽北方言的分布剩下 5 个整县（市）：建瓯、建阳、武夷山、松溪、政和。

在南平，北方方言通行于城关和西芹，后来与闽清相邻的樟湖坂、南平等地则为闽东方言所同化，其余乡镇仍通闽北方言。

在顺昌，通行闽北方言的是富屯溪以西的 7 个乡：高阳、大力、岚下、际会、仁寿、洋墩、埔上。

---

① 参阅《福建文化概览》，福建教育出版社，1994 年版，第 239 页。

② 转引自朱维幹：《福建史稿》（上），福建教育出版社，1984 年版，第 257 页。

在浦城，通行闽北方言的是县南的石陂、水北、濠村、山下各乡。

这些地区使用闽北方言的人口大约200万。

从下列词语的差异可以看到闽中方言与闽北方言“分手”的状况：[①]

普通话	建瓯话	建阳话	永安话	沙县话
高	高	高	悬	悬
米汤	饮	饮	饭汤	饭汤
害喜	病囝	病囝	病妹	病妹
脱（衣）	褪	褪	脱	脱
凶恶	恶	恶	古怪	古怪
吃不得	䆀食得	䆀食得	食䆀得	食䆀得
衣裳	衣裳	衣裳	衣裳裤	衣裳裤
快	快	快	烈	烈
迟	晏	晏	慢	慢
坏	坏	坏	歹	歹
上午	昼前	昼前	昼时	昼时
地方	地方	地界	停场	场所
看	觑	觑	暎	暎
亲嘴	蜜	蜜	鼻	鼻
涉（水）	破	破	涉	涉
谁	孰人	孰人	何隻	啥人
漂亮	雅式	雅式	爽丽	斯爽
背（孩子）	骑	背	꜀pa	꜃ʃia
线面	水面	油面	线面	线面
丝瓜	天萝	布瓜	棉瓜	棉瓜
父亲	爹	爷	唵爸	老子
母亲	奶	奶	唵妈	老妈
公公	公公	爹爹	阿官	唵公
婆婆	妈妈	妈妈	婆咧	唵婆

① 详细情况和材料可参阅《闽北方言》、《闽中方言》，见陈章太、李如龙：《闽语研究》，第139—218页。

三、闽南的发展和闽南方言的分化

闽南地区最早得到开发的是晋江流域。相传晋江就是因为东晋南来流民思念故国而命名的。南朝陈在闽南首置南安郡后不久，又即分置莆田县。初唐垂拱二年（686 年）又自泉州分出漳州，析龙溪县置漳浦，圣历二年（699 年）析莆田县置仙游，开元六年（718 年）析南安县立晋江，天宝元年（742 年）又析龙溪县置龙岩，自南朝陈至唐代中叶的 200 多年间，晋江、木兰溪和九龙江流域先后多次设置州县。天宝元年，据《新唐书·地理志》，闽中 5 个郡之中，闽南的清源（即泉州）虽仅 4 县，共有 23806 户，人口数却是最多的，达 16 万。据梁方仲的《中国历代户口田地田赋统计》的资料，天宝元年，清源郡的县均户 5951.5 户，高于全国平均数 5715.6 户；户均口 6.73，也高于全国的平均数 5.75。如果加上同样说闽南话的新置的漳浦郡（即漳州），人口数近 18 万，超过全闽总人口的 40%。[①] 可见，闽南的开发一开始就出现了跃进的势头，这当然得益于闽南地区优越的自然条件。

北宋初太平兴国四年（979 年），又析莆田县置兴化县，并设立太平军，不久改称兴化军，辖莆田、仙游、兴化三县。那里是一片肥沃的平原，木兰、萩芦两溪流虽说不长，却因雨量充足而流量不小。嘉祐治平间先后在萩芦溪和木兰溪修起了大规模的水利工程——南安陂、木兰陂。近出海口又开了许多小沟渠，形成了河网地带。从此，年年丰稔，水稻一年两熟，荔枝闻名全国。东部沿海和南日岛、湄洲岛周围，又拥有大片的渔场和盐场。由于经济发展，文教也大兴。文人名士如蔡襄、刘克庄、郑樵等都是有全国影响力的赫赫大家。

兴化军到了明清之后成为兴化府。宋代之后，那里的行政管辖已与泉州无关，经济上自成一统，地理上更加接近省城福州，因而与闽东往来更多。莆仙话原本应是和泉州话同类的，后来受到不少福州话的影响，成了一种混合变种的闽方言。从现代的莆仙话可以看到这种情况。

---

① 梁方仲编著：《中国历代户口、田地、田赋统计》，中华书局，2008 年版，第 128 页。

莆仙话的白读音和泉州话十分相似，如大［tuaˀ］、倚［ᶜua］、脐［꜂tsai］。看，泉州、仙游音［khuã］，莆田音［khuaᵓ］；饼，泉州、仙游［ᶜpiã］，莆田［ᶜpia］。但也有许多语音特点是和福州音一致的。例如：只有一种鼻音韵尾，金＝今＝经［꜀kiŋ］；多音词后音节声母类化，旧底［kuˀᶜle（<ᶜte）］，早起［ᶜtsɒᶜi（<ᶜkhi）］，伓是［nˀniˀ（<ɬiˀ）］。又如词汇方面，快说“紧”，暖说“烧”，粥的稀、稠说“潡、洘”，自己说“家己”不说“自家”，公公说“大官”，香说“芳”，瘦说“瘖”不说“瘖”，这些是同闽南而不同闽东的；坏说“呆”不说“瘖”，追说“逐”不说“执”，书不说“册”，娶（亲）说“讨”不说“娶”，干净说“彻洁”不说“清气”，低说“矮”不说“下”，这些是同闽东而不同闽南的。东西说“物乇”，知道说“知晓”，则是把两边说法合并起来的说法。此外，在近千年的社会生活中，他们也形成了一些本地特有的方言词，例如桌子说“床”，蒸笼说“炊”，衣兜儿说“帕”，漂亮说“[ᶜɬau]”，丑陋说“蠢”，小孩说“囝、阿毑”，想说“算”，玩说“塔聊”，问说“勘”，岁数说“岁头”，怎样说“怎生”等。根据这些情况，一般认为莆仙话应是闽方言中与闽东、闽南并立的一个小区。这是从闽南方言中分化出来的另一个小区。[①]

四、闽西的移民和客家方言的分片

宁化是客家先民入闽的第一站，但是不久后，由于一时涌来的人数太多，不少家族又继续南行，陆续迁移到闽粤赣边界的上杭、武平、永定，进而迁到了粤北粤东。其中以宋末参加抗元部队南迁入粤的批量最大。上文已经说过，客家先民进入闽西之后，畲民迁出闽西，实际上前者是反客为主了。因此在宁化、清流乃至连城这些地方，民间并无多少客家意识。客家意识是闽西赣南的南下移民入粤之后，和先期到达的说粤方言的汉人造成了主客之间争夺生存空间的矛盾，才逐渐形成的。明清之后粤北、粤东山区的客家人想向珠江三角洲扩展，和先住在那里的说粤语的广府人发生了矛盾，清代中叶，

① 参阅《论闽方言内部的主要差异》，见陈章太、李如龙：《闽语研究》，第131页。

曾发展成数十万人参加的大规模械斗。这时，南下无路，只好北上，又向闽西、赣南回流，闽西南边界的三县（上杭、永定、武平）还有许多客家族谱记载着他们是清初自梅州一带倒迁回来的。后来，有的又从粤东、闽西、赣南再次远行，有的西去湖南、四川，有的于清初“迁界复界”之后南下香港，后来也有不少人跟随郑成功带领的闽南人到了台湾。

以上所述的历史背景决定了闽西客家方言眼前的状况：南片三县口音比较统一，由于和粤东联系密切，和梅州一带客家话也比较接近，通话不成问题，迁居港台的客家人的客家话也和梅州、海陆一带的客家话比较接近。而中部的长汀、连城和北部的宁化、清流就出现了相当复杂的情况。尤其是连城县，境内多山，山高林密，是福建境内闽江、九龙江、汀江的分水岭，南下的客家人，可能还带着不同时期、不同老家的不同口音，一进山就如桃花源中人不再出山了。有的地方在客家人入住之前就有先在那里定居的闽人，因此县境之中竟有十几种互相不能通话的小方言。从下列的字音和词汇可以看出闽西客家话的复杂性：

	宁化话	长汀话	连城话	武平话
训	fiŋ꜄	ʃeŋ꜄	feŋ꜄	seŋ꜄
间	꜀kæ̃	꜀kaŋ	꜀ke	꜀kaŋ
春	꜀tshɛ͠i	꜀tʃheŋ	꜀khueŋ	꜀tsheŋ
准	꜂tsɛ͠i	꜂tʃeŋ	꜂kueŋ	꜂tseŋ
林	꜁liŋ	꜁teŋ	꜁teŋ	꜁tiŋ
六	lieu꜆	꜁tɐɯ	təɯ꜅	təuʔ꜇
舅	꜀khəu	꜀tʃhiəɯ	꜀khiəɯ	꜀tɕhiu
除	꜁tshə	꜁tʃhʉ	꜁tʃhye	꜁thə
软	꜂ŋiẽ	꜂iẽ	꜂ŋue	꜂nieŋ
去	khieu꜄	he꜄	hue꜄	khæ꜄
船	꜁sɛ͠i	꜁ʃu	꜃fe	꜁sueŋ
父亲	爹	爹哩	爷	爷哩
母亲	母	娘哩	娘	娘哩
星星	天星	星宿	天星	星
傍晚	挨夜边里	挨暗哩	讨夜边	夜时子哩

续表

	宁化话	长汀话	连城话	武平话
现在	今子	如今	以久	今下
什么	啥么	啲西	什么	么哩
我们	我人	我侪们	也大家侪	我们人
厨房	灶前	灶下哩	厨下	灶下
锅盖	锅盖	锅襚	甑盖	甑蒙
热水瓶	开水壶	滚水壶	热水壶	电壶
男孩子	女哩俆	俫子	囡	大细子
号脉	拿脉	打脉	摸脉	诊脉
出嫁	行嫁	嫁老公	做新人	嫁出

第二节 社会的交往和方言的接触、融合

从理论上说，方言的变异，不外是两种形态：一是纵向的演变，一种祖语分化为几种方言；一是横向的互动，即不同方言之间的相互影响——接触和融合。福建境内虽有山川海域的阻隔，然而并没有不可跨越的天堑，大多数不同方言区之间，都有不同程度的社会生活的交往。只有历来分别属于不同行政区划的高山地区、人烟稀少地区，如通行闽北方言的建宁府的建瓯、政和和通行闽东方言的福宁府的古田、屏南、周宁，彼此往来不多，相互影响不明显。既然有不同方言区边界人民之间的往来，方言之间就会相互影响，发生一定程度的渗透和融合。这也是造成福建境内方言复杂的原因之一。在不同的地方，这种影响的程度和方向是各不相同的，其结果主要取决于当地的经济与文化因素。本节分别介绍这些不同情况。

一、武夷山区方言的接触与演变

武夷山区是闽方言和赣方言的交界地带。那里虽然高峰林立，耕地短缺，但是古来就有人居住，山区人们的社会往来也一直没有中断过。在这个地带发生的不同方言之间的融合有两种类型。

第一种是受到局部的影响，形成新的方言差异，但方言的属性并没有发

生变化。例如建阳、崇安两地的闽北方言受到赣方言的影响发生局部的变化。如上文所述，古透定母字读为 h 声母，古清从初昌母字读为 th 声母：

	偷	腿	啼	桃	头
建阳	꜀həu	ᶜhui	꜁hie	꜁hau	꜁həu
崇安	꜀hiəu	ᶜhui	꜁hi	꜁hau	꜁hiəu
	草	贼	炒	初	床
建阳	ᶜthau	the꜇	ᶜthau	꜀tho	꜁thɔŋ
崇安	ᶜthau	tshie꜆	ᶜthau	꜀thu	꜁thɔŋ

又如词汇方面，柱子说“栋柱”不说“柱”，娘家说“身后”不说“后头”，南瓜不说“金瓜”，父亲说“爷”不说“爹”，勤劳说“切”不说“力”，自己说“自”不说“自家”等。建阳、崇安话属于闽北方言西片，其特点大多与赣方言影响有关。[①]

第二种情况是所受影响较大，带有全局性，因而难以确定方言的性质，实际上是一种兼有两种方言特点的过渡区，或者称为混合型方言。顺昌、将乐两县和建阳市黄坑乡就属于这种类型。

顺昌县西半（富屯溪以西）和将乐县属于金溪流域，其上游是建宁、泰宁，虽然沿途充满险滩，但它古来就是一条重要的水上交通线，沿溪上下的百姓都有密切交往，各县都有不少江西移民。就目前情况看，当地方言闽语成分和赣语成分参半，很难分清主次。

语音方面，古全浊声母读为送气清音（如：白 ph、地 th、坐 tsh、柜 kh），有舌叶音（古知章字：蒸、床、手、春），将乐有轻唇音 f，顺昌没有，两地都有不少轻唇音读为重唇音的字（分、飞、放、肥、浮、饭），舌上音读为舌头音的字（昼、中、抽、竹、绸、池、治），来母读 s 的字（螺、露、笠、篮、卵、六、聋），一二等韵母多无分别（寒＝闲，官＝关，海＝蟹），有后鼻音韵尾和鼻化韵，没有 m、n 韵尾，没有塞音韵尾。此中有赣语的特征，也有闽语的特征。

① 参阅《闽北方言》，见陈章太、李如龙：《闽语研究》，第 139—190 页。

词汇方面，今天、明天说“今朝、明朝”，月亮说“月光”，稻子、稻草说“禾、秆”，锄头说“镢头”，母狗、母鸡说“狗嫲、鸡嫲”，指甲说“手甲”，饲养说“供”，说话是“话事”，知道说“晓得”，以及一栋房子、一盏花、他个书，食唔得等说法，是和赣方言相同的；房子说“厝”，路说“垿”，锅说“鼎”，蛋说“卵”，儿子说“囝”，脚说“骹”，穿说“颂”，脱说“褪”，味淡说“饗”，霉说“殕”，猪说“豨”，稻谷说“粟”，叶子说“箬”，鼻涕说“鼻”等，则是闽北方言的说法。①

相对而言，顺昌话有更多闽北方言成分，将乐话则有更多的赣方言的特点。

一些乡镇的方言也有类似的情况。例如建阳市西端的黄坑乡及附近的麻沙镇界首村，历来属建阳市管辖，但是离建阳城关近百公里，且有高山阻隔，到邵武城关才 20 公里，往来方便。历史上不少江西移民到此定居，后来与邵武人交往也多，如嫁娶赶集等。其方言因而杂有不少赣方言的特点。以黄坑话为例，语音方面有 f、v 声母：夫［꜀fu］，花［꜀fua］，黄［vuɔŋᵓ］，物［꜀vuɔi］。古泥疑母字逢纽音相混：语＝女［ᶜny］，义＝二［ni꜕］，严＝年［nienᵓ］，业＝聂［꜀niɛ］。有前鼻音韵尾：汗［kan꜕］，完［uanᵓ］，银［nyn꜕］，心［꜀sen］，证［tɕinᵓ］，兵［꜀pen］。还有一些音类也近于邵武话，如：船［ɕyɛn꜆］，城［ɕin꜆］，上［ɕiɔŋ꜕］，大［thai꜕］，辣［꜀lai］，酸［꜀sɔn］，顿［tɔnᵓ］。词汇也有不少受邵武话同化的。例如：麻子（芝麻），褂子（背心），娘（母亲），老子（丈夫），搞（玩儿），伶俐（干净），畏（害怕），膏（猪油），天干（旱），灶下（厨房），清水（凉水），鬼子碱（肥皂），精（美丽），落泡（忘记），绊子（口吃）等。②

武夷山区的方言融合，说明了这里的方言间的横向影响是比较强烈的。就闽方言和赣方言之间的关系说，赣方言占着强势，渗透的方向是赣方言对闽方言施加影响。造成这种情形的原因，主要有两个：一是宋元之后闽北的

① 参阅《闽西北七县市的方言》，见陈章太、李如龙：《闽语研究》，第 219—265 页。
② 参阅《黄坑话简介》，见李如龙等：《福建双方言研究》，汉学出版社，1995 年版。

经济文化衰落，人口减少了，赣东北陆续移居此地的人越来越多；另一个原因则是赣方言比较接近民族共同语的基础——官话，而宋元以来，由于社会生活与交往的相对集中，白话文学的影响，特别是明清以来商品经济的发展，官话发展成为全民族通行的共同语，客观的大环境也使赣方言占着优势。

二、戴云山区的方言接触与融合

闽中的戴云山区，包括大田、尤溪及永安、沙县一带，是开发比较迟的地区，又是几个不同方言区的交界处。北面南平是闽北方言区，东面闽清、永泰是闽东方言区，南面德化、大田是闽南方言区，西边的永安、沙县是闽中方言区。这种环境使这一带成为闽方言区中方言最复杂的另一个地片，并出现了另外两种情况。

一是多个方言区的人移居在一处后，几种方言融合成一种新的方言——兼有多种方言特点的混合型方言。这种情形见于大田、尤溪、永安、沙县交接处的10个乡镇：大田县的广平、建设、文江、奇韬，尤溪县的池田、管前、八字桥，永安市的槐南、青水和沙县的湖源乡。这10个乡镇地处福建正中部，戴云山西坡，玳瑁山脉北段，大多是海拔500米上下的中低山地，面积1400多平方公里，直到20世纪90年代末，人口也只有10来万。明代这里是尤溪县境的四十一至五十都，据《读史方舆纪要》，当时尤溪全县只有11000多户，而且主要是集中在尤溪下游。四十一至五十是编都时的末尾，可以想象，当时这一带人口是十分稀少的。后来从闽南来的逃荒者、逃难者，农民起义的败兵，陆续来到这个远离周围县城的“山高皇帝远”的地方，于是发生了几种方言融合的现象。

以这个小区最有影响的大田广平镇的方言为例，可以看出，该方言除了存在着各区闽方言共有的特点之外，还有和永安、大田和尤溪三种小方言相类似的特点。例如：热［꜀dʒiɐ］，义［dʒi꜄］，鹅［꜁dʒia］，害［hɛ꜄］，脐［꜁tsɛ］，界［kɛ꜄］，闹［lo꜄］，灶［tso꜄］，豆［to꜄］，范＝限＝项［꜃haŋ］等字音近大田音；蛇［꜁ʃya］，纸［꜂tʃya］，寄［kya꜄］，哥［꜂kɯ］，课［khɯ꜄］，饿［gɯ꜄］，招［꜀ʃiɯ］，少［꜂tʃɯ］，石［꜃ʃiɯ］，抽［꜀thiɒ］，刘［꜁liɒ］，丘

[꜀khiɒ]，带＝代 [tɛ꜄]，货＝贺 [hɯ꜄] 等字音近永安音；排 [꜁pi]，街 [꜁ki]，鞋 [꜁i]，协 [꜀hiɐ]，日 [꜀liɐ]，接 [tsiɐ꜄]，光 [꜀kuŋ]，讲 [꜂kuŋ]，园 [khuŋ꜄]，肝 [꜀kõ]，棉 [꜁mẽi] 等字音近尤溪音。在词汇方面，涂縻（泥浆），电涂（电池），面巾（毛巾），蚨蝇（苍蝇），所在（地方），番囝火（火柴），电火（手电筒），䘨（松），喙齿（牙齿），瘖（坏）等的说法和属于闽南话的大田话相同；白日（白天），蠽（蟑螂），面盆（脸盆），落泡（忘记），急（生气），烈（快），霜冰（冰），昼了（下午），老兄（哥哥），济工（帮忙），脰颈（脖子）等的说法和属于闽中方言的永安话相同；前底（外面），后底（里面），桌床（桌子），勘（问），赶（追），各自（自己），涸（稠），壁婆（蝙蝠），蚕虫（蚕），饭饮（米汤）等的说法则和尤溪话的说法相同。①

在尤溪县的中、东部，是另外一种情况。

尤溪建县于唐开元年间，置县时，人烟稀少。唐末流落闽中的著名诗人韩偓《自沙县抵尤溪县，值泉州军过后，村落皆空，因有一绝》诗云："水自潺谖日自斜，尽无鸡犬有鸣鸦，千村万落如寒食，不见人烟空见花。"足见当时尤溪的荒凉。

后来，沿海各地的人陆续迁入。据几个大姓族谱所载，池田黄氏于唐开元十年（722 年）自闽州迁来，余氏于宋咸平五年（1002 年）自仙游迁入，尤溪口郑氏于宋嘉定年间自侯官迁入，梅仙林氏明万历六年（1578 年）自漳州迁来，② 后来，说闽东方言的永泰县、说闽南方言的德化县和说闽中方言的永安县都是析尤溪县地置县的。从地理位置说，它正好处于闽东、闽北、闽中、闽南和莆仙五种闽方言小区之间，同谁都有交往，但同谁都没有太密切的联系。这种历史文化背景决定了尤溪县的方言是一串和周边方言相近的小方言。西部新桥话接近闽中方言，北部闽江南岸的西洋话近闽东方言，东南部中仙话有莆仙方言的成分，而尤溪口镇和洋中乡则属于闽东话，街面话属

① 李如龙：《福建大田广平话——一种混合型方言》，见《方言与音韵论集》，香港中文大学中国文化研究所，1996 年版，第 267—287 页。

② 《尤溪县志·人口志》，福建省地图出版社，1989 年版，第 86 页。

于闽南话，城关话则在闽南、闽东之间徘徊不定，兼收并蓄。但由于尤溪作为旧时出县的主要门户，而且抗战期间大量闽东人移居尤溪，城关话已从近于闽南话逐渐转变为近于闽东话。

城关话的犬（狗）、埕（路）、啼（哭）、瘦（瘦）、配（下饭菜）、头牲（牲畜）、病哑（哑巴）等同于闽东；糜（粥）、蠓（蚊子）、肱（肉）、枵（饿）、覕（躲）、溅（湿）、了（完）、喙齿（牙齿）等，与闽南话相同。

新桥话的禾（稻子）、禾秆（稻草）、豨（猪）、嬉（玩儿）、饥（饿）、蜡（肥皂）、物事（东西）、鸡公（公鸡）、灶间（厨房）、暗边（傍晚），是闽北、闽中的方言词。

中仙话的沸水（开水）、物乇（东西）、勘（问）等则和莆仙话相同。

汤川话的粬（稻子）、隻囝（鸟儿）、骹穿（屁股）、底时（几时）、翼股（翅膀）等与闽南话相同。

西洋话的平直（美）、偌夥（多少）、乇（东西）、驮（拿）、罔（越……越……）、粉干（粉条）、紫菜（茄子）和闽东话相同。

尤溪县内的土语群中，城关话有较强的势力。城关话原有不少闽南话成分，后来加入更多的闽东话成分，一方面是因为省会的福州话在语言接触中占着优势，另一方面也因为从尤溪沿闽江东下福州较为方便，两地历来经济上交往比较多。在历史上，尤溪长期属于延平府管辖，周围通行闽北方言，但到如今闽北方言的成分并不多。闽方言的几个区之中对于闽中腹地来说影响最大的是闽东话，其次是闽南话，闽北话势力最小。决定方言的势力强弱的因素主要是政治、经济与文化所构成的背景。闽方言三大片在尤溪交锋的结果很能说明这其中的道理。①

三、闽南闽西间的方言接触

闽南方言区的西鄙龙岩于清雍正十二年（1734 年）立为直隶州，并辖漳平、宁洋两县。该地为九龙江上游，乃闽西通往沿海的必由之道。西边为高

① 参阅《尤溪县内的方言》，见陈章太、李如龙：《闽语研究》，第 304—340 页。

山区，原来人烟稀少，客家人多所移居。由于与客家方言接触频繁，受其影响，龙岩话产生了一些变异。例如送气音多：部［ᶜpho］，贫［꜁phin］，婆［꜁pho］，台［꜁thai］，谈［꜁tham］，强［꜁khiaŋ］；二等字拼牙喉音时产生了 i 介音：家［꜀kiɛ］，虾［꜁hiɛ］，交［꜀kiau］，江［꜀kiaŋ］，陷［hiamᵓ］；g 声母字多，如幼［giuᵓ］，野［ᶜgia］，望［guaŋᵓ］，王［꜁guaŋ］，仁［꜁gin］；有些韵母近于普通话，如：社［ᶜsa］，超［꜀tshau］，占［tsamᵓ］，庄［꜀tsuaŋ］，光［꜀kuaŋ］；有些词汇也同于客家而异于闽南：禾（稻子），灶下（厨房），老婆（妻子），婿郎（女婿），老弟仔（弟弟），老妹子（妹妹），迟，快，映（看），自家（自己），猪嫲（母猪），洋火（火柴），月光（月亮），寻（找），吓（怕）等。

在大范围内，闽南方言较之客家方言占着明显的优势，因此龙岩话虽受了一些客家话的影响，可说是轻度接触，尚不至于发生质变，龙岩话的闽南话性质还是清楚的。

四、双方言地区的方言融合

同时使用着两种不同方言的双方言地区也势必会发生方言的融合。福建境内的双方言现象有两种不同的类型：一是方言岛，一是双方言带。上文所述的方言岛的岛民基本上都兼通包围着它的方言。双方言带则是不同方言区的交界地带的人兼通两种方言。例如闽南方言区和闽西客话区的交界地带，从龙岩到南靖、平和、云霄、诏安有一条南北走向的长约 250 公里的双方言带，包括龙岩的大池、孔夫、江山、万安、红坊等乡镇，漳平的双洋、南洋等少数村落，南靖的梅林、书洋，平和的九峰、大溪，长乐的崎岭等乡镇，云霄的下河、常山，诏安的官陂、秀篆、太平、红星等乡的部分村庄。在闽南话和莆仙话的交界处，惠安的南浦也是双方言片，闽东话和莆仙话交界处则有福清的新厝、蒜岭的双方言片。此外，还有诸方言互相穿插的方言岛。

不论是方言岛还是方言交界地带，既是双方言制，两种方言之间就会产生相互影响。例如龙岩大池闽南话，苍蝇不说“胡蝇”说“乌蝇”，毛巾不说“面巾”说“面帕”，妹妹不说“小妹”说“老妹”，蚂蚁不说“狗蚁”说“蚁公”，自己不说“家己”说“自家”；而黄美村的客家话，儿子不说“倈子”说“后生”，哑巴不说“哑子”说“哑狗”，肚子饿不说“肚饥”说“枵”，瞎眼不说“瞎眼”说“青盲”，哥哥不说“阿哥”说“兄”，这些是异方言词“取代”原方言词的例子，改说别方言的说法。有时是本方言和别方言的词汇“并用”，例如黄美客家话，墓又说“地”，“做得”又说“会使得”；大池闽南话“喙须”又说“胡须”，“书册”又说“书”。有时，这种融合还可以是两种方言语素的混合构词。例如黄美客家话鸡蛋说“鸡嫲卵”，脚说“脚骨”，“鸡嫲”、“脚”是客家话的语素，“卵”、“骨”则是闽南话的语素。

双方言地区的融合现象是十分复杂的，融合的程度有深有浅，两种方言的影响有强有弱，其具体表现是受社会文化背景制约的，要据两种方言差异远近、地盘大小、人口多少，以及行政管理的历史、方言的文化类型等情况而定。例如北方方言岛和闽方言差异大，要吸收闽方言的成分就不容易。闽南话和客家话之间，通常是前者影响后者多，后者影响前者少。福清和惠安分别以闽东、闽南方言为主体，其境内的双方言片中，莆仙话的势力就只能是弱势的，受闽东、闽南方言的影响就多。

第三节　省内的移民和各方言的相互穿插

福建境内诸方言形成之后又因为省内居民的迁徙而相互穿插，形成大大小小的方言岛，这些方言岛的岛民通常兼通母语和周围的方言，形成双方言制。这种岛状双方言区总是发生着较大的变化。

一、省内移民及方言岛的分布

据了解，福建省范围内互相穿插的方言岛，历史长的有两三百年，历史短的只有数十年。当地人大多还知道多少代以前的祖宗是何时从何地为何原因迁来的。例如顺昌县埔上乡闽南方言岛的岛民，相传是清代道光咸丰年间永春、德化之人参加太平军北上，兵败后留居传下来的。但是口头的传说有时并不确切，明明是逃难来的，可以托名说是祖上来此当官，为的是抬高自己的门户，以便立足。有的地方志曾有简要的记载，这类记载往往比较可靠。例如宁德市碗窑村至今通行闽南话，乾隆四十六年（1781年）所修的《宁德县志》就有过记载："本邑因有碗窑之业，漳、泉、兴等处无业之民杂聚二都，以造碗谋食。"[①] 又如乾隆《永福县志》说："至若穷冈邃谷，多漳、泉、延、汀之氓，种畬栽菁，伐山采木，其利乃倍于田，故永多客氓，黠而为党，凌轹土著，岁祲揭竿而呼者，皆客氓也。"[②] 可见漳、泉、延、汀的人早就离家外出转向山区开山伐木，种植蓝靛、甘蔗等经济作物，从农业转向林业及其他副业了。

现就已经知道的这类方言岛列举如下：[③]

1. 闽南方言区的区外方言岛。

福鼎县沙埕、前岐、店下、白琳、点头、管阳、贯岭、南溪、桐城等13乡的98村共有993个自然村，总人口约13万人。[④]

霞浦县水门、牙城、下浒等乡和三沙镇共有33村的100多个自然村，总人口近4万。其中水门、牙城二乡是由浙江平阳倒迁回来的，以务农为主，三沙是由闽南迁来的，多以打鱼为生。此外，长春乡赤沙村、延亭村也有数千人。

宁德市飞鸾乡碗窑、礁头二村，3000多人。

连江县敖江乡凤尾、北岳二村，数百人。

福清市渔溪镇的上张、双墩、步上、苏田、柳厝、联华、侨丰、南升等村部分自然村，东张镇的先锋、香山、半岭、濑寿、双溪、玉村等村部分自然村，一都乡的一都、玉坑、东山、善礼村的部分自然村，镜洋乡的红星、波兰、长征、东升、光荣等村，上迳乡的南湾、县圃、梧岗等村，音西乡的音西、音埔、溪前自然村，阳下乡的芦院、油楼、奎岭村，宏路镇的龙塘、圳边、金印、周店等村，总共有数万人。

罗源县起步乡后里巷村，200多人。

---

① 卢建其：《宁德县志》，厦门大学出版社，2012年版，第138页。

② 乾隆《永福县志》卷一《气候》，第19页。

③ 编者注：以下地名均为初版时作者调查结果，现如今行政区划上或有变化，为保留原书调查情况，我们不做改动。

④ 本节所列方言岛及人口数中，宁德地区部分材料曾承宁德地区地名办公室代为调查过，特此致谢。

莆田市南日岛浮叶村浮斗自然村。

平潭县中楼乡韩厝、大坪村，流水乡后田、港东村，澳前镇龙风、山仔兜村。

闽侯县青口乡东台、西台村，三四千人。

南平市夏道镇大洲村，太平乡杨厝、曾厝村，赤门乡的大科村。

顺昌县城关镇吉舟、文新、井龙等村，大干乡石湖村，埔上乡、富文乡数个自然村，3 万余人。

建阳市麻沙镇竹洲村金台自然村。

武夷山市武夷乡天心村，数百人。

浦城县盘亭乡上黄厝村等，数百人。

沙县青州镇洽湖村、高桥乡上洋村、富口乡罗溪村等，数百人。

邵武市拿口镇部分乡村，约 2000 人。

永安市西洋乡 14 个村 3 万人，大湖乡 4 个村数千人。

尤溪县坂面乡街面村，数千人。

2. 莆仙方言区的区外方言岛。

福清市渔溪镇的联华、红山、钟前、柳厝、水头、苏田，双墩等村，新厝乡的新厝、蒜岭、霞浦、江兜、漆村、东沃等村，东张乡的芦岭、一都、崔后、金芝、双溪等村，镜洋乡的墩头、东风、黎洋、玉埔、下施等村，育西镇的云中村岭口自然村，江阴乡的小麦村、下石村部分自然村等乡镇数十个村，数万人。

平潭县南海乡塘屿岛，3000 人。

永泰县梧桐镇潼关、后溪西林村，五六千人。

霞浦县大屿乡后门村，400 多人。

福安市下白石乡 11 个自然村，湾坞乡白马村，共千余人。

福鼎县沙埕镇澳腰、钓澳、后港等村，2000 余人。

3. 闽客方言区的区外方言岛。

大田县桃源镇东坂、黄山等村，太华乡高星村，广平镇大吉村等，数千人。

沙县富口夏茂镇及大洛、高砂等乡，共有千余人。

寿宁县平溪乡，700 多人。

漳平县南洋乡宁家山、营仑村，双洋乡中村、尾村。

三明市中村乡前村、陈大乡渔溪村。

福清市东张、一都、音西等乡镇的部分村落。

建阳市黄坑乡北部山区有数百个早年宁化移民。

顺昌县城关镇五个村，洋口、埔上各一个村。

南平市大洋、峡阳、洋后、东坑等乡各一个村。

浦城县忠信乡毛洋、海溪二村。

福安市社口乡首览村。

福鼎县磻溪乡赤溪村、点头乡观洋村，500 多人。

此外，邵武、泰宁也有少数村落。

4. 闽东方言区的区外方言岛。

福鼎县秦屿镇数万人，沙埕镇黄岐 1 万多人。

顺昌县洋口镇数万人。

尤溪县尤溪口镇数万人。

二、方言岛的语言变异及其与社会经济生活的关系

方言岛由于受到别种方言的包围并实行双方言制，通常变异较多、较快，但也有一些不同情况。变异的快慢决定于：第一，方言岛范围的大小。凡是地域广、人口多的变异就小，地域狭、人口少的变异就大。第二，方言的势力大小和人们方言意识的强弱。岛民方言意识强烈，经济文化优势明显的，该方言岛变异就慢。以下举些例子说明。

据原福鼎县地名办公室调查统计，该县之内讲闽南话的人，分布在 13 个乡镇的 98 个村的近 1000 个自然村，人口约 13 万，约占当时全县总人口的 1/3。他们大多定居在沿海地区，从事渔业和农业，经济文化地位较高。因此那里的闽南话变异就小。笔者在调查福鼎最大的闽南方言岛——沙埕话时，从一位 60 多岁的老人口中记得了相当于《汇音妙悟》所分立音类“鸡”韵的古音 ɯe，如鸡街 [$_c$kɯe]，髻 [kɯe^c]，洗 [^{c}sɯe]，溪 [$_c$khɯe]。相传沙埕人是清代乾嘉年间自泉州永春一带迁去的，此韵的古读目前在泉州及附近城乡均

已失传（全部混入［ue］韵），这是方言岛变异最小最慢的典型。不仅如此，福鼎的闽南话还反过来影响福鼎境内的闽东方言。例如城关话没有撮口呼韵母，有 iau 韵，沙读［${}_{c}$sua］，非读［${}_{c}$xui］，葵读［${}_{\underline{c}}$kui］，干净说“清气”，天冷说“寒”，地方说“所在”等，就显然是受闽南话影响的结果。[①]

同样是闽南话，在宁德市的碗窑村所发生的变异就大些。据笔者调查，那里的老年人和青年人的口音差异较大，鼻音韵尾和塞音韵尾竟从三套合并成一套，把 23 个韵合并为 9 个韵：am、an、aŋ→aŋ，uan、uaŋ→uaŋ，im、in、iŋ→iŋ，iam、ian、iaŋ→iaŋ，ap、at、ak→aʔ，uat、uak→uaʔ，ip、it、ik→ieʔ，iap、iat、iak→iaʔ，m、ŋ→ŋ。[②]

福鼎沙埕镇澳腰、后港等村的莆田方言岛，有住民 2000 多人，他们是三四代以前从涵江一带迁去的，那是个岛中之岛，为沙埕闽南方言所包围。一般人都能说福鼎话（即城关桐山话）、闽南话（沙埕话）和澳腰话。这个不到百年的方言岛发生的变化也很大。例如花生不说“地生”而说“涂豆”，女人不说“婶娘”说“查某”，厕所不说“粪池兜”说“屎岩”，瘦不说“瘪”说“瘖”，这是受闽南话影响的结果。想不说“算”说“忖”，知道不说“知晓”说“晓得”，东西不说“物乇”说“乇”，稀不说“潡”说“清”，稠不说“洘”说“涠”，漂亮不说“觘”说“得洁”，米粥不说“饮糜”说“糜粥”，跑不说“走”说“跳”，这是受桐山话影响的结果。总的看来，语音方面受沙埕话影响大，词汇方面则受桐山话影响大。[③]

闽侯县东西台村的闽南方言岛的岛民是清朝初年漳州一带迁过去定居的，因为位于福厦公路上，周围是闽东的发达地区，这个穷山村的闽南人大多要外出谋生，因而与外界接触甚多。几百年过去了，如今的青年人已经不大会说祖宗带来的闽南话了，他们说的福州话同本地人毫无二致。[④]

---

① 参阅《福鼎沙埕镇的闽南方言岛》，见李如龙等：《福建双方言研究》。

② 参阅李如龙、陈章太：《碗窑闽南方言岛二百多年间的变化》，《中国语文》，1982 年第 5 期。

③ 参阅《福鼎县澳腰莆田方言岛》，见陈章太、李如龙：《闽语研究》，第 459—471 页。

④ 参阅《闽侯西台村的“下南话”》，见李如龙等：《福建双方言研究》。

第四节 福建方言的分区及其与历史地理的关系

一、福建方言的现实分区

总结上文将福建境内各方言的分布列表如下：

类别	方言区（岛）（代表点）	方言片（代表点）	分布县（市）
闽方言	闽东方言（福州）	南片（福州）	福州、闽侯、长乐、福清、平潭、永泰、闽清、连江、罗源、古田、屏南
		北片（福安）	福安、宁德、周宁、寿宁、柘荣、霞浦、福鼎
	莆仙方言（莆田）	北片（莆田）	莆田、涵江
		南片（仙游）	仙游
	闽南方言（厦门）	东片（厦门）	厦门、金门
		北片（泉州）	泉州、晋江、南安、惠安、永春、德化、安溪、同安、大田（西南部）
		南片（漳州）	漳州、龙海、长泰、华安、南靖、平和、漳浦、云霄、东山、诏安
		西片（龙岩）	龙岩、漳平
	闽中方言（永安）	南片（永安）	永安、三明市列东和列西
		北片（沙县）	沙县
	闽北方言（建瓯）	东片（建瓯）	建瓯、松溪、政和、南平（大部）、顺昌（东南部）
		西片（建阳）	建阳、武夷山、浦城（南部）
	闽方言过渡区	南片（大田）	大田（中部）
		中片（广平）	大田（西部）、尤溪（西部）、永安（东部）
		北片（尤溪）	尤溪（大部）

续表

类别	方言区（岛）（代表点）	方言片（代表点）	分布县（市）
闽方言与客赣方言过渡区（将乐）		北片（将乐）	将乐、顺昌（西北部）、明溪
		南片（明溪）	
赣方言	闽赣方言（邵武）	北片（邵武）	邵武、光泽
		西片（建宁）	建宁
		南片（泰宁）	泰宁
	中山镇方言岛（武平）		武平中山镇（军家话）
客方言	闽客方言（长汀）	北片（宁化）	宁化、清流
		中片（长汀）	长汀、连城
		南片（上杭）	上杭、永定、武平
		东片（九峰）	平和（西沿）、南靖（西沿）、诏安（北沿）
吴方言	浙西片边界方言（浦城）		浦城（中北部）
官话方言	南平方言岛		南平（市区及西芹镇）
	洋屿方言岛		长乐洋屿琴江满族乡

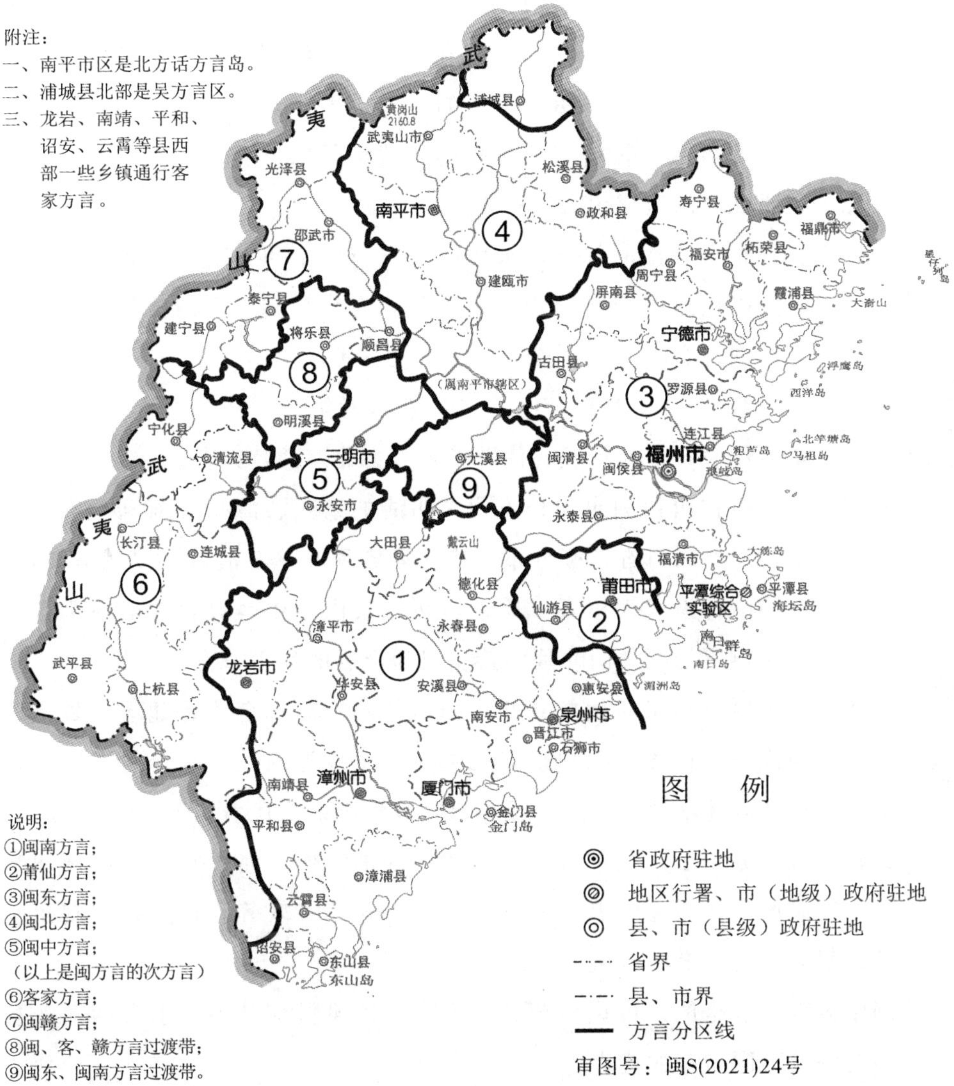

福建省方言分区示意图

二、福建方言的分区与历史、地理的关系

方言是民族语言的地域变体，方言的分区体现在地理区域上，必定和历史地理、自然地理有密切的关系。就福建的情形而论，诸方言的分布一是和

历史上的行政区划有关；一是与河流的分布有关。自唐宋以降，福建境内的行政区划比较稳定，福建境内的主要方言区在唐宋期间也已基本定型，现有的方言分区和唐宋的州、军，明清以来的府、道大体是相应的。另外，在丘陵地带，人们的聚落通常是沿江河分布的，就实际情形看，现有的方言分区和省内几条主要江河的流域也大体相当。

闽东方言分布于唐代的福州，宋代的福州、福宁州，明清的福州、福宁二府，又可以大体按这两个府分为南北两片。南片是闽江下游流域，以福州音为代表；北片则是交溪流域，福安城关音较有代表性。

莆仙方言区分布在宋代的兴化军、明清的兴化府，全境为木兰溪流域。以莆田城关音为代表，按原莆田、仙游二县分为北南两片口音。

闽南方言分布在唐代的泉州、漳州，明清的泉州、漳州二府和永春、龙岩二州。南北两片不同口音正好分布在晋江流域和九龙江流域，以明清泉州、漳州两个府城的语音为代表口音。原龙岩州二县由于受客方言影响成为西片口音，后起的城市厦门则集南北片的特点成为全区的代表方言。

闽北方言主要分布于唐代的建州，明清的建宁府，全境是建溪流域，以建瓯城关音为代表。建溪上源和崇阳溪两支流正好把闽北方言分为东西两片口音。东片口音以建瓯话为代表，西片口音以建阳话为代表。

闽赣方言区分布于宋代的邵武军，明清的邵武府，属于富屯溪流域和金溪上游，以府城邵武话为代表。其附属的过渡片（将乐等县）原是南剑州及后来的延平府，属于金溪流域。

闽中方言区也是原来的南剑州、延平府，沙溪贯穿其中。永安话和沙县话为南北两种不同口音的代表。

闽客方言分布在唐代的汀州，明清的汀州府。南片口音就在汀江流域，上杭音较有代表性；北片口音则处于沙溪上游的九龙溪两岸，宁化音较有代表性，整个区可以府城话长汀音为代表。

此外，方言岛与历史移民关系密切，上文已提及，此处不再赘述。

第三章
闽人的外徙与福建诸方言的流播

第一节　闽人沿海播迁和闽方言在东南各省的分布

一、闽南人在东南沿海的播迁和闽南话的流播

经过唐宋间的发展，闽地人口增加最多的是闽南地区，从木兰溪到晋江、九龙江的三江平原开始人满为患。矛盾最尖锐的首先是莆田地区。据《宋史·地理志》，在这片不足4000平方公里的土地上，崇宁元年（1102年）即有3个县的建置，住着63157户人家。当时全国县均户只有16000户，而兴化军的3个县高达21000户。到了元代，据《元史·地理志》，兴化路的3个县还是只有67000多户，为什么人口增长这么少呢？宋末的动乱并未波及这一带，既然经济繁荣、文教发达，兴化人到哪里去了？历代人口的统计虚实不一，与实际情况可能有出入，但也不可能出现如此不可置信的出入。

1984年，笔者到海南大学讲学，在海南逗留近月，顺便调查了一些方言情况和人文历史。所询海南和雷州半岛的本地人，十有八九都说他们祖上乃来自福建莆田，也有说来自潮州的，而潮州人也普遍都说祖上迁自莆田“荔枝村”或“甘蔗村”。1981年我曾记录过广东电白的音，发现电白话至今还保留着许多莆田音的特点，例如修［꜀ɬiu］，疑［꜁ki］，盘［꜁pua］，经［꜀keŋ］，扇［ɬi꜄］，线［ɬua꜄］，硬［ŋe꜆］。从潮州、雷州到琼州，直到现在都还把桌子称为“床”，和莆田话的说法毫无二致。而在莆田周围，除了尤溪话把桌子称为“桌床”外，包括整个闽南话地区并未将桌子称为“床”的。看来，潮、

雷、琼人“来自莆田”的世代传说并非胡诌。看看几个人口统计数便可见到端倪。

据《旧唐书·地理志》，唐代天宝元年（742 年），泉州 4 个县（含莆田）23806 户，160295 人；漳州 3 个县 5846 户，17940 人；潮州 3 个县 4420 户，26745 人（海丰在外）；雷州 3 个县 4320 户，20572 人；海南岛的琼、崖、儋 3 个州 4858 户。当时的闽南总计已近 3 万户，17 万余人；而广东的潮、雷、琼总计才有 1 万多户，不到闽南的半数，而且其中应有大量的畲人、黎人。[①]

300 多年后，到了北宋，据《宋史·地理志》，崇宁年间，泉州 7 个县 201406 户，漳州 4 个县 100469 户，兴化军 3 个县 63157 户，合计 36 万余户（请注意，漳州骤增）。在广东省，元丰年间潮州 3 个县 74682 户（海丰在外，是唐代的近 17 倍），雷州 2 个县 13784 户，海南岛的琼州、南宁军、万安军、吉阳军共 10337 户，合计不足 10 万户，其中琼州是“以黎母山夷峒建”。[②] 这时闽南和粤琼沿海的人口数还相差甚大。

到元代，据《元史·地理志》，元代泉州 7 个县 89060 户，455545 人；漳州 5 个县 21695 户，101306 人；兴化 3 个县 67739 户，352534 人，以上闽南人共计近 91 万人。潮州 3 个县 63650 户（请注意较北宋户数略减），445550 人；雷州 3 个县 89535 户，125310 人；海南岛的乾宁、南宁、万安 3 个军 90805 户，160522 人，以上广东境内说闽南话的合计 73 万人。经过两宋的迁徙，闽南和粤海的人口数就比较接近了。最明显的是兴化军 3 个县，两三百年间仅增 4000 户，而雷州则增加了 7 万多户，海南岛增加 8 万多户。这些数字说明了，泉莆一带的人北宋时大量南徙漳、潮，至南宋又向更南的雷州、琼州转移。《元史·地理志》“潮州路”条称：“至元十五年归附。十六年，改为总管府，以孟招讨镇守。未几移镇漳州，土豪各据其地。二十一年，广东道宣慰使月的迷失以兵来招谕，二十三年，复为江西等处行枢密院副使兼广

① 《二十五史·旧唐书·地理志》，上海古籍出版社、上海书店，1986 年版，第 3675—3687 页。

② 《二十五史·宋史·地理志》，第 5480—5485 页。

东道宣慰使以镇之，始定。”可见大量的新移民户还是颇有实力的，才能“土豪各据其地”[①]。

到了明代，据《读史方舆纪要》，泉州府33330户，漳州府35090户，兴化府24420户，以上闽南合计92840户，而潮州府34870户，雷州府31680户，琼州府45430户，三者合计达111980户，潮、雷、琼人口从此超过了闽南。

南宋人王象之所编地理总集《舆地纪胜》说到南恩州（今阳春一带）时云：“民庶侨居杂处，多瓯闽之人。”说到潮州时还极其难得地提到了当时的方言情况：“初入五岭首称一潮，土俗熙熙，有广南、福建之语……实望南粤，虽境土有闽广之异，而风俗无漳、潮之分。”这就是说，当时的漳州、潮州虽分属两省，方言却是一致的。兴化人向粤琼南迁当然是经过漳州中转而不是一步到位的。《舆地纪胜·化州卷》还说：“化州以典质为业者，十户而闽人居其九。闽人奋空拳过岭者往往致富。”[②] 周去非《岭外代答》也多次提到闽人迁往粤西、桂南和琼州的事，称钦(州）民有五种：“……四曰射耕人，本福建人射地而耕也，子孙尽闽音。”“海南有黎母山，内为生黎……外为熟黎……熟黎多湖广、福建之奸民也……”[③] 还有一部分沉船破产者就地而居。可见，民间口碑还是于史可征的，仔细地查阅史料一定还有更多类似的记载。

粤海的潮州、雷州确是好地方。那里地势平坦，没有福建那么多山，雨量充分，气温也更宜于农耕，早就一年三熟了。可以说，南下的闽人是义无反顾，并且在新地繁衍极快，两三百年间就又开拓出了一片片广阔的新天地。由于迁出的时间较长，到了粤海之后又同当地居民（包括畲族、黎族）相处，潮州、雷州和琼州的闽南话，都和本土的闽南话有较大的差异，除潮州话与漳州话还可勉强通话外，其余与本土闽南话难以相通。然而他们仍然怀有强烈的本土观念，大家都没有否认自己的方言是从福建带来的闽方言。

① 《二十五史·元史·地理志》，第7410—7412页。

② 所引《舆地纪胜》原文，均见“粤雅堂”木刻本。

③ 转引自葛剑雄等：《简明中国移民史》，福建人民出版社，1993年版，第314—315页。

如果说两宋时期的闽南人多沿海往南开拓的话，明清之后则是沿着海岸线往北谋生。本省的闽东沿海移民，前一章已经提及。他们多数是打鱼谋生者，起初是季节性居住，后来就在海岛和海岸上长住（如霞浦三沙湾、福鼎沙埕湾），也有些是在陆上烧瓷或务农的。再往北便是浙南的闽南话区了。

据浙江省方言研究会傅国通等人调查，20 世纪 80 年代浙南沿海说闽南话的人口近百万。其分布如下：

温岭县　石塘一带

玉环县　坎门镇

洞头县　本岛、半屏岛、元角、倪屿等岛

瑞安县　北麂岛

平阳县　南麓岛，东部沿海的西湾、墨城乡，中部的梅源、梅溪等 24 个乡

苍南县　大部分地区

舟山群岛　个别渔民定居点[①]

浙南的闽南话最集中连片的是浙江省苍南县。据温瑞政调查，苍南县说闽南话的，分布在东部沿海和中西部，人口占全县人口过半（54.4%），其代表全县城的灵溪话属于闽南话系统，是毋庸置疑的。[②]

在浙南定居的闽南人，有些又向北迁徙。如清代道光咸丰年间就有人徙往江苏省的宜兴定居，那里的闽南方言岛有 9 个乡，22 个村。例如宜兴梅园村林氏就是明末崇祯年间从漳州龙溪先迁往温州平阳，清末再迁往宜兴的。

浙南闽南话是泉州一带的渔民于明清之间带去的，至今还可勉强通话，但是已经受到浙南吴语的影响而发生许多变异了。例如产生了 ɿ 韵：资 [tsɿ]，此 [tshɿ]，思 [sɿ]。没有了 m 韵尾：林 [lin]。入声韵尾只有 ʔ 尾：答 [taʔ]，血 [xieʔ]，识 [sieʔ]。又如说大显（很大），悬显悬（很高很高），食一碗添（再吃一碗）等，都和闽南本土不同。

---

① 傅国通等：《浙江吴语分区》，《杭州大学学报》（增刊），1985 年。

② 温端政：《苍南方言志》，语文出版社，1991 年版，第 13 页。

闽南人外移主要是沿海路走的，按这种走向外出的都是大批量的迁徙。此外，也有沿山路走的，这种走向则是小批量的迁徙。具体原因也很多样，大约有一批是随太平军北上的，除了在闽北定居之外，还有在江西上饶地区落户的。笔者曾调查过上饶县尊桥乡东田村（蒋姓）的闽南话，那一带还有一些闽南方言岛，数百人、数千人不等，上饶市茅家岭塔水村就是全村说闽南话的。数十年前他们还派人回闽南祭祖，此俗停止半个世纪有余了。在赣南，笔者调查过兴国县社富乡坐石村的闽南方言岛，该村姓庄，有200多户，近千人，相传是明末平寇将军庄森（文盛）的后裔，原籍是永春桃源里。他们对外说的是赣县的官话，对内说闽南话，女儿回娘家也说，若不能说母语，祭祖宗时不能吃“公堂饭”。现在已经知道的迁得最远的闽南方言岛是四川省金堂县（成都郊县）陈氏，分别聚居于城厢镇及祥福、大同、玉虹、绣水各乡，共有2000余人，是康熙年间自漳州南靖县石门隐溪里迁去的。在成都平原的新都、广汉、什邡、中江、灌县、大足、安岳等县还有零星的分布。这是四川大学崔荣昌发现后告知的。

二、闽东人的北移和浙南的闽东方言

闽方言中向省外流播的大多是闽南话，这主要是由于闽南地区人多地少，大量住民外迁。

闽东方言也有少量的省外流播，主要是在浙南与福建相连的几个县。包括泰顺的龟湖乡以及岳巢、南山、小林、凤洋、玉西、东安，大约占县境的一半，人口约有数十万，当地叫“蛮讲”。这里和福建的寿宁、福鼎连片，交界处地带也常有通婚往来，并在同一个墟场赶集。苍南县的“蛮话”，分布在金乡镇周围，钱库镇大部分，以及新安、陈东、仙后、芦蒲、夏口、新城、项桥、老城等地，大约有20万人。此外庆元等县（市）也有类似的“蛮话”。

关于“蛮讲”的来历，究竟是泰顺本地居民的话，还是后来自闽东迁去的，目前尚未能完全弄清楚。在浙南，既然有使用人口更多的温州话，按一般的理解，那里的“蛮讲”应是后来移入的。

根据笔者于20世纪末到泰顺所做的调查，泰顺“蛮讲”，就语音说显然是闽东方言。只有一个ŋ韵尾，无鼻化韵，有ø、œ元音，“晴”、“坐”读s，这些都是闽东方言的重要特征。但是从词汇说，有闽东的方言词，如遏雨（下雨）、今年冥、去年冥、半冥三更、饭箸（筷子）、番钱（硬币）、头牲（牲畜）、赖菢（菢窝）、镰锲（镰刀）、蛤蟆锤（蝌蚪）、掏（拿）、扐（五指抓）、冇讲（闲谈）、犬（狗）、莳瓜（丝瓜）、傀儡囝（小孩）、病哑（哑巴）、儿婿（女婿）、土（凸）、缯（均匀）；也有闽南的方言词，如时节（时候）、骹盯（后跟）、漏屎（拉肚子）、菜（下饭菜）、澉（湿）、冰条（冰棍儿）；还有闽北的方言词，如当央心（中间）、柱盾（柱石）、信壳（信封）、塘鱼（鳖）、目汁（眼泪）、出麻（出麻疹）、成痧（中暑）、嬉（玩）、遮被（盖被子）、晓得（知道）、赖记（忘记）；甚至还有一些明显不是闽方言词，而是吴方言词的，如水渠说“水陂”，墓说“坟”，还有挂虹（虹）、日间（白天）、晚间（晚上）、抽（抽屉）、洋火（火柴）、落地豆（花生）、东家（老板）、鼻头（鼻子）、事干（事情）、着（穿）、脱（衣）、物事（东西）、叫（哭）、寻（找）。

浙南闽东话吸收一些闽南话语词应是就地从浙南闽南话移用的，闽北方言则是因为与该地区相连，因双语并用而受吴方言的影响更是情理中的事。它的这种混合性质对于判别其是当地居民还是后来迁入者的语言并不会有很大帮助。闽东北的开发是比较迟的，若是明清之后迁去的，应该在族谱甚至在口头传述中还能找到凭证。若是早期的当地居民，则可以一直追溯到东吴时期甚至闽越与东越争战的年代，那它就具有很大的研究价值了。解决这个问题还是要从史料及民间谱牒上找出路。据《宋会要辑稿》所载，南宋乾道二年（1166年）温州沿海遭到特大潮灾，滨海地区“人户田亩尽被海水冲荡”，而嘉靖《温州府志》则说，当时受灾之后，曾有大批福建长溪（今霞浦）人迁往垦种。近年所编《瑞安县地名志》就提到温州华盖乡张氏，瑞安林、詹、杨、任、翁、池诸姓皆于乾道水灾之后自闽迁入。看来，浙南闽语中，属于闽东话的蛮讲是宋元时先期迁入的，属于闽南话的平阳话是明清之后迁入的，由于时间先后的不同，前者虽然和闽东相近，却变化大，受吴语影响大；后者虽然远离本土，却变化小，至今仍可勉强与闽南人通话。

温端政的《苍南县方言志》对苍南县内诸方言做了全面调查，联系当地几个大姓的宗谱的记载［五代天福年间从福建赤岸（福鼎）避乱迁入］，认为和泰顺的“蛮讲”连片且语言特征相近的“蛮话”，其“底层似乎也属于闽东话，后来由于长期接受‘瓯语’的影响，才在语音、词汇、语法等各个方面，特别是语音方面有许多接近于瓯语的地方”。[①]

第二节 闽人出洋与福建方言的海外流播

一、泉州港、月港的先后兴起和闽南人的下南洋

闽人不但沿着海岸移居东南各省，而且走向大洋，定居于东南亚各国。

从海上向外扩展，这一方面是迫于无奈，人多地少，生活无着；一方面也因为有了造船和航海的技术，尝到对外贸易的甜头，因而向外开拓。

闽人善舟，看来先是从古闽越人那里学来的，《汉书·严助传》说，他们“处溪谷之间、篁竹之中，习于水斗，便于用舟”。《越绝书》：“夫越性脆而愚，水行而山处，以船为车，以楫为马，往若飘风，去则难从，锐兵任死，越之常性也。”[②]

史载闽人造船远航，始自五代时的闽国。欧阳修所编《新五代史》曾有一段传奇说法，说王审知“招来海中蛮夷商贾，海上黄崎，波涛为阻，一夕风雨雷电震击，开以为港，闽人以为审知德政所致，号为甘棠港”[③]。《五国故事》则载有传说：“邽初领兵至泉州，舍于佛寺，始生延彬于寺之堂，既生而有白鹤一，栖于堂中，迄延彬之终，方失其所，凡三十年。仍岁丰年，每发蛮船，无失坠者，人因谓之招宝侍郎。”

据《宋会要》，哲宗元祐二年（1087 年）十月六日诏泉州增置市舶。在泉州市舶司任提举的赵汝适，后来集其见闻作《诸蕃记》，书中所述来泉贸易的

① 温端政：《苍南方言志》，第 28 页。

② 李步嘉校释：《越绝书校释》，武汉大学出版社，1992 年版，第 196 页。

③ 《二十五史·新五代史·闽世家》，第 5161 页。

亚非国家达58个。元代航海家、商人汪大渊，在《岛夷志略》提到来泉贸易的国家很多。据所记述，“海舶飞运”的有泉州铁鼎、铁针、银器，建茶、建瓷则是名牌，泉缎亦蜚声南洋各国。《舆地纪胜》引用惠安人谢履所作《泉南歌》说：“泉州人稠山谷瘠，虽欲就耕无地辟。州南有海浩无穷，每岁造舟通异域。”这是对当时出洋谋生原因的最好概括。北宋地理总志《太平寰宇记》列“海舶”为泉州名产之一。南宋徐梦莘《三朝北盟会编》则盛赞“海舟以福建为上”。[①]

莆田人刘克庄在广州居官时曾作《城南》诗曰：“濒江多海物，比屋尽闽人，四野方多垒，三间欲卜邻。”[②] 可见闽人不但在泉州港做进出口生意，还把生意做到了广州港。明正德年间所编《琼台志·杂事》载：“东坡欲渡海北归，曰：‘必待泉人许九船来才可。’观此，则宋时闽人因船达琼久矣。”可见北宋之时泉人驾舟技术就闻名全国，而且常常往来于闽粤雷琼一带。

到元代，泉州海上贸易极盛。据《元史》所载，当时的泉州港统有海船15000艘。船运和营商规模不但超过广州成为全国最大港口，而且成了世界大港。《马可·波罗游记》说：“宏伟秀丽的刺桐城……沿岸有一个港口，以船舶往来如梭而出名。……是世界上最大的港口之一，大批商人云集这里，货物堆积如山，的确难以想象。”[③]

到了明代，随着郑和七次下西洋，有更多闽人到南洋定居。张燮《东西洋考》中，“吕宋”条说：“华人既多诣吕宋，往往久住不归，名为压冬，聚居涧内为生活，渐至数万。间有削发长子孙者。”“文朗马神”条：“华人与夷女通，辄削其发，以女妻之，不听归也。”[④] 《明史·外国传·婆罗》：“万历时，为王者闽人也。或言郑和使婆罗，有闽人从之，因留居其地，其后竟据其国而王之，邸旁有中国碑。”此外，还有农民起义的败兵向南洋逃亡而定居者。《明史·外国传·三佛齐》：“嘉靖末，广东大盗张琏作乱，官军已报克

① 参阅朱维幹：《福建史稿》（上），福建教育出版社，1984年版，第228页。

② 刘克庄：《后村先生大全集》卷十二。

③ 《马可·波罗游记》，福建科学技术出版社，1981年版，第192页。

④ 张燮：《东西洋考》，中华书局，1981年版，第89、86页。

获。万历五年商人诣旧港者，见琏列肆为蕃舶长，漳、泉人多附之，犹中国市舶官云。”《明史·外国传·浡泥》：“华人多流寓其地。嘉靖末，闽、粤海寇遗孽逋逃者至此，积二千余人。”[①] 又，明代巩珍的《西洋番国志·爪哇国》云：“杜板，番名赌班。…… 约千余家，中国广东及漳州人多逃居于此。……东行半日许至新村。番名革儿昔，此地原为枯滩，因中国人逃来，遂名新村。……其国人有三等，一等西番回回人……一等唐人，皆中国广东及福建漳、泉下海者，逃居于此。”[②]

数百年间，在外定居的闽人勤劳和善，同当地居民友好相处。《明史·外国传·合猫里》说：“猫里务，近吕宋，商舶往来，渐成富壤，华人入其国，不敢欺陵，市法最平，故华人为之语曰：‘若要富，须往猫里务。’”

明末清初，泉州港衰落，漳州月港兴起。龙溪嵩屿等处商民历来以航海通番为生，此时发展到私造巨舟进行远洋贸易。顾炎武《天下郡国利病书》引用闽谚说：“海者，闽人之田。”又说：“泉漳二郡商民，贩东西二洋，代农贾之利，比比然也”，“其去也，以一倍博百倍之息，其来也，又以一倍博百倍之息”。[③]

虽说如此，“安土重迁”在中华民族的思想观念中是根深蒂固的。闽语俗语说：“在家千日好，出门朝朝难”，“行船走马三分命”，只有在本土难以生存了，才会有批量的迁徙。闽人大批出洋是在清初。清初的闽南是郑成功抗清的基地，小刀会、天地会等秘密组织大量发展，在清政府斩尽杀绝的镇压之下，许多人走投无路，被迫出洋。雍正年间，闽浙总督高其倬曾奏称，出洋的人“闽省居十之六七，粤省与江、浙等省居十之三四”。鸦片战争前后，殖民主义者贩卖华工出洋，单是从厦门运出的就有 30 万。其中 20 万运往东南亚。1860 年以后，每年出洋人数急剧上升，仅以印度尼西亚为例，“新客”连同“侨生”，1860 年华侨总数 22 万人，到 1890 年为 46 万多人，1920 年为

① 《二十五史·明史·外国传》，第 8694—9700 页。
② 巩珍：《西洋番国志》，中华书局，1961 年版，第 6—8 页。
③ 顾炎武：《天下郡国利病书》卷九十六。

80万，1930年增至120万。荷印殖民政府于1930年对印度尼西亚人口做了全面调查，据1935年版《1930年人口调查》一书统计，全印尼华人1233214人，其中福建籍占554981，接近半数，较客家、潮州、广府等帮都多。这55万闽南人的后裔中有427962人是在当地出生的“峇峇”，占总数的77.1%，其比例也在各帮之首，可见在这个华人最多的国家里，闽南人最多，也去得最早。[①]

据北京华侨问题研究会1955年的统计，东南亚各国的华侨华人11603794人中，福建籍的有365万，占1/3，主要分布国家有[②]：

	华侨华人数	福建籍	占华侨华人数
印尼	2700000	1350000	50%
星马	3109109	1243644	40%
缅甸	350000	175000	50%
菲律宾	200000	164000	82%

陈烈甫所著《东南亚洲的华侨、华人与华裔》，书中援引台湾侨务委员会20世纪70年代的统计数字，东南亚各国华侨华人共有1600多万人。其中华人在50万以上的国家中，除越南155万人是广东帮占多数、泰国的365万人是潮州帮占多数外，其余各国都是福建帮（说闽南话的）占多数，包括：菲律宾（共55万人）、马来西亚（共391.6万人）、缅甸（共66.5万人）、新加坡（共168.9万人）、印尼（共361万人）。[③]

在这些东南亚国家定居的华人，长期都以闽南话作为华人社会的共通语。华侨华人在总人口中比例最大的新加坡（占76%）、马来西亚（占33%）都是说闽南话的人占多数，在新加坡占42%，在马来西亚占36%。20世纪50

① 转引自杨力、叶小敦：《东南亚的福建人》，福建人民出版社，1993年版，第75页。

② 转引自杨力、叶小敦：《东南亚的福建人》，第40页。

③ 陈烈甫：《东南亚洲的华侨、华人和华裔》，正中书局，1979年版，第17—18页。

年代之后，各国华人社会才逐渐推广了普通话。

时至20世纪90年代末，估计闽南人到东南亚去的后裔还应有1500万人之多，大体上和当时的闽南本土的人口数相当。在闽南侨乡，例如晋江、南安一带，外出人口比在家人口更多的村子比比皆是。

二、闽东、莆仙方言在南洋的分布

闽东地区移居南洋的主要是福州人、福清人和闽清人。福州人在新加坡定居较多，福清人多散布在印尼诸岛，闽清人则集中在文莱和东马来西亚的沙捞越。

据新加坡1957年人口普查报告，当年新加坡居民中，以福州话为母语的有14232人，以福清话为母语的有6643人，以莆仙话为母语的有7866人。据陈烈甫书中统计，新马华侨华人中，1947年，有福州、福清人60848人，莆田人17065人。据麦留芳研究，福州人在马来西亚主要集中在吡叻州的实天县。福州华侨林清美于1912年招募闽东劳工到那里垦荒，开辟胶园。1970年该县的华人中福州人有5万多，占总人口80%。在文莱、沙捞越有1/3人口（1949年近5万人）是闽东人，那是闽清人黄乃裳回乡组织劳工，于1900年、1902年赴东南亚的两批共1000多人的移民的后裔。闽东人最集中的诗巫（今泗务）后来号称“新福州”。经过几代人的磨难，如今那里已经形成了很大的华裔社区。现在，在吡叻州和沙捞越，福州话还可以通行，而且同数十年前的话相去不远。[①]

至于说莆田话的人，虽然在东南亚各地也有20多万人，但大都没有集中分布的村镇。各地莆仙人大多经营自行车业、运输业，后来跟着发展为摩托车业。大多数莆仙人和福州人在东南亚都兼通闽南话。所以除了吡叻州和沙捞越外，南洋还未发现其他的闽东方言岛和莆仙方言岛。

---

① 麦留芳：《方言群认同：早期星马华人的分类法则》，“中央研究院”民族学研究所，1985年版。

三、客家话在南洋的分布

福建出洋的客家人主要集中在永定县，据近年统计，在外的永定华侨的后裔约有10万人。永定人出洋后都和广东梅州籍的华侨组成社团，属于客家帮，他们多在印度尼西亚、马来西亚开锡矿、做中药生意，单是在新马的客家人，据1947年统计，就有43万多人。比较集中的在玻璃市和马鲁吉兰丹，均占总人口的1/3以上。在印尼的邦加和坤甸，客家话还相当稳固地保存着，在许多客家人的家庭里还是基本用语。① 客家人在南洋也大多兼通闽南话。

第三节　客家入粤和客方言的播散

一、宋元间闽西客家迁向粤东粤北

客家先民在赣南、闽西生息了两三百年之后，到了蒙古人南下，又是一次兵荒马乱的更加惨重的灾难，不得已又拔足向南进行第三次大迁徙。

南宋德祐元年（1275年），元兵破杭州。次年，张世杰、文天祥、陆秀夫等拥幼主赵昰于福州即位，设立抗元政府，改元景炎。此后，大宋臣民在闽赣粤三省奋死作战，闽西赣南成了抗元的基地，客家先民成了勤王的主力。文天祥在赣州组织义军时，赣州大姓组织队伍相从者有23家。近人罗香林在翻阅大量客家族谱后写道："闽粤赣义民，起而勤王抗敌的，亦前覆后继，曾不少衰……向日居处此土的客民，或则展转逃窜，流入广东东部北部，或则愤起勤王，随从帝驾，战死于磆州或崖门。"② 杨恭恒也是看过大量客家宗谱后说：客家入梅州，多在宋末元初，由汀来者十之八，由赣来者十之二。

祥兴二年（1279年）陆秀夫背着幼主在崖山跳海。南宋覆灭之后，抗元的烈火继续在闽、粤、赣一带的遗民中自发地燃烧着。陈大举（吊眼）、许夫

① 参阅［印尼］哈玛宛：《印度尼西亚西爪哇客家话》，中国社会科学出版社，1994年版。

② 罗香林：《客家研究导论》，台北古亭书屋，1975年版，第51页。

人、黄华、钟明亮等人先后组织了汀、漳、吉、赣、潮、梅的汉畲两族农民，此起彼伏开展了比南宋臣将更加持久的抗元斗争。直到宋亡13年之后，元至元二十九年（1292年）任江西行省左丞的高兴还奏称赣闽汀漳“连年盗起”。元朝统治者调动了大量兵力来对付闽赣畲汉联合抗元军。最终反抗被镇压了，无可奈何的遗民退入粤东粤北。

据《元史·地理志》所载，当时的梅州是下州，仅领程乡一县，2478户，14865人，后来的纯客县当时建县的也只有翁源、龙川、兴宁、始兴少数几个。看来，客民的大量入粤还在明初，而后迅速发展起来，到了修纂《明史·地理志》时，据志书所载纯客县程乡、大埔、平远、饶平、和平、河源、长乐、乳源、仁化等已陆续设置了，客家地区有了好几万户人家。

二、客家民系的形成和客家方言的播散

事实上，客家民系是明清时代才在粤东粤北最终形成的。闽西、赣南是客家的摇篮，客家方言形成于闽赣，后来才定型于广东。经过宋末抗元和明末的抗清，客家先民更进一步增强了民族意识和中原本土观念。而入粤之后因为已有大批先到的汉人——“主”，他们才成了“客”，为了争取生存空间，主客之间不可避免地发生了矛盾和摩擦。这种矛盾发展到了清朝中叶之后，演化成大规模旷日持久的械斗。在这种环境之中，客家人只有勤劳才能生存，只有团结才能立足，只有反抗才能自立，也只有迁徙才能发展。这也正是客家人生存能力强、反抗意识强等性格特征形成的原因。

明末清初之后，粤东、粤北的一部分客家人在“迁海复界”的时候迁到广东沿海地区定居，如海陆丰沿海，宝安、中山沿海等，粤西化州、高州、雷州一带和桂东、桂南一带的客家大约也是这时迁去的。另一些人沿着入粤的山路倒流，又回到闽西的上杭、武平、永定和赣南的定南、龙南、全南那些曾经驻留过的“故地”定居，有的从赣南进而走向赣北（如铜鼓）和湘东长廊，乃至随着“湖广填四川”的大流，长途跋涉走进了四川盆地。在海路方面，他们和闽南人一起跟随郑成功渡过台湾海峡，在台湾的新竹、苗栗一带和南部屏东一带落户，还和说闽粤语的人一起远渡重洋到东南亚各国谋生。

此外，参加太平天国起义失败后也有逃亡海外的。这就是客家的第四、第五次大迁徙。这两次大迁徙使客家话播散在南中国的七个省（粤、闽、赣、湘、桂、川、台）的100多个县以及南洋群岛的许多国家，最远的有非洲的毛里求斯和美洲的一些国家。作为汉语七大方言之一的客家话，目前在海内外拥有约6500万使用人口。

第四节　台湾的收复、开发与台湾省内的方言

一、台湾的收复和开发

连横《台湾通史·开辟纪》说："历更五代，终及两宋，中原板荡，战争未息，漳、泉边民渐来台湾，而以北港为互市之口，故台湾旧志有'台湾一名北港'之语。"到了元代"澎湖居民日多，已有一千六百余人，贸易至者岁常数十艘，为泉外府。至元中，乃设巡检司，隶同安"。明朝"天启元年，海澄人颜思齐率其党入居台湾，郑芝龙附之，事在其传，于是漳、泉人至者日多，辟土田，建部落，以镇抚土番，而番亦无猜焉"。[①] 明代黄宗羲《赐姓始末》云：崇祯年间福建大旱，巡抚熊文灿建议郑芝龙，"招饥民数万人，人给银三两，三人给牛一头，用海舶载至台湾，令其芟舍，开垦荒土"。[②]

荷兰殖民统治时代的台湾，一般估计有三四万汉人。郑成功收复台湾之后，郑氏父子所携兵士及眷口就有3万多人，其后又陆续接纳闽南、粤东的移民。至康熙二十五年（1686年），清政府在台湾设一府三县，隶属福建。当时台湾人口，据连横分析，已近20万人。乾隆初又下诏准许居台闽人携眷入台同住。此后闽人赴台急剧增加，到嘉庆十六年（1811年），有司汇报全台民户，计有241217户，不算少数民族在内，男女大小共有2003861口。[③] 这时台湾的开发已经达到相当的规模。

---

① 连横：《台湾通史》（上），商务印书馆，1983年版，第5—9页。

② 转引自《郑成功收复台湾史料选编》，福建人民出版社，1982年版，第34页。

③ 连横：《台湾通史》（上），第114—117页。

二、台湾境内的方言分布

到了清代中叶，台湾境内的方言就定局定型了。全台湾说闽南话的人口大体占总人口的80%，其中有泉州腔和漳州腔之别，粗略地说，北部的台北、基隆、淡水一带和南部的台南、高雄一带主要通行泉州腔；中部南投、嘉义一带和东北部的宜兰等地主要通行漳州腔。有些地方（如台中、花莲等地）漳泉腔交错分布十分复杂。近百年来，大量人口向台北市集中，两种口音日渐混杂。从总体上看，全台的闽南话口音和厦门口音已经相差无几，因为厦门音也是近百年来融合泉漳两种口音而成的。到台湾去的客家人也有平和、诏安一带的客家人（他们的口音俗称饶平腔），更多的则是粤东的客家人，也分为两种口音：四县口音和海陆口音。所谓四县口音指的是嘉应州所属的镇平（今蕉岭）、平远、兴宁、长乐（今五华）四县所通行的梅县口音；海陆口音则是海丰和陆丰一带的客家话。四县口音主要分布在北部的苗栗、南部的高雄（美浓）、屏东和东部的台东；海陆口音分布在北部的新竹、桃园（也有四县口音）和东部的花莲。诏安、饶平口音则分布在台中、云林、宜兰等地。使用人口约300万。由于全岛汉族人口中，客家人毕竟只占15%左右，数十年来人口流动穿插居住十分普遍，大量的客家人都兼通闽南话。在一些大城市和客家人口不多的小村落里，许多中年以下的客家人甚至很难把客家话说得很流利了。①

明清时期，不论是闽南人还是客家人居住地区，都十分注重宗族观念。农村中按姓氏家族聚居，各乡自己编修族谱是十分普遍的。郑氏三代组织闽粤人复台、垦台，大多是按籍贯组织移民，并聚居一处。后来者则往往投靠先到的老乡，因而不少地方都用原住地的地名为新住地命名。从现有的许多地名还可以看到这类情形。例如彰化县永靖乡有“同安村”，芬园乡有“同安寮”，台南县佳里镇也有“同安寮”，云林县东势乡和台中县南片区都有“同安厝”。云林、嘉义、台南、屏东等县都有“海丰村”，彰化、云林有“海丰

① 参阅罗肇锦：《台湾的客家话》（第三章），台原出版社，1990年版。

仑”，云林县台西乡还有“海丰岛”。这类用故土地名命名的村落基本上都通行原籍的方言。

三、台湾闽南话和本土闽南话最为接近

如上所述，闽南方言在大陆有闽南本土、潮汕地区、雷州半岛和浙南沿海四大片，在海岛则有海南和台湾两个大岛。在这六个板块之中，海南岛和本土闽南话差异最大，雷州半岛其次，这两处已经难以与闽南本土通话，浙南和潮汕差异较小，但口音不同还是相当明显的。

单说这几处方音，琼雷闽南话以文昌音为例，声母方面有紧喉音［ʔb、ʔd］，分［n］和［l］，［tsh］读为［s］（炒菜说“洒赛”），部分［ts、s］字读［t］（驶船说“歹唇”），还有大量的训读现象（例如思读“想”，贫读“穷”，看读“望”，捆读“缚”），这都是其他地区闽南话所未有或少见的。潮汕闽南话以潮州音为例，声母［m、n、ŋ］和［b、l、g］有别，韵母中没有［n］和［t］尾（班＝帮［꜀paŋ］，八＝北［pak꜀］），有 ɿ 韵（资、此、思），厦门的［ɔ、ue］韵潮州读［ou、oi］（如粗布、乌裤、洗鞋、买卖），单字声调平上去入各分阴阳，共有 8 个调，双音连读变调时后音节也有变调，均颇具特色。浙南闽南话如苍南音，也有 ɿ 韵，没有 m 尾（林＝邻［꜁lin］，心＝新［꜀sin］），塞音尾只有［ʔ］没有［p、t、k］，变调规律也与闽南本土多有不同。

只有台湾的闽南话和本土闽南话最为接近。声母都是十四五个，声调 7 个，不论是泉腔、漳腔，所有的韵母都没有超出本土闽南话已有的范围。无怪乎台湾的闽南人与漳泉厦三角地带的闽南人之间，不论相识不相识，不论分离多久，也不论年龄、职业、文化程度或性别，相处在一起总可以自由交谈。它们之间的口音甚至比闽南的一些边缘县份（如诏安、漳平、德化）更为接近。

从历史年代说，郑成功收复台湾到现在已有 300 多年，从乾嘉年间，台湾诸方言定型算起也有 200 多年。从地理上说，闽台之间有风涛滚滚的海峡阻隔，在依靠桨舵风帆的年代，架舟通航还是要冒着相当大的风险，和大陆

上地理相连的状况自不可同日而语。但是为什么在如今的闽南方言的几个大板块中，闽南本土和台湾的闽南话还是最为接近的？这是非常值得深思的。

方言是民族语言的地域变体，其分布具有一定的地域性，但是它并非地理现象，而是历史现象；不是自然现象，而是社会现象。什么方言分布在什么地域，这是历史的原因、社会的原因所决定的。闽南话的六个板块中，何者差异大，何者差异小，这自然也有着深刻的社会的历史的原因。

潮汕闽南话在两宋期间就由闽南本土（包括莆仙一带）的移民带去，至今已有700至1000年的历史，闽人入住之前当地已有人居住，历来也有客家人不断“渗入”。形成潮汕口音后，因为并未与故土保持联系，两地方言便各自朝着自己的方向变异。潮汕平原的自然条件比闽南更好，这些闽南人南下之时，当地还十分荒凉，人烟稀少，因而，他们很快就成了主人。在肥沃土地上，有韩江的大流量灌溉，经济、社会进一步发展。又由于潮汕地区一直隶属于广南东路，和说粤语的广府人也多有往来，和本土闽南话形成较大的差异是十分自然的。

雷州半岛和海南岛的闽南话是后来从潮州、惠州（海陆丰）逐渐转徙过去的，到达时当地已有居民（在雷州是说粤语的，在海南是黎族和说一种壮侗语的临高人），这两处的闽南话发生着比潮汕更大的变异也是理所当然的。浙南的闽南话和台湾的闽南话，从闽南迁出的时间相仿，但是在浙南，闽南人居少数，周围大多是说吴语的温州人和更早迁移过去的闽东人，两三百年密切交往终于造成了比台湾闽南话更大的差异。

而迁到台湾去的闽南人，人多势众。本地的少数民族人数不多，他们的语言属南岛语系，与汉语相去甚远，因而不可能对闽南话产生多少影响。而从历史和行政管辖上说，从康熙二十二年（1683年）到光绪十一年（1885年）的200多年间，台湾一直隶属福建省，不但官方行政一体化，民间的往来也频繁，闽人赴台投亲谋生，台人回闽祭祖探亲，彼此营商互通有无，连信奉诸神（妈祖、吴真人等）也经常要掊香取火、分炉、返祖。即使是清廷禁绝往来的“迁界”期间，闽台的民间往来也未曾中断过。台湾建省之后，民间往来依然如常。这种民间的往来比官方的管辖对于方言的变异影响更大。

至于光绪二十一年之后，日本强占台湾的50年间，虽然实行残酷的殖民统治，千方百计地摧残台湾人民的民族意识，甚至强制推行日语，禁止使用汉语、汉字，到头来，不但闽南话和汉字没有被磨灭，反而保留得更加地道。可见外来的强制的政治力量是战胜不了原生的自发的社会力量的，像闽南方言这样强劲有力、文化底蕴深厚的母语也是磨灭不了的。

四、台湾的客家话与广东的客家话最接近

和闽南话一样，台湾的客家话和它的故乡——粤东的客家话也最为接近。200多年过去了，和台湾的闽南话分漳泉两种口音之别相似，台湾的客家话还是按照四县和海陆两种口音来区分的，和今日的梅州、汕尾的客家话并无明显的区别。就在梅州一带，不同县的客家话之间还有不少语音差异。例如梅县没有的翘舌音声母，东边的大埔和西边的兴宁都有；兴宁没有m韵尾（谈[꜁thaŋ]，林[꜁liuŋ]），大埔把古四等韵主要元音读为æ（跳[thæu꜄]、店[tæm꜄]、帖[thæ꜆]、天[꜀thæn]、铁[thæt꜆]）；五华的一些古二等韵今读无介音（间[꜀kan]、眼[꜂ŋan]）；大埔“客”读[khak꜆]，不读[hak꜆]，“苦”读[꜂khu]不读[꜂fu]。至于闽西、赣南的一些客家话，差别就更大了，有的地方的话没有入声调，没有塞音韵尾（如长汀、连城、安远），古阳声韵字有的多读为鼻化韵（如长汀、赣县、大余），有的鼻音完全脱落（如连城、安远）。台湾境内的客家话反倒和梅州、海陆丰的客家话十分接近，根本不存在此类差别。

台湾的闽南、客家方言之所以变异较小，除了以上所说的原因之外，还同闽南人、客家人的浓厚的宗族观念有关。直到现在，当地的闽南农村和客家农村仍然以按族姓聚居为主要形式，每个族姓都有自己的堂号、宗祠和族谱，祭祖之风至今依然很盛。在宗族之内编字辈供人起名，论辈分，长幼有序；同村同族之中，不论血统远近，一概以叔、伯、姑、婶相称，这些风俗至今仍十分盛行。坚持说自己的方言，在不少地方还被认为是忠于祖宗、不忘本的表现。正如客家俗谚所说，“宁卖祖宗田，不卖祖宗言”。

台湾的两种方言——闽南话和客家话，与闽粤故土的高度统一，是一个

饶有趣味的文化语言学课题。数十年来，两岸的学者已经积累了大量的调查材料和研究结论，今后如能联手再做进一步的研讨，例如方言的趋同、变异与经济联系、文化传统的关系，与社会生活、风俗信仰的关系等，一定会有重要的发现。

附　客家的历史、文化和语言[①]

一、客家的历史源流

当我们进一步研究客家的源流和历史的时候，有几个问题是值得认真思考的。第一，中国历史漫长的数千年中，民族融合经历过不止一个回合，我们在考察一个民系的起源的时候，必须分清主次。第二，一个民系的形成，不可能在几十年间急速完成，而应是经历过一定的历史过程的。第三，作为地域文化的基础，最重要的是共同的地域以及同样地理环境中的生产、生活条件。一定社会群体的文化观念，首先是在生产图存的奋斗过程中形成的。

如果有了以上的共识，关于客家的源流和历史则可以做如下的理解：

在客家的住地，确实早在新石器时代就有原始居民了，后来又曾是“百越杂居之地”，现今的客家方言里也确实可以找到一些用汉语的语源难以解释的语言现象，其中可能就有百越语的底层。唐宋之间闽粤赣地区曾是畲民居住地，客家先民与畲民应当是发生过民族融合的，现今畲民使用的语言已是以客家话为主体杂有住地其他方言的系统[②]，这就是畲客融合的明证。然而百越语也好，畲语也好，并没有构成客家方言的主体，它们都只是杂糅其间的局部成分。客家话的汉语性质及客家文化的中华文化基本性质并未因这些民族融合而改变。因此，说客家文化中杂有百越族、畲族的文化成分是合理的；而如果说客家文化是土著文化汉化的结果就欠妥了。

---

① 本文原载于《华南客家族群追寻与文化印象》（陈支平、周雪香主编，黄山书社，2005年），收入本书时做过修改。

② 参阅游文良：《畲族语言》，福建人民出版社，2002年版。

罗香林所说的客家“第三期的迁移，则多自赣南闽南（按：实是闽西）徙于粤东粤北；第四期的迁徙，则多自粤东粤北而徙于粤省中部，及四川东部中部，以及广西苍梧柳江所属各县，台湾彰化、诸罗、凤山诸县，或自赣南闽南而徙于赣西”①，当时就有许多时代不太久远的族姓谱牒材料证据，正史也有许多人口资料可以佐证。后来客家地区的历史、文化、地名等研究也有许多旁证。陈支平曾指出：“福建汀州地区的这种以宋元时期为入迁高潮的移民特点，可以说是闽、粤、赣三省交界山区的普遍现象。”“闽、粤、赣三省边区人民继续向粤北山区、南岭山区等比较后进的地区迁移……形成了新的族群移植，扩大了‘客家人’的区域范围。”② 据此，宋元之后当是闽西赣南的客家先民与畲族实行民族融合，形成移垦、山耕文化的酝酿期。明清之际到康乾之间，客家人向粤东、粤中、粤西迁徙，与先到的定居者发生了争夺生存空间的“主客之争”，从而增强了对内凝聚力，固化了客家社会，并逐渐形成了自重自立的崇正意识，这是客家民系的形成和发展期。清末之后，粤中客家进一步向粤西、桂东和闽西、赣南扩散回流，乃至漂洋过海定居东南亚，是为播散期。也就是说，把客家民系的形成和发展看成一个历史过程，从内外因素的作用去进行考察，应该是比较科学的。说客家社会早已有之，于古无征；说是清代中叶才形成，又斩断了源流；说赣南、闽西是“纯客”，但这一带分明不少地方并无“客家意识”；说只有粤东、粤中才有真正的客家，却又否认了闽粤赣地区历来就存在着的深厚的历史文化联系。

应该说，任何一个民系都是在适应中生存，在变革中发展的。客家社会经历过多次民族融合，经历过多次迁徙和跋涉，经过争斗和挫折，从山区走向平原，从大陆走向海洋，从集中聚居的大本营走向零星分散的杂居地，每一次变迁都给客家文化注入新的血液，增长了新的活力。经历过 19 世纪主客械斗之后，20 世纪的头 30 年间，针对有些地方把客家贬斥为“异族”和“野蛮部落”，学者们纷纷站出来强调客家是中原汉族的纯正后裔，其民族精神最

① 罗香林：《客家研究导论》，第 64 页。

② 陈支平：《客家源流新论》，广西教育出版社，1997 年版，第 133—135 页。

为坚强，这是有积极意义的，但却不是完整的客观事实。在研究历史的时候，不能忌讳血统的融合和文化的多元，反而应该努力研究融合的过程，探索变革的结果与方向，从中总结历史的规律。

二、客家的文化精神

这些年来，地域文化、民系的文化精神成了热门的话题。一定区域的精神文化是值得探索的。文化人类学已经发展了几十年，然而要使这种研究走上科学化的道路，使研究成果在现实生活中开花结果，也有几个问题很值得深思。

第一，谈起地方文化要么就当成“天地正气”来歌颂赞扬，光辉灿烂到无以复加，要么就挖疮疤，动辄大加抨击。实际上，踌躇满志，深感自豪，因而对于历史和现状多有赞美，这是人之常情；看到世界在变革，国家在前进，自己的社区却有种种缺憾，恨铁不成钢，为了迎头赶上，多说几句不中听的批评话，也是容易理解的。然而科学的研究是不宜情绪化的，而需要摆事实说道理，这是它和散文、随笔的不同之处。对于历史和文化，必须采取一分为二的观点，有褒扬也有贬斥。

第二，要关注历史，追溯来路。要面对现状，分析优劣，还要放眼未来，预测前景。总之，我们应该用发展的眼光来考察地域文化的形成、流变和发展，才能对地域文化有真切的理解，也才能使这种理解转化成推进文化发展的原动力。以往的研究中，有人一味去追寻过去，把它抹上光辉的金箔，而对于现状则是无休止的非议，充满今不如昔的哀叹；有人则是咒骂历史，粉饰现状而不思进取；有人抱怨以往和现在，让人感到前景是渺茫的。应该说这都是缺乏历史的眼光的，都不能给文化研究带来积极的东西。

第三，要善于比较。任何地域文化在民族文化中都有特定的位置，和整体有同有异，同中有异；和其他的个体也有同有异，异中有同。只有经过比较，分清共性和个性，认识不同文化之间的异同，才能做到对特定文化进行一分为二的分析，进行历史发展的考察。如果只是就事论事，不做比较，就容易只见到共性而见不到个性，或只见差异而不见类同，因而陷入盲目和片面中。

关于客家的文化精神，历来的学者和乡贤列举了许多项目，并做过许多生动的论证。这其中究竟最重要的是什么呢？从纵横两向的比较来看，我想最重要的在于坚强的凝聚力和惊人的忍耐力。

客家人的凝聚力，最先是来自血缘的。在长途迁徙和定居的过程中，客家就是按照族姓聚居的，至今为止，大多数客家村都还是同姓的宗亲，彼此之间还以叔伯兄弟相称。世代相传的结果就是立宗祠、修祖坟、祭先人、修族谱，依然论资排辈，一切井然有序。其次，这种凝聚力来自地缘和业缘。客家人南迁之时，河谷平地多已有先来者定居，因而他们只能沿山辟舍安居。初来南方丘陵地带，气候、水土及耕种作物的农时均与北方有异，一切都要从头开始学习。因此无论定居还是迁徙，人们大多同步相偕，数百年间沿着闽粤赣桂走的也都是丘陵山区，耕的都是梯田，如果没有互相帮助的凝聚力，是很难立足的。此外，客家凝聚力还来自语缘和文缘。在其他方言区，母语常是语言习得的首课，在客家方言区也是如此。客家人历来有“宁卖祖宗田，不卖祖宗言”的说法。因此，同姓族亲之中，方言总是少有偏离。推而广之，各地客家方言虽然略有小别，大体都是可以相通的。所谓文缘，就是读书识字、知书识礼的传统。客谚云：“养子不读书，不如养头猪。”在古代社会，能读上四书五经的只是少数书香人家，但是《三字经》、《百家姓》、《千字文》以及《增广贤文》、《农田杂字》等启蒙读物，却是到处都有的。客家的厅堂所供灵位，都有“天地君亲师”的字样，可见教书先生有着崇高的社会地位。和其他方言区相比，客家的语缘和文缘是十分鲜明突出的。1921年京、沪、穗、港各地客家宗属组织成立“旅港崇正工商总会”（后改称“崇正总会”）。至今这个总会已活动近百年，仍然长盛不衰，行动不辍。后来在东南亚建立的“南洋客属总会”及各国所建同类组织也是十分普及而且活动频繁。这些年来，“客属恳亲大会”轮流在各国举行，客家文化及客家方言国际研讨会也一直没有断过。客家乡亲和学者的此类活动往往十分活跃，捐资者慷慨，与会者投入，令人动容。

客家的忍耐力也是十分少见，同时也十分感人的。数百年间在丘陵地带艰难行进，资源短缺，水土流失，旱涝相继，生产方式相对落后，客家山村的人只能维持较低下的生活水平。加上灾荒战乱不断，客家人所面临的困苦是人们难以想象的。但是世代的客家人随遇而安，吃苦耐劳，知足常乐，田间山头还能常常听到他们表达心声的山歌。正是由于这种坚忍不拔的精神，客家地区有了许多可歌可泣的历史记录。除了南宋末年跟随文天祥勤王的步卒，新会崖门之役的悲壮场面里，太平军的艰苦奋战中，黄花岗起义的炮火里，20 世纪 30 年代土地革命的烈火中，都有不少客家人参与其中。台湾屏东六堆的客家人抵抗日本侵略者的自卫战也是人们所熟知的事例。不但在战争的疆场上，就是在创业的过程中，客家人白手起家、艰苦奋斗的精神也是十分感人的。清初的迁海复界，到海滨重建家园的就有不少客家人；在马来西亚的丛林中种植橡胶树、在印度尼西亚的海岛上冶炼锡矿的人群中，也有不少客家人的身影。尽管后来事业有成的企业家只是少数，但我们必须牢记，在艰难行进中刻苦忍耐的，则有千千万万客家人。

用“一分为二”的观点来考察，客家人的这两种文化精神都有积极的一面，也有消极的一面。因为有坚强的凝聚力和惊人的忍耐力，客家人才能在各种艰难困苦的条件下生存和发展。然而由血缘和地缘形成的凝聚力，对外不利于融入外部社会，对内则容易按族姓再分出小派系，形成小纷争。历史上曾有过不少客家地区的族姓发生械斗的记录，便是这种情况的恶性发展。在艰苦条件下生活，偶尔也会走向反面：过分安于现状，忍受贫穷，而导致不思进取。近百年的历史证明，只有走出围屋土楼、走向海洋的客家人，才能更迅速地走上现代化的新生活。这是我们考察客家文化时不能不正视的。

三、客家的语言景观

关于客家的研究，越来越多的学者意识到了客家方言是客家族群一个最重要的特征。研究客家方言是了解客家历史文化的最重要途径。确实，语言作为文化的载体，它是记录一个地域文化和历史的百科全书。宗族的谱牒可能是攀附权贵的伪托，史籍可能有遗漏和歪曲，地下文物可能是搬徙过的，而语言则是在社会生活中口口相传、世代相因的，很难掺杂过多人为的意图。

以下试用客方言的词汇来说明它所记录的客家民系的历史和文化。

客方言中的底层词，说明客家先民所居住的地方应是现今壮侗语族人民所居住过的。集市称为“墟”，今见于武鸣、龙川、连山壮语；动量词“次”说“摆”，见于壮语、布依语和水语；“傻”说［ŋɔŋ］见于壮语和临高话；“女性淫荡”说［hiau］见于连山壮语；“东西滑落”说［lut］见于龙川、邕宁壮语和临高话。这些都同时通行于闽语和粤语区，应是早期百越语通行较广的底层词。还有些通行于闽西、粤东的方言词虽未见于闽语和粤语，却见于壮语。例如“舔”说［lia］（武鸣）、“点头”说［ŋap］（武鸣）、“用热水烫”说［luk］（龙川）、“甩开”说［fit］（武鸣）、“砍树枝”说［lei］（武鸣）。在闽西一带，“男人”、“女人”就说“男子侪”、“妇娘侪”，“父亲”说“老侪”，“小孩”说“细人侪”，“侪”音［sa^2］，这应该也是壮侗语的底层，因为原始壮语正是称男性青年人为［sa^2］的。

关于客家与畲族的关系，也不难从方言中找到证据，特别是在地名中。客家地区有不少带“輋”字的地名，“輋”字早期指山坡旱地，大概也和畲族读音相近。

从客家方言的内外关系，完全可以论证客家民系形成的年代及其历史发展过程。据《客赣方言调查报告》，闽粤赣连片的客方言明显地分为南北两片。① 粤东以梅州为中心的大本营和闽西南缘的永定、上杭、武平及赣南边界的龙南、虔南、定南，属于南片，其内部的语音、词汇都相当一致。相互通话毫无问题。其余闽西、赣南的县则属于北片，彼此之间语音词汇差异较大。如，南片都是6个调，两个入声，大多有三种鼻音韵尾；北片调类从5个到7个不等，有的全无入声，有的只有一种鼻音韵尾。词汇上也是南片一致性强，北片分歧大。例如“斗笠”，南片说“笠嫲”，北片说“斗笠”、“笠婆”、“斗篷”；“漂亮”，南片说“靓”，北片说“精”、“赏”、“标致”；“下面”，南片说“下背”，北片说“下头”、“下段”；“什么”，南片说“么个”，北片说“甚么”“啥西”。客家是入粤之后才最后形成的，在“主客之争”中经过强化集聚，

① 参阅李如龙、张双庆主编：《客赣方言调查报告》，厦门大学出版社，1992年版。

所以南片有更大的向心力；北片是酝酿时期，经过民族融合，后来又属于两省管辖，相对而言，尚无明显的客家意识，属于离心型方言。从客方言词汇和周边方言的异同也可以说明客家形成的过程。有些客方言词和赣方言一致：屋下（家里）、鼻公（鼻子）、黸（铁锈）、后背（后面）、断夜（天黑）、老弟（弟弟）、老妹（妹妹）、伶俐（干净）、子嫂（妯娌）、雁鹅（雁）。有些客方言词和闽南话一致：鼻（鼻涕，嗅）、烧水（热水）、外家（娘家）、起火（生火）、赴墟（赶集）、拭（擦）、乌（黑）、饲（喂食）、呲（吐口水）、灶头（灶台）。还有更多的客方言词（尤其是粤东、粤北的客家话）和粤方言一致：肚腩（肚皮）、煲（久煮）、膝头（膝盖）、热痱（痱子）、莳禾（插秧）、窦（窝儿）、单车（自行车）、遮（伞）、大褛（大衣）、猪脷（猪舌头）、打理（料理）、紧要（要紧）、窿（窟窿）、唔系（不是）。这显然是客家话与不同周边方言接触时代的早晚和时间的长短不一样所显示出的差别。看来，客方言与粤方言的关系最近，相处年代最长，交往也最深。可见，“主客之争”毕竟是短暂的，主客融合才是长期的。

方言词里所隐藏的文化观念和风俗习惯就更多了。这里也举些例子。

客家话对母亲有两种称呼，一是“阿姩”，是十分亲切的面称，客家人对于方言母语也称为“阿姩话”，含有亲切、神圣、不可忘却的意味。这个音合于《广韵》无匪切：娓，美也，《说文》“顺也”。另一种是背称“娭”，父母合称“爷娭”，其本字应是《集韵》的于开切：娭，婢也。这透露了一个客家南来初期的信息，那时客家汉子中有不少娶畲女为妇，畲女的地位是卑下的，妻婢兼用。背称表明了其社会地位不高，面称则灌注了儿女对母亲的深情。其余的社会称谓，在客家聚姓而居的村子里，祖辈通称某公，父辈则是某伯（叔）。同辈的长者则称某哥、某嫂。按辈称谓绝不可僭越，故有“白头哥，坐地叔”之说。

在客家社会里，旧时有许多谚语成了实际上的行为规范。关于男尊女卑的“食男饭转男声，不转男声骨头轻”，说的是嫁鸡随鸡，连说话也要改随夫腔，而“养子过学堂，养女过家娘”，指的是男女受教育的权利不平等。关于孝义仁爱的有“不孝枉烧千张纸，亏心空点万炉香”，“血汗钱，食得甜，不义钱，难过年”，“千差万差，来人无差（错）”，“歪心歪自家，好心好别人”等。在经济思想方面，客家长期坚持小农经营，重农轻商，没有金融流通的思想，一向强调勤劳节俭，安贫乐道，也有许多俗谚，例如“街上买不当田里扒”，“欠字压人头，债字受人责”，“无商不奸”，“凶赚不当稳赚”，“俭食得食，俭着得着”，“精打细算，油盐不断”，“食唔穷，着唔穷，无划无算一世穷”，“日求三餐，夜求一宿，粗茶淡饭，一生清福”等。在客家谚语中，最能体现客家文化精神的要算同“走”字有关的俗谚了：“人唔辞路，虎唔辞山”，“命长唔怕路远”，“情愿在外讨饭吃，不愿在家掌炉灶”。好在这个“走”字，让世世代代的客家人走过了重重山水，走出了围屋，走向了海洋，看到了一片片新天地，到外面的世界去适应、去奋斗、去开发，终于也跟上了时代的潮流。

语言是人类的精神家园，人们是通过语言认识世界的。人们改造世界也是用语言留下永恒的印记。民系的维系和传承通过语言的沟通；社会道德风尚的形成和维护则是通过语言的传授。语言的精神力量和历史作用，在社会生活中是普遍又是经常的，有时它比起行政运作和经济杠杆都更具有神奇的力量。认识语言精神家园中的一草一木，了解培育这种种草木的土壤和气候，理清它的来历和走向，是非常有意义的。对于任何一个民系，我们都应该知道它怎么从昨天走来，又是怎么走向明天的。

第四章
民族的接触和语言的交流

第一节 闽方言中的古越语底层

一、福建先民与古越人的民族融合

地下发掘的文物表明，福建境内不但普遍有新石器时代的人类活动的遗留，还有一些旧石器时代的遗址。不少地方还有“人莫能识”的石刻“仙字”。由于年代久远，我们已经不能了解史前时期的初民语言了。

有史以来，福建人最早被称为“七闽”，战国之后又被称为“百越”。显然，当时的居民不止一个部落。至今在闽粤还可以见到的疍家（福州称“曲蹄”）和自广东凤凰山迁闽南、闽西继而又迁往闽北、闽东和浙南的畲族，应该都是“七闽”、“百越”的后代。见诸史册且社会活动成规模的是汉代活跃于武夷山区的“闽越”和唐初活跃于闽西、闽南的“蛮獠”。后者即现今的畲族。畲族和瑶族图腾相似，广东的潮安畲族所说的畲语和瑶语相近，由此看来，畲族应是瑶族的一支。由于人数少，过境时间短，年代较迟，在与客家人相处的年代里，他们放弃自己的语言而改用客家话，因此在福建方言中留下的底层可能较少。至于强大的“闽越”，究竟是后来的什么民族呢?

多数历史学家根据武夷山的悬棺葬，确认了武夷山区的闽越人是现代壮族或瑶族的先民。关于悬棺葬，许多古籍有过记载。早在唐代莫休符的《桂林风土记·仙人山》就说过：“象州武仙县，多有仙人聚集高山，羽驾时见，如建州武夷山，皆有仙人换骨函椟之迹。”① 武仙县置于初唐，明改为武宣县至今。直至20世纪50年代，还有壮族大姓韦氏的有关报道说：“其祖先数代即是岩墓，在狮子山。山腰有岩，如狮子张口之状。韦氏当时用绳曳棺而上，置于岩中，不封口，子孙至今拜扫不绝。”②

汉代刘向《说苑》用汉字标注记录了《越人歌》，并标注了当时汉语的音译和意译。壮族语言学家韦庆稳对汉代所记录的这个材料做过细致的分析，他的结论是：当时所记《越人歌》和现代壮语十分相近。③

汉人入闽之后，一部分闽越人显然是向南迁徙了。从武夷山到江西贵溪，到广西的桂林、柳州、全州，悬棺葬的分布途径可能就是他们迁徙的路线。武仙县的名称和传说可以作为旁证。但是必有一些闽越人留下来被后来的汉人同化了。陈衍所编《福建方言志》说，闽方言称妇女为“诸娘”，指的就是无诸王治下的闽越国的女人，这是不无道理的。现代的壮族、布依族自称［bu^{5}da:i^2］、［pu^{4}jai^4］、［pu^{4}joi^3］、［pu^{4}jui^4］或［pou^4 tsu:ŋ^6］、［pou^4 ɬu:ŋ^6］，其中［pu^{4}jui^3］的音正与“武夷”的上古时期读音［bou jəi］相近。而现今闽南人蔑称“山里人”为“山里伧”，“伧”音［꜀sɔŋ］，也正与［ɬu:ŋ^6］的字音相近。“山里伧”者，“山里壮人”也。《集韵·庚韵》锄庚切：“伧，吴人骂楚人曰伧。”唐宋音锄庚切应是［ɕiəŋ^2］，和上述读音是十分相近的。

从邵武到永定，沿武夷山脉南下，一路上的方言都有称人为“侪”的：

邵武	［sa^2］	老～家子（老人）		
泰宁	［sa^2］	男子～（男人）	老～人（老人）	别～（别人）
将乐	［ʃa^2］	～哩～（男人）	老成～（老人）	～～（大家）
明溪	［so^2］	细～（小孩儿）	老～（老人）	别～（别人）
永安	［sɔ^2］	丈夫～（男人）	老成～（老人）	弄～（种田人）
清流	［so^2］	男子～（男人）	妇娘～（女人）	损细～（流产）
长汀	［sa^2］	男子～（男人）	细人子～（小孩）	老～哩（父亲）

① 莫休符：《桂林风土记》，中华书局，1985年版，第7页。

② 梁岵庐：《广西壮族的岩墓》，《广西日报》，1957年6月21日。

③ 参阅韦庆稳：《试论百越民族的语言》，见《百越民族史论集》，中国社会科学出版社，1982年版。

永定 [sa^{2}] 男子～（男人） 妇娘～（女人） 偃兜～（我们）

这个“倸”颇有来历。东汉袁康《越绝书》云：“越人谓人铩也。”唐代李贺《黄家洞》诗有“官军自杀容州槎”句。铩，师瞎切。槎，岑牙切，正是读为［sai、sa］的音。容州在今广西，也正是壮族聚居地。[①] 现代壮侗语也多有称男人为［sai］的，如：

德宏傣语 [kon^{2} $tsa{:}i^{2}$]

黔东布依语 [pu^{4} $sa{:}i^{1}$]

武鸣壮语 [pou^{4} $sa{:}i^{1}$]

毛南语 [ɬɬaai^{A1}]

李方桂所拟原始台语“男子”的音也正是 [sai^{A1}]。[②]

在闽南的泉州话里，洗涤衣物除了说“洗”，还说［ᶜlaŋ、lak꜆］，这两个读音于古汉语无源可考，但壮傣语都有十分近似的说法：[③]

泰语	龙州壮语	剥隘傣语
la:ŋ²	la:ŋ²	lɪŋ²
sak꜆	ɬak꜆	sak꜆

又泉州一带，把萝卜叫“［lak꜆］菜”，原来［lak꜆］就是壮傣语的“根”（龙州剥隘均音［la:k］），“［lak꜆］菜”者，菜之根也。

在古闽越人的大本营——武夷山区的十几个县的方言里，把一些其他方言读 l 声母的字读为 s 声母。这种特殊的读法和壮傣语有着明显的对应：[④]

例字		六	雷	笼	露	两(两个)
闽赣方言	邵武	su⁷	saŋ⁷	so⁵		
	将乐	ʃu⁸	ʃaŋ⁷	ʃo⁵		
闽北方言	崇安	su⁸	suəi²	saŋ²	su⁶	sɔŋ⁵
	建阳	so⁸	sui²	saŋ²	so⁶	sɔŋ⁵

① 参阅张永言：《语文学论集·语源小札》，语文出版社，1992 年版，第 202 页。

② Li, Fanggui, *A Handbook of Comparative Tai* (University Press of Hawaii, 1977), P. 38, 169, 172.

③ Li, Fanggui, *A Handbook of Comparative Tai*, P. 125.

④ 参阅李如龙：《闽西北方言“来”母字读 s-的研究》，《中国语文》，1983 年第 4 期。

续表

例字		六	雷	笼	露	两(两个)
壮语	武鸣	ɣok^{7}	ɣai^{2}	ɣuŋ^{2}	ɣa:i^{2}	θøŋ^{1}
	龙州	hok^{7}	lo:i^{2}	huŋ^{5}	nai^{2}	ɬo:ŋ^{1}
布依语	贵筑	zuak^{7}		zuaŋ^{5}	zai^{2}	suaŋ^{1}
	荔波	jok^{7}		joŋ^{5}	nai^{2}	roŋ^{1}
傣语	德宏	hok^{9}		soŋ	la:i^{2}	sɔŋ^{1}
	西双版纳	hok^{7}		soŋ^{2}		sɔŋ^{1}

这些都是汉人与越人相融合的证据，也可以说明古闽越人和现今的壮侗语族的先民是有渊源关系的。

二、地名中的古越语留存

英国语言学家 L. R. 帕默尔在他的《语言学概论》中写道："地名的考查实在是令人神往的语言学研究工作之一，因为地名往往能提供出重要的证据来补充并证实历史学家和考古学家的论点。"① 汉人入闽时既然已有少数民族在此居住，就必有用他们的语言命名的地名，这些地名必有一部分是被沿用下来而不至于全部被更换，因为只有保持地名的相对稳定才能便于社会生活的交际。因此，考证地名中的古越语成分是发掘福建方言中原住民语言底层的重要方法。根据多年来的研究，福建地名中的这类底层现象比较可以肯定的有以下各条：

拿、峹　武夷山区有一个地理通名，读音都是 [na]，在邵武、建阳写为"拿"，邵武有拿口镇，附近有小河拿口溪，溪旁有拿口村、拿口街，还有拿上、拿下等自然村，② 在吴家塘乡还有拿山村，在张厝乡有拿坑村，后来又分为上拿坑村和下拿坑村。在建阳的书坊乡则有拿坑村、拿厝村。在武夷山市则写为"峹"，吴屯乡有大峹村，岚谷乡有青山峹村。在邵武话里，"拿"音 [na]，如读阳平调是"拿取"之意，如说"拿来，拿去"，读阳去调是"捕

① [英] L. R. 帕默尔：《语言学概论》，李荣等译，商务印书馆，1983 年版，第 134 页。

② "拿口"就是一片水田的口上，"拿上"和"拿下"分别是田园之上和田园之下。

捉”之意，如说“拿人、拿鱼”，这两种读音合于《集韵》的平声的“女加切”和去声的“乃嫁切”。作地名用的“拿”读阴平，可见与“拿取”义和“捕捉”义的“拿”字的音义都没有关系。武夷山话的“峜”则与“拿”不同音。所以另造俗字。

其实这个“拿（峜）”就是两广的壮族通名用字“那”，旧时也写为形声字“㽰”。单在南宁地区，较大的乡镇中就有那龙、那隆、那桐、那楼、那陈、那岭、那哮、那楠、那堪。武鸣壮语读音［na²］正是“水田”的意思。在傣语读［na²］（西双版纳）或［1a²］（德宏）。按照壮侗语的语序，通名在前，专名在后，因此拿字在前，那岭、拿山就是山田的意思。

畓　在漳州地区，共发现过13处。如南靖县山城镇有畓仔底村、金山乡有大畓、南坑乡有大邦畓，华安县新墟村有畓尾村，龙海市榜山乡有加畓坑村，云霄县后埔乡有畓坪村，平和县小溪镇有畓里村。“畓”是漳州话韵书《雅俗通十五音》收过的俗字，读［loŋ°］，“泥水深也”。又写作“坔”（多见于广东）或“湳”（多见于海南）。山间一种烂泥田就叫“田畓”。在泉州话叫深水畓，音［1am°］。在闽南话里“畓”不但用作名词，也用作动词，意为“下陷”。今壮侗语有个常用字同样兼有这两种意思，而且也是语音十分相近的说法，武鸣壮语音［lom¹］，贵州省者香、新桥、八坑的布依语音分别是［lom⁵］、［lom⁵］、［lam⁵］，西双版纳傣语音［lum⁵］。上文引过的李方桂《台语比较手册》构拟原始台语（按：即壮侗语）的这个词，音 lom^{B_1} 或 lum^{C_1}，义为“mud，to sink in mud”（烂泥，陷进烂泥），音义都很一致。①

排　在福建西部山区，“排”是常见的通名。据37个县市的地名用字统计，带“排”字的地名（有的地方写作“𡶴”）就有525处。例如邵武市有竹山排、早禾排、对面排，浦城县有前山排、五里排，建阳市有赤泥排、九山排，泰宁县有下边排、南排，将乐县有张公排、王厝排，武夷山市有𡶴头、茅排，连城县有水竹𡶴，明溪县有𡶴下、青山排。其中多半是村名，也有山名。这些地名都见于土山附近，和闽南的石山有别。李方桂的《台语比较手册》里有一个与

① Li，Fanggui，*A Handbook of Comparative Tai*，P. 138.

此相当的基本词［pu^{A2}］，傣语音［puu^{A2}］，剥隘音［poo^{A1}］，义为“mountain”（山）。李先生还指出这个 o 或 u 的长音是从复元音 uo 变来的。① 在布依语中，“土山”多处说［po^{1}］，镇宁县的募役、下硐县的赶场说［puə^{1}］，都匀县的新桥说［pəu^{1}］。在福建的方言口语中，“排”已经不单说，只见于地名，也不知它的本来词义，但从“垄”的写法可以看出它的意义和“土山”是一致的。

寮　是全省常见的通名，多见于闽北、闽西和闽南。据 37 个县市的材料，带“寮”字地名有 368 处（有的地方写为“橑”）。在南安市有 67 处（如山寮、后畲寮），南靖县有 39 处（如桐子寮、拍铁寮），长汀县有 34 处（如油寮下、黄化寮下），宁化县有 17 处（如木寮下、黄山寮），光泽县有 7 处（如南山寮、洪家寮）。寮在闽南话音［꜁liau］，意为简易的棚子，口语中还可以说草寮、粪寮、鸡寮，音［꜁liau］。在台湾的壮侗语有音［1aau^{C2}］或［lau^{A2}］的基本词，义为“围栏”或“鸡舍”②，正好与福建方言中的“寮”音义相通。

以上这四个通名用字在闽中分布广，笔者曾就全省地名做过调查，出现过这四个字的地名有近千处。各地方音不同，但意义明确，用字则是同音字或俗字，在古籍中找不到出处，因而未能用汉语语词来解释，在壮侗语又正有音义相合的语词和地名通名用例，显然是百越人留下的底层语言成分。③

类似这类地名中的底层成分还有古田（古田县、上杭县）、姑田（连城县）、古雷（漳浦县）、古山（南安市）等地名中的“古”，可能是壮侗语的一种词头（例如古时候的姑苏、勾吴、勾践等地名与人名中的“姑”与“勾”）。

三、闽方言口语词中的古越语底层

闽方言口语中的一些语词在汉语的字书里查无本字，在壮侗语中却可以找到音近义同的语词。这些语词也可能是古百越语留在闽方言中的底层。例如：

---

① Li，Fanggui，*A Handbook of Comparative Tai*，P. 66.

② Li，Fanggui，*A Handbook of Comparative Tai*，P. 132.

③ 参阅李如龙：《四个福建地名用字的研究》，《地名与语言学论集》，福建省地图出版社，1993 年版。

傻，泉州话音［gɔŋ$^{\supset}$］，俗写为“戇”；福州音［ŋouŋ$^{\supset}$］，俗写为“歁”，本字不可考。闽西客家话也把“傻瓜”说成“戇牯”，与此音义相同。今龙州壮语“傻”就说［ŋu:ŋ^{6}］，武鸣壮语说［ŋoŋ^{5}］音同义合。

招手，泉州话说［iat$_{\supset}$］，福州话［iaʔ$_{\supset}$］，龙州壮语音［vat^{8}］，八坎布依语音［vit^{8}］，音近义同。

扔东西，泉州话说［hiat$_{\supset}$］，龙州壮语说［vit^{7}］，武鸣壮语说［vut^{7}］，西双版纳傣语说［fɛt^{8}］，音近义同。

滑落，泉州话音［lut$_{\supset}$］，福州音［louʔ$_{\supset}$］，龙州壮语［lu:t^{7}］，武鸣壮语［lo:t^{7}］，西双版纳傣语［lut^{7}］，音义俱同。客家话也多有此说。

用刀砍断，泉州话说［tak$_{\supset}$］，侗语、水语均读［tak^{7}］，傣语［hak^{7}］，临高壮语音［ʔdak^{7}］，应是同源的底层词。

嗜好，泉州说［gam$^{\supset}$］，例如“烟瘾大”可说“薰［gam$^{\supset}$］”，在武鸣壮语，嗜好即说［gam^{5}］，音义俱同。

说，泉州话另有同义词［nauʔ$_{\supset}$］，多用于“胡说”，如说“七［nauʔ$_{\supset}$］八［nauʔ$_{\supset}$］”，也可与“说”连用，说“［nauʔ$_{\supset}$nauʔ$_{\supset}$］说”。武鸣壮语和羊场布依语“说”都是［nau^{2}］，唯声调不符。

滚动，泉州话说［lin$^{\supset}$］，龙州壮语说［lan^{6}］，武鸣壮语说［kliŋ^{6}］或［liŋ^{4}］，音近义同。

钻洞，泉州话说［lŋ$^{\supset}$］，武鸣壮语说［do:n^{3}］，水语说［lən^{6}］，西双版纳傣语说［dɛn^{3}］，音义相通。

拭擦（被动义），泉州有［ut$_{\supset}$］的说法，武鸣壮语和羊场布依语亦音［u:t^{7}］，音义俱同。

舀（从锅里舀），泉州话说［taʔ$_{\supset}$］或［khat$_{\supset}$］，龙州武鸣壮语和西双版纳傣语均说［tak^{7}］，羊场布依语说［taʔ^{7}］，水语则说［khat^{7}］，音义亦同。

表动作的量词“次”，泉州话说［^{c}pai］（闽西客家话也有这种音义），壮语布依语都说［pai^{2}］，音义合。

捋，手捏衣物滑动以拭去衣物上的液体，泉州音［lut$_{8}$］，武鸣壮语音［lut^{7}］，水语［luat^{8}］，音义一致。

篻，竹编晒器，泉州话说［^{c}pin］，武鸣壮语说［pin^{3}］，侗族说［pin^{3}］，水语说［bin^{3}］，音近义同。

绑得不紧，泉州话说［1iŋ^{2}］（音“另”），水语说［loŋ^{5}］，音近义同。

短时间曝晒，泉州话说［1a$^{\circ}$］，水语说［1a^{5}］，音义俱同。

饭煮得熟而不烂，闽东、闽南说［khiu$^{\circ}$］，水语说［khəu^{5}］，音近义同。

追逐，闽南话说［tsip$_{\circ}$］，武鸣壮语说［tʃiap^{10}］，音近义同。

用棍棒打，福州话说［həuʔ$_{\circ}$］，厦门话说［hut$_{\circ}$］，武鸣壮语说［fat^{7}］，水语说［vat^{7}］，音近义同。

脱落，福州话说［thouʔ^{23}］，厦门说［thut$_{\circ}$］，武鸣壮语说［tok^{8}］，音近义同。

盖上（盖子），闽南话说［kham$^{\circ}$～khap$_{\circ}$］福州话只说［khaiŋ$^{\circ}$］，武鸣壮语也是阳声入声两音通用［kɔm^{6}～kɔp^{10}］。

喝，闽南话说［$_{c}$lim］，武鸣壮语音［dəm^{5}］，音近义同。

敲打，闽南和客家都说“摧”，厦门音［khɔk$_{\circ}$］，武鸣壮语也说［kɔk^{8}］。

手关节扭断，闽南说［ut$_{\circ}$］，武鸣壮语也说［ot^{7}］。

泡沫，福州音［phuoʔ$_{\circ}$］，泉州音［phəʔ$_{\circ}$］，武鸣壮语音［pɔp^{7}］，应是同源。

用热水烫，闽南音［1ut$_{\circ}$］，武鸣壮语音［rot^{8}］，音近义同。

刚刚好，闽粤客许多方言都有［$_{c}$ŋam$_{c}$ŋam］的说法，广州话写作“啱”。武鸣壮语音义亦均同。

浅取浮物，如说滤去汤水中浮在表面的油。福州音［phieʔ］，厦门音［phiʔ$_{\circ}$］，武鸣壮语［pjet^{8}］，音近义同。

吃（小儿语），泉州话说［$_{c}$man $_{c}$man］，水语［mam^{1} mam^{1}］，侗家语亦说［maŋ^{1} maŋ^{1}］，音近义同。《集韵·敢韵》母敢切：“𩟪，吴人谓哺子曰𩟪。”其音亦为［mam］，可见数百年前吴人也借用此说。

划船（用浆），泉州话说［ko^{7}］，水语也说［qo^{5}］，音近义同。

点头，泉州语音［tam$^{\circ}$］，武鸣壮语亦音［tam^{3}］，音义均同。

搅动（如把蛋打散），泉州话［khuat$_{\circ}$］，水语［kuat^{8}］，音近义同。

蒙、盖，泉州话说［kham$^{\circ}$］，布依语说［kəm^{5}］或［kɯm^{5}］，武鸣壮语

说 [kom^{3}]，音义相近。

打嗝，泉州说“应 [əʔ꜄] ”，布依语说 [ʔɯ：k^{8}] 或音 [ʔɯʔ^{7}]，武鸣壮语说 [ʔək^{8}]，水语 [ɤək^{8}]，音近义同。

舔，福州话说 [1iaʔ꜄]（闽西客家话也有说 [liaʔ] 的），侗语 [1ia^{33}]，水语 [1iak^{7}]，武鸣壮语 [1iat^{10}]，音近义同。①

四、语法中的古越语特点

闽方言的语法构造有些是汉语诸方言所未见的，但是却见诸壮侗语。例如：

壮侗语修饰语在后，中心语在前，动物雄性加词尾 [pou^{4}]，雌性加 [me^{6}]，闽方言和客方言一样，公鸡说“鸡公”（鸡角），母鸡说“鸡嫲”（鸡母），此外，干鱼说“鱼干”，客人说“人客”等也是这种构词法。

壮侗语常用单音形容词的双声叠韵的方式来表示某种状态。如[tin to:t]（短貌），[ɬiɬa:t]（长貌），[tam te:t]（矮貌），[a:ŋ^{5} ja:ŋ^{6}]（高兴）。泉州话也有这种构词法，如说 [ᶜtətak꜄]（短貌），[꜁tŋ꜀ti]（长方形），[꜀kɔŋᶜkham]（傻貌），[tshin꜄ᶜtshai]（随便）。

壮侗语用半双声、半叠韵的方式表示动作的某些情态，例如：

武鸣壮语：pai^{24}去。pai^{24} paɯ^{35}快去！pai^{24} pa^{24} pai^{24} paɯ 快快去吧！

德宏傣语：ka^{11}去。ka^{11} ki^{11}快去！ka^{11} ka^{11} ki^{11} ki^{11}快快去吧！

武鸣：sak^{33}洗。sak^{33} sa^{33} saɯ^{35}快洗！sak^{33} sa^{24} sak^{33} saɯ^{35}快快洗吧！

西双版纳傣语：sak^{33}洗。sak^{33} sik^{33}快洗！sak^{33} sak^{33} sik^{33} sik^{33}随便洗洗。

福州话单音动词也有以这种不完全的重叠式来表示动作的一定情态。例如：[꜁kaiŋ]（行，表示“走”）可以说 [kiŋ kiaŋ]（随便走走），[tsɔ꜄]（做）可以说 [tsi tsɔ tsɔ]（随便做做），[꜀ka]（铰，表示“剪”）可以说 [kikikaka，kikakiluka]

① 参阅李如龙：《闽方言和台语的关系词初探》，第16届国际汉藏语学会论文，1983年。

（乱剪一气）。①

壮侗语称数法也有不少地方与闽方言相似，例如：

	福州话	布依语
一千一百（千一）	꜀tshieŋ ɛiʔ꜆	ɕian¹ ʔit⁷
一万一千（万一）	uaŋ꜄ɛiʔ꜆	va:n⁶ ʔit⁷
一丈一尺（丈一）	touŋ꜄ɛiʔ꜆	sa:n⁶ ʔit⁷
一千七百四十（千七四）	꜀tshieŋ tshiʔ꜆sɛi꜄	ɕian sat⁷ pa³ θi⁵

闽方言还有一些度量的称数法与此相类。如厦门话：斤六（一斤六两）、碗半（一碗半）、箍一（一块一毛）、角二（一角二分）、百五六（一百五六十），也值得做比较研究。

单音形容词、动词之后加叠音后缀作为生动形式，在闽方言和壮侗语中都十分常见。例如：

	闽南话	武鸣壮语
老态龙钟	lau꜄ mɔ̃ʔ꜆mɔ̃ʔ꜆	lau⁶ mɔk⁷ mɔk⁷
痛乎乎	thiã꜄ tiuʔ꜆tiuʔ꜆	kat⁷ tiuʔ⁷ tiuʔ⁷
甜蜜蜜	꜀tĩbut꜆but꜆	tim² iəp⁷ iəp⁷
湿漉漉	꜁tam lɔk꜆ lɔk꜆	bɛi⁴ bɔp⁷ bɔp⁷
臭烘烘	tshau꜄ ꜀hiam꜀hiam	hau⁵ θɛk⁸ θɛk⁸
笑眯眯	tshio꜄ ꜀bi꜀bi	ɣeu⁶ iam³ iam³
熟睡貌	khun꜄tshiʔ꜆tshiʔ꜆	nen³ dak⁸ dak⁸

第二节　闽南方言与马来（印尼）语的相互交流

一、闽南人和马来人交往的历史

据荷兰考古学家德·弗玲斯研究，从印度尼西亚出土的中国瓷器可以推

① 参阅李如龙：《闽方言和苗、壮、傣、藏诸语言的动词特式重叠》，《民族语文》，1984年第1期。

知，中国人到达印尼已有2000年历史。五代十国时的闽国已有闽人乘坐海舶南行。北宋在泉州设立市舶司后，闽人往南洋经营长住和定居的人日渐增多。元世祖派史弼、高兴南征爪哇时，弼以5000人合诸军发泉州。船工士兵自有不少闽南人，后来也有落居爪哇的。明清两代闽人流寓南洋，更是大批量、长时间的。明人许孚远《疏通海禁疏》云："东南滨海之地，以贩海为生，其来已久，而闽为甚。闽之福、兴、泉、漳，襟山带海。田不足耕，非市舶无以助衣食，其民恬波涛而轻生死，亦其习使然，而漳为甚。"到18世纪70年代，闽浙总督高其倬向雍正皇帝上奏时说："出洋之人大约闽省居十之六七，粤省与江浙等省居十之三四。"[①]

闽南华侨在南洋各国比较集中的分布在马来西亚（旧时包含新加坡）、印度尼西亚和菲律宾。在这几个华人众多的国家里，闽南人的比例是最大的。据1947年10月10日新加坡《星洲日报》所公布的数字，1947年马来西亚华侨中主要人口数量是：闽南帮827411人，广府帮641945人，客家帮437407人，潮州帮364232人。可见闽南帮人数最多，如果连同说潮州话的算在内，说闽南话的华侨华人应该占华侨总人数的半数以上。

又据印尼1935年出版的《1930年人口调查》所示资料，福建籍华侨55万多人，占华侨总人数123万多人的45%，其中在当地出生的达42万多人，占55万人的77%以上。[②] 可见，印尼华侨中福建籍的人数最多，去得也最早。

正因为闽南人在东南亚华人中占的比例大，那里的华人社区里长期以来最通行的汉语方言就是闽南话（在那里通称"福建话"）。闽南人不但在马来西亚、印度尼西亚的华侨中占多数，而且和马来人的相处十分友好，很早就有大批闽南华侨和当地妇女通婚，在那里传宗接代。这大概因为那里远离祖国和家乡，难以经常回家。同时，马来人比较容易相容也是重要原因。

闽南人到东南亚去得最早，在华侨中所占比例最大，和马来人关系好，

① 转引自孔远志：《文化交流的历史见证——从闽南方言的借词看闽南华侨与印尼、马来西亚人民的友好关系》，《华人华侨历史》，1986年第C1期。

② 转引自杨力、叶小敦：《东南亚的福建人》，福建人民出版社，1993年版，第75页。

这是闽南话和马来语（亦称印尼语）得以相互交流的根本原因。此外，还有一个直接原因，便是近代马来语本身就由于多种语系的人混居而带有了混合语的性质——含有古梵语、阿拉伯语、葡萄牙语、荷兰语、英语和汉语的成分。在马来语文学语言的形成过程中，有不少华侨作家用马来语创作了许多群众喜闻乐见的文艺作品，《三国演义》、《水浒传》、《西游记》等小说也有马来文译本。华侨作家李金福因为作品多，影响大，被誉为“华人马来语之父”。他们的作品中夹用的许多反映中国社会生活的语词（包括共同语形式和闽南方言形式），后来便进入了现代马来语的词库。①

马来西亚和印度尼西亚的原住居民从种族上说都是马来人，其语言也是相通的，两国有着密切的经济往来，这就使闽南方言和马来语的交流获得了更加广阔的天地。

和马来语相比，菲律宾的闽南人虽多，那里的他加禄语兼容性却相对差一些，闽南人的认同感也差些，因此就没有那么明显的语言交流。

二、马来（印尼）语中的闽南方言借词

马来语中的闽南方言借词有多少？笔者曾于1978年根据3本马来语词典做过统计，至少有193条。后来孔远志的《文化交流的历史见证》一文中说，他据8部词典检查，查得闽南话借词有456个。这些借词是否已在当地语言中“落户”，不同的词典编者有不同的认识，大体上华裔学者从宽，当地学者从严。1984年出版的杨贵谊、陈妙华所编专收马来语的外来词的《现代马来语词典》中，借自闽南方言的大约也有400多条。②

马来语向闽南话借用最多的是日常生活中有关衣食住行和风俗习惯的用词，包括以下几种类型。

① 参阅许友年：《印尼华人马来语文学》，花城出版社，1992年版。

② 参阅孔远志：《文化交流的历史见证——从闽南方言的借词看闽南华侨与印尼、马来西亚人民的友好关系》。

食品：

豆芽 taugé 豆腐 tauhu 豆乳 tauci 米粉 bihuŋ 面线 misoa 扁食 pangsit 茶 teh 红薰（旱烟）anghun 冬瓜 tangkue 白菜 pécai 荔枝 laici 润饼（春卷儿）lumpiah 酒 ciu 虾米 hébi 杂菜 capcaé 粿 kué

器具用品：

柴屐 cakiak 烘炉 anglo 鸡毛笼（鸡毛掸）kemocing 茶鼓（茶壶）teko 薰吹（旱烟筒）uncué 弓钻 kenceng 毛笔 mopit 急烧（药缸）kipsio 畚箕 punki 轿 kio 箬笼 kalo 茶罐 tékoan 算盘suipoa 桌布 topo

居处服饰：

楼顶 laoteng 巷廊 auglong 墓 bong 寮（简易的棚子）lio 公馆 kongkuan 房间 pangkeng 栏杆 lanckan 私轩（妓院）suhian 枋栊（锯木厂）panglong 短褂 tekua 纺丝 pangsi 裙缎 kuntuan 红巾（腰巾）angkin 木屐 bakiak

风俗习惯：

唐山 tongsan 新客 singkeh 清明 cingbing 红包 angpau 布袋戏（手掌木偶戏）potehi 伯公（菩萨）pekong 膏药 koyok 十二支（一种赌具）capjiki 香（线香）hio 十五冥（元宵）capgome 象棋 congki 衰（倒霉）soé 拳头（拳术）kuntau

职业称谓：

先生（中医）sensé 头家（老板）tauké 阿妈（保姆）amah 船主 cincu 牧师 boksu 舵工（船老大）tékong 侨胞 kiaupau 引公（祖父）engkong 引妣（叔母）encim 小姐 siocia 我 gua

其他：

寸 cun 福气 hokki 本事（能干）punsu 青盲 céméh 题捐（募捐）teyan 漆 cat 讲古（聊天）kongko 厉害 lihai 恬（恬静）diam 感谢 kamsia 公司 kongsi 台风 taipun 按怎（怎样）ancua 㿟使（使不得）bésai

三、闽南话中的马来语借词

闽南人到南洋去，不是一去不复返的浪子，而是千方百计要挣钱回来养家糊口、光宗耀祖的好汉。在外面哪怕吃尽苦头，也总想混出个模样来，一旦发迹，他们便要回家买田建屋，修桥造路，过生日，做功德，建学校，造宫庙。每次回到故乡，他们便带来了诸多新闻和经验，包括所学的马来语也总是夹杂在话语之中，因此一些马来语中的日常生活用语就这样传回了闽南侨乡。

据笔者做过的统计，在闽南沿海地区比较常听到的马来语借词约有近百条。以下举些例子：

selat　实叻 [sit꜇lat꜇]，原意是海峡。指新马一带英属殖民地。

melaju　巫来由 [꜁bu꜁la꜁iu]，指马来人。

mata　马达仔 [꜂ma tat꜇꜂nã]，原指暗探，厦门方言中指警察。

baba　峇峇 [꜁ba꜁ba]，华侨与番妇所生混血儿，在外出生的华裔。

pali　峇厘 [꜁ba꜁li]，高等船舱，如说“税峇厘”、“一号峇厘”。

pasar　巴刹 [꜀pasat꜆]，市场（常指菜市场）。

serutu　珠律 [꜀tsulut꜁]，雪茄烟。

kopi　咖啡 [꜀ko꜀pi]。

kakao　可可 [ka꜅꜂kau]。

kentang　干冬薯 [꜀kan ꜀taŋ ꜁tu]，马铃薯。

timun　知吻 [꜀ti꜂bun]，黄瓜。

rokok　老糕 [꜂lo ꜀ko]，香烟。

manga　杧果 [꜁baŋ ꜂ko]。

pinang　槟榔 [꜀pin ꜁nŋ]，一种水果。

sago　谢哥米 [sia꜅꜁ko꜂bi]，西谷米。

cokelat　则龟 [tsik꜆꜀ku lat꜇]，巧克力。

kari　咖喱 [꜀kali]。

sate　沙茶 [꜀sa꜀te]，原指烤肉串，借用后指所用香料。

gimpal 金钹仔 [꜀kim puat꜇꜂na]，项链上的装饰物。

kapas 加贝 [꜀ka pua꜄]，棉花。

kapok 加爆棉 [꜀ka pɔk꜇꜁m ĩ]，木棉。

buaya 鮢仔 [buaʔ꜇꜂a]，鳄鱼。

belacu 猫珠布 [꜁ba꜀tsu pɔ꜄]，未经漂白的粗白布。

caplo 招瓢 [꜀tsiau꜁phio]，原泛指帽子，借用后专指有沿的礼帽。

kalas 加落 [꜀ka lak꜆]，滑轮。

sepit 十笔仔 [sip꜇pit꜆꜂na]，螺丝批。

tongkat 洞葛 [taŋ꜅kat꜆]，原指手杖、棍棒，借用后专指文明杖。

sabun 雪文 [sap꜇꜁bun]，肥皂。

ayan 阿铅 [꜀a꜁ian]，洋铁皮。

durian 榴梿 [꜁liu꜁lian]，一种热带水果。

makan 马干 [꜂ma꜀kan]，吃，用于谑语。

tolong 道郎 [to꜅ ꜁lɔŋ]，求援、救助。

kawin 交寅 [꜀kau꜀in]，结婚。

mati 马滴 [꜂ma ti꜆]，死，用于谑语。

gado 牙哕 [꜁galo꜅]，原意是喧闹、骚乱，借用后指口角。

baur □ [bau꜄]，混合，掺杂。

suka 私甲 [꜀su ka꜆]，中意。

patut 巴突 [꜀pa tut꜇]，规矩，常用于“无照巴突”（不按规矩）。

lacur 落灰 [lau꜄ tseʔ꜆]，出丑，失败。

agak 阿□ [꜀agaʔ꜆]，估计、推测。

paké 把家 [꜂pa ꜀ke]，专用、私用，常用于“把家车”（私家车）。

kuasa 瓜沙 [꜀kua ꜀sa]，掌管。

kaya 加页 [꜀ka ia꜇]，富裕。

lompong 浪榜 [꜁lɔŋ ꜀pɔŋ]，亏空。

jianban 掩颜 [꜂iam ꜁gan]，厕所。

kampung　甘磅 [꜀kam pɔŋ꜄]，乡下。

四、闽南话和马来语相互借词的特点

闽南话和马来语相互借词，有些在早期的典籍中就有记载，有些见诸古籍的借词如今甚至在口语中已经失传。可见这两种语言的交流已有久远的历史。例如唐代僧人义净于唐高宗咸亨二年（671 年）远渡重洋，途经马六甲海峡前往印度求法，在他的《大唐西域求法高僧传》中曾有“末罗瑜”（即 Melaju）的记载，地名中如“羯茶”（Kedah，在马来半岛，今称吉打）的译音词就更多了。宋代赵汝适于宝庆元年（1225 年）据其闻见写成的《诸蕃志》，其中述及爪哇、三佛齐物产时就说到槟榔 pinang、加贝 kapas 和纱糊 sago。关于吉贝，《旧唐书》写为“古贝”，《旧唐书・婆利国传》云：“有古贝草，缉其花以作布，粗者名古贝……”陶宗仪的《辍耕录》说：“闽广多种木棉，纺织为布，名曰吉贝。”他还记载了黄道婆自崖州将植棉织布的技术传往江南的故事。至今闽南老人还把棉花树称为 [꜀kapuaᵓ]，棉花叫“加贝棉”，土织棉布衣裤叫“加贝衫、加贝裤”。明代马欢所著《瀛涯胜览》“爪哇国”条说：“国有三等人，一等回回，皆是西番流落此地，衣食诸事皆清致。一等唐人，皆是广东、漳泉等处人窜居此地，食用亦美洁……”可见海外华人自称“唐人”由来已久。许多典籍中称大船为“艄舡”，即今马来语 tongkang，商店称“土库”，即今马来语 toko。这些音译词在现今闽南方言中已经失传。由此可见，历史久远，是闽南话和马来语相互借词的一个特点。

闽南话和马来语的相互借词的另一个重要特点是口语的双向交流。这说明闽南人和马来人之间长期友好相处，有着极其密切的民间交往历史。马来语在历史上有过许多外族语言的借词，都是借助政治的力量和文字、书面语的影响，从而被单向借入的。公元 7 至 14 世纪，印度人先后在印尼建立室利佛逝和满者伯夷两个强大的王国，传进梵文，使印尼语借入大量梵语词汇。13 世纪，伊斯兰教传入印尼，带来大批阿拉伯语词。16 世纪之后，葡萄牙人和西班牙人先后占据印尼，也把自己的许多语词加进了印尼语。而闽人到马来西亚、印尼定居，既不是跟随炮舰而来的海外殖民掠夺，也不是纨绔子弟的游历和探险，“过番”、“出洋”的大多是破产的农民或失败的义军。为了生存，他们出卖苦力，经营小本生意，和当地的马来人通婚成家，大多数闽南人都逐渐兼通双语，于是说闽南话时夹用马来语，说马来语时夹用闽南话，便造成了两种语言的双向借用。

闽南话和马来语的相互借词和其他的一般借词有许多不同之处。一般借词都是意义单纯、义项单一的，闽南话和马来语的相互借词中则包含着不少多义词，例如：

闽南话借往马来语的：

茶 téh：茶树、茶叶、茶水

楼顶 laoténg：楼房、楼上、二楼

三牲 samséng：含有三种动物的祭品，又喻指流氓，如说“三牲头”

食力 cialat：倒霉、糟糕，事业失败

马来语借往闽南话的：

kapas 加贝：棉树、棉花、棉织品

duit 镭：铜板，又泛指金钱，如说“无镭”

makam 马干：吃，侵吞，吃子（棋盘上）

lacur 落仄：丢丑，不成功，失败

一般语言间的借词都是“补缺”的（借用别种语言的语词来补充自己的不足），闽南话和马来语的借词不少是并用的，因此，包括一些基本词汇也可以借用，例如：

闽南话→马来语（＝之后是借用者的本族语）：

引公（祖父）engkong＝kakek

头鬃（头发）taucang＝kuncit，kuncir

膾使（不行）bisaé＝djelék，buruk

讲古（聊天）kongko＝bercakap—cakap

马来语→闽南话：

baba 峇峇＝出世仔

mati 马滴＝死

gudang 牛笼＝仓库，库房

kaya 加页＝好额（富裕）

有时还有同一对同义词彼此互借并用的。例如：

闽南话→马来语＝马来语→闽南话：

食→ciak＝makan→马干（马来语借用闽南话的“食”音译的 ciak；闽南话则借用马来语 makan，音译为“马干”，都是“吃”的意思。以下数例均如此）

食力→cialat＝celaka→折纳甲（遭殃、糟糕）

按怎→ancua＝mana→吗哪（怎么、怎样）

情理→cengli＝patut→巴突（规矩、情理）

一般的借词缺乏构词能力，闽南话和马来语的一些相互借词还可以派生，例如：

闽南话→马来语：

漆 cat：bercat 漆上……色，cat minyak 油漆，mengecat 上油漆，tukang cat 漆匠。

粿 kue：kue 糕点，kue kering 烤的糕，toko kue 饼店，kue basah 蒸的糕。

公司 kongsi：perkongsian 商业公司，kongsian 地租，berkongsi 合伙、勾结。

马来语→闽南语：

kapas 加贝：加贝衫、加贝裤、加贝棉、加贝头（药用棉树根）。

sabun 雪文：雪文水（肥皂水）、雪文鬻（肥皂泡）、臭雪文（药皂）、芳雪文（香皂）。

tongkat 洞葛：洞葛头（手杖把儿）、番仔洞葛（不明事理的侨生）[①]。

闽南话和马来语的双向借词不但是语言交流史上的特殊现象，而且是世界民族文化交流史上的一种具有深刻意义的特有现象。英国科学家李约瑟

① 参阅李如龙：《闽南话和印尼语的相互借词》，香港中文大学《中国语文研究》，1992 年第 10 期。

1967 年在诺里奇发表了题为《西方对东亚的错误认识》的演讲，他就是用自己在那里见到的历史事实来论证他的著名命题的。他说："如果我们仔细研究一下，就会认识到中国历史上最突出的一点就是，几千年来中国从来没有将自己的文化强加于邻邦的人民。……十五世纪前期中国在印度洋进行探测活动，在稍后的时期，葡萄牙人也在那里进行活动；但两国所采取的方式却形成极其鲜明的对照……葡萄牙人在这些地方以最残酷的方式进行战争，仍然抱着十字军讨伐的精神，对'异教徒'的迫害之惨，至今读之犹觉心悸。但是中国人所到之处却从来不建筑城堡，从来不开拓殖民地，从来不强迫改变人民的宗教信仰，从来不设立宗教法庭；他们所要求的只是纳贡的义务，并以交换馈赠的方式加强贸易活动。到底是远西人，还是远东人，更文明一些呢？我想那是不言而喻的。"①

闽南话和马来语的双向交流，福建人的开发南洋以及和马来人的友好相处，正是这段名言的最好注脚。

第三节　琉球方言中的闽方言借词

一、闽人移琉、中琉交往和福建文化的传入琉球

中国和琉球的官方交往始于明代初年。朱元璋于洪武五年（1372 年）"命行人杨载以即位建元诏告其国，其中山王察度遣弟泰期等随载入朝，贡方物"②。后来，陈侃在《使琉球录》一书云："太祖之有天下也，不加兵不遣使，首效归附，其忠顺之心，无以异于越裳氏矣。故特赐以闽人之善操舟者三十有六姓焉，使之便往来，时朝贡，亦作指南车之意焉耳。"自明永乐二年（1404 年）册封之始至清光绪五年（1879 年）琉球为日本吞并，琉球接受中国册封长达 400 余年。

① ［英］李约瑟：《四海之内：东方和西方的对话》，生活·读书·新知三联书店，1987 年版，第 137—139 页。

② 《二十五史·明史·外国传·琉球》，上海古籍出版社、上海书店，1986 年版。

“三十六姓”究竟有多少人、哪些姓，并无确切的记录。但是在那霸附近的久米村建有华人之村落，按照中国人的生活方式聚居，并在琉球王国的统治集团中做事，沟通中琉的关系，在中琉的史籍和民间的族谱之中是多有记载的。曾在琉球做过长时间调查的杨仲揆在其《中国・琉球・钓鱼台》一书中写道：“久米村华裔文化程度高，政治社会地位高，生活水平高，故一举一动，一事一物，均为琉人竞相仿效之楷模。数百年间，中国宗教迷信、风俗习惯，均因久米村而流传于全琉各阶层。例如建孔庙、祭孔、立私塾、读汉书，建关庙、天妃宫、土地庙、指路碑之将军箭、压邪之‘泰山石敢当’及屋顶之石狮子，医药、卜算，道教之关帝阴骘文、醒世文、阴阳五行、生尅关煞之说，扶乩堪舆之术，灶神、香火神以及一年十二月中之各项节日及其特俗，无不在琉盛行。尤其清明祭祖扫墓、端午之划龙船、中元节祭祖，极为盛行，至今不衰。”①

然而美国学者 George H. Kerr 在他 1960 年出版的《琉球史》中又写道，1907 年一位美国人带着一位华人翻译往游琉球，想象中一定可以找到 36 姓后裔学者，结果，他找到一位老者，自称是久米后裔，言下深以为荣，但是在学术方面、体质方面或社会生活方面，都已无异于普通琉球人。②

这说明了三十六姓闽人人数毕竟不多，虽带去中国文明，并在琉球产生深远影响，与琉球文化整合一体，但是在几百年之后，这些福建人就已经和琉球民族融为一体了。

除了三十六姓闽人居琉之外，福建和琉球有着数百年间的商务、政务和文化往来。明初泉州就设有福建市舶司，市郊东桥村建有来远驿，接待每年来华朝贡的琉球使者和营商人员。成化八年（1472 年），福建市舶司迁往福州，台江也建有琉球馆，供来往使节、官派留学生和商人住宿。后来有些琉球人还长期定居福州，甚至老死安葬在仓前山，至今坟地墓碑还保存完好。

---

① 杨仲揆：《中国・琉球・钓鱼台》，香港友联研究所，1972 年，第 27 页。

② 转引自杨仲揆：《中国・琉球・钓鱼台》，第 28 页。

在日本还可以见到明清时期闽人所编专供琉球人学习中国官话的课本多种①，这些课本对于闽琉文化的交流，起了很大的作用。

二、琉球方言中的闽方言借词

随着闽人居琉和闽文化融入琉球，闽方言的一些语词也被琉球方言吸收了。这些借词中至今还可以分清，哪些是从闽东方言借去的，哪些是从闽南方言借去的。

下列例词是从闽东方言借去的：

词目	福州话	琉球方言
猫	猫囝 ma^{31}iaŋ^{31}	majaa
小猪	猧猧 ua^{21} uaʔ^{23}	ʔwanʔwan
阉割	骟 touŋ^{44}	tujun
狗	犬 khɛiŋ^{31}	ʔin
笋丝	suŋ^{21}si^{44}	sjunsii
线面	索面 sɔ^{53}mieŋ^{242}	socmin
南瓜	金瓜 kiŋ^{44}kua^{44}	cinkwaa
蕹菜	uŋ^{53}tshai^{213}	ʔuncee
银河	天河 thieŋ^{44}hɔ^{53}	tingaara
巫婆	神妈 siŋ^{31}ma^{31}	sinma
豆腐乳	tau^{53}yo^{31}	toohujoo
镰刀	锲 kaiʔ^{23}	ga:kɨɨ（通行于八重山）
帆	篷 phuŋ^{53}	pu:(通行于与论岛）
衣架	i^{53}ka^{213}	ʔiikaa
海盗	海贼 hai^{21}tsheiʔ^{5}	haiee

① 参阅［日］濑户口律子：《琉球官话课本研究》，香港中文大学中国文化研究所，1994年。

下列例词是从闽南方言借去的：

词目	闽南话	琉球方言
红薯	番薯 han^{33} tsɯ^{24}	hansu
橘子	柑 kam^{33}	kambu
杨梅	iũ^{22} muĩ^{24}	ʔɴmi
饭	mãi^{33}	mee
吃饭（小儿语）	餡餡 man^{24} man^{24}	mam^{33} mam^{33} mam^{33}
母亲	阿母 a^{33} bu^{55}	ʔabu
亲戚	外家 gua^{22} ke^{33}	ʔweeka
祖母	妈 mã^{55}	mma
划船	ko^{55} tsun^{24}	kuʒuɴ
鞋	靴 hia^{33}	huja
舢板	三板仔 sam^{33} pan^{24} nã^{55}	sabani
小羊（小儿语）	咩咩 mẽ^{21} mẽ^{24}	beebee
脸盆	面桶 bin^{22} thaŋ^{55}	bindale
肺痨	hui^{53} lɔ^{24}	hwiiroo
想	siũ^{22}	sjoo
簸箕	pua^{55} ki^{33}	boaki

明清以来，福建就已推广官话，琉球人为了觐见朝廷官员，更需要学习官话，有些汉语借词明显是用官话语音借去的，例如：

南瓜　naɴkwoa

嘴巴（指嘴唇）　siba

鱼　ʔiju

香片（茉莉花茶）　sjaɴpin

马褂　maakwaa

大碗　taawaɴ

理会（感谢）　nihwee

笔者根据琉球方言的两种词典所做的初步调查，共得三类汉语借词 72

条，如果到实地进行深入调查，一定还会有更多的发现。

附　海上丝绸之路与闽方言[①]

一、闽方言在东南亚的分布是华人开辟海上丝绸之路的历史见证

经海上丝绸之路外销的商品中，最早成规模的是瓷器和茶叶。福建早在宋元时代就因盛产瓷器和茶叶而负有盛名。北宋名臣仙游人蔡襄任福建转运使时，曾在建州督造建瓷，监制建茶，著有《茶录》。他诗中的名句“兔毫紫瓯新，蟹眼清泉煮”写的就是用闽瓷煮北苑茶的情景。后来兴起的泉州港的对外贸易，为这两样商品的外销提供了方便。“兔毫”是闽北建阳、崇安、松溪一带的建窑出品的名瓷，有黑色的“黑釉”和红色的“紫瓯”。“龙凤团茶”则是建州的斗茶习俗精制出来的进贡宫廷的名茶。后来，在闽南德化、平和一带出产的青花瓷、白瓷和安溪培育的铁观音，也都是驰名中外的上品。这两大宗商品运到欧洲之后，成了宫廷里的豪华陈列，也是肉食者日不可少的饮品。他们知道了china（瓷器）产于China（中国），却未必知道tea（茶叶）的读音就是来自闽语的方音［te］或［ta］。数百年后，在东南亚和印度洋的海底先后捞起的碎瓷片，大多证明是闽瓷；而英语里的“oolong、bohea、congou”便是闽茶名称“乌龙、武夷、工夫”的音译。

海上丝绸之路早在1600年前就开通了。东晋和尚法显于公元399年离开长安，返回时他从印度、锡兰，由海路回到建康。300年后，大唐的义净和尚则是往返都走南海、印度洋的海路。宋代，广州和泉州先后设立市舶司之后，这条畅通的海上丝绸之路为中外的贸易做出了很大贡献。据《元史》所载，当年泉州港就有海舶15000艘。《马可·波罗游记》则称刺桐（泉州）港为世界大港，商人云集，货物堆积如山，难以想象。到了明朝，郑和七下西洋，多从福建的长乐出发，海船装着大批量的瓷器、茶叶，从南海穿过马六甲海

① 本文曾在海外汉语方言国际研讨会上宣读，后发表于《中国语文通讯》（香港中文大学）2020年第99卷第三期，文章收入本书时做过修改。

峡，经印度洋直到东非，可谓声势浩大。那以后，不少史籍都有闽人留居东南亚的记载。元代汪大渊的《岛夷志略》中说，单马锡（即今新加坡）“男女兼中国人居之”；勾栏山（加里曼丹）“唐人与番人丛杂而居”；马鲁涧（伊朗马腊格）“有酋长。元临漳人，陈其姓也”。郑和随员、漳州人张燮的《东西洋考》说到菲律宾：“华人既多诣吕宋，往往久住不归，名为压冬。聚居涧内为生活，渐至数万。”说到文莱：“俗传今国王为闽人，随郑和征此，留镇其地，故王府旁旧有中国碑。”马欢《瀛涯胜览》说：“嘉靖间，漳泉及潮州人，多至满剌加、勃泥、暹罗”。巩珍《西洋番国志·爪哇国》则称：“杜板……约千余家，中国广东及漳州人多逃居于此。”《明史·外国传》也有些记载：“嘉靖末，广东大盗张琏作乱，官兵已报克获。万历五年商人诣旧港者，见琏列肆为蕃舶长，漳、泉人多附之，犹中国市舶官云。”除了行商滞留、造反逃亡的情况外，更多人是由于闽地生活无着而出洋谋生。如惠安人谢履所云：“泉州人稠山谷瘠，虽欲就耕无地辟，州南有海浩无穷，每岁造舟通异域。”清初顾炎武《天下郡国利病书》则在引闽谚“海者，闽人之田”后说：“泉、漳二郡商民，贩东西二洋，代农贾之利，比比然也。”

闽人移居东南亚经历了很长一段时期，但大批量出洋应该是明清之后，基本方式是邻里乡亲投亲靠友，陆续按姓氏、乡籍迁移并聚居。因而形成了按照方言区分的“帮”。属于闽方言的就有福建帮（说闽南话的群落）、潮州帮、福州帮、兴化帮（说莆仙话的群落）、海南帮。在人地生疏的异邦，按籍贯、姓氏和方言聚居的群体形成了稳定的社区，社区之内又按祖籍设立“会馆”，按姓氏建立“宗亲会”，按行业组织“同业公会”，把先来的“旧客”和后到的“新客”团结起来，共同参与各种民俗活动：拜年、扫墓、祭祖、端午、中秋，以及敬神拜佛。他们所崇拜的神祇有天公、观音、妈祖、关帝、三宝公、大伯公（土地神）等，邻里间的婚丧喜庆活动皆一仍其旧，生活和事业上则互相帮衬。这样的社会生活不但使大家的生存和发展得到基本保证，也巩固了族群和乡土的意识。他们所居住的区域，由于人们坚持使用闽语，形成了大大小小的闽语方言岛。

早期到东南亚去的华人主要是东南沿海闽、粤、客三个方言区的人，其中说闽语（包括福建境内的多种闽语和同属于闽南话的潮州话、海南话）明显占据多数。各种方言的人数，以往曾有过许多具体的统计，但都难以精确，以下提供一些数字供参考。

杨力、叶小敦的《东南亚的福建人》引用了1955年北京华侨问题研究会统计的亚非地区华侨人数，是1160万，其中福建省的华侨人数是365.8万，占全国在东南亚华人总数的31.53%。其中菲律宾闽侨占82%，印尼、缅甸都占50%。[①]

另据马来西亚1980年华人人口及所属“方言帮”的统计，属于闽语帮的有2008975人，占华人总人口55.34%。[②] 据新加坡1970年统计，闽语各帮共1200572人，其中福建籍有732141人。[③] 1939年的数据则显示当时的菲律宾华侨祖籍福建的已达85%，其中90%来自晋江。[④] 又据陈烈甫，泰国华人231万，其中潮州帮占56%，加上福建帮7%，说闽方言的占63%。[⑤] 可见，综合起来看，说闽南话的“福建帮”在东南亚华人中占了相当高的比例。正因为如此，在华语普及之前，闽语中的大支——闽南话，实际上成了东南亚华人之间的通用语。

从这一点上说，闽方言，尤其是闽南话曾经在东南亚有广泛分布，这正是闽人，尤其是闽南人作为开辟海上丝绸之路的主力的有力证明。

后来，20世纪50年代，用粤语对白的香港电影在东南亚普及开来，加上粤人善于经商，粤语的使用范围逐渐扩大；另一方面，东南亚各国的华文学校则大多采取华语教学，加上新加坡50年代发起了推广华语的运动，如今华语已经在东南亚华人中取代闽南话，成为华人之间的主要通用语了。

二、东南亚闽方言的变异体现了闽人的母语忠诚和语言接触中的交流

方言和任何语言一样，只要还存活着，就会发生变异。东南亚的闽方言在几百年间发生了哪些变异呢？下文分两方面来说。

---

① 杨力、叶小敦：《东南亚的福建人》，第40页。

② 杨力、叶小敦：《东南亚的福建人》，第137页。

③ 杨力、叶小敦：《东南亚的福建人》，第219页。

④ 杨力、叶小敦：《东南亚的福建人》，第316页。

⑤ 陈烈甫：《东南亚洲的华侨、华人与华裔》，正中书局，1979年，第302页。

一方面是母语传承中的变异。

闽南人把母语带到东南亚，因为是大体按照原籍和所持方言聚居的，周边所通行的原住民语言又都是差别很大的不同语系的南岛语和南亚语，在和原乡相距万里、远隔重洋的异国，依然能够使用自己所熟悉的乡音，人们就会油然而生一种兴奋感，从而保持着对于母语的忠诚。笔者的团队调查过菲律宾（马尼拉）、马来西亚（槟城）、泰国（曼谷）和印度尼西亚（棉兰）几处闽南话，就感受到那里还说着的闽南话和原乡的话并没有太多差别，不但通话无阻，还可以辨别出是泉州口音、潮州口音或漳州口音。我自己到过槟城、雅加达和马尼拉，和那里的中老年人交谈都没有发生障碍。综合来说，所发现的变异只有如下几点：

语音方面，主要是一些音类的合并和文白异读的精简。

1995年，高然调查了从印度尼西亚苏门答腊北部亚齐省来的老归侨陈先生口中的“福建话”。定居在那里的闽南人有数十万，是漳州和泉州的移民，传承了几代人了，亚齐的闽南话只是把漳、泉口音做了一番整合。声母系统保留了漳州音的dz声母。声调系统，调值接近泉州音（阴平为33调，阴入5、阳入23），调类则近于漳州音（阴阳去分调，浊上并入浊去）；而二音节连读变调，则与泉州音相仿，前字阴平、阴入不变，阳平、阳去和阳入变得十分相近。就韵母的类别说，凡漳泉厦有别的，多选用更普遍的读音，总的来说，接近漳州音的多些。漳泉厦有别的，取漳州音，例如皮、过读ue（泉ə，厦e），森、参读ɔm（泉əm，厦ɔŋ）；若泉厦同音、漳州特异的则不取漳音，例如，爬、家读e（漳ɛ），羊、张读iũ（漳iɔ̃）；若漳厦同音、泉州特异的也不取泉音，例如灯、能读iŋ；但有些音泉厦同音，漳州有别的读音也取，例如，八、节读eʔ（泉厦ue），酸、卵读uĩ（泉厦ŋ）。不过，也有两读并存的，如饭、碗，读ŋ或uĩ。①

21世纪初年，庄初升和张双庆两位先生按“大闽语计划”调查的马尼拉

① 高然：《印尼苏门答腊北部的闽南方言》，见《东南亚华人语言研究》，北京语言文化大学出版社，2000年。

闽南话，是接近晋江话的泉州音。和原乡最大的不同是字音文白读的残缺。闽南话单字音有文白异读的超过半数，传到域外后，因为一般只用于口头交际，口语不用的读书音就被大量淘汰了，例如所调查的果、假两摄的65个字，保留文白读的只有25字，如我、簸、破、磨（平声）、螺、果、过、和、把、马、渣、沙、加、价、架、嫁、下、厦、夏、斜、也、瓜、瓦、花；其余的40字有放弃文读的，如做、搓、柯、鹅、坐、火、爬、耙、茶、纱、家、假、虾、蛇，也有因口语词不常用而放弃白读的，如可（小可）、何（无奈何）、课（功课）。

即使是100多年前通行于泰国的潮州话，和现代粤东的潮州话，语音之间也没有太大的变化。笔者和李竹青1994年曾发表过《潮州方言语音的演变》一文指出，1883年在曼谷出版的《汉英潮州方言字典》和现代潮州话的差异，主要也就是少了一套n和t韵尾的十几个韵。60多年前美国汉学家包拟古在吉隆坡调查并整理出版的《福建厦门话口语》，和现在的厦门话也没有太大的差别。

词汇语法方面，由于汉语的语法与众不同，不容易受别的语言的影响，语法规则比较稳定。词汇的变异则分成内圈和外圈，内圈是稳定的核心词、方言特征词和基本词汇，是不容易发生变异的；外圈是一般词汇，为了适应社会生活的需要，经常要增加新的成分，也扬弃新时代和新地方所不需要的旧成分，所以变异比较快。闽语的许多核心词是上古时代传下来的，已经成为词根，构成了大量的词汇，如粟（稻谷）、侬（人）、囝（儿子）、册（书）、鼎（锅）、厝（房子）、骹（脚）、衫（上衣）、箬（叶子）、翼（翅膀）、糜（粥）、食（吃）、箸（筷子）、卵（蛋）、薸（浮萍）、沃（浇）、曝（晒）、拭（擦）、缚（绑）、徛（站）、囥（藏）、徙（移动）、饲（喂养）、芳（香）、晏（迟）、悬（高）、惊（怕）、细（小）、幼（细小）、凊（凉）。这类常用词不论传到多远，都是不会遗失的。那些区内普遍通行、外区少见的特征词，因为常用，也不容易丢失，例如：生理（生意）、头家（老板）、起火（生火）、纸字（钞票）、翁姆（夫妻）、深井（天井）、俗（便宜）、手指（戒指）、算数（算账）、清气（干净）。至于一般词汇，在闽南话的本土，同样的意思本来就有不同说法，这样的词汇在域外的闽南话中，因为有不同地方来的人，各自带来了自己的说法，也有些是从客家话或广府话借用的，还有的是到了新地后另造的。这就很容易造成并存并用的同义词，例如：茶叶——茶心、茶箬、茶米，马铃薯——番仔薯、干冬薯、荷兰薯，花生——落花生、塗豆、地豆，白天——日时、日间、日头、白日，晚上——暗暝、暝时、暝昏、暝昏头，后来——路尾、慢后、尾手、后日，以前——旧底、旧时、往过、往摆、先时，热水瓶——电瓶、电罐、热水壶，茶壶——茶鼓、茶罐、茶瓶，洋葱——霸葱、北葱、番葱、大粒葱，煤油——塗油、火油、番仔油、臭油，汽油——电油、车油、树奶油，手电筒——手电、电火、电筒，瘸腿——瘸骹、摆骹、拐骹，下饭菜——物配、咸、菜配，水泥——霸灰、霸塗、红毛灰、洋灰，包粽子——缚粽、包粽、裹粽、拍粽，收工——放工、散工、歇工，农历——唐侬历、咱侬历、旧历、老历，洋楼——番仔楼、红毛楼、独立厝，早米——春米、六月米、早帮米，晚米——晏米、十月米、下帮米、晚季米。这种情形在闽粤本土的闽南话中也有，但是比较少见。

此外，在东南亚安家，自然环境及社会状况和故土多有不同，遇到母方言无法表达的意思，往往就会借用当地语言中的一些词汇。100 多年前在新加坡出版的《华夷通语》，共收马来语的常用词语和短句 2800 多条，其中有的当时就被闽南话借用，并陆续传到闽南本土来。例如 kawin（交寅：结婚），mati（马滴：死），kapas（加贝：棉花树、棉织品），sabun（雪文：肥皂），tongkat（洞葛：文明杖），suka（私甲：中意，喜爱），kawan（交弯：朋友），buaya（鲑仔：鳄鱼），bali（峇厘：船舱），macam（马占：人物）。有的闽南人已经不知道这是马来语借词了。笔者曾经搜集过一批闽南话里的马来语借词和马来语里的闽南话借词。其中闽南话里的马来语借词如：kopi（咖啡），kakao（可可），karicare（咖喱），capio（有沿的毡帽），sabun（肥皂），ayan（洋铁皮），sago（西谷米），manga（杧果），durian（榴梿），pinang（槟榔），sate（沙茶），baba（峇峇：华人和当地妻子所生的混血儿），lacur（落仄：丢丑），sarong（沙龙，马来人的裙子）。有时这种马来语的借词也并非“填补空档”，甚至是常用词，也可以借来与本地方言词并用。例如：patut（巴突：规矩，道理），capcae（杂菜：可引申表混杂的样子），gudang（牛笼：仓库），kaya（加页：富裕）。

20 至 21 世纪之交，陈晓锦到马来西亚向那里的华人调查了潮州话、客家话和广府话，2003 年出版了《马来西亚的三个汉语方言》，她设计的调查词表包括 2437 个常用词，经过调查，潮州话里就有马来语借词 98 个，英语借词 130 个，这 228 个外来词占了调查条目的将近 1/10。[①]

另一方面是语言接触中的深度交流。

东南亚华人虽然是按方言聚居的，为了生存，就要和当地人打交道，如果都像第一代华人那样，只懂得方言母语，在那里是很难生存的。事实上很多未带家眷的男人就和当地妇女婚配，时间长了就慢慢学会了当地语言，混血所生的“峇峇”更是从母亲那里把本地的马来话学得更好。第二次世界大战结束后，东南亚各地先后独立建国，在义务教育中推行自己的民族语言，学校所授的外国语也是首选英语，年轻的华人学得更好的是所在国语言和英语，进华文学校的均兼学华语，于是，汉语方言逐渐退缩到华人家庭和华人小社区之中。在这种情况下，人口比较集中的社区和有华文学校的地方，华人青年还能听说一些方言，交往广的甚至还能兼通一至三种汉语方言。笔者在暨南大学任教时，曾经在该校的马来西亚留学生中做过调查，并请他们把问卷带回他们的家乡（柔佛）做调查，回收的问卷虽然不太多，却很能说明问题。说闽南话的 33 位父辈中，兼通语种（含华语、所在国语言及各种方言）三种的有 12 人，兼通四种的 13 人，兼通五种的 5 人；那里的青年大学生大多会说三四种话。64 个样本中，第一语言为华语、第二语言为本国语言的 28 人，第一语言为华语、第二语言为汉语方言的 33 人，第三、四语言为其他方言的 9 人，第二语言为英语的 12 人，第三、四语言为英语的 30 人。在学习多语的动机上，因需要而学本国语言的 81 人，学英语的 74 人，学华语的 52 人，学方言的 48 人。关于对多语制的评价，93 份答卷中，认为对个人谋生和社会交往有必要和有利的 87 人，认为对民族团结和国家发展有必要

① 陈晓锦：《马来西亚的三个汉语方言》，中国社会科学出版社，2003 年。

和有利的也是 87 人，认为对个人智力发展有必要和有利的 67 人。可以说，马来西亚华人青年中普遍存在的多语、多方言的现象，成了当地华人社会的一道有趣的风景线。

生活在东南亚的几千万华人，因为所处的国家和地区不同，境遇差别很大。不同国家的经济、政治情况不同，语言文化政策不同，华人人数多少、实力强弱、是否聚居的情况也不一样，所以不同国家的华人的语言生活和多语环境也各不相同。在菲律宾、泰国和马来西亚，华人多集中聚居，中老年人多能掌握华语和汉语方言，兼通所在国语言，文化高的也懂英语。新加坡华人最多，但由于政府推行英语，削弱华文教育，中青年大多已经放弃汉语方言，虽有推广华语的号召，但效果却很有限。在印度尼西亚，华人多达 600 万，但只占总人口的 2%，人口最多的福建帮较为集中地在巴达维亚、泗水等爪哇商业城市从事贸易，闽南话和印尼语之间都有大量借词，为华人与印度尼西亚人的交际提供了方便，形成了“华人马来语”。然而由于政府在 1966 年之后的近半个世纪里，取缔华文教育，禁止华文书报，连华人固有的汉语姓名也不准使用，原本已经相当普及的华语和民间一直坚挺的方言，遭到严重的摧残，因而逐渐式微了。

不过，总体上说，大多数东南亚华人目前还是存在着普遍的双语和多语现象的。家里、族内交往用华语和汉语方言，学校和社会上用所在国语言及其方言，文化程度高的还会英语。这是多种语言共存并用的接触中深度交流的结果。

另一种语言接触的深度交流是汉语方言和马来语词汇上的双向借用。由于最早到东南亚去的大多是闽南人，不论是马来语或印尼语，都有数量不少的闽南话借词。这早已引起学者的注意，不少人对此做过研究。笔者在 20 世纪 90 年代曾经搜集过近 300 条闽南话借词，而闽南话向马来语借用的也有近百条。最有趣的是还有马、闽互借的双向借词。例如：

duit（镭）——ci（钱）	makan（马干）——ciak（食）
cilaka（遭殃）——cialat（食力）	suap（侵吞）——ciak（食）
patut（规矩、公道）—cengli（情理）	mana（为什么）——ancua（按怎）

一般的外来词都是单义项的，也不能派生构词，而在闽南话和马来语之间这种情况并不少见。

例如马来语的闽南话借词漆 cat，可派生出 cat minyak（油漆）、tukang cat（漆匠）、mengecat（上漆）、catbakar（喷漆）等词；粿 kue（糕点），可派生出 kue kue（多色糕点）、toko kue（糕饼店）、kue basah（蒸的糕）、kue kering（烘烤的糕点）等词。

而闽南话的马来语借词 sabun 雪文（肥皂），可派生出雪文水（肥皂水）、雪文盒（肥皂盒）、芳雪文（香皂）、臭雪文（药皂）；tongkat 洞葛（手杖），可派生出洞葛头（手杖把儿）、番仔洞葛（不明事理的侨生）、洞葛恰济鸟铳（讽喻“官比兵多”）。

在汉语的本土，普通话的词汇语法很容易被方言接受，方言词和方言语法却很难被普通话吸收。而在东南亚华人社会中，因为早期通行的是方言，因此当他们初学华语的时候，就会把一些常用的方言词带进华语，并读成华语的音。有些方言的构词法和句法也会在华语中套用。长期在新加坡办报的华人学者汪惠迪所编的《新加坡特有词语词典》，就收了不少当地华语中的闽南话词语。例如：五脚基（骑楼）、薄饼（春卷）、娘惹（华人所生的混血女性）、巴仙（百分比）、大伯公（土地爷）、脚踏车（自行车）、三层肉（五花肉）。周清海、汪惠迪、陆俭明等合编的《新加坡华语词汇与语法》一书，也罗列了不少被当地华语吸收的闽南话构词法和句法。例如：斤半（一斤半）、千五六（一千五六百）、尺六（一尺六寸）、大粒（好大一粒）、脸黑黑（黑黑的脸）、很兴趣（很有兴趣）、有想过（想过）、一间医院（一家医院）。

三、东南亚闽人的语言生活反映了中华文化“和而不同”的品格

语言是文化的载体，语言生活是文化品格的展示。华人（包括闽人、粤人和客家人等）向东南亚移民的历史以及移民社会的语言生活，是有深刻的文化意义的，很值得发掘。

纵观世界移民史，有的民族或族群移向境外，自己的语言和文化都被迫抛弃了，这是被迫为强者所同化，例如从非洲被卖往北美的奴隶。有的把自

己的语言和文化强加于人，例如欧洲的殖民者把法语带到非洲，把西班牙语带到南美洲，这是靠强权去同化别人。华人开辟海上丝绸之路、向东南亚移民，走的却是另一条道路，数百年间的陆续移民，繁衍了上千万人，分布在几十个国家和地区，在陌生的海域上漂泊，在荒芜的土地上垦殖，和当地人民携手、联姻，同生死、共患难，打出一片崭新的天地。在语言文化上，一方面固守自己的母语和民族文化，一方面又兼通当地语言、吸收异国异地文化，使自己得以生存和发展。这就是中华民族“和而不同”的可贵品格。“和”就是和平、和气、和善、和顺，最后达成了和谐；“不同”就是不等同、不混同、不苟同、不伙同、不雷同、不类同。对内保留自己的语言文化是“不同”，对外则采取双语制、多语制，达到了“和”。天下万物，不论是自然或是社会现象，从内部结构、生成过程到外部环境，都是不同的，有不同就存在着对立或矛盾。而要在同一空间共存，就必须经过时间的磨合去达到和谐。《论语》说：“君子和而不同，小人同而不和。”保持自己的个性并加以必要的调整以适应环境，为别人所理解和接受，这就是与人为善、和而不同。只要求别人来服从你、适应你，终究是不能达到和谐的。“同而不和”可能是经过压服的，也可能是被屈服的，总之都是经过矛盾和抗争，并不能达到和谐。“和而不同”则是求同、认同、协同从而达到和谐的过程，也是理解和完善的认识升华的过程。

东南亚华人的“和而不同”是经历过长时间的理解过程的，也经历过多次“认同”的转换。早期出洋时，人们只能靠族群、方言的认同，建立宗亲会、同乡会，互相帮助，共济时艰。这是民国以前东南亚华侨的“流寓时代”的状况。立足于异邦之后的“华侨时代”，主要靠民族认同，和故乡、祖国保持紧密联系，在外则组织同业公会、行业商会以协调动作，争取合法权益，这是第二次世界大战结束后的状况。第二次世界大战之后，东南亚各地建立了民族国家，于是进入了“华人时代”，面临着国家认同的新问题。从华侨时代到华人时代，民间有更加准确生动的通俗说法，称其为从“落叶归根”到“落地生根”。殖民主义者走了，被统治的民族独立了，在着手建设新的国家的时候，起用民族语言，发扬民族文化，都是顺理成章的事。东南亚各国的华人，数百年间已经繁衍为上千万的群体，适应了当地的生活，也建立了骄人的家业，举家回国是不现实的，在当地落籍成了必然的选择。经过一番不安和波动，东南亚华人完成了“国家认同”的转变，做到了尊重当地的主体民族，继续已有的互助合作的传统，以主人翁的姿态，共同建设新的国家。这也是东南亚各国半个多世纪以来繁荣发展的重要条件。

印度尼西亚归侨、暨南大学的杨启光教授在他的《印度尼西亚华人的日常用语及其文化认同探析》一文中指出：“时至今日，印尼华人大都以双语或多语为日常用语，单纯只以汉语或其方言、西方语言或原住民语言为日常用语者逐渐减少，尤其是只持汉语方言的单语者所剩无几。与此相应，在文化认同上，力图单纯地认同于中华文化、原住民文化或西方文化者也在急剧减少。越来越多的印尼华人意识到，他们之所以能够在印尼长期生存并繁衍至今，历数劫难而又柳暗花明，是在求生图存的社会实践中不断地兼容了中华文化、原住民文化和西方文化的要素，并随着时代的发展而不断地建构着‘三合一’的印尼华人文化并作为认同对象的结果。”[①] 他对于印度尼西亚华人的语言文化的现状和认同的分析是符合事实，也是符合历史逻辑的，这在东南亚各国的华人中，是很典型的现象，也是很合理的事实。应该说，这是华人和中华文化走出去的数百年间，所创造出来的可贵经验。

让我们为中华文化“和而不同”的品格点赞，为这种浩大的包容性和灵活的适应性而点赞。

---

① 杨启光：《印度尼西亚华人的日常用语及其文化认同探析》，见《东南亚华人语言研究》，第 146 页。

第五章 福建方言与周边方言的文化关联[①]

第一节　考察方言间文化关联的内容、意义和方法

一、方言间的文化关联

方言是民族语言在一定地域上的分布，但它并非地理现象，而是存活于口头交际的社会现象，和社会生活的各个层面、人们的思想意识及认知能力都有广泛的联系。方言的形成和人群的来源、不同历史时代的通语、社会生活的状态都有关联。一种方言和周边的方言在历史演变上有不同关系，也有不同方式、不同程度的接触，因而形成不同的文化关联。从理性认知说，这种文化关联无非是纵向的发生学上的亲缘关系和横向的共时接触中的渗透、融合关系。在感性认知上，则表现为不同方言之间的差异度和沟通度。

汉语历史悠久，方言的分化历时久远，有的各自又经过许多变异和整合，只是一种远亲关系；有的彼此结伴同行，则只是分手不久的近亲。官话方言可以相距千里而差异不大，大体可以沟通；东南诸方言则差异甚大，有的只通

① 本章由笔者三篇论文改写而成：《论闽语与吴语、客赣语的关系》刊于丁邦新、张双庆编：《闽语研究及其与周边方言的关系》，香港中文大学出版社，2002 年。《内陆闽语的语言接触》，2018 年在上海大学“语言接触”学术研讨会上宣读过，后刊登于《厦门大学学报（哲学社会科学版）》，2021 年第 1 期。《从词汇看闽南话和客家话的关系》，1993 年 3 月在台北第一届台湾语言国际研讨会上宣读，后收入该研讨会论文集（文鹤出版有限公司，1995 年），1996 年又收入李如龙《方言与音韵论集》，香港中文大学中国语文研究所出版。

行于几个县，有的一个县里就有数种不能通话的小方言。论接触，深度的接触可以引起质变，浅度的接触则只有某些借用。有的“近邻”相距不远却判然有别，福州、莆田、泉州之间相距只有100多公里，不能通话且界线清楚，有的不同方言则在咫尺之间由于深度的接触而变成另一种混合语，如建阳的黄坑话。

福建北边有吴语，西边有客赣语，古远的年代还有闽越语、壮侗语、瑶畲语。有史以来，源远流长。研究福建方言，理清其与周边方言的各种文化关联，不但能够更加深刻地理解福建方言，而且对探索汉语方言形成发展的种种模式以及演变的规律，都可以得到重要启发。

二、考察方言间的文化关联的内容和方法

方言和文化是相互关联又相互独立、各有自己的结构和发展规律的系统。就其相互关联来说，二者是互为表里，互相促进，互动共荣的。要了解这种关联，就必须对不同的方言的事实做全面的调查、比较和分析，不论是对语音、词汇或语法表达，演变的过程、结构的规律等都要进行深入的研究；在文化方面，要了解本地的历史和现状，民族的相处和交往，政治军事的抗争，经济的发展，教育的传承，文学艺术的创造。尤其是那些重大事件、显赫的人物，更应该密切关注。既然重点在考察“关联”，在调查的过程中，最重要的是，调查方言词语、谚语歌谣时，多问问它的背后有什么文化内容、有哪些故事；了解某个历史故事和人物时，多了解用当地方言是怎样叙述，怎样讲解的。语言学家不可能是全面的文化学者，文化工作者也不可能全面理解语言，但是只要牢牢记住方言与文化之间必定有“关联”，善于调查和思索，就会不断有所发现。

就考察方法说，探讨方言间的文化关联，研究方言和地域文化各自的历史和现状、考察二者之间的互动和演变，都应该注意如下三点：一是有系统的观念，语言是个结构系统，文化也是由多个系统组成的；二是抓住重点，语言有核心词、基本词，文化也有主要事件、重点人物；三是注意动态演变，不论是方言或地域文化都是处在不断矛盾、统一的变异之中。

第二节　福建方言与吴方言的文化关联

一、吴方言曾是闽方言的源流之一

如所共知，吴语是以保存全浊声母为其首要语音特征的，而闽语则是全浊已经清化，多数字读为不送气清音、少数口语常用字则读为送气清音。从大多数方言点的总体情况来看，把它作为闽、吴两大方言的重要区别特征，是可以成立的。然而，我们还可以看到完全相反的另一种局面：吴语的边远点全浊声母已经清化，而闽语北沿的少数方言点则还或多或少地保存着全浊声母。

据吕叔湘的研究，处于吴语北端的丹阳方言已经大体上不保留全浊声母了。现有的 z 声母只拼 ɿ 韵，且只有“儿、二”两个字；v 声母字稍多，只拼部分开合呼韵，包含着古音的微（尾、末、武）、匣（户、淮、回）、疑（梧、伍、吴）、云（违、王、位）、影（温、汪、威）等声类，实际上是合口呼半元音 w 的一种变体，和“保留全浊声母”已经是属于不同性质的语音现象了。[①]

另据傅国通等的研究，浙南温州片和丽衢片的南部边沿县份以及赣东北的吴语有不少点全浊声母已经不同程度地清化，和福建交界的龙泉、庆元、泰顺各点甚至清化得相当彻底。例如庆元、泰顺：排 p-，沉 ts-，甜、蹄 t-，重 tɕ-。龙泉：船、谁、神 ɕ-，罪、锄 s-。开化：沉 t-。缙云：锄 s-。广丰：肠 s-。[②]

又，据曹志耘的研究，浙西严州方言古全浊声母全部清化。有人把这一片方言划归徽语，但曹志耘认为，建德话和寿昌话跟吴语比较接近，尤其是它们的文读系统，可以说完全是吴语型的。[③]

在福建省的东部和北部，情况与此完全相反。明明是闽方言，闽东的福

---

① 吕叔湘：《丹阳方言语音编》，语文出版社，1993 年版。

② 傅国通等：《浙江吴语的分区》，《杭州大学学报》增刊，1985 年。

③ 曹志耘：《严州方言研究》，日本好文出版，1996 年版。

安、闽北的崇安、建阳都还保留着部分全浊声母，而浦城县南的石陂、水北等乡镇则还相当完整地保存着全浊声母的读法。

闽东的福安话有 j、w 两个浊声母，除少数影母字外，主要包括古微、日、云、以、匣等母字。例如：而 [jei^2]，延、然、缘 [$ji\eta^2$]，若 [$jio\text{ʔ}^8$]，扰 [jiu^3]，野 [jie^3]，药 [$ji\text{ʔ}^8$]，肉 [$jo\text{ʔ}^8$]；瓦、画、话 [wo^6]，围 [$w\text{ø}i^2$]；武 [wu^3]，运 [$wou\eta^6$]，圆 [$wu\eta^2$]，位 [$w\text{ø}i^6$]，袜 [$wua\text{ʔ}^8$]。

闽北的建阳、崇安话的浊声母有 β、ɦ 两个，分别主要来自古並、奉、微等母字和匣、云、以、禅、日等母字，有些定、澄、从、邪、崇等母字则混入次浊声母 l。例如："盆、瓶、贫、步、妇$_{\text{新妇}}$、未、望"声母读 β，"行、船、城、云、社、旱"声母读 ɦ；"铜、读、除、泽、齐、字、斜、徐、谢、崇、助、寨"等声母读 l。

石陂话的浊音声母则相当齐全，除没有唇齿音 v 外，几乎与吴语中心区各点毫无二致。例如：步 [bu^6]，贫 [$bei\eta^2$]，渠 [gy^2]，徛 [gye^5]，地 [di^2]，苎 [du^5]，杂 [dza^8]，寨 [$dzai^6$]，鞋 [$\text{ɦ}ai^2$]，行 [$\text{ɦ}a\eta^2$]。

这种情况说明了，早期的吴话和闽语一定都有整套的全浊声母，晚近以来，吴语的边缘地区由于受到周边无浊音方言的影响而走上清化之路。丹阳紧邻丹徒、镇江，"介乎江淮官话与吴语之间，读书音近于官话，说话音近于吴语"，龙泉、庆元、泰顺与福建连界，严州方言与徽语连界，那里的闽语、徽语浊音大多已经清化，这些边缘吴语的浊音清化显然是周边方言渗透的结果。而在闽语中心区，看来浊音清化已经有数百年的历史。在福州，《戚林八音》早已是没有全浊声母的"十五音"系统。据邵荣芬研究，宋代吴才老《韵补》一书的反切系统，排除了谐声、声训、古人音注、异文和假借等不能反映实际语音的材料之外，就吴氏混切的上字所归纳的声母也只有 17 个，即 15 音之外加上 f、v。① 可见在闽北，全浊声母在八九百年前就已经清化了。处在边缘地区的福安、石陂、建阳、崇安等闽语正是由于与吴语连界，那里的许多吴方言至今还保留着全浊声母，受到这些吴语的影响，这些边界闽语

---

① 邵荣芬：《吴棫〈韵补〉和宋代闽北建瓯乡音》，《中国语文》，1995 年第 5 期。

的全浊声母尚未消失殆尽。这也是方言之间相互吸引、相互渗透的结果。

诚然，闽东和闽北的方言从历史上说与吴方言的关系也是特别密切的。东汉之后闽北地区从江东迁来大量人口，至三国吴景帝在这里设立建安郡时已经辖有建安（今建瓯）、建平（今建阳）、东平（今松溪）、吴兴（今浦城）、南平、将乐。如果说，闽北方言形成的初期大体上就是吴语的一种，应该是符合历史事实的。在闽东，最早管辖其地的冶县究竟是在福州还是在浙东临海，至今史学界还有争议。那时的冶县和侯官辖区跨闽浙沿海，这是可以肯定的。在闽语之中，从闽东到闽北，其形成的时代就包含着更多的吴语成分，这也是可以肯定的。要说为什么闽语之中只是在闽北和闽东地区残留着全浊声母，这就是它的历史依据。

二、吴闽连界接触中也产生了一些系统上的雷同

方言之间的语音比较不但要有音类分合的历时比较，还应该有语音结构特点的共时比较。语音结构特点的异同固然可以理解为类型的异同，但是对于同一种语言中又有地缘接触的方言来说，往往也体现着一定的源流关系和渗透关系。换言之，同源的方言和同域的方言，只要不是相隔绝的，必定拥有相同或相近的语言结构特点。

现将吴、闽语的十种方言的语音结构特点列出12项比较如下：

方言点 比较项目	苏州	宁波	金华	永康	温州	石陂	福安	建瓯	福州	厦门
（1）有几个全浊声母	7	9	8	11	9	5	2	/	/	有b、g但来自古次浊
（2）有无轻唇音声母f、v	+	+	+	+	+	—	—	—	—	—
（3）有无ts、tɕ两套声母	+	+	+	+	+	—	—	—	—	—
（4）k、kh、ŋ、h是否拼细音	—	少	—	+	+	+	+	+	+	+

续表

比较项目＼方言点	苏州	宁波	金华	永康	温州	石陂	福安	建瓯	福州	厦门
(5) 有无撮口呼韵母	+	+	+	+	+	+	−	+	+	−
(6) 有无圆唇元音 ɥ、ø、œ	ɥ	ɥ、ø、œ			ø		ø、œ	œ	ø、œ	
(7) 有几种鼻音韵尾	n、ŋ	ŋ	ŋ	ŋ	ŋ	ŋ	ŋ	ŋ	ŋ	m、n、ŋ
(8) 有几种元音韵尾		i、u、y	i、u	i、u	i、u、y	i、u	i、u	i、u、y	i、u、y	i、u
(9) 有无元音与辅音并存的复韵尾	−	−	−	−	−	+	+	+	+	−
(10) 有无鼻化韵母	+	+	+	−	−	−	−	−	−	+
(11) 有无鼻音脱落现象	+	+	+	+	+	−	−	−	−	−
(12) 有无小称音变	−	少	+	+	+	−	−	−	−	−

拿浙南吴语和闽东、闽北的闽语的语音结构做整体比较，应该说是有同有异。声母方面，吴语有全浊声母，有齿唇音，有两套塞擦音，声母数在27个以上，闽语多无全浊声母，无齿唇音，只有一套塞擦音，声母数只有15个，这是异多同少的。韵母方面，这一带吴闽语都有撮口呼，有几种圆唇元音，元音韵尾多有i、u、y三个，鼻音韵尾只有ŋ，这是相同之处；而吴语有鼻化韵，有鼻音脱落，有小称音变，闽语则无；闽语有元音韵尾与鼻音韵尾共存的“双韵尾”，有变声、变韵，吴语则无。总体来说，吴闽语交界的这两大片方言作为两种大方言虽有一些共同点，但也有明显差异。两种方言离得越近的点相同点越多，这既说明二者有一定的渊源关系，也说明相同之处与地缘接触有关。

三、词汇方面吴闽之间也有不少共同特征

我们取宁波、金华、丽水、温州四个吴语点，以及福州、建瓯、厦门三个闽语点，进行比较、归纳出下列结果：

多数吴语共有的特征词有通行于各地闽语的，也有见于某区闽语的。

通行于各处闽语的，例如：

名词：

面（脸）	汤（热水）	卵（蛋）	锲（镰刀）
索（绳子）	箸（筷子）	柴（柴火）	薸（浮萍）
瘤（疙瘩）	嘞（口水）	滚汤（开水）	记认（记号）
下底（下面）	下日（来日）	新妇（儿媳）	眠床（床）
番薯（红薯）	月日（月份）	油麻（芝麻）	卵脬（阴囊）
粽箬（棕叶）	虼蚤（跳蚤）	竹篙（竹竿）	面桶（脸盆）
油炸馃（油条）			

动词：

徛（站立）	褪（脱）	扛（抬）	嗽（咳）
园（藏）	饲（喂）	揾（沾浸）	荡（涮）
缚（绑）	敨（解开）	煠（清水煮）	炊（蒸）
睏（睡）	起（建造）	减（分拨）	来去（来往）
落去（下去）	生卵（下蛋）	佮伙（合伙）	盐（去声，腌）

形容词：

乌（黑）	闹热（热闹）	后生（年轻）	爽快（舒服）

见于闽东方言，但不通行于闽南的。例如：

名词：

配（下饭菜）	老姥(音马，妻子)	老鸦（乌鸦）	老酒（黄酒）
白鸽（鸽子）	自来火（火柴）	花菜（菜花）	包菜（卷心菜）
索面（线面）	瘍痨（疥疮）	白撞（劫贼）	弟新妇（弟媳）
蒲扇（扇子）	半开门（土娼）	叔伯母（妯娌）	

动词：

渧（滴干）　　淴（去水）　　剟（挖）　　爬起（起床）

对手（帮忙）

形容词：

健（强壮）　　各样（异样）　　做家（省俭）　　共总（总共）

特意（故意）

多点吴语共有的方言词也有见于闽南而未见于闽东的，例如：

烧酒（白酒）　　长年（长工）　　埭（土堤）　　旧年（去年）

麻餈（糍粑）　　篾席（竹席）　　面巾（毛巾）　　乌青（皮下瘀血）

顶真（认真）　　头毛（头发）

还有些多点吴语共有的方言词只见于闽北，例如：

讴（呼叫）　　嬉（玩耍）　　自（自己）　　渠（他）

物事（东西）　　明朝（明天）　　天箩（丝瓜）　　笼帚（炊帚）

包罗（玉米）　　勤力（勤劳）

以上列出特征词可作为吴闽有共同语源的证明，见于闽东、闽北的多于闽西，则是地缘相近使然。相对而言，这些特征词中在浙南吴语用得更多，这说明浙南吴语与闽语关系更深。

而南部吴语与闽语共有的特征词还有不少。

浙南温、处一带吴语的特征词见于闽语（多为沿海）的还可以举出一些：

饮（米汤）　　翼（翅膀）　　蛘（米虫）

垟（大片田园，在闽语区写为“洋”）

岙（海湾，山坳，在闽语区写为“澳”）冥（夜晚）　　榫（楔子）

剉（砍伐）　　泅（游水）　　着（必须）　　乞（给予）

粪扫（垃圾）　　水井（井）　　正手（右手）　　菜头（萝卜）

菜干（干菜）　　阔（宽）　　狭（窄）　　冬节（冬至）

乌豆（大豆）　　白豆（黄豆）　　锯镳（锉刀）　　鞋拖（拖鞋）

树栽（树苗）　　日昼（中午）　　治鱼（剖鱼）　　门隊（门槛）

番鸭（一种旱鸭子）正番（白旱鸭）　　破柴（劈柴火）生分（陌生）

粗纸（草纸）　头先（刚才）　绞米（碾米）

特征词中也有通行于闽东地区的，例如：

㤩（苎麻丝）　茶（汤药）　底（进入）　觑（看）

伏（孵）　滥（湿）　猛（火势大）　标（水从小孔喷出）

山底（山里）　番钱（硬币）　笎叉（衣竿叉）鞋套（套鞋）

花蛤（一种蛤）　淡菜（一种海产）剥皮鱼（马面鲀）

秤花（秤星儿）　讨亲（娶亲）　做亲（通婚）　做节（过节）

金瓜（南瓜）　亲房（宗亲）　酒配（下酒料）酒癫（醉酒）

开声（开腔）　现世（遭殃）　当真（确实）　光生（洁净）

过侬（传染）　麻面（麻脸）　好高（自大）　不啻（不止）

特征词中也有通行于闽南地区的，例如：

时节（时候）　面巾（毛巾）　师公（道士）　溪鱼（淡水鱼）

做月里（坐月子）番姜（辣椒）　山园（旱地）　街路（街道）

铰剪（剪刀）　生成（长相）　消梨（梨）　海口（海边）

劳伤（痨病）　好日（吉日）　过（烛灭）　壅田（施肥）

舐（舔）　敨大气（叹气）　贵气（贵重）　条直（干脆）

后步（后路）　讨海（近海捕捞）有胆（胆大）　紧（快、赶紧）

冰条（冰棍）　兄嫂（嫂子）　水鞋（雨鞋）　烘火（烤火）

糖霜（冰糖）　放尿（小便）　出葬（出殡）　老寿（寿板）

再往北一些，金华也有与闽语共有的方言词，例如：

裹粽（包粽子）　配饭（下饭）　哽（噎）　树（已伐的木头）

算学（算术）　癫婆（疯女）　赖伏（赖篙）　诈癫（装疯）

发痧（中暑）　做戏（演戏）　相争（争吵）　讨新妇（娶媳妇）

春饼（春卷）　有味（有趣）　做新妇（出嫁）做客气（讲客气）

无事（没关系）

（以上通行于闽东）

水笕（山间通水竹管）　田畈（田片）　床头（枕头）

得人惜（可爱）　出行（大年初一出门）

（以上通行于闽北）

礼数（礼貌）　初头（月初）　山垄（小山谷）外壁（外面）
磨墨（研墨）　寒（冷）　米升（量米升）米斗（量米斗）
联对（对联）　了（完毕）　斗（凑集）　神佛（神明）
量气（度量）　出怀（怀孕临产）背褡（背心）　传（去声，长篇故事）

（以上通行于闽南，末两条则见于莆仙方言）

宁波吴语也有与闽语共有的方言词，例如：

草（稻草）　浡（泡沫）　簵（箍）　相（久视）
哱（吮吸）　豰（敲打）　抐（揉、挼）　煏（油炸）
壁角（墙角）　裤袋（裤兜）　樸炭（硬木炭）楼顶（楼上）

（以上通行于闽东、闽南）

瘥（病情好转）　噇（猛吃）　甏（瓮）　料（肥料）
掇（两手端）　埲（尘土飞扬）　做病（闹病）　碎票（零钱）
地龙（蚯蚓）

（以上通行于闽东）

中央（中间）　手骨（手臂）　鱼腥（海产品）麻骨（黄麻秆儿）
萦（缠绕）　腈（肉瘦）　搋（摇动）　锯屑（锯末）
擂（打击）　文旦（柚子）　本当（本来）　轻可（轻微）
亲气（亲情）　停当（妥善）　落薄（落魄）　粮花（水稻扬花）
开面（女子出嫁前绞去脸上绒毛）　掐（打）

（以上末条通行于闽北，其余通行于闽南）

光绪年间范寅所编《越谚》所记录的应是绍兴一带吴方言，其中用词也有与闽方言相同的。除上文已列之外再举例如下：

𤋮宅，燃也，从《字汇》。实则“着”，今闽东闽南“燃”均说“着”。

瘦瘖，瘖。今闽东指肉不肥，闽南指人瘦。

长障，《正韵》：增盛也。今闽语普遍管“余剩”说成去声的“长”，合《广韵》直亮切，多也。

挢桥上声，举也，挢石头。今闽东闽南均称起石于泥中曰挢。

熻吸，冷饭于锅中熻之使热。今闽东、闽南谓“焖”为“熻”。

挼挪，按摩痛处。今福州话亦通行，音［nui^{2}］。

参差（“上梁不正，下梁参差”），今福州话意指差劲、质量低下。

衖弄，小巷。今福州话说弄弄。

大头鱼鲄，小鱼干。今福州话说大头鲄，鱼鲄。

砧板，切菜案板，福州音［tiŋ^{1} mɛiŋ^{3}］。

头面，妇人首饰曰头面。今福州话仍说。

倒灶，遭殃。

做七，人死后逢七烧祭纪念。今福州话仍说。

熟视人，熟人。今闽南话“熟悉”仍称“熟视”，厦门音［sik^{8} sai^{6}］。

剪绺贼，扒手。今厦门话仍称“剪绺”。

孤孀、孤老，孤怪者。今泉州话仍称“孤僻者”为“孤孀”或“孤老”。

才调，即有本事，有才情，天资高，今闽南话仍说。

撙节，撙，上声，积累之意。今泉州谓收存财物为［tsun^{4} tsat^{7}］。

家口，今泉州话仍称“家庭”为“家口”，并可说“大家口，小家口”。

米粞西，精磨之碎米粒也。闽南通称大米磨成的粉为“米粞”。

闪扇上声，谓人来而避也。今闽南谓路过相避为“闪”。

汏待去声，凡布物投水中洗而左右拖之曰汏。今闽南“汏”指洗后过水。

吮忍，口含物舐而取物味。今泉州话说［tsŋ^{4}］，音义俱合。

峪越音各夏切，船着沙土也。今闽南话说［kho^{5}］或［khua^{5}］。

当然，吴方言和闽方言也有各自独有的特征词和方言常用词，毕竟它们还是两种大方言。

四、浦城县北半部的方言：由闽语蜕变为吴语

1959 年和 1980 年笔者两次调查浦城城关话，认定它属于吴语方言。判断的语音依据有四条：

1. 全浊声母中的塞音、塞擦音清化后读为不送气清音。这是和浙江的处衢方言相同的特征。《吴语处衢方言研究》说：在江山、广丰，古全浊声母今

逢擦音不读浊音，而读清音，例如广丰（豺［sa2］），在庆元，古全浊声母全部读清音。①

2. 非组声母今读为 f，但浊音不读 v。这也是闽语少见的，而和浙南的庆元话相同（其他处衢方言 f、v 都有）；在客赣方言，不但非组字读 f、v，晓匣母合口也混入其中。

3. 把端母字和部分知母常用字读为 l，逢阳声韵变读为 n。这也是从浙南吴语帮、端二母的紧喉音 ʔb、ʔd 蜕变而来的。《吴语婺州方言研究》提及婺州方言都有帮端母早期读紧喉音 ʔb、ʔd 的痕迹；在“武义方音”一节，则提到帮母的读音，古阳声韵读 m 声母，端母的读音，古阳声韵读 n 声母，其他韵母读 l 声母。② 在《吴语处衢方言研究》的“庆元方音”一节，则有帮母读为 ʔb，端母读为 ʔd 的完整记录，但有“紧喉成分不很显著”的说明。而在浦城吴语，帮母的变读消失了，端母（含知母白读）则只有 l 声母的读法。可见，从浙南到浦城，紧喉音 ʔb、ʔd 经历过消退的过程，但是古老的特点还留有明显的痕迹。

4. 古次浊上声字跟全浊声母走，读为阳上调。在南部的石陂和建瓯等地。次浊上大多是和清上同行的。浦北的格局和处衢、婺州两片吴语多数是一致的。在处衢只有云和，在婺州只有金华是次浊上与清上同行。

以上第 2 项是浦城吴语和大多数吴语共有的特征，而 1、3、4 三项则是和西南部的处衢、婺州吴语一致的。可见，进入浦城的吴人应该是就近从浙西南一带来的。这不但体现方言的特点，也说明地缘的关联。

当然，语言接触的比较，也不能缺了词汇。但是，词汇的系统性不像语音、语法那么强，变异又最快。做比较就要有讲究。考察词汇的异同，一是要着重于对内一致对外排他的、有派生能力的特征词，而且要有一定的批量，不能只是列举几个常用词，还应该能找到接触的源头。

词汇的异同有时只是一种习惯，很难论证其理据和缘由。例如，多数吴

① 曹志耘等：《吴语处衢方言研究》，（日本）好文出版，2000 年版，第 28 页。
② 曹志耕等：《吴语婺州方言研究》，商务印书馆，2016 年版。

语和闽语都把人说成“侬”，浦城吴语却不采用，而跟着金华和云和的吴语说“人”；天天使用的铁锅，既不说闽语的“鼎”，也不说吴语的“镬”，偏偏说成很特殊的“铐铆”；穿衣服的两个动词，“脱”用的是吴闽语共有的“褪”，“穿”则采用吴语的“着”，不说闽语的“颂”，“儿子”却沿用了闽语独有的“囝”。

浦城吴语和浙南吴语共有的特征词有三类，第一类是闽语形成时期从浙江带来的早期吴闽语共有的基本词，这类词不少，不但通行于浦城和闽北方言，也见于其他区的闽语；第二类用于浦城和闽北方言；第三类只见于浦城吴语，未见于其他闽语。

第一类的如：

索（绳子）	箸（筷子）	粿（米蒸的糕）	薸（浮萍）
腹（肚子）	厝（浙江写为“处”，房子）		清水（凉水）
目珠（眼睛）	新妇（儿媳）	门隊（门槛）	骹（腿脚）
囝（儿子）	笎（晒衣竿）	底侬（谁）	老公（丈夫）
老妈（妻子）	煠（用清水煮）	园（藏）	褪（脱）
𩨂（阉割）	觑（看，通行于闽北、闽东）		缚（捆绑、拴）
惊（害怕）	徛（站，立）	嬉（玩儿）	乞（给、被）
生卵（下蛋）	生殕（发霉）		

第二类的如：

渠（他）	物事（东西）	饭甑（蒸饭桶）	莳田（插秧）
包罗（玉米）	昼前（上午）	昼了（下午）	话事（说话）

第三类的如：

镬（铁锅）	乐（要）	鼻头（鼻子）	腹肌（饿了）
洗浴（洗澡）	柱头（柱子）	灶头（灶）	饭饮（饭汤）
手袖（衣袖）	侬（你）	着（穿）	芳（嗅、吻）
徛（盖房子）	咥（徒结切，吃）		

浦城北部的吴语显然是因为语言接触而发生了质变，那里与吴语区通话无阻，与闽人却难以交际。

第三节 内陆闽语与赣方言的接触和变异

一、内陆闽语与赣方言的中度接触造成系统的调整

这里说的内陆闽语包括建溪流域以建瓯话为代表的八县市的闽北方言，沙溪流域三县市的闽中方言和富屯溪流域七县市的闽西北方言。

以闽北方言为例。闽北方言除了浦城南半之外，还有建瓯、南平、顺昌、政和、松溪和建阳、崇安。在这个范围内的方言还有不少共同的特征，比较完整地体现了闽语的性质，但也反映了和吴语及客赣语接触而造成的变化。在语音方面：

1. 古非组字今口语常用字读为 p、ph、m，如：富、腹、缝、肥、蜂、网。

2. 古知组字今口语常用字读为 t、th，如：竹、张、抽、蛏、箸、重。

3. 古精庄章三组声母今读只有一套声母 ts、tsh、s，如：只、住、三、七、十、走、生。

4. 古见系逢二等韵仍读为 k、kh、h，如：加、教、校、学、巧、孝。

5. 古阳声韵今读并为鼻韵尾 ŋ，不脱落、不鼻化，如：胆、单、当、心、新、行。

6. 今读有四呼，但与古音对应很不整齐，开口一等可读合口或撮口，如：大、灾、单/鹅；开口三等和合口一二等也可读撮口，如：献、团、蚁、徛/外、快。

7. 古入声韵今读无塞音韵尾，但清浊入声分读两调，如：甲、索、逼、七/日、学、乐。

8. 古浊平字分读两调，按照全浊声母清化的先后分为两类，但去向不同，或归入别调无阳平，或两个阳平：箩、鳞、床、蕨/兰、池、陵、匙。

9. 声母特字。如来母字读 s：螺、雷、笠、卵；见母脱落或变读为 h 或 kh：菇、狗、笕/肝、韭、橘/虎、豨（猪）。

10. 声调特字。如三身代词读为同调，但不同点有不同调类：我、

你、佢。

11. 调类的分化与中古四声的对应相当复杂，原因是全浊声母清化和入声韵尾消失以及书面语和口头语分道扬镳，加以三方面的语言接触（吴语、客赣语和南平土官话）。[①]

12. 文白异读的字数明显比其他闽语区少，而且对应复杂。

13. 多音词的连读音变少，闽语多变调，闽东有变声、变韵，闽南有轻声，闽北都没有。

14. 名词表小后缀，其他闽语用“囝”，闽北用“子”。如：囝子（小男孩儿）、杌子（小凳子）。

以上各条中，1 至 4 条是各地闽语共有的特征，也可以据此论证闽北方言还没有发生质变；第 5 条只与闽东方言相近，可说明闽北和闽东之间关系比较密切，这既有历史渊源的关系，也有地缘接触的原因；第 6、7 条在别的闽语区只有零星的反映，没有成片的雷同；第 8、9 两条虽然管的字不太多，确是闽北独有的特征；第 10 条未见于其他闽语，在客赣系方言多见，其他方言也有；第 11 至 14 条在闽语中比较特殊，在客赣系方言则多见，这几项在秋谷裕幸的《闽北区三县市方言研究》中多有关注，也可供参考。[②]

在词汇方面，为论证语言接触，内陆闽语与其他闽话共有的特征词不再列举，只罗列内陆闽语普遍使用的有特征意义的词语。下文按照接触关系及本区独有的分类举要如下。

与闽东闽语及浙南吴语共有的方言词如：

犬（狗）	觑（看）	骟（阉割）	驮（拿）
笐（竹竿）	清（寒冷）	奴（自称）	做新妇（出嫁）
讨老妈（娶妻）	遢雨（下雨）		

（以上见于闽东闽语和浙南吴语）

① 本条可参阅李如龙：《建瓯话的声调》，《中国语文》，1990 年第 2 期。

② 秋谷裕幸：《闽北区三县市方言研究》，台湾“中央研究院”语言学研究所，2008 年版。

饥（饿）	嬉（玩儿）	包罗（玉米）	莳田（插秧）
昼前（上午）	昼了（下午）	物事（东西）	饭甑（蒸饭桶）
稈（稻草）			

（以上见于浙南吴语）

墿（道路）	蠘（梭子蟹）	癫（疯）	㾵（瘦）
索面（线面）	惊人（丑陋）	鼎片（锅盖）	冰箸（冰棍儿）
骹腹头（膝盖）			

（以上见于闽东闽语）

与客赣方言共有的方言词如：

星宿（星星）	响雷（打雷）	潲水（泔水）	膏油（猪油）
牛牯（公牛）	老鸦（乌鸦）	虱嫲（虱子）	热痱（痱子）
屎窟（屁股）	洗浴（洗澡）	话事（说话）	跌鼓（丢人）
讨（摘果子）	话假事（撒谎）		

在内陆闽语普遍都说，在其他闽方言或别方言少见的方言词如：

月奶（月亮）	冢（坟墓）	厚（高）	䠀（远）
雅式（漂亮）	蝤（孵化）	豨（猪）	豨狮（公猪）
掐（打击）	捞（寻找）	联（用针缝）	长老（和尚）
厨官（厨师）	郎（女婿）	迫（狭窄）	凋（枯干）
软（疲累）	洗团（分娩）	睏（睡觉）	目汁（眼泪）
时雨（雷阵雨）	暗冥（夜晚）	饭饮（饭汤）	樵（柴火）
禾索（稻穗）	狗蚤（跳蚤）	蚕子（蚕）	蛇公（蜈蚣）
鳅（泥鳅）	拿鱼（捕鱼）	打塍（种田）	打船（撑船）
孰人（谁）	阿娘（妇女）	我伙人（我们）	佢伙人（他们）
伯子（伯伯）	叔子（叔叔）	遮被（盖被子）	增（粥稀）
化食（要饭）	边舷（旁边）	好妁（可爱）	破水（涉水）
帕子(手绢儿)	蜀隻月(一个月)	隻半月(一个半月)	唔敢去(不能去)
吼佢(喊他)	𠁞食得(不能吃)	让唔让(要不要)	𠁞捞得着(找不到)

词汇的趋同既有发生学上的共同历史关联，也有地缘接触上的借用。从以上各类特征词，大体上可以看到，闽北方言在各区闽语之中，和闽东方言的关系比较深；而在与非闽语的接触中，既与北边的浙南吴语有关，也与西边的客赣方言有关。

二、闽北方言由于语言接触造成的变异

闽北的八个县市（浦城只有南半），明显分为西北和东南两片。西北片是崇安、建阳和浦城；其余县市（建瓯、南平、松溪、政和、顺昌）属于东南片。相对而言，东南片和沿海闽语是相连的，比较接近闽语的本色，西北片是语言接触较深的。两片相异的主要语音特征如下：

1. 全浊声母东南片清化，西北片不同程度留浊。石陂保留的浊音声母共5个：b、d、g、dz、ɦ；建阳有两个：β和ɦ；崇安也有两个：β和j。石陂的b和崇安、建阳的β相对应，ɦ和j相对应，d、dz和l相对应。[①] 显然，浊音是从石陂向西北方向减弱的。石陂是深藏于闽北腹地的古镇，保守地留存全浊声母，往南是建州府城，千余年间四方人流往来频繁；往北是吴人大量南来入住的浦城南浦镇。这套保守的浊音只能往西走了。看来，这一系列闽语中难得见到的全浊声母是闽北本地从中古时期保存下来的，并不是与吴语接触的结果。后来从处州、衢州和婺州一带靠近福建的地方传到南浦镇的倒是全浊声母完全清化了的非典型的吴语，把全浊声母都读为不送气清音。笔者曾存着一个疑问，为什么传到浦城的吴语浊音清化了，南边数十里外的石陂镇却保留了全套浊音？经过和建阳、崇安的比较，再看闽北方言和其他闽语的关系，真相终于大白，石陂的浊音不是吴地“飘”来的，而是祖传原生的，这股“暖流”从建阳通向崇安，遇到了赣东来的全浊强力清化的“冷空气”，热度便消失了，在西片只留下了两个浊音，剩下的是石陂古镇“孤寂”的全套浊声母。

① 《闽北方言》，见陈章太、李如龙：《闽语研究》，语文出版社，1991年版，第151—156页。

不过，闽北方言的全浊清化并不是一步到位的，而是分为两步走，这和沿海闽语又是藕断丝连、互相照应的。沿海闽语的全浊声母今读清化之后分为送气和不送气的两类。先清化的是现在的送气音，如：皮、鼻、啼、桃、头、停、锤、糖、塗（泥土）、潭、柱，都是历史久远、口语常用的基本词；后来清化的是现在的不送气音，多是不太常用的字和书面语词，如：蒲、培、朋、庭、题、图、藤、同、投、捶、陈、沉。上文所述的闽北方言浊平字分为两类，大体上就是先清化的在第一类，现在为"阳平甲"，后清化的是第二类，是"阳平乙"，也就是和石陂、建阳和崇安相对应的浊音声母字。

经过这样的纵横两向的比较，闽语历史演变的层次和吴语、赣语两面接触的作用，就都能得到合理的解释了。

2. 次清声母清、初、昌和心、生、从、崇等，在西北片变读为 th，例如：青、草、蚕、碎、炒、初、插、篡、床、生、春、厂。

3. 另一批次清声母滂、透、彻及其相对应的全浊声母並、定、澄变读为 h，例如：破、品、帕，皮、稗、鼻，偷、腿、兔，啼、桃、头，超、蛏、拆，程、锤、柱。这批字在建阳和崇安也已经清化了。

第 2、3 两项显然是全浊声母清化之后的变异，因为石陂保留住全浊声母，所以没有参加这场变化。这是西片闽北话的下位区别。建阳和崇安所以会发生这场大变化，显然是由于和赣东赣语的接触。客赣方言是东南方言中全浊声母清化最为彻底的，全浊和次清相混之后，往西走到鄱阳湖西岸，读为送气浊音，如湖口、星子、永修；往南走后来成了客家话，便混为送气清音了。不论是"入浊"或是"出清"，都是送气的强大力度发挥的作用：清、从合流后变为清音，从 tsh 变成了 th，强力的 h 把 s 挤走了；透、定母合流后也变为清音，则是强音的 h 把 t 的"老根"也给拔掉了。至于清、从合流变为 th，为什么不与定母清化后混入透母的 th 再合并呢？这是受到音类内部的抱团制约，音类的随意合并或拆分，只会带来字音的混淆不清，同音字太多，既无法辨音，也无从别义，所以只能用"推拉链"的方式，让 th 的音也发生相应的变化。

此外，还有一些韵类和调类上的分歧，如：西北片江宕合流，与通摄则有别，东南片三者“一锅煮”；西北片浊上字归入阴去，浊入字保留阳入调，在东南片有不同表现，这说明西北片在韵类和调类上也是表现了比较保守的姿态的。如想彻底弄明白这些小区别，请查阅《闽北方言》一文，这里就不再细说了。

词汇方面，闽北各县有同有异，能够整齐地区分东南和西北两片的条目不多。有的是建瓯与西北片相同，有的是石陂与东南片相同。以下所列举的未必都是整齐的对立，聊备参考（对比东南与西北，再括注普通话说法）：

柱/栋柱（柱子）	饭帚/筅帚（炊帚）	洩（音［ie⁵］）/撒（撒）
惊/吓（怕）	便宜/平（便宜）	嫩/细（细嫩）
寒/清（寒冷）	烧/暖（暖和）	勤力/切（勤劳）
昨冥/前冥（昨天）	暗边子/暗边头（傍晚）	东司/茅司（茅坑）
砧板/砧子（案板）	蝇/蝇子（苍蝇）	后头/身后（娘家）
蟹/蟹子（螃蟹）	洋芋/洋芋子（马铃薯）	扒手/短手（扒手）
成痧/痧着（中暑）	脰/脰骨（脖子）	汁汁/奶汁（乳汁）
发烧/烧（发热）	饭饮/饮（饭汤）	

三、深度接触使邵武府的闽方言蜕变为赣方言

语言有一定的结构系统，语言的深度接触才有可能造成语言系统的结构性变化，从而引起质变。就语音、词汇、语法三个方面来说，语音和语法更有严密的系统性，研究方言的深度接触，首要的是要考察语音和语法的系统特征，同时要追踪到接触的源头，才能做出合理的解释。

我们认为邵武府闽语蜕变为赣语，这是根据语言的主要特征做出的判断。这一带方言与赣语相同的语音特点多达 15 项，而与闽语相同的特点只有 9 项；常用词中与赣语相同的有 92 条，与闽语相同的只有 31 条。[①] 在语音特点的项目中，与赣语相同的都是一些管字多的重要特点，例如：

① 《闽西北七县市的方言》，见陈章太、李如龙：《闽语研究》第 229—240 页，246—262 页。

1. 全浊声母都清化为送气清音（这一特征一直延伸到将乐）。

2. 非、敷、奉母字读为 f、v，晓匣母合口字也混入其中。

3. 蟹、咸、山等摄的一二等字读音有别。

4. 透、定母字今读 h 声母，有的与晓匣母 x 声母有音位对立。

5. 清、从、初、昌母字今读 th 声母。

6. 古阳声韵有 m、n、ŋ 三种收尾（有的点无 m），部分点也有把塞尾 p、t 变读为 m、n 尾的。

7. 多数点有小称变调，有儿尾。

这其中，第 1 条，10 个全浊声母占《方言调查字表》字数的四分之一，全读成送气清音则是客赣系方言共有的最主要特征；第 7 条是语法特征，系统性最强，儿尾不但为闽语之绝无，在东南方言中也属少见，据《客赣方言比较研究》，这种情况在江西境内主要见于临川、南城、宜黄、黎川一带，如说“桃儿、梨儿、椅儿、蚊儿、钵儿”，这些地方正是在邵武府的西边；第 2、3 条是客赣方言普遍都有的特征，在其他闽语区也极为少见；第 4 条，透、定读 h 则是抚州、南城一带的赣东方言的显著特征，分布于赣中的一大片，从黎川、南丰、南城、贵溪、临川、宜黄，直到吉水、新余、上高、高安、进贤、东安，那些地方可能就是当年移居邵武府的赣人的出发地；第 5 条，清、从母读为 th，见于黎川、资溪、南城、崇仁。这几个绑定了地域的语音特点，在其他方言（包括江西境内的方言）都很少见，用来证明邵武一带方言的赣语性质及其来源，特别有说服力。罗杰瑞先生曾经把邵武话认定为闽方言，主要是他认为闽方言和客方言之间的不同可能更多的是在程度上而不是在品类上。由于这一点误解，导致了他对大方言之间关系的不当判断。

可见，从整体上看把邵武四县市方言定为赣方言或称为闽语赣化是合适的。

以上语音特点中最具特色的是透、定母读 h，清、从母读 th，这是赣东南城一带方言的特点，不但连片影响到邵武四县市，而且影响到闽北的武夷山、建阳一带。

闽北方言中，建瓯、松溪、政和、南平（四郊）属于东片，由于距闽语中心区近，原有人口较多，浙赣移民较少，因而闽语特征保存得较为完整，既没有石陂一带（也可称北片）的全浊声母，也没有西片的透、定母读 h 和清、从母读 th 的特点。除了人口构成的不同之外，这些特点当然也和地片相连与否有密切关系。

从词汇上说，在闽赣方言，有些常用词已经放弃闽语的说法而改用客赣方言的说法。例如：

老伯（哥哥）	老弟（弟弟）	灶下（厨房）	嘴（不说“喙”）
胞衣（不说“衣”）	屎窟（屁股）	腹屎（肚子）	热头（太阳）
脱（不说“褪”）	（菜）老（不说“过”）		
多（不说“穧”）	衫袖（不说“手碗”）		
自家（自己）	鬼子碱（肥皂）	稈（稻草）	做唔得（不行）
小酒（醋）	目汁（眼泪）	樵（柴火）	烧水（热水）

也许可以把邵武赣语中和赣东相同相近的儿尾词认定为特征词（在邵武一带不一定能对齐，在赣语区主要是见于南城、黎川一带）：

星儿	猴儿	蚊儿（蚊子）	槛儿（窗户）
剪儿（剪子）	抽儿（抽屉）	笠儿	票儿（钞票）
柑儿	茄儿	哥儿	弟儿
妗儿	妹儿		

其他用词中，有的是赣客不分的，但大多是与闽语有别的，可供研究特征词之选（括号之内注的是普通话或闽北方言的说法）：

禾（稻子）	秆（稻草）	泥（涂）	人（侬）
东西（物事）	滚水（烧水，即热水）	乌蜱（木虱）	猪（豨）
狗嬷（狗母）	鸡嬷（鸡母）	虱嬷（虱母）	嘴（喙）
头牲（畜生）	月光（月）	泔水（潘）	镢头（锄头）
今朝（今旦）	明朝（明旦）	鬼子碱（胰子）	上昼（昼前）
下昼（昼了）	发风（起风）	供（饲养）	动棋（行棋）
搞（嬉，即玩）	行嫁（出嫁）	勤力（勤劳）	

有些客赣方言的常用词还进入了闽北方言，例如：

星宿（星星）	焰刀（闪电）	通书（皇历）	尘灰（灰尘）
洋火（火柴）	自家人（自己人）	手甲（指甲）	跌鼓（丢人）
话事（说话）	蒸（不说"炊"）	拉甫（忘记）	做事（干活）
伶俐（干净）	包黍（玉米）	晓得（知道）	睐牛（看牛）
个（助词"的"）	捞（找）	几多（多少）	

第四节　从词汇看闽南话和客家话的关系

在闽方言的几个区里，闽东话和吴方言的关系较深。闽北话和赣方言的关系较深，闽南话则与客家话关系较深。这里说的关系自然是包括了纵向的渊源关系和横向的渗透关系的。

本节从词汇上考察闽南话和客家话的关系。

以下分两部分列举闽南话和客家话共有的方言词。闽南话用的是泉州话的材料，客方言则取材于三种报告：《客赣方言调查报告》①、《永定（下洋）方言词汇》② 和《客方言》③。

一、闽语与客家话共有的中古单音词

本部分罗列出在《广韵》、《集韵》中有字可考的单音词或语素，先列多数闽方言共有的（以闽东的福州话为参照），再列仅见于闽南话的条目。《广韵》、《集韵》简称《广》、《集》，只引反切及原注。闽南话和客家话一般只举一点为例，加以注音，为便于看出音类对应，声调只标原调类（泉州音去声依连读变调分阴阳去），不标调值也不标变调，轻声不标调类号。永定（下洋）话中53调含清去字，本应称阴上去或阴仄，33调含部分浊上字，可称为阳上去或阳仄，今按黄雪贞原作，标为上声和去声。本字的含义与方言词义不同者随文作注。凡是在南方多种方言中常见，古时本字明确的本文不收，

① 李如龙、张双庆主编：《客赣方言调查报告》，厦门大学出版社，1992年版。
② 黄雪贞：《永定下洋方言词汇》，《方言》，1983年第2—4期。
③ 罗翔云：《客方言》，台湾文艺出版社重排本。

例如行（走）、走（跑）、拍（打）、食（吃）、惊（怕）、园（藏）、缚（绑）、乌（黑）、肥（胖）、细（小）、幼（细）等等。

以下条目在闽方言中除闽南话外，至少还见于福州话：

1. 昼　《广》陟救切："日中"。"下午"，多数闽、客方言说"下昼"，如泉州 [꜂e tau꜄]，梅县 [ha꜄tsu꜄]。

2. 晡　《广》博孤切："申时"。泉州话"下午"说"下晡 [꜃e ꜀pɔ]"，"傍晚"说"暗晡 [am꜄ ꜀pɔ]"，永定"暗晡 [꜂aŋ ꜀pɨ]"指夜晚，"昨晡 [꜂tsha ꜀pɨ]"指昨天，其中的"晡"皆与入夜的"申时"有关。

3. 坪　《广》符兵切："地平"。泉州话说"山坪 [꜀suã ꜁phiã]"指较为平坦的山坡地，永定说"门坪 [꜁mun ꜁phiaŋ]"指门口的平地。

4. 庭　《广》特丁切："门庭"。"晒谷场"，泉州说"粟庭 [tshiak꜆ ꜁tiã]"，梅县说"禾庭 [꜀vɔ꜁thaŋ]"。

5. 舷　《广》胡田切："船舷"。闽、客方言引申指一切边缘。如说"溪舷"，泉州 [꜀khue ꜁kĩ]，永定 [꜀khei ꜁fin]；"床舷"，泉州 [꜀tshŋ ꜁kĩ]；长汀 [꜁tʃhɔŋ ꜁ʃẽ]。闽语区俗写"墘"，常用于地名。黄雪贞以为是"唇"字。对比闽方言只能是匣母字"舷"。

6. 园　《广》雨元切："园圃"。闽、客方言称"旱地"为"园"，泉州 [꜁hŋ]，永定 [꜁viɛn]。

7. 索　《广》苏各切："又，绳索"。闽、客方言均称"绳子"为"索"。泉州 [so꜆ʔ]，梅县 [sək꜆]。

8. 櫼　《广》所咸切：《说文》音尖，"楔也"。闽、客方言多称"楔子"为"櫼"。泉州 [꜀tsĩ]，梅县 [꜀tsiam]。

9. 箷　《广》丑饥切："竹器"。闽、客方言多称"竹筛子"为"箷"。泉州 [꜀thai]，永定 [꜀tshei]。

10. 椹　《广》知林切："铁椹，斫木质"。"案板"，泉州说"椹 [꜀tiam]"，梅县说"椹头 [꜀tsəm ꜁thɛu]"，长汀说"椹盘 [꜀tseŋ ꜁phaŋ]"。

11. 箸　《广》迟倨切："匙箸"。"筷子"，泉州说"箸 [tɯ꜅]"，宁化说“箸只［tshɿ꜅ tsa꜇］”。

12. 隊　《广》持兖切：“道边埤也”。“门坎儿”，闽、客方言都有说“门隊”的，泉州［꜁mŋ ꜃tuĩ］，安远［꜁məŋ ꜀tɕhian］，宁化说“屋隊［vu꜆ ꜀tshaŋ］”。

13. 粟　《广》相玉切：“禾子也”。闽方言“粟”指“稻谷”，如泉州［tshiak꜆］，在客方言转指杂粮之实。如梅县称“玉米”为“包粟［꜀pau siuk꜆］”，称“高粱”为“高粱粟［꜀kau ꜁liɔŋ siuk］”。

14. 菅蓁　《广》菅，古颜切：“草名”；蓁，侧诜切：“草盛貌”。闽、客方言均有称“芦苇杆”为“菅蓁”的，如泉州［꜀kuā ꜀tsin］，揭西［꜀kɔn ꜀tsin］。

15. 薸　《广》符霄切：“《方言》云：‘江东谓浮萍为薸’”。闽、客方言今仍称“薸”，如泉州［꜀phio］，梅县［꜀phiau ɛi］。

16. 箬　《广》而灼切：“竹箬”。裹粽子的叶子，安远叫“箬［no꜅］”，宁都叫“箬叶［nɔk꜇ iap꜇］”；闽方言用来泛指一切植物的叶，如泉州［hioʔ꜇］。

17. 铰　《广》古肴切：“铰刀”。“剪刀”，闽、客方言都有说“铰剪”的，如泉州［꜀ka꜂tsian～꜀ka꜂lian］，宁都［꜀kau꜂tsian］。

18. 膭　《集》柯开切：“六畜胎曰膭”。鸟类的嗉囊，闽、客方言多说“膭”，如“鸭嗉”，泉州［aʔ꜆꜀kui］，永定［aʔ꜆꜀koi］。泉州话还把“肚子肥大”叫“大腹肚膭［tua꜅ pak꜆꜂tɔ ꜀kui］”，音韵俱合，字义略有转移。

19. 卵　《广》卢管切：“《说文》曰：‘凡物无乳者卵生’”。闽方言普遍称“蛋”为“卵”，客方言也有，如泉州［꜃lŋ］，永定［꜃lɔn］。又，部分闽、客方言还管“男阴”叫“卵”，如泉州［꜃lan］，宁都［꜂luan］，上古造字时“卵”应是男阴的象形。

20. 健　《广》郎甸切：“鸡未成也”。未下蛋的小母鸡，泉州、永定均说“鸡健”，如泉州［꜀kue lua꜅］，厦门［꜀kue nuā꜅］，永定［꜀kei lɔn꜅］。《客方言》云：“鸡乱小鸡也。乱者，健之语转”，甚是。

21. 蜞　《集》渠之切：“虫名，水蛭也”。“水蛭”，泉州话说“蜈蜞［꜁gɔ ꜁khi］”，梅县说“湖蜞［꜁fu ꜁khi］”。

22. 姐　《广》兹野切："羌人呼母"。《集》："《说文》：蜀谓母曰姐"。今闽、客方言都有称"母"为"姐"的，如宁都 [^{c}tsia]，平和 [$_{c}$a ^{c}tsia]。

23. 疕　《广》匹婢切："疮上甲"。闽方言普遍称"创口所结痂"为"疕"，如泉州 [^{c}phi]，部分客家话亦有此说，如揭西 [^{c}phi]。《客方言》云："疮皮结痂曰疕"，甚是。

24. 娠　《广》失人切："孕也"。闽、客方言都有把"怀孕"说成"有娠"的，如泉州 [$^{\underline{c}}$u $_{c}$sin]。《客方言》云："妇孕谓之有身"，误作同音字。

25. 眩　《广》胡涓切："乱也。"闽、客方言多称"头晕"为"眩"。如泉州 [$_{\underline{c}}$hin]，如梅县 [$_{\underline{c}}$fun]。

26. 施　《集》以豉切；"及也，进也"。撒布细碎之物。闽方言多说"施"，如泉州 [ia$^{\underline{\text{ɔ}}}$]；不少客方言同此说，如梅县 [ie^{ɔ}]。

27. 沃　《广》乌酷切："灌也"。闽方言多称"浇灌"为"沃"，如泉州 [ak$_{\text{ɔ}}$]，客方言也有此说，如永定 [vuʔ$_{\text{ɔ}}$]。

28. 擘　《广》博厄切："分擘"。"掰开"，闽、客方言多说"擘"，如泉州 [peʔ$_{\text{ɔ}}$]，梅县 [pak$_{\text{ɔ}}$]。《客方言》云："以手裂物曰剥开"，似误。

29. 掖　《广》羊益切："持臂"。闽、客方言多把"招手"说为"掖手"，"掖"泉州读作 [iaʔ$_{\underline{\text{ɔ}}}$～iat]，梅县读作 [iak$_{\underline{\text{ɔ}}}$]。

30. 啡　《集》滂佩切："一曰唾声"。"吐口水"，闽方言多说"啡"，如泉州 [phui^{ɔ}]，部分客方言亦同此，如翁源 [phoi^{ɔ}]。

31. 噋　《集》蒲奔切："吐也"。用口吹气，闽方言多说"噋"，如泉州 [$_{\underline{c}}$pun]，客方言也有此说，如翁源 [$_{\underline{c}}$phun]。

32. 搃　《集》损动切："推也"。闽、客方言多有管"推"叫"搃"的，如泉州 [^{c}saŋ]，又音 [sak$_{\text{ɔ}}$]（阳入对转），梅县 [^{c}suŋ]。《客方言》云："推击曰竦"，本字误。

33. 揽　《广》卢敢切："手揽取"。"搂抱"，闽、客方言多有叫"揽"的，如泉州 [^{c}lam]，长汀、宁化 [^{c}laŋ]。《客方言》云："以手抱小儿曰揇"，合于梅县 [^{c}nam]。

34. 捘　《广》七伦切："推也，《左传》云：'捘卫侯之手'"。闽方言多说“伸”为“捘”，如泉州［꜀tshŋ～꜀tshun］。客方言亦有此说，如永定［꜀tshun］。《客方言》云：“伸曰春”，似误。

35. 煠　《广》七洽切：“汤煠”。清水煮物，闽、客方言多说“煠”，如泉州［saʔ꜇］，梅县［sap꜇］。《客方言》云：“以汤煮物曰飒”，本字误。

36. 翕　《广》许及切：“火炙”。闽、客方言都有把“焖煮”说成“翕”的，如泉州［hip꜆］。《客方言》云：“以少水煮物盖而闭之使熟曰翕”，合此。

37. 沕　《集》莫佩切：“潜藏也”。潜入水中，闽、客方言多说“沕”，如泉州［bi꜅］，梅县［mi꜄］。

38. 拌　《广》普官切：“弃也”。客方言“摔弃器物”谓“拌”，如梅县［꜀phan］；闽方言指“摔弃衣物上浊物”为“拌”，如泉州［꜃puã］。浊上读归阴平，《广韵》已有反映，此为一例。

39. 矺　《广》陟革切：“碓也。”用石头压着，闽、客方言多有说“矺”的，如泉州［teʔ꜆］，梅县［tsak꜆］。《客方言》云：“谓压曰笮”，本字不确。

40. 拈　《广》奴兼切：“指取物也”。泉州音［꜀liam］，《客方言》云：“两指取物曰拈”，合此。

41. 闪　《广》失冉切：“出门貌”。闽方言“避开”曰“闪”，如泉州［꜂siam］。《客方言》云：“避曰闪”，合此。

42. 斗　《广》都豆切：“相易物俱等”。安装配件，闽方言多说“斗”，如泉州［tau꜄］，梅县音［tɛu꜄］，义同。

43. 拭　《广》赏职切：“拭刷”。闽、客方言多谓“擦”为“拭”，如泉州［tshit꜆］，梅县［tshət꜆］。

44. 㔋　《集》古禫切：“盖也。”闽、客方言都说“㔋”，泉州话［꜂kam］指“掩埋”，福州话［꜂kaŋ］指“盖被子”，梅县话［꜂kɛm］指“盖盖子”。

45. 治　《广》直之切：“理也”。剖鱼并加洗理，闽、客方言普遍说“治”，如梅县［꜀tshɿ］，泉州［꜀thai］；并引申指“宰杀”。《客方言》云：“宰杀牲畜曰剷”，似误。闽方言“杀人”亦曰“治”。

46. 敨　《集》他口切：“展也”。闽、客方言都有“敨”的说法，泉州［꜂thau］指“解开、解除”，如说“敨索”、“空气通敨”。客方言多用于“敨气”，指“歇息”，“敨”字梅县读［ᶜthɛu］。

47. 必　《广》卑吉切：“《说文》曰：‘分极也’”。“开裂”谓之“必”，如泉州［pit˳］，永定说“必裂［pi˳ liɛʔ˳］”，泉州亦说。

48. 长　《广》直亮切：“多也”。闽方言“剩余”说“长（去声）”，如泉州［tiɔŋᵓ］，“长淡薄”是“剩一点”。客方言亦有此说，如宁都［tshɔŋᵓ］，永定“不把饭吃完，留碗底”说“长饭碗［tshɔŋᵓ phɔnᵓ ᶜvan］”。

49. 佮　《广》古沓切：“并佮，聚”。泉州“合伙”说“斯佮［꜀sa kap˳］”“佮本［kap˳ ᶜpun］”，并用作连词，“我佮汝”是“我和你”。客方言指人际合作，如梅县［kap˳］，如说“佮唔来”。《客方言》云：“同夥营生曰欱本”，欱、佮两字同音异体，又说“妇人与人私通曰甲人”，亦应是这个“佮”。

50. 晏　《广》乌旰切：“晚也”。天色不早，闽、客方言都有说“晏”的，如泉州［uãᵓ］，河源［anᵓ］，长汀［ŋᵓ］。

51. 泛　《广》孚梵切：“浮貌”。闽、客方言“空虚不实”多说“泛”。如“秕谷”，泉州说“泛粟［phãᵓ tshiak˳］”，永定说“泛谷［ᶜphaŋ kɨʔ˳］”。《客方言》云：“谷不充曰冇谷”，同此，采用俗写。

52. 崎　《集》巨绮切：“归崎，山貌”。闽、客方言多有称“山坡陡峭”为“崎”的。如泉州［ᶜka～ᶜkia］（并用作名词指陡坡），梅县［꜀khi］。

53. 毋《广》武夫切：“止之辞”。闽、客各点否定词“不”多说“毋”，如泉州［꜀m～mᵓ］，梅县［꜀m～꜀ŋ］，这是古今音变中强化声母使韵母脱落的特例，俗写作“唔”。

以下条目见于闽南话，在其他闽语较为少见，说明闽南话与客家方言的关系更深。

54. 磡　《集》苦绀切：“岩崖之下”，又作“堪”：“险岸”。“险地”或“崖岸”说“堪”，如泉州［khamᵓ］，梅县［hamᵓ］。

55. 甽　《集》朱闰切：“沟也”。田间水渠，泉州说“甽［tsunᵓ］”，“水甽［ᶜtsui tsunᵓ］”或“甽沟［tsunᵓ ꜀kau］”，梅县说“甽哩［tsunᵓ nɛi］”，长汀说“圳沟［tʃunᵓ ꜀keɯ］”。《客方言》云：“沟曰圳子”，“圳”为

闽粤通行的俗字。

56. 塍 《集》陵延切：“垄也”。农作物的畦垄，闽南和一些客家话都说“塍”，如泉［꜁nuĩ］，长汀［꜁tiẽ］。语音成对应，长汀有来母拼细音读 t 声母的。

57. 桷 《广》吉岳切：“椽也”。“椽子”，梅县说“桷［kɔk꜆］”，泉州说“桷支［kak꜆ ꜀ki］”或“桷仔［kak꜆ ꜂ɡa］”。《客方言》云：“榱曰桷子”。

58. 枋 《广》府良切：“木名，可以作车”。“厚木板”，闽南和客家都说“枋”，如泉州［꜀paŋ］，永定［꜀piɔŋ］。

59. 涵 《广》胡男切：“涵泳”。“阴沟”，泉州说“涵［꜁am］”或“涵沟［꜁am꜀kau］”。《客方言》云：“沟窦谓之水涵”，同此，字义略变。

60. 錾 《广》才敢切：“錾凿也”。开石头用的小铁锥，泉州说“石錾［tsioʔ꜇ ꜃tsam］”。《客方言》云：“小凿曰鑱子（合音为粗暗）”，同此。梅县音［tsham꜄］，本字应是“錾”。

61. 窒 《集》陟栗切：“《说文》：塞也”。“瓶塞”，泉州说“矸窒［꜀kan that꜆］”，揭西说“窒［tsət꜆］”，长汀说“窒哩子［꜀tsi ꜀li ꜂tsɿ］”，俱同。

62. 纽 《广》女久切：“结也”。纽扣，泉州说“纽［꜂liu］”，永定亦同此，音［꜂leu］。

63. 磉 《集》写朗切：“柱下石”。“柱石”在闽南、客家都有称“磉石”的，如泉州［꜂sŋ tsioʔ꜇］，长汀［꜂sɔŋ ʃa꜅］。

64. 墭 《集》时正切：“器也”。泉州单说“墭［sĩa꜄］”，指室内谷仓，有木制、土制两种，俗写作“櫼”或“墭”。又有“春櫼［꜀tshun sĩa꜄］”，是装抬嫁妆的木奁子。《客方言》云：“木櫼有架谓之櫼（合音为痴盎，去声）”，音［tshaŋ꜄］，相当于泉州的“春櫼”。

65. 捋 《广》郎括切：“手捋也”。泉州话“梳头”说“捋头［luaʔ꜇ ꜀thau］”，“小头梳”说“捋仔［luaʔ꜇꜂a］”。《客方言》云：“小梳曰掠子，掠当为攦，《说文》：攦，理持也。”应同此。

66. 籰 《广》王缚切：“《说文》曰：收丝者也”。旧时织布绕线的竹编，泉州话称“籰［ak꜇］”。《客方言》云：“络丝具谓之籰头”，同此。

67. 豸　《广》池尔切："《尔雅》云：'有足曰虫，无足曰豸'"。泉州话常连说"虫豸［꜁thaŋ ꜂thua］"。《客方言》云："虫谓虫尸，尸当为豸"，甚是。

68. 萦　《广》於营切："绕也"。"绕线"说"萦"，如泉州［꜀in］，梅县［꜀iaŋ］。

69. 涹　《集》陟利切："湿也"。"墨水洇开"，梅县说"注涹"，泉州话指"触碰湿物后变湿"，亦音［tsi꜄］。

70. 搉　《集》克角切："敲击也"。用石头或木棍击打，闽南和一些客家话都说"搉"，如泉州［khɔk꜆］，宁都［khɔk꜆］，长汀［꜀kho］。

71. 斲　《集》竹角切："《说文》：研也"。用尖器硬物敲打，闽南与客家都有说"斲"的，如泉州［tɔk꜆］，宁化［to꜆］。

72. 楔　《集》私列切："櫼也"。闽南和部分客家话用作动词，指器物放置不稳时用楔子使之稳的动作，如宁都［siat꜆］，泉州［sueʔ꜆］，屑韵在泉州音白读有作合口的，如节［tsueʔ꜆］、锲［kueʔ꜆］。

73. 炙　《广》之石切："《说文》曰：'……肉在火上'"。梅县"烤火"说"炙火［tsak꜆ ꜂fɔ］"，泉州"晒太阳"说"炙日［tsioʔ꜆ lit꜇］"。

74. 癩　《集》吐猥切："痕癩：风病"。"麻风病"，泉州说"癩哥［꜂thai ꜀ko］"，梅县说"发癩疯［pot꜆ ꜂thai ꜀fuŋ］"。

75. 舐　《广》神纸切："以舌取物"。用舌头舔，闽南和多数客家话都说"舐"，如泉州［꜃tsi］，梅县［꜀sai］。

76. 吮　《集》竖尹切："舐也"。"吮吸"，泉州可说"吮［꜃tsŋ］"，如"吸奶"说［꜃tsŋ ꜀lin］，"吮"又指"苍蝇叮"。"吮"，梅县［꜀tshiɔn］。《客方言》云："小儿吮乳谓之餐乳"，浊上字读阴平，"吮"正是本字。

77. 磕　《集》辖腊切："石声"。头被碰撞，泉州、梅县都说"磕"，音亦同如［khap꜇］。

78. 晟　《集》时征切："明也"。闽南及客家话用作动词，指"强烈的光线刺眼"，如泉州［꜁tshĩ］，梅县［꜁tshaŋ］。

79. 否　《集》补美切："恶也"。东西质量差，长汀、安远说"否

[ᶜpe] ”，泉州泛指“坏”为“否 [ᶜphai] ”。

80. 衰　《广》楚危切：“小也，减也，杀也”。“倒霉”，闽南和客家话都说“衰”，如泉州 [꜀sue]，梅县 [꜀sɔi]，字义略有转移。

81. 畏　《广》於胃切：“畏惧”。闽南和一些客家话“畏”用作带实语的动词，泉州话“怕冷”说“畏寒 [ui꜄ ꜁kuã] ”，永定“怕蛇”说“畏蛇 [ᶜvei ꜁sa] ”。

82. 盪　《广》徒朗切：“潒盪，摇动貌”。衣服重洗使净，说“盪衫”，如泉州 [꜃tŋ ꜀sã]，永定 [꜀thɔŋ ꜀saŋ]，泉州还可说“洗盪 [ᶜsue ꜃tŋ] ”。

83. 齧　《广》五结切：“噬也”。客方言不少点“咬”说“齧”，如梅县 [ŋat꜆]，泉州亦可说，音 [giat꜆]。

84. 骑　《广》渠羈切：“《说文》曰：骑马也”。闽南和客家都有把“用肩扛”叫“骑”的，如泉州 [꜁ka～꜁kia]，揭西 [꜁khia]。“肩扛”就是被负物所骑，是为使动引申。

85. 矃　《集》昵辄切：“目动”。“眨眼”说“矃”，如泉州 [nĩʔ꜆]，梅县 [ȵiap꜆]。

86. 耖　《广》初教切：“重耕田也”。第二次翻犁水田整平，今仍谓“耖”，如泉州 [tha꜄]，永定 [ᶜtshau]。

87. 分　《广》府文切：“赋也，施也，兴也”。东西给人，泉州话说“分侬 [꜀pun laŋ] ”。《客方言》云：“以物与人曰奔”，即此。

88. 嬹　《广》许应切：“悦也，喜也”。“喜好”，泉州说“嬹 [hiŋ꜄] ”。《客方言》云：“喜曰嬹”，极是。

89. 徛　《广》渠徛切：“立也”。闽、客方言多说“立”为“徛”，如泉州 [꜃kha～꜃khia]，梅县 [꜀khi]。《客方言》云：“谓立曰企”，声母不符，本字应是“徛”，亦浊上读归阴平之例。

90. 儠㒊　《集》儠，力盍切，“儠㒊，恶貌”。《广》㒊，私盍切。闽南话和客家话都有把“肮脏”说成“儠㒊”的，如泉州 [lap꜆ sap꜆]，揭西 [ᶜla sap꜆]。《客方言》云：“地不洁谓之拉飒”，即此，但非本字。

二、闽南话与客家话共有的方言词

本节只罗列闽南话和客家话共有的方言词，少数见于闽东福州话的，随条注明。南方诸方言多见或字义容易理解的不收，例如雷公（雷）、外家（娘家）、面（脸）、洗身（洗澡）、水井（井）、学堂（学校）、五月节（端午节）、客店（客栈）等等。客家话只见于个别点的也不收。

这些方言词大都是多音词。其中有的是字义有了引申或转移，有的是据共同语已有语素组合创新的，有的至今本字未明，可能还有些是古百越语的底层。这里着重于比较，各类方言词不再加以分析。各条目编号则与上文条目相接。

91. 天时：天气。泉州［꜀thĩ ꜁si］，长汀［꜀thiẽ ꜁ʃi］。

92. 罩雾：起雾。泉州［tau꜄ bu꜅］，上杭［ tsəu꜄ vu꜄］。

93. 地动：地震。泉州［tue꜄ ᶜtaŋ］，永定［thi꜄ ꜀thuŋ］。

94. 河溪：银河。泉州［꜁o ꜀khue］，长汀［꜁ho ꜀hai］。

95. 旧年：去年。泉州［ku꜅ ꜁nĩ］，长汀［tʃhiəɯ꜄ ꜁niẽ le꜄］。

96. 半昼：日近午。泉州［pũa꜄ tau꜄］，永定［ᶜpan ᶜtsiu ᶜtsi］。

97. 断乌：日落入夜。泉州［ᶜtŋ ꜀ɔ］，永定［ᶜthɔn ꜀vɨ］。

98. 月尾：月底。泉州［gəʔ꜇ ᶜbə］，永定［iɛʔ꜆ ꜀mei］。

99. 天光：明天。泉州［꜀thĩ ꜀kŋ］，永定［꜀thiɛn ꜀kɔŋ ȵiʔ꜇］。

100. 冬节：冬至。泉州［꜀taŋ tsueʔ꜆］，永定［꜀tuŋ tsiɛʔ꜆］。

101. 时节：时候。泉州［꜁si tsueʔ꜆］，长汀［꜁ʃɿ ꜁tse］。

102. 头先：方才。（福州同）泉州［꜀thau ꜀suĩ］，永定［꜀theu ꜀siɛn］。

103. 尾头：末尾。泉州［ᶜbə thau］，《客方言》："末曰尾头"。

104. 食昼：吃中饭。泉州［tsiaʔ꜇ tau꜄］，长汀［ʃɿ꜄ tʃɐɯ꜄］。

105. 烧水：热水。泉州［꜀sio ᶜtsui］，永定［꜀sɛu ᶜfi］。

106. 滚水：开水。泉州［ᶜkun ᶜtsui］，永定［ᶜkun ᶜfi］。

107. 转润：反潮。（福州同）泉州［ᶜtŋ lun꜄］，永定［ᶜtsɛn viŋ꜄］。

108. 做大水：涝了。泉州［tsueᵓ tuaᵓ ᶜtsui］，长汀［tsoᵓ thaiᵓ ᶜʃʉ］。

109. 栈房：货仓。泉州［tsanᵓ ꜁paŋ］，《客方言》："储货之屋"。

110. 眠床：床铺。泉州［꜁bin ꜁tshŋ］，永定［꜁miŋ ꜁sɔŋ］。

111. 笼床：蒸笼。泉州［꜁laŋ꜁sŋ］，长汀［꜁loŋ꜁sɔŋ］。

112. 饭匙：饭勺。泉州［pŋᵓ̱꜁si］，永定［phɔnᵓ ꜁si］。

113. 灰匙：抹灰刀。泉州［꜀hə ꜁si］，永定［꜀foi ꜁si］。

114. 厘戥：戥子。泉州［꜀li ᶜtiŋ］，《客方言》："衡器之小者"。

115. 罗庚：罗盘。泉州［꜀lo ꜀kĩ］，《客方言》："堪舆家所以格定方向者"。

116. 葵扇：扇子。泉州［꜁khe sĩᵓ］，永定［꜁khi ᶜsɛn］。

117. 门扇：门板。泉州［꜁bŋ sĩᵓ］，永定［꜁mun ᶜsɛn］。

118. 犁壁：犁铧。泉州［꜁lue piaʔ꜄］，永定［꜀lei piaʔ꜄］。

119. 衫裤：衣裳。泉州［꜀sã khɔᵓ］，长汀［꜀saŋ fuᵓ］。

120. 洗衫枋：洗衣板。泉州［ᶜsue ꜀sã ꜀paŋ］，永定［ᶜsei ꜀saŋ ꜀piɔŋ］。

121. 卫生衣：绒衣。泉州［ueᵓ̱ ꜀səŋ ꜀i］，永定［ᶜvei ꜀sɛn ꜀zi］。

122. 跑裤：长运动裤。泉州［ᶜphau khɔᵓ］，永定［꜀phau ᶜkhɨ］。

123. 裤头：裤腰。（福州同）泉州［khɔᵓ ꜁thau］，永定［ᶜkhɨ꜁theu］。

124. 袇仔：背心。泉州［kaʔ꜄ ᶜa］，永定［kaʔ꜄ tsi］。

125. 干粮袋：布挎包。泉州［꜀kan ꜁niũ təᵓ］，永定［꜀kɔn ꜁liɔŋ thoiᵓ］。

126. 水鞋、雨鞋。泉州［ᶜtsui ꜁ue］，永定［ᶜfi ꜁hei］。

127. 夜壶：尿壶。泉州［iaᵓ̱ ꜀hɔ］，《客方言》："小便器曰夜壶"。

128. 树奶：橡皮、橡胶。泉州［tshiuᵓ ꜀lin］，永定［sɨᵓ꜀lɛn］。

129. 臭丸：樟脑丸。泉州［tshauᵓ ꜁ĩ］，上杭［tɕhiuᵓ ꜁iẽ］。

130. 火炭：木炭。泉州［ᶜhə thũaᵓ］，永定［ᶜfou ᶜthan］。

131. 生殕：发霉。泉州［sĩ ᶜphu］，永定［꜀saŋᶜphɨ］。

132. 糖仔：糖果。泉州［꜀thŋᶜŋã］，永定［꜀thɔŋ ᶜtsi］。

133. 豆油：酱油。泉州［tauᵓ̱ ꜁iu］，永定［theuᵓ ꜁iu］。

134. 柑：橘子。泉州 [꜀kã]，永定 [꜀kã]。

135. 番薯：红薯。泉州 [꜀han ꜀tsɯ]，长汀 [꜀faŋ ꜁fʉ]。

136. 鱼巴：鱼干。泉州 [꜀hɯ ꜀pa]，长汀 [꜀ŋe ꜀pa]。

137. 猪哥：雄种猪。泉州 [꜀tɯ ꜀ko]，永定 [꜀tsɨ ꜀kou]。

138. 鸡角：雄鸡。（福州同）泉州 [꜀kue kak꜆]，永定 [꜀kei kɨʔ꜆]。

139. 正番：鸭的一种。泉州 [tsiã꜄ ꜀huan]，永定 [꜂tsiŋ꜀fan]。

140. 豺狗：黄鼠狼。泉州 [꜁se ꜂kau]，永定 [꜀sai ꜂keu]。

141. 狗宿：狗窝。泉州 [꜂kan siu꜄]，长汀 [꜂kɐɯ sɐɯ]。

142. 草蜢：蝗虫。泉州 [꜂tshau muĩʔ꜆]，永定 [꜂tshou ꜂maŋ]。

143. 生卵：下蛋。泉州 [꜀sĩ ꜃lŋ]，清流 [꜀sã ꜂luã]。

144. 师公：道士。泉州 [꜀sai ꜀kɔŋ]，永定 [꜀se ꜀koŋ]。

145. 番客：出国华侨。（福州同）泉州 [꜀huan kheʔ꜆]，永定 [꜀fan khaʔ꜆]。

146. 番婆：外国女人。泉州 [꜀huan ꜁po]，永定 [꜀fan ꜁phou]。

147. 峇峇：侨生混血儿。泉州 [꜁ba ꜁ba]，永定 [va꜆ va꜆]。

148. 头家：老板。泉州 [꜁thau ꜀ke]，永定 [꜁theu ꜀ka]。

149. 食头路：当雇员。泉州 [tsiaʔ꜆ ꜀thau lɔ꜄]，永定 [siʔ꜆ ꜀theu lɨ꜄]。

150. 老阿婆：老太婆。泉州 [꜃lau ꜀a ꜁po]，永定 [꜂lau ꜀a ꜁phou]。

151. 新妇：儿媳妇。泉州 [꜀sin ꜃pu]，永定 [꜀sɛn ꜀phei]。

152. 顺月：临产。泉州 [sun꜄ gəʔ꜇]，长汀 [ʃeŋ꜄ ie꜅]。

153. 大姊：姐姐。泉州 [tua꜅ ꜂tsi]，清流 [tha꜄ ꜂tsi]。

154. 小郎：小叔子。泉州（永春）[꜂sio ꜁lŋ]，《客方言》：“夫之弟曰小郎”。

155. 青盲：瞎眼。泉州 [꜀tshĩ꜁mĩ]，《客方言》：“眼朦曰青盲”。

156. 唱喏：作揖。泉州 [tshiũ꜄ ꜃hia]，永定 [꜂tshiɔŋ ꜀ia]。

157. 割香：迎神赛会。泉州 [kuaʔ꜆ ꜀hĩu]，永定 [kɔt꜆ ꜀sɔŋ]。

158. 过身：过世。（福州同）泉州 [kə꜄꜀sin]，永定 [kou꜄ ꜀siŋ]。

159. 夭寿：夭折。泉州 [ᶜiau siu꜄]，永定 [꜀ieu ᶜsiu]。

160. 记数：记账。泉州 [ki꜄ siau꜄]，长汀 [tʃi꜄ su꜄]。

161. 讲古：讲故事。泉州 [ᶜkaŋ ᶜkɔ]，永定 [ᶜkɔŋᶜkɨ]。

162. 手路：手艺。泉州 [ᶜtshiu lɔ꜄]，永定 [sou꜄ lɨ꜄]。

163. 过手：经手。泉州 [kə꜄ ᶜtshiu]，永定 [kou꜄ siu꜄]。

164. 纸字：钞票。泉州 [ᶜtsua li꜄]，永定 [ᶜtsi tshi꜄]

165. 斟酌：商量。泉州 [꜀tsim tsiɔk꜆]，《客方言》："尔我和商曰斟酌"。

166. 佮药：和药。泉州 [kap꜆ ioʔ꜆]，永定 [kaʔ꜆ iɔʔ꜆]。

167. 绞米、碾米。（福州同）泉州 [ᶜka ᶜbi]，永定 [ᶜkau ᶜmi]。

168. 面毛：孔毛。泉州 [bin꜄ ꜁mŋ]，永定 [ᶜmiɛn ꜁mou]。

169. 目珠：眼睛。泉州 [bak꜇ ꜀tsiu]，永定 [muʔ꜆ ꜀tsɨ]。

170. 目珠毛：睫毛。泉州 [bak꜇ ꜀tsiu ꜁mŋ]，永定 [muʔ꜆ ꜀tsɨ ꜀mou]。

171. 目眉毛：眉毛。泉州 [bak꜆ ꜁bai ꜁mŋ]，永定 [muʔ꜆ ꜁mi ꜁mou]。

172. 目屎：眼泪。泉州 [bak꜇ ᶜsai]，永定 [muʔ꜆ ᶜsi]。

173. 舌仔：舌头。泉州 [tsiʔ꜆ ᶜa]，永定 [sɛʔ꜆ ᶜtsi]。

174. 身裁：身段。泉州 [꜀sin ꜁tshai]，永定 [꜀siŋ ꜁tshai]。

175. 幼秀：细润。泉州 [iu꜄ siu꜄]，永定 [ᶜiu ᶜsiu]。

176. 拗蛮：蛮横，执拗。泉州 [ᶜau ꜁ban]，永定 [ᶜau ꜁man]。

177. 后生：年轻。泉州 [hau꜅꜀sĩ]，明溪 [hay꜄ ꜀saŋ]。

178. 度：传染。泉州 [tɔ꜅]，明溪 [thə꜅]。

179. 转去：回去。泉州 [ᶜtŋ khɯ]，明溪 [ᶜtsũo khə꜄]。

180. 鼻：嗅。泉州 [phi꜄]，《客方言》："以鼻就臭口鼻"。

181. 斟：吻。泉州 [꜀tsim]，永定 [꜀tsiŋ]。

182. 担：抬（头）。泉州 [꜀tã]，永定 [꜀taŋ]。

183. 牵：搀扶。泉州 [꜀khan]，永定 [꜀khiɛn]。

184. 犁：低（头）。泉州 [꜁lue]，梅县 [꜁lai]。

185. 歇：临时住宿。泉州 [hioʔ꜆]，《客方言》："宿曰歇"。

186. 墟：集市。泉州［꜀hɯ］，永定［꜀si］。

187. 赴墟：赶集。泉州［hu꜄ ꜀hɯ］，永定［꜂fɨ ꜀si］。

188. 冬：半年为一季，说“一冬”。泉州［꜀taŋ］，永定［꜀tuŋ］。

189. 盘墙：翻墙。泉州［꜁phuā ꜁tshiũ］，《客方言》：“逾墙曰盘墙”，相合。

190. 番：不讲理。泉州［꜀huan］，《客方言》：“不驯曰翻”，本字应是“番”。

以下各条本字未明：

191. 寮：简易的棚子。泉州［꜁liau］，永定［꜁lieu］。

192. 加笐：晒物竹编。（福州同）泉州［꜁ka lueʔ꜆］，永定［꜀ka liaʔ꜇］。

193. 磜：悬崖。泉州［tsia꜄］，永定［꜂tsai］。

194. 奶：奶。（福州同）泉州［꜀lin］，永定［꜂lɛn］。

195. 㘓：口水。泉州［꜃uā］，永定［꜀lan］。

196. 毒(训读)：杀。泉州［thau꜄］，永定［theu꜄］。可能是异调别义，名词、形容词用作动作。

197. 枵：饥饿。泉州［꜀iau］，《客方言》：“腹饥曰肚凹”。

198. 离：芟除枝叶。泉州［li꜄］，武平［ lɛi꜄］。

199. 㖴：滑落。泉州［lut꜆］，武平［leiʔ꜆］。

200. 甩(训读)：甩。泉州［hit꜇］，武平［fit꜇］。

三、若干解释

在闽方言中，闽南话和客家话的关系较深，细致比较之后，必定可以罗列更多的材料。究其原因说，既有移民掺杂的历史原因，也有就近接触的地理原因。

据罗香林考证，唐末之后的客家第二期迁徙，“远者多由今河南光山、潢川、固始，安徽寿县、阜阳等地渡江入赣，更徙闽南，其近者则迳自赣北或赣中徙于赣南或闽南或粤北边地”[1]。这里说的闽南，应是包括汀漳在内的。他又具体考证：“颍、淮、汝三水间留余未徙的东晋移民至是（按：指王潮、王审知的据闽）亦渡江南下，至汀漳依王潮兄弟。”[2]

其实，在这之前还有一批更早入闽的中州人，这就是随陈政、陈元光父子平定闽西、闽南的兵将。

除了戍闽将士之外，唐代流入闽南、闽西的还有官宦之家。例如《金门县志》就说过，陈渊为浯州（今金门）牧马监时，“从渊而来者十二姓”，蔡、许、翁、李、张、黄、王、吕、刘、洪、林、萧都在岛上安家。此外，还有黄巢起义之后，自江西一带避乱入闽的平民百姓。

由此可见，罗香林所说的客家“第二期迁徙”，是和闽南（尤其是漳州府）的进一步开发同步进行、互相穿插的。先此入闽的北人所说的话（后来的闽语）和唐五代入闽的人所说的话（后来的客家话），看来在当时还未必有很大的差别。

泉州最早置郡于梁天监间，称为“南安郡”。陈代称为“丰州”，唐初始改称“泉州”。至元和间，据《元和郡县图志》，已拥有5万多户，是当时闽中五州人口最多的。漳州置于垂拱二年（686年），汀州置于开元二十一年（733年），至元和中，汀州才有3000户，漳州还不满2000户。可见。唐以前入闽的汉人，多在晋江流域定居，当时的汀漳一带，主要是畲民居住地。所谓“蛮獠”，指的就是畲民，为首蓝奉高，而蓝姓也正是畲族的姓。闽西的3000户应该是以畲民居多，唐代中末叶进入闽西的汉人后来和他们融合了，加上两宋涌入的中原江左的汉人，那里形成了闽西的客家话，连后来外迁的畲民也是带着这种语言走的。至于漳州的唐五代移民，日益与泉州一带的唐以前的中原移民接近起来，形成了后来的闽南话。

从地缘方面看，在闽南形成的闽南话和在闽西形成的客家话是连片的。两区之间，从龙岩到诏安，有一条近千公里的交接地带。闽南话区的西沿山

---

① 罗香林：《客家研究导论》，古亭书屋，1933年版，第64页。

② 罗香林：《客家研究导论》，第46页。

区，龙岩、南靖、平和、云霄、诏安各县市都有一些讲客家话的村落。闽南话和闽西客家话的交界处则有一些闽、客双方言的村落。龙岩话显然受到客家话的不少影响，例如二等字逢见系声母读为齐齿呼，三等韵逢知章系声母读开口呼，都和永定、上杭的客家话相仿；在闽西的一些地方，如连城、明溪，则可以看到闽南方言的更多影响。

在粤东和台湾，情况也是如此，闽南话和客家话相连界、相穿插。也互相渗透，粤东的揭西、饶平，台湾的新竹、苗栗，都有一县之内闽、客相间和双语并用的情形。《客赣方言调查报告》所列的诏安县秀篆乡客家话的词汇特点就是客家话受闽南话影响的典型材料。

不仅如此，客家话还和闽南话一起流播到海外。在东南亚各地，凡有闽南人、潮州人定居的地方，也必有客家人。在那里，闽南话和客家话也是并存共处的。这也为闽南话和客家话的相互渗透提供了另一种环境。永定下洋是闽西地区的著名侨乡，那里的客家话也有不少典型闽南话词汇，诸如上文所列举的头家（老板）、头路（职业）、手路（手艺）、纸字（钞票）、峇峇（侨生混血儿）、树奶（橡胶）等等，除了地域上与平和、南靖相连之外，显然和出国华侨与本土客家人的往来也有一定的关系。

从上文所列举的闽南与客家共有的方言词汇可以看出：第一部分古语词是各地闽方言和客家话共有的多，大半属于基本词汇；第二部分方言创新的词语则是闽南话和客家话共有的多，大半属于一般词汇。可以说，共有的古语词是闽、客“分手”前后定型的，年代较早；新地创造的方言词则是各自定型之后才互相渗透的，年代较迟。至于这些新创的方言词中，哪些是闽南话首创，哪些是客家话首创的，这是很值得进一步研究的课题。联系两个方言区的社会文化背景去进行考察和分析，一定可以获得更多有益的认识，这是可以期待的。

第六章
从方言词语看福建早期的经济文化生活

罗常培先生在《语言与文化》一书中写道："一时代的客观社会生活，决定了那时代的语言内容；也可以说，语言的内容足以反映出某一时代社会生活的各面影。社会的现象，由经济生活到全部社会意识，都沉淀在语言里面。"①

越是早期的社会，原始的语言、语词反映社会生活的状况越是直接。著名人类学家柯斯文在《原始文化史纲》里说："一个部落所有的词和它的整个词汇是完全被一部落的生产活动规定着的。"② 他接着举例说，因纽特人的语言里有 20 个不同的词语来表示冰从结冻到融化时的不同状态。我国先秦时期，马是重要的交通工具，《诗经·鲁颂》一诗所举马的不同名称就有 10 多种。

社会生活向前发展了，有些语言还固守着旧时的说法，于是语言就为我们提供了不同历史时代的社会物质生活和精神生活发展的许多特点。

第一节　农业生产和农村生活

一、关于粮食生产

汉唐时的中原已进入农业社会，福建先民主要粮食作物的种植技术应是居住在江北江南的时代就已经掌握了的。从这几种作物的名称可以看出，现代诸方言多有"五谷"的说法，至于稻，或称"禾"（客家），或称"粙"

① 罗常培：《语言与文化》，语文出版社，1989 年版，第 88 页。

② ［苏］柯斯文：《原始文化史纲》，生活·读书·新知三联书店，1955 年版，第 155 页。

(《集韵》直祐切，“釉，稻实”。)。稻谷，糯米，闽方言多称“粟”、“秫”。稻草则多称“秆”(闽北、闽西)，亦称“稿”(闽南)。粟在唐代用得较多，尤其是江南。《广韵》相玉切：“粟，禾子也。”引《淮南子》：“昔苍颉作书而天雨粟”。唐诗有“春种一粒粟，秋成万颗子”句(李绅《古风》)，杜牧《阿房宫赋》：“钉头磷磷，多于在庾之粟粒。”百越民族也很早便开始种水稻，现代各壮侗语多称稻为［hau⁴］或［khau⁴］，《说文》作秏：“秏，稻属，从禾，毛声。伊尹曰：‘饭之美者，玄山之禾，南海之秏。’”，福建方言的禾、谷、粟等说法都是北方带来的母语，而非向百越人学说的“秏”。

但是福建先民都从百越人那里学来了山田的耕作方法。从华北平原辗转而来的人，必须经历一个过程才会适应山地丘陵的耕作。这就是“畲”的开垦。壮侗语称旱地为［rai⁴］(傣语)或［ɬai⁴］(龙州壮语)，这就是南来汉人跟着说的“畲”。《集韵》：“畲，火种也。”开山为田，刀耕火种，把山坡上的杂草铲了，烧成灰作基肥，又使土地增加热度，便可以种植粮食。唐人已将畲耕写入诗中。刘禹锡《竹枝词》有“银钏金钗来负水，长刀短笠去烧畲”句，李商隐《赠田叟》有“烧畲晓映远山色，伐树冥传深谷声”句。现在的闽南山区还把山上旱地称为“山畲”，应该就是当时传下来的。在闽西、闽北、闽南有数百个带“畲”字的地名，例如：武平有黄畲、蓝畲、坪畲、洋畲，宁化有杨畲、百种畲，诏安有火畲、大坪畲，武夷山有林中畲、苦竹畲……这便是那一带昔日刀耕火种的生产方式在语言上留下的记录。

在山畲上种粮，有水的地方则开成层层叠叠的梯田以种水稻，缺水的地方就种旱稻(闽南话称“埔釉”)或耐旱的豆子。这就是早期闽地常见的农业耕作。

宋元以来，到东南亚谋生的福建人惦记着故国乡民的疾苦，从域外引进农作物及其栽培、种植的技术。这些作物往往在语言上被打上了“番”字的烙印。

最动人的故事便是番薯的引进。

清人周亮工《闽小纪》卷三“蕃薯”条云：“万历中，闽人得之外国。瘠土砂砾之地，皆可以种。初种于漳郡，渐及泉州，渐及莆，近则长乐、福清皆种之。盖度闽海而南，有吕宋国……其国有朱薯，被野连山而是，不待种植，彝人率取食之。……然吝而不与中国人。中国人截取其蔓咫许，挟小盖中以来，于是入闽十余年矣。……其初入闽时，值闽饥，得是而人足一岁。其种也，不与五谷争地，凡瘠卤沙岗皆可以长，粪治之则加大，天雨根益奋满，即大旱、不粪治，亦不失径寸围。泉人鬻之，斤不值一钱，二斤而可饱矣。于是耄耆（耋）童孺，行道鬻乞之人，皆可以食，饥焉得充，多焉而不伤，下至鸡犬皆食之。”①

番薯传入闽南之后，很快就遍布全省，在缺水的闽西客家山区更受欢迎。不多久，随着明末清初沿海向内地的移民的足迹，又传入了各个内陆省份。各地方志不乏此类记载。例如乾隆《广信府志·地理·物产》：“番薯出西洋，闽粤人来此耕山者，携其泛海所得苗种之，日渐繁多，色黄味甘，食之疗饥，可以备荒，历今三十余年矣。”乾隆《岳州府志》则说：“平江山中广福客民多种之……其利甚溥。”

番薯在闽安家后，可以说发挥了最大的效用。一是数年之间全省传遍，备受欢迎。各地都称“番薯”，概无例外。二是许多地方当主粮，充分利用，浑身上下无一浪费。用番薯构成的方言词也特别多：番薯皮、番薯藤（蔓）、番薯箬（叶子）、番薯根、番薯渣、番薯粞等。番薯生的可煮番薯汤、番薯糊、番薯粥、番薯饭；切着晒干备荒月之用，可以有番薯枯（片状，宁化称为“白片子”）、番薯签（条状）、番薯米（搓丝晒干）、番薯钱（圆形、片状）等形态。磨浆晒干的番薯粉是最好的勾芡用料。捣成泥的番薯调上番薯粉蒸为“番薯丸”，又可煎炒成可口的点心。闽西的连城县把整块蒸熟的番薯压扁后晒干，称为番薯干（福州话称“番薯嫩”），早有出口。宁化人把它切成条状煮熟晒干后用油炒过，称为“炒果子”，是待客的美味点心。番薯酿成的酒闽南叫“番薯酒”，福州叫“番薯烧”，几十年前各地农民喝的大多是这种酒，这种酒在农村是以户为单位自产自销的。

花生在闽西客家多称“番豆”，显然也是国外引进的。沿海的福清市至今

① 《闽小纪　闽杂记》，福建人民出版社，1985年版，第51页。

还是盛产花生的地方。乾隆《福清县志·土产》云：落花生“昔年无之……康熙初年，僧隐元往扶桑，觅种寄回，亦可以压油”。隐元是到日本倡建黄檗山万福寺的高僧，一直是深受敬重的中日文化交流的使者，最早传进花生种子的是不是他，很难确证，但也没有理由推翻此说。除了僧人的往来，福清历来还有不少旅日的华侨，说福清人自日本传进花生种，应该是可信的。清人赵学敏《本草纲目拾遗》曾引《仙居县志》说：“落花生原出福建，近得其种植之。”在福建，仅在沿海一带，花生就有多种说法：漳州、厦门说落花生，泉州说涂豆，莆田说地生，福州说花生。如果是本地固有的作物，大概不会有如此纷纭的说法。

此外，还有多种杂粮和蔬菜也是带“番”、“洋”字头的，其中有的据说也原产于外国，很可能也是南洋的闽侨首先引进的。不过究竟是何时何地引进，尚未见有明确记载。

马铃薯，原产于南美洲，厦门叫“番囝番薯”，建阳叫“洋芋”，永春叫“干冬薯”，“干冬薯”应是印尼语 kantang 的音译加意译。

玉米，是我国北方的主要作物，可能在闽地种植较迟，也误以为外国引进。泉州说“番大麦”，建阳说“番米”，福鼎说“番豆”。乾隆《福宁府志·物产志》云：“番麦干似蔗而叶柔，苞从心抽结如榴，一名玉米，知府李拔教民试种。”李拔的建议书则说：“查有包稻一种，闽中名为番豆……虽斜坡陡山，但须薄土，即可播种，夏间成熟，取以为米为面为酒，无所不可。”①

西红柿，原产南美，福州、建瓯、长汀叫“番柿”，永安叫“洋柿”，福鼎、建阳、龙岩叫“番茄”。

洋葱，原产于中亚，在福安叫“番葱”，龙岩叫“番仔葱头”。

南瓜，原产于亚洲南部，永安、上杭叫“番瓠”，将乐、泰宁叫“番瓜”。

辣椒，原产于南美，泉州叫“番姜”或“番椒”，邵武、顺昌亦称“番椒”。

此外，还有高粱，泉州叫“番黍”；杧果，福州叫“番檨”。何时从何地引进尚未见记录。

---

① 转引自朱维幹：《福建史稿》（下），福建教育出版社，1986年版，第39页。

二、关于经济作物

福建山多地少，为了适应丘陵中的旱地耕作需要，各地早有发展经济作物生产的传统。尤其是宋元之后，海上交通的发展开辟了外销市场，经济作物的生产得到更大的刺激和发展。其中主要有：

1. 茶。

闽中的茶最早出名的是武夷岩茶，又因地处建州而称“建茶”。沈括《梦溪笔谈·杂志》云：“建茶皆乔木，吴、蜀、淮南唯丛茇而已，品自居下。建茶胜处曰郝源，曾坑，其间又岔根、山顶二品尤胜。李氏时号为‘北苑’，置使领之。”嘉靖《建安府志》“北苑茶焙”条云：“北焙茶始盛于唐而极盛于宋，当时士大夫以为珍异而宝重之。”该志详细地记录了北宋庆历间、南宋绍兴间，北苑所焙四五十种贡茶。北苑茶焙最盛时，大的官焙就有 32 处，私焙多至 1333 处。北宋建茶的大兴和丁谓、蔡襄出任福建漕使有很深的关系，尤其是蔡襄督制“龙凤团茶”，总结了一整套“斗茶”的方法，继陆羽的《茶经》之后又写下专著《茶录》，确实为发展福建茶叶生产做出很大贡献。

茶叶销往欧洲是 16 世纪末的事。明代末年葡萄牙人、荷兰人在东南亚向闽人购得，自海上丝绸之路传去的茶叶，用的是厦门话的译音［te］，后来在英语写为 tea。喝多了牛奶的欧洲人，视之为珍贵饮料，销量剧增。后来又直接来中国办货，许多茶叶的品种名称也都因此进入了英语词汇，例如乌龙 oolong、工夫茶 congou、武夷 bohea、白毫 pehoe 等等。

由于国际市场的刺激，明清之后闽地的茶叶生产普遍推开。安溪的铁观音，泉州的清源茶，福鼎的白琳茶，福安的坦洋工夫茶，政和的大白茶都有了不小的名气。直到这时，闽北的建茶还是久负盛名。据《明史·食货志》所载，当时的贡茶“天下贡额四千有奇，福建建宁所贡最为上品，有探春、先春、次春、紫笋及荐新等号”。后来，闽江下游一带大种茉莉花，人们用以花窨制的办法生产茉莉花茶，开辟了制茶的另一条坦途，入清之后窨花制茶的技艺大有发展，并传到四川、台湾等地，花茶则自福州远销世界各国。据英国人统计，光绪六年（1880 年）单是从福州港出口的茶叶就达 73 万担。在闽台长期担任地方官的陈盛韶著有《问俗录》，“建阳”条中谈到闽北“福建北部茶山，多租与江西人经营，其租价甚廉，其产值甚肥”，“春二月，突添江右人数十万，通衢市集，饭店渡口，有毂击摩肩之势”。

作为茶的主要产地和茶叶出口主要基地，福建诸方言关于茶的名目之多也是难以穷尽的。

关于产地，有茶山、茶园之名。茶树有茶丛（茶株）、茶栽（茶苗）之称。

按采茶季节分有春茶、头水春、社前茶、夏茶、暑茶、秋芳（秋香）、冬片。

按制法分有全发酵的红茶、不发酵的绿茶和半发酵的乌龙茶，以及杂有干花片的花茶。

按形状分有粗茶、幼茶、珠茶、茶末、茶支、茶饼、茶砖。

按味道分有苦茶（味苦）、菜茶（味淡）、甜茶（放糖）、咸茶（味咸）、药茶（带中药味）。

按品茶方式的不同分有工夫茶、熻盅茶、茶瓶茶。

制成的茶叶产品的称呼也是别出心裁的方言词，称茶心（泉州、厦门）、茶米（漳州）、茶箬（福州）、茶茗（闽北）。

至于茶的品种，名目之多简直不可胜数。单是武夷山的本山菜茶，其大类就有奇种、名种、小种三类。奇种又有提丛、单丛、名丛之别。制成的产品名目有大红袍、铁罗汉、白鸡冠、白瑞香、素心兰、金锁匙、不知春、白牡丹、不见天、半天夭、水金龟等等。

2. 烟。

烟草原产于南美洲，16 世纪下半叶传入东亚。最迟于明代便传入中国。清初方以智《物理小识》卷九《草木类》称：“烟草，万历末有携至漳泉者，马氏造之，曰淡肉果，渐传至九边。”莆田人姚旅所作《露书》，写得更具体：“吕宋出一草曰‘淡巴菰’，一名曰醺。以火点一头，一头向口，吸之能令人醉。有人携至漳州种之，今反多于吕宋。”[①]

---

① 转引自朱维幹：《福建史稿》（下），第 466 页。

道光《永定县志》卷十《物产志》说："烟即淡芭菇，细切为丝者，始于闽，故福烟独著于天下"，"永产为道地，其味清香和平"，"种烟愈多，制造亦愈精洁，盖永地山多田少，种烟之利数倍于禾稻。"

最早引进烟草的闽方言区把烟定名为"薰"，《说文·草部》："薰，香草也。"又有同音字"熏"，"火烟上出也"。两字皆通。据了解，全国其他方言中还未发现把烟称为"薰"的。这也是闽语区首先引进烟草的明证。在漳泉地区的闽南话里，关于烟的名称也特别多，如：薰箬（烟叶），薰丝（烟丝），薰稿（烟杆儿），薰支、车仔薰（香烟），红薰（旱烟），乌薰（鸦片烟），生薰（生烟草），熟薰（烤过的烟丝），薰油（烟油），薰屎（烟灰、烟头），长薰吹（长旱烟管），薰喙（烟嘴），薰吹团（烟斗），薰盒（烟盒），薰支[khɔk꜀]（纸烟盒），薰包（烟袋），薰纸（卷烟纸），水薰吹（水烟筒），薰鬼（烟鬼），薰蛇（乞烟者），薰瘖（烟瘾），珠律（雪茄，自印尼语 chérutu 借来）。

3. 蔗。

据《新唐书》，甘蔗熬糖技艺是唐代贞观年间从西域传来的。到了宋代，《太平寰宇记》已把甘蔗列为泉州土产。元代林蒙亨所作《螺江风物赋》描写蔗乡仙游枫亭的景况十分动人："其沃衍之畴，则植蔗以为糖。于以盛之，万瓮竹络。于以奠之，千艘桂楫。顺风扬帆，不数日而达于江浙、淮湖都会之区。"陈懋仁《泉南杂志》说："蔗利厚，往往有改稻田种蔗者，故稻米益乏，皆仰给于浙直海贩。"可见明代已出现经济作物与粮食作物争地的现象。

至今，甘蔗还是闽南的重要经济作物。论品种有营蔗（糖蔗、水分少，多植于山上），水蔗（水分较多），大蔗（秆粗，又称台湾蔗，由闽传至台湾，改良品种后再传回），甘蔗（果蔗）。俗称甘蔗浑身是宝，蔗秆可以榨蔗汁煮糖，蔗尾只要有两三个蔗目（节眼）便可以做蔗种，蔗头（根部）晒干可以烧火，蔗箬（叶子）可以包粽子，蔗粕（榨过糖的渣）可以造纸。闽南地区的一般劳动力都掌握种植甘蔗的工序：浸蔗种，犁蔗园，薅蔗沟（整畦），插蔗（下种），薅蔗（除草），壅蔗（追肥），最后是剉蔗（砍蔗、收成），运到蔗廍去拞[khueʔ̱ɔ]蔗（压榨）。蔗廍是闽南特有的手工榨糖作坊，其工序是先除去蔗株上的叶子，然后放进蔗车的两个大石轮（大石轮是用牛拉着转的）中榨出蔗汁，将蔗汁过滤之后便可以放进大蔗鼎（铁锅）里煮成糖水，糖水倒进房里晒干便是“乌糖枋”（红板糖）——这只是最简易的加工法。再一步便是入“糖漏”加工，使它变成白糖或“糖霜”（冰糖），有的印成刀形的“刀糖”，也有丸状的“丸糖”。

4. 果。

果树种植在沿海地区早为人们所重视，其中以荔枝、柑橘等为最。

莆田的荔枝唐代即负盛名，宋时莆人蔡襄作《荔枝谱》谈到当时加工鲜果外销时说：“水浮陆转，以入京师，外至北戎、西夏，其东南，舟行新罗、日本、流求、大食之属，莫不爱好。重利以酬之，故商人贩益广，而乡人种益多。一岁之出，不知几千万亿。”无怪乎宋代沿着东南海岸徙居潮、雷、琼诸州的莆田人记不得自己的故乡之名，只记得“莆田荔枝村”，盖因莆田的木兰溪平原处处有荔枝。

事实上，宋代的闽江口和晋江、九龙江下游也曾大量种植荔枝树。只是由于气候的变化；后来逐渐南移，如今主要产在漳泉两地了。闽南关于制荔枝干的方法和荔枝的品种还保留着许多方言词，例如荔枝干、荔枝咸（药用盐渍）；论品种则有状元红、陈家紫、乌箸仔、早红、玉堂红、玳瑁红等等。

橘子闽东叫“橘”，闽北叫“红橘”，闽南叫“柑、红柑”。闽东、闽北“柑”指橙子，细分又有不同品种，如雪柑、印柑等。闽南的“橘”指小的金橘，橙叫 [꜀tshiam]，闽江下游的“福橘”谐“福吉”之音，色红、皮薄，于春节前后成熟，是贺年佳品。漳州的“芦柑”个大、皮厚、汁多、糖分足，是橘中珍品，远销京沪与海外，深受欢迎。

此外还有闽东的橄榄，其种植和加工的历史也很久远。鲜果叫“青果”，可用糖或盐腌渍。加工成蜜饯有五香橄榄、蜜橄榄、甜橄榄，药用的有橄榄盐、橄榄咸、糟橄榄、橄榄汁。橄榄树为木本，房前屋后因为地肥，多长成高树。为了采集成熟的橄榄，在盛产橄榄的闽江下游闽侯还有特制的长而轻的“橄榄梯”。在福州一带，蜜橄榄或盐渍橄榄均可用来下早粥。这是很特别的饮食习惯。

三、关于家庭副业

福建有山有海，气候宜人、雨量较多，除了农业耕作之外，自古以来只有不发达的采集渔猎，而没有大规模的畜牧业经营。和小农经济相适应的只有家禽家畜的豢养。闽北语称猪为“豨”，“豨”见于《诗经》，是上古汉语的常用词。可见汉人未入闽就已有猪的养殖。从一些方言谚语可以看出家庭畜牧在小农生活中的地位。例如建阳话说：“人馌（吃）米，猪馌糠，人欠债，猪担当。”（“馌”也是见于《诗经》的用语）福州话说：“金宝银宝不如猪好”，“一猪抵九债”。福安话说：“卜（要）钱使，养鸭母，卜起厝，养猪母。”闽南话说：“作田唔饲猪，亲像秀才唔读书。”福州、福安话说养猪像是储蓄，积小钱换大钱，养了大猪可还债务，可办年货，若养好母猪繁育猪崽，可积下盖新房的钱。闽南话说的是养猪肥田的道理。猪多肥多，自然能多打粮。福州还有一首儿歌说：“砻砻粟，粟砻砻，糠养猪，米养人，有粟砻糠养鸭母，鸭母生卵填（还）主人。”这是让孩子们知道家庭畜牧的意义。

六畜猪为首。猪养得好不好，对于农家是至关重要的。古人造字，“家”字就是一座房子（宝盖头是房屋的象形）一口猪（豕，猪也），可见无猪不成家。旧时农家养猪还为了奉献神明，逢年过节，婚诞喜庆，猪牛羊的“三牲”是最丰厚的供品。闽南至今还有“刣猪”（杀猪）、“献生”（完猪上供）的习惯。所以养猪不但有经济价值，而且有信仰意义，农妇常常把指明要供奉神明的家猪称为“猪公”（在闽南，猪公读 [꜀ti ꜀kaŋ]，习指“公猪”，读 [꜀ti ꜀kɔŋ]，习指“猪爷爷”），简直视之为神物。

由于养猪是农家的要务，各地方言词对猪的分类命名都具体而繁多。大多数猪仔都必须经过阉割，称为阉猪、割猪或骟猪，成为“菜猪”。未阉割备繁殖的和阉割过的公猪、母猪，都有不同名称（闽南话前者称猪哥、猪母，后者称猪角、猪种或猪公、猪草）。闽方言把十来斤的小猪叫“猪囝”，三四十斤的半大猪称“猪豚”。对宰好的猪的各个部位的肉料，各地方言也都有细致而明确的名称。仅以闽南话为例：

猪头髓（猪脑）　　　　猪舌仔、蒯通（猪舌头）

猪骹（猪腿）	猪骹节（肘子）
头皮（猪头皮）	后座（腿肉）
二项（猪脖子）	腰子（猪腰）
大肠（猪大肠）	小脏（猪小肠）
猪料（猪血）	肚尾（猪肚皮肉）
猪尺（猪胰脏）	网纱（猪内脏网状油）
猪腹内（猪下水儿）	猪油粕（猪油渣）

人们广为饲养的家禽是鸡和鸭，其名目也十分繁多。

敬神拜佛只能用公鸡，因此叫“鸡角公”。养鸡盼下蛋，最受欢迎的是下蛋多的鸡僆子，“僆”这个字见于《广韵》郎甸切，“鸡未成也”。各地闽方言均用此字表示未曾孵过小鸡的善下蛋的小母鸡。半大鸡叫“鸡豚团”，阉过的鸡叫“阉鸡”。

鸭中佳品是“番鸭”，又叫“全番”或“正番”，不知何时从何地引进，是体大好静的旱鸭子，俗谓温性滋补品。本地产的好水善叫的则称为“菜鸭”，意为只能当下饭菜，番鸭和菜鸭杂交后叫“半番”或“土番”。

牛不仅是家畜，旧时肉用牛不多，养牛主要是用于耕地，作为生产工具。重牛耕的年代，误不误农时主要看牛活能不能跟上，闽南俗话叫“牛前人后”。在闽西一带还有为牛过生日的习俗，每年四月初八那天，耕牛不但可以不用劳动，而且要喂黄豆、米丸、米饭之类的好食。将乐话谚语“牛闲四月八，人闲五月节”说的就是这种风俗。

除了养殖业之外，农家还有门路繁多的副业。上山打点山禽野兽，采集点药材、板栗、油茶、菌类，下水撒网、设闸，捞点鱼虾，这些都是业余的季节性零活，其收入不多，只能聊补家用，不算正式职业。可以作为职业分工的大概有两类。一是从事手艺活，从业者被称为“师傅”，一是稍有文化的，从事者被称为“先生”。一般缺乏文化的农民经过几年辛苦“近师”做“师团”（徒弟）都能学到一种手艺，或做木（盖房子的叫“大木”，做家具的叫“细木”）、做泥水、做衣服，或打石头、打铁、打铜、打银，技术含量越高的越是受人敬重。像补锅、打铁、箍桶等修补行业，在称谓上就显得随便些。一般人家都喜欢让年轻人学一种手艺，一可治穷，二可防止变成浪荡子。长汀话的谚语“手艺唔误人”是家喻户晓的。福州说：“家有万金，不如手艺随身。”闽南人则说：“工夫在手，不论早晏”，“赐子千金，不如教子一艺”。多少有点文化的则教教私塾、看病配药或者看风水、算命测字。这一类从业者闽北统称先生，如“教书先生”、“觑脉先生”、“地理先生”、“算命先生”。闽南分得略细，能教书、看病的被认为是有真才实学的，可单称“先生”；看命、相命、测字、看风水、择日的是一种迷信活动，闽南话当面称“先生”，背后都称“仙”，如“看命仙”、“风水仙”。这个“仙”并非神仙而是带着贬义的，同类用法还有“烧酒仙”（酒鬼）、“鸦片仙”（鸦片鬼）、“剔桃仙”（二流子）、“跛缴仙”（赌棍）。

闽北称道士为“道子”，称和尚为“长老”。在闽南，和尚可尊称“师父”（泉州此处用文读音［꜀sɯ꜄hu］），与称手艺人的读音“师傅”［꜀sai꜄hu］不同音。道士称“师公”貌似敬重，实际上内心有一种不以为然之情，常常又称“师公囝”或谑称“师孙”。“师”亦用白读音［꜀sai］。闽地重佛轻道可能与闽王王审知的信佛重佛有关。当时的南安和尚义存便是他的座上常客。

在客家地区，则主要受儒家正统思想的影响，他们也是“敬鬼神而远之”的，崇尚的是勤劳、开拓的入世精神，所以对于和尚和“斋公”（道士）并无太多的好感。在客家俗语里，以佛、道为业的人在人们印象中都是空闲、游荡的形象，如说“嫽和尚”（“嫽”有游玩之意）、“嫽斋公”、“和尚斋公都无咹闲”（和尚、道士都没有你这么空闲）。

四、关于农业生产环境

小农经济受自然环境的制约极大。福建先民从北方平原来到东南丘陵，地理环境发生了很大变化。为了生存，面对这个陌生的环境，既要适应它又要改造它。从保留在全省各地方言中一些相同或不同的有关方言词语里，可以看到许多福建先民在适应和改造农业生产环境上的痕迹。

全省方言在这方面的术语有如下一些共性：

福建开门见山，到处是山，要耕种劳作，人们就先要寻求平坦而有水源的河谷地带或冲积平原。经过几代人的辛勤劳动，便造出了大大小小的一片片的“洋”。“洋”是福建特有的说法。一片较大较平的水田便称为“洋”或“田洋”，这种地方的水田则被称为“洋田”，其特点是水源足、土层厚、肥力大。洋，《广韵》余章切：“洋洋，盛大也。”垦殖出如此大片的良田，确实是洋洋大观，也足使人喜气洋洋了。许多有大片田洋的地方便以“洋”作为通名。20世纪60年代出版的《福建省地图集》所收的地名中，首字为“洋”的地名就有300多条。其中“洋头”26处，“洋中”16处，“洋尾”17处，若包括后字为“洋”的湖洋、官洋、西洋、宁洋、下洋、柏洋、莪洋、双洋等，数量肯定又要翻几番。带“洋”字地名遍布全省，记录了先民们披荆斩棘的辛劳，也标志着他们战胜自然的伟绩。

在山间略为平坦的地称为“坪”，《说文》：“坪，地平也。”这种“坪”其实并不一定很平，通常并没有灌溉的水源，但在山地丘陵，毕竟是可供垦殖的耕地，算是难得的了。《福建省地图集》所收地名中“大坪”就有40处以上，“上坪”24处。要把“坪”变为水田，关键就是要有导水灌溉的“圳”，圳的本字是“甽”，《集韵》朱闰切：“甽，沟也。”据55县市的地名普查材料，带“圳”字的地名有204处，例如龙海、长泰、建阳都有圳头村。坪、圳也是遍布福建各方言区的地名通名，口语里也都用来称说农业耕垦的成果。[①]

在丘陵起伏的福建，旧时到处都是羊肠小道，几条大河只有下游可以通行小木船，上游险滩多，通船都成问题。直到1920年，福建全省还没有公路，连通行牛车、板车的乡间大路也很少见。那年月，搬运东西全靠肩挑。各地区就地取材，切合需要，制作多种肩挑工具，形式各异，因而各方言区关于扁担的名词也特别多，木制的扁担闽语区叫“扁担”，客话区叫“担竿”。两头尖的挑柴火用的闽南话叫“尖担”，竹制的扁担闽南话叫“竹担”。有的地方挑草用的长竿叫“草担”。长途挑运时，山路上连停下歇息的平地都没

① 参阅李如龙：《闽台地名通名考》，《地名学研究文集》，辽宁人民出版社，1989年版，第153—168页。

有，顶住扁担歇担子用的还有“拄槌”（可兼用作翘在另一肩以分担负担的工具）。两人抬重物用的则有“竹杠”、“柴杠”。几千年来，人们就是靠着这形形色色的肩挑工具，工人扛石头建房子，农民挑粪下田，小贩肩挑游乡，脚夫挑盐入山，舅舅用米箩挑着外甥去见外婆……旧时乡间不同姓氏械斗或者农民田间口角，随手抓来的扁担还可以充当武器，叫作“扁担刀”。正如湘鄂民歌常有背篓歌一样，福建的山歌常有“扁担歌”。福建的千年文明史就是肩挑的历史，扁担文化的历史。如今，随着现代化建设的发展，扁担是越用越少了。21世纪，也许就是人们告别扁担的年代。

和扁担有同等标志性意义的是斗笠，不管哪个方言区，福建的农民离不开它，而且同一个地区往往有不止一种形式的斗笠。有不透水的夹着油纸的“笠嫲”，有可以全身避雨的“大笠”，有透气的“箬笠”，有轻便耐用的“尖笠仔”。用麦秆编的叫“草笠”，用竹篾编的叫“竹笠”。客家女斗笠下圈着布帘子，惠安女则把斗笠戴在头巾上。在农村生活过的人都会知道斗笠的好处，出太阳可遮阳，下雨可避淋，累了可当垫子坐在地上歇息，热了可用来扇风取凉。农民躺在半山腰，用它罩在脸上便可呼呼入睡。因此，地道的农民出门是不忘戴斗笠的。福州城里人说“福清哥戴斗笠”，真有点少见多怪。当年客家妇女送郎当红军不就是一手提草鞋一手送斗笠的吗？

福建各地自然环境也有不少差异。方言词语反映的这类差异就更多了。

在山区，梯田之间有一人多高的“田塝”，每年春耕必须用五六尺长的“塝刀”砍去杂草，然后开始“莳田”，山民治田，长的塝刀，短的樵刀（柴刀）是不可少的。唐代诗人刘禹锡所描写的“长刀短笠去烧畬”，在今日的福建山区，还是常见的乡间画面。许多农作物要晒干收藏，他们发明了宽厚竹片编成的大席子——“笏子”，房前屋后，田间地头，都可以随时随地摊开，山雨欲来，可以随时卷起。为了引水下山，用劈成两半的竹子相接，那便是“筧”，建阳音［ᶜaiŋ］，可以省去开山挖渠的麻烦。当然引来的水量不多，但供食用洗涤自是足够了。“笏”这个说法，从闽东到闽南沿海都有，但古代字书上未见。这种厚竹片编制的席子是丘陵地广泛使用的晒具。“笏”的俗写法说明它是闽人所创。“筧”的说法倒是见于《广韵》的，古典切，“以竹通水”。闽北不少地名叫“笕头”，就是可以导引出清泉的高山顶的村落。

沿海地带，人们围起“海埭”捕鱼，平整“海涂”种蛏，树起“蚵株”（几条小石柱堆成一堆）收取海蛎，把各种称为“小三板”、“阔头仔”的小船抛在“澳仔”（小海湾）里，按照“水涨”（潮水）出去“讨小海”（捕捞）或者铺“盐埕”（盐场）、“曝盐”（晒盐）。有了帆船，便可以“拖网”、“放钓”，到稍远的海面“搦鱼”（捕鱼）。

大海确有不尽的资源，海上作业概称“讨海”，不像陆上田地要“耕”、“作”、“种”、“造”。只有现代人才慢慢理解了，海洋也不能一味求讨，只有保护其资源，保护其环境才是长久之计。

福建的地理环境和农业区域多种多样，这里只是片鳞只爪地举例说明其差异。不同地方的人不但说的方言不同，所见所闻，所作所为，所思所想也一定有别，如果有人运用各地的方言，记录各地的生活，甚至写成小说，一定是一幅幅截然不同、丰富多彩的风情画。很可惜，由于福建方言和普通话相异太大，许多音又是无字可写的，即使勉强写出来，别人也看不懂，这幅风情画怕是永远也画不出来了。

第二节　手工业、商业和城市生活

一、关于手工业生产

福建历史上在外界有影响的手工业除上文已经提过的制糖业之外，主要有烧瓷、造纸和纺织。

1. 烧瓷。

陶瓷的生产在福建有久远的历史。闽方言陶、瓷不分，福州话说［꜀hai］，写为“硋”，闽北方言音［꜀ho］，写为“垌”，闽南话音［꜀hui］，写为“磁”（训读字）。各地读音从音韵角度说是相同的，都是“蟹摄一等字”（开口或合口均可），在唐宋间的《广韵》或更早的字书都找不到这些字。有人说是《集韵》胡限切下“盙”字，注“小瓯”。看来也并非本字，因为字义并不相切合。这个“硋”应是古时闽方言区自造并共有的老方言词，可惜编字书的人没收入进去，以致后来各地按不同地方音造出许多不同的字。从这一点也可以证明，早在闽东、闽南、闽北三种方言“分手”之前，闽人就有了烧瓷技术，而且瓷的名称和中原的不同。

地下发掘的文物表明，从先秦到西汉福建就有遗址出土了由釉陶发展而来的原始瓷器，例如福清东张遗址、闽侯庄边山、福州金鸡山等。全省已经发现的百余处墓葬表明，魏晋南北朝时期，福建出品的大量的青瓷，品种多样，造型美观，制作精细，可见那时的福建瓷业已有长足的进步。福州怀安村和晋江磁灶下官路村所发现的古窑址都属于这个时期。闽南、闽北所发现的唐五代时期古窑更多，仅晋江一县就有五处，建阳将口唐窑残存窑炉达52米，足见其生产规模之大。

闽瓷的驰名始于宋代，首先打响名号的是“建瓷”。当时的建瓷“兔毫盏”与建茶“北苑龙凤茶”齐名，可谓相得益彰。蔡襄《茶录》云：“茶白色，宜黑盏。建安所造者绀黑，纹如兔毫，其坯微厚，熁之久热难冷，最为要用，出他处者，或薄或色紫，皆不及也。”“兔毫盏”是在黑釉之中浮现兔毫样的斑纹，角度不同，纹状及色泽随之变化。南宋嘉定年间，日本人加藤四郎等曾随道元禅师来学习建窑制盏技术，返日后也烧制了“兔毫天目”。

制作建瓷的建窑是宋代八大窑系之一，主要集中在今建阳区水吉镇。现已发现的窑址总面积在10万平方米以上，至今深层尚有宋瓷埋藏。1989年至1990年间在建窑曾发掘了一条长达120米的龙窑。其余像浦城的大口窑、武夷山的遇林亭窑、邵武的青云窑、松溪的九龙窑当年也很具规模。[①]

闽北、闽中、闽东、闽南，好些地方至今还沿用着“坰瑶”、“孩窑”、“扶摇”等地名，这些地名记录着数百年前陶瓷生产的盛况。近数十年间在澳大利亚、东南亚、非洲都发现过建窑生产的宋瓷，可以肯定是从当时的泉州港外运的。元代周达观所著的《真腊风土记》的“欲得唐货”条下曾记载：“以唐人金银为第一，五色轻缣帛次之，其次如真州之锡镴，温州之漆盘，泉

① 叶文程、林忠干：《福建陶瓷》，福建人民出版社，1993年版。

州之青瓷器。”这是泉州港外销闽瓷最直接最重要的记录。①

继建瓷之后，行销国外而著名的有闽南晋江、德化等地的瓷器。晋江的磁灶，德化的屈斗宫都有很大的名气。龙海的扶摇（音即“瓷窑”）今已不再烧瓷，但仍流传着神奇的说法：用当地出产的瓷碗盛菜可过夜不馊。

2. 造纸。

福建的造纸，旧时概用嫩竹泡制，宋代的建阳麻沙书坊的印书业之发展，和当地产有各种纸张有关。顺昌的书纸，建阳的竹纸都曾是长期使用的原料。宋代时，纸的用途颇广，打仗时可以身穿纸制盔甲，床上有纸制蚊帐和被子。后来，造纸的中心转移到闽西，最著名的是连城纸。明清之后，连城的纸品按制作方法的不同分为繁多的品种。

漂料纸：大连纸、宣纸、王版纸、京庄纸、奏本纸、粉纸。

水料纸：福贡纸、洋信纸、贡川纸、长连纸。

生料纸：玉扣纸、山贝纸、毛边纸、和士纸。

当时连城生产的土纸由挑夫挑到朋口，然后用木船运至潮州，而后出售到泰国、锡兰、日本各地。

在长汀现在至少还有如下用方言称说的土纸的品种，为一般人所知晓。

毛边纸类：长纸、长行纸、玉扣纸、山贝纸、官堆纸、花胚纸。

粗制纸类：粗纸、烧纸（草纸）、包皮纸、斗方纸、马粪纸。

厚纸类：贡纸、白连史纸、裱纸、月光纸。

薄纸类：竹纸、机器纸、油纸、谷皮纸（做纸伞用）。

从这些繁多的名称可以想见当年闽西造纸业的繁荣景象。

用腌池浸泡毛竹，在槽楻滤浆，在纸桌上制纸而后在焙笼中烘干——这样的土纸制作，至今还可见于闽西山区。

3. 纺织。

福建的纺织业中最有特色的是棉布的生产。

棉花的种植是闽南人从南洋学习引进的。证据就在闽南方言中。闽南老

---

① 转引自《福建文化概览》，福建教育出版社，1994年版，第489页。

一辈人还知道棉花树叫“加贝” [$_{c}$ka pua^{ɔ}]，棉花叫“加贝棉”，棉布衫叫“加贝衫”，可当草药用的棉花树根叫“加贝头”。这个 [$_{c}$ka pua^{ɔ}] 是从马来语的 kapas 借来的。在马来语的原意正是指棉花树、棉花和棉织品。朱熹的父亲朱松，从安徽来尤溪当官，曾有五言诗云：“炎海霜雪少，畏寒直过忧。驼褐阻关河，吉贝亦可裘。”可见北宋时闽中已将棉花称为“吉贝”。从 kapas 到古贝、吉贝和闽南话的 [$_{c}$ka pua^{ɔ}]，正是一脉相承的。棉花的种植和织造是唐宋间从南洋传来福建的，这是用方言证实历史的生动例证。

大概也在宋末，据陶宗仪所述，黄道婆自崖州把手织花布的技术传到了江南。那里棉花多，种棉织布得到很大发展。到元代至元二十六年（1289年），福建及浙东、湖广、江西均设有木棉提举司，以掌管棉花和棉布的生产和流通。

清初上海人褚华曾在《木棉谱》中说道：“闽粤人于二三月载糖霜来卖，秋则不买布，而止买花衣以归。楼船千百，皆装布囊累累，盖彼中自能纺织也。”可见那时福建的织布业已发展到向江浙采购原料的规模。

这个“男耕女织”的传统一直传了下来。直到第二次世界大战期间，闽南地区的手工织布还是常见的家庭手工生产项目。太平洋战争爆发之后，闽南侨乡的侨汇断绝，侨胞生活无着，“番客婶”们一开始是变卖旧衣物度日，后来也只得找活做，自食其力。于是她们就学起织布来了。一时没有原料，便用破旧的棉絮拆弹成花，然后按照固定的程序，用手摇纺车纺纱成线，而后“车籰”（绕在竹编的绕丝器上。籰，《广韵》王缚切，《说文》：“籰，收丝者也。”），而后“牵布”（将许多籰上的纱牵在一起），而后“上机”（机读 [$_{c}$kui]，即织布机）。坐在机上手脚互动，穿梭“卡”纬而成布。战后初期有了进口的“番纱”，用番纱手织的布又厚又韧，既暖又牢，很受欢迎。再后来，土布便逐渐被机织的番布替代了。

鸦片战争之后，中国的民族工业受到了极大的冲击，而腐朽的封建制度也限制着手工业的规模生产。手工业的兴衰从一个侧面反映了中国古代的繁荣和近代的衰退。

二、关于造船、航运和外贸的兴衰

福建的造船业先是在泉州发展起来的。宋代泉州所造的海舶已可载重2000至5000斛，船上有指南针的装置，舟师昼观日，夜观星，晦则观罗盘，航线上有“针图经”。

建炎三年（1129年）金兵南下，宋高宗逃往温州时就动用了千艘闽舶。

宋元时的泉州港成为世界大港，从这里出发的海舶远航数十个国家。泉州城里设有市舶司，据南宋绍兴末1162年的数字，泉广两个市舶司净收入200万缗，约占朝廷全年税收总额的5%。[①] 许多阿拉伯人在此定居，经营商业，甚至当起中国官。现今的泉州城内，还保留着许多与当年海外交通有关的地名。例如位于今中山南路一带的大隘门、关刀池、溪亭、花园头等相传都是主管市舶司的蒲寿庚府邸的旧名，待礼巷则是蒲氏建宾馆待客之处（后来民间谐音说成“待马巷”），涂门街旧名“半蒲街”则说明蒲氏府邸占着半条街。蒲寿庚祖上是阿拉伯人，宋绍兴年间来泉经商，后来改姓华姓。到蒲寿庚这一代大为发达并跻身官场，当了30年泉州提举市舶司，是垄断国际贸易的要员。他的府邸如此庞大是可信的。在现今南岳后街至义全宫一带还有“排铺街”的旧地段名，指的是当年排列铺面的主街。不远处的聚宝街则是集聚中外珠宝商品的要市。舶司库巷这个市舶司专门为外贸出口所建的仓库的旧名至今还在沿用。

明代郑和七次下西洋时，曾在长乐太平港造船，那里所建天妃宫是他的“舟师累驻”、“伺风开洋”之所，郑和船队所用造船技师及远航水手多是闽中技工。后来所编《闽书》、《兴化府志》等就记录过不少跟随郑和出洋立了功而受到升擢的军士舵工名表。顾炎武《天下郡国利病书》“福建卷”曾描述了闽舶远航时的盛况：“广洋巨浸，船一开帆，四望惟天水相粘茫无畔岸，而海人习知海道者，率用指南针为其导向。相传有航海针经，针或单用或指两辰间，以前知某洋岛所在，约更时当行水路几许，打量水深浅几托，海中岛屿

① 转引自朱维幹：《福建史稿》（上），第229页。

作何状，某洋礁险宜慎，或风云气候不常，以何法趋避之。异时海贩船十损二三，及循习于常所往来，舟无恙若安澜焉。盖海滨民射利精知如此!"① 这是当年对于福建航海技术最具体的描写了。

由于倭寇骚扰，明初实行海禁，后来又屡开屡禁，中叶之后稍松，福建的海外贸易逐渐转向漳州之月港（今龙海市海澄镇）。至弘治年间那里已是车船辐辏，商贾云集，成为闽南大都会。私人所造海舶走遍东南亚各国（以吕宋为最）及日本。万历间在此所收舶税达一二万两。据漳州人张燮《东西洋考》所述，当时月港私造的双桅大船"大者广可三丈五六尺，长十余丈，小者广二丈，长约七八丈"。而且船上都备有弓矛刀矢，以防海盗抢夺，航运时东西洋各有详细规定的"针路"。那时，月港的贸易额已经超过广州。

王世懋的《闽部疏》对于明季的福建内外贸易曾有概括的描写："凡福之抽丝、漳之纱绢、泉之蓝、福延之铁、福漳之桔、福兴之荔枝、泉漳之糖、顺昌之纸，无日不走分水岭，及浦城小关，下吴越如流水，其航大海而去者尤不可计，皆衣被天下。"② 明末之后，西方殖民主义横行南海，明清两朝政府又屡屡施行海禁，甚至强令沿海住民迁居内地（史称"迁海"），月港最终衰落了。到"五口通商"之后，厦门港开始兴起。

从泉州、漳州到厦门，由于造船、航运和对外贸易的发展，造成大量闽南人的出洋和闽南方言在东南亚的流播，这不但带来了闽南话和马来语（印尼语）的交流，也给闽南话留下大量带"番"字的方言词：

番爿 [꜀piŋ]（南洋）　番邦（外国）

番仔（南洋土著）　番仔港骹（南洋港口）

过番（出洋）　番客［出洋的人（又分新客、旧客）］

番客婶（姆）（侨属，指妻子）　番客囝（侨属，指孩子）

番仔气、番仔直、番仔性（形容南洋土著的性格、脾气）

番仔目、番仔面、番仔款（形容南洋土著的形貌）

① 转引自梁廷枏：《粤海关志》，广东人民出版社，2002 年版，第 53 页。

② 王世懋：《闽部疏》，中华书局，1985 年版，第 12 页。

番仔衫裤（南洋人的衣着）　番仔雪文（洋制肥皂）

番仔洞葛（洋手杖，又引申指南洋土著脾气十足的人）

番仔婆、番仔某（华侨华裔在外娶的外籍妻子）

番仔火（火柴）　番仔油（洋油）

西洋布、番仔布（南洋布）　番纱（洋纱线）

番幔［꜀muã］（洋氅）　老番癔［꜂tai］（老糊涂）

洋装衫裤（洋服）　番仔席（南洋用花席）

番被（洋被子）　番癫（不明事理）

半南番（洋人来此娶华妇所传后代，又引申为不明事理者）

番葛（龙舌兰）　番仔荔枝（一种热带水果）

番货（洋货）　番物（华侨带回的行李、货物）

番银（南洋货币）　番仔字（洋文）

番线（洋线团）　番纱（南洋传来的纱线）

番仔小弟/小妹（指父亲在南洋生的子女）

番仔册（洋书）

番仔性地（南洋土著的脾气，一般直爽而倔强）

番仔码子（阿拉伯数字）　番仔纸字（南洋纸币）

番仔查某（南洋土著女子）

番仔兵（类似南洋土著的角色）

三、关于城市生活

明清之后，福建沿海出现了一些近代城市，福州、泉州、漳州、厦门相继兴起。这些城市已经初步具备了近代生产和生活的基本特征。例如：大规模手工业作坊，远航外洋的国际贸易，街市的繁华建筑和商业的集聚，地方文艺的兴起以及小说戏曲的繁荣。

福州为千年古城，很早便是闽地首府，泉州为宋元时期全国性大港口，其城市生活的孕育是比较充分的，自不必说。仅以后来兴起的漳州为例。清初漳州人张燮所作《清漳风俗考》写到自己的家乡时说："百工鳞集，机抒铲锤，心手俱应。又或别市方物，贸易而时盈缩焉。四方环视，大有可观，前此未有也，此民风之盛也。甲第连云，朱甍画梁，负妍争丽。海滨饶石，门柱庭砌，备极广长，雕摩之工，倍于攻木砖埴设色也。”① 乾隆《海澄县志·风土志》描写资本主义原始积累时写道：“饶心计者，视波涛为阡陌，倚帆樯为耒耜。盖富家以财，贫人以躯，输中华之产，驰异域之邦，易其方物，利可十倍，故民乐轻生，鼓枻相续。……风回帆转，宝贿填舟。……成弘之际，称小苏杭者，非月港乎？”

地方戏的兴起是城市繁荣、生活多样带来的。早在南宋时期，闽南的地方戏就十分风靡。朱熹有个弟子叫陈淳（字北溪），是龙溪（今漳州）人，他的《陈北溪集》有《上傅寺丞论淫戏书》一文，说到当时的闽南，“秋收之后，优人互凑诸乡保作淫戏，号乞冬”。戏头组织逐家凑钱物，“豢优人作戏，或弄傀儡，筑棚于居民丛萃之地，四通八达之郊，以广会观者”。这位保守的道学先生数落了这种戏乐的八大罪状之后说：“若漠然不禁，波流风靡，岂不为仁人君子法治之累。欲望台判按榜市曹，明示约束。并帖四县各依指挥，教榜诸乡保，申严止绝。”② 到明代万历间，据陈懋仁《泉南杂志》所记，泉州已有豪奢之家高价雇佣优伶。焦循《剧说》则说：“明弘治末，泉州府学教授设宴明伦堂，搬演西厢杂剧。”入清之后的贾宝玉读西厢还是偷偷摸摸的，而此前100多年，泉州的文官就敢于公开演唱西厢杂剧，其思想开放的程度可以想见。最早问世的梨园戏的戏文刻本是嘉靖年间的《荔镜记》，至今还可以见到，而且不止三五种，至于民间唱本所列剧目则不下数百种。清末黄嗜南《鲤城竹枝词》写道：“喧喧箫管逐歌讴，月落霜深剧未收。一曲分明《荔镜传》，换来腔板唱潮州。”陈冰若的诗《观剧》说：“梨园妙曲转歌喉，菊部新声换调头。试看教坊增左右，有唐天子也风流。”③ 从这些吟咏可以窥见当时地方戏曲的盛况。稍后，又有兴化的莆仙戏、福州的闽剧。清代时，莆田

---

① 转引自《龙溪县志》卷二十三《艺文志》，光绪五年（1879年）补刊本。

② 转引自傅衣凌：《闽俗异闻录》（续），《福建文博》，1984年第2期第3页。

③ 转引自《福建的梨园戏》，华东戏曲研究院编：《华东戏曲剧种介绍》（第一集），新文艺出版社，1955年版。

的戏班还自备“戏船”装载“戏箱”与“行头”，在木兰溪的河网地区和沿海一带巡回演出。

现代的汉语方言中，大凡历史较长、使用人口较多的方言区都有自己的地方戏曲。然而像闽南方言这样，形成的年代并不太早（唐代大体定型），在近千年的历史上先后竟有着十多种地方戏曲和地方音乐，如通行于泉州的梨园戏、高甲戏、打城戏、布袋戏、目连傀儡、南音清唱，通行于漳州、台湾的芗剧（歌仔戏）、锦歌，通行于原兴化府的莆仙戏，通行于潮汕地区的潮剧潮乐，品种如此繁多，演唱如此热烈，艺术加工水平如此之高，这在全国各方言之中也是绝无仅有的。五六十年代在“百花齐放、推陈出新”的方针之下整理出来的传统剧目，从梨园戏的《陈三五娘》，高甲戏的《连升三级》到莆仙戏的《团圆之后》、《春草闯堂》都曾掀起过全国性的轰动效应。《连升三级》赴京演出后被誉为“东海明珠”，全国各地有30多个剧团移植演出。郭沫若、老舍都曾作诗热情鼓励。老舍诗云：“泉州高甲戏，三级喜连升。独辟新风格，时翻古乐声。”《团圆之后》上京演出后，著名剧作家田汉曾称赞说：列入世界悲剧之林，毫无愧色。

闽南系方言所以能孕育出如此繁多而精湛的戏曲艺术，是长时期在民间普及的结果。在闽南沿海各县，专业戏班比比皆是，职业和业余的布袋戏、傀儡戏几乎村乡皆有。南音清唱和演奏遍布街头巷尾，逢年过节更是通宵达旦，热闹异常。远渡重洋的闽南人还把南音带往菲律宾、新加坡、马来西亚，至今还在私相传授、世代不绝。所以形成这种局面显然是以宋元以来的泉州港的繁荣、明清之后漳州月港和厦门港的兴起以及这些港口城市所发育起来的城市文化为背景的。

现代闽方言中，不论是福州话、莆田话或闽南话，都有不少从戏文中的人物或故事中提炼出来的具有特定意义的方言词、谚语、歇后语，这说明了那些地方戏的人物和故事早已是家喻户晓的了。举例如下。

福州话：

贻顺哥烛蒂（原为闽剧剧目，主角贻顺哥吝啬成性，最终两手空空。此剧目后来成为讥讽吝啬鬼的俗语）

韩月娘（闽剧人物，“不孝媳妇”的代名词）

薛刚害爸害奶（戏曲人物，顽皮孩子给大人惹祸）

买臣妈十八败，肯做都无事（朱买臣之妻的故事）

郑堂烧火炮（阔少恶作剧）

甘露寺招亲——弄假成真（歇后语，来自三国戏刘备招亲）

未见严嵩先见严年（比喻高官难见，先受奴才气）

有人救刘锡，无人救三娘（比喻好心无好报）

莆田话：

包龙图逮风（谓捕风捉影，来自包公戏）

目莲娘奶大叉（来自《目莲救母》，谓不畏强暴而抗争）

伯喈一心跨双头（来自《蔡伯喈》，喻喜新而又怀旧者）

蒙正住瓦窑（来自《吕蒙正》，安慰一时穷困者终有出头之日）

买臣嫂带铁扫帚（来自《朱买臣》，谓奴性十足的妇女不怨夫君反怨自家命蹇）

郑恩拍乞食（戏曲人物，谓好汉也有干坏事的时候）

陈世美阿舅（来自《陈世美》，谓一去不复返的忘恩负义之徒）

陈三磨镜（来自《陈三五娘》，谓甘心低声下气，当另怀目的）

陈三面、五娘声（神情言语与行为有异，谓男女之间当有不明之事）

陈三是好人厝团（谓勿嫌弃落拓者）

刘贯刘四真，顾喙无顾身（来自《目莲救母》，讽不善安排生活者）

海瑞衙门（来自《海瑞》，谓家徒四壁，一无所有）

三娘命苦（来自《白兔记》，自怨自艾之词）

食酒的有，移尸的无（来自《杀狗劝夫》，谓酒肉朋友再多也无用）

安人员外听讲（剧中常见台词。谓道听途说，仅供参考，多出下人之口）

闽南话：

苏秦不长进，偷提师公印（来自《苏秦假不第》，谓仕途不顺，受人冷眼）

项羽千斤力，不及刘邦四两命（比喻勇猛不如机遇）

韩信点兵，多多益善（比喻好东西不嫌多）

三国尽归司马懿（形容鹬蚌相争，渔人收利）

曹操戴董卓帽（形容双料奸臣）

有诸葛亮也着有子龙将（形容红花也要绿叶扶）

程咬金阵阵出（讥人本事不大，好出风头）

薛平贵做两国王（喻华侨在南洋重婚）

蒙正家伙大（反语，家口少，家当不大）

郑元和做乞食（比喻暂时落难）

王宝钏抛绣球认着婿（反语，定情失误，终身受罪）

五虎死了了，魏延升大将（相当于“蜀中无大将，廖化当先锋”）

有人救李世民，无人救秦叔宝（形容常人多势利）

许多戏文还编成了七言一句、四句一段的方言歌谣，印成小本子的“歌仔册”，在民间十分普及。上海育文书局和开文书局都曾印制过大量这类唱本。有些家庭妇女还用它来识字。这也是戏文普及的途径之一。

明清以来，闽海地区也开始有地方性小说、散文创作的印刷品出版。如泉州有《畅所欲言》，全用泉州话写作，内容是记录泉州世风人情，针砭时弊。在福州，有《闽都别记》，讲历史故事，穿插反映本地风土民情的掌故，颇受本地读者欢迎。雍正年间，鉴于闽粤方言歧异，朝廷曾诏令在两省设立正音书院，提倡推广官话。普及民族共同语乃大势所趋，为了走出乡里，谋求职业，学习普通话成了学文化、讨生活的基本功，因而方言文学没有得到进一步的发展。

第三节　生活习俗

一、饮食

福建地处亚热带，一年四季作物都能生长，多数地区早就实行一年三熟的耕作制度，因此农事繁忙，农闲季节很短。平日饮食都是三顿“正顿”，农忙季节外加上下午各一次“点心”。在沿海，平日早餐多吃粥，但不能太稀，闽东称“饭粥”，闽南叫“洘头糜”。在内陆地区，出门是山，下地干活有时要走十里八里起伏崎岖的山路，所以早饭必吃干饭，吃早餐说“食饭”（将乐、龙岩、尤溪、福安），吃中饭、吃晚饭则和沿海一样说“食昼、食暝（或食暗）”。山区常吃的是“笊饭”，一天只煮一次，在大锅沸水中煮得半熟，便捞进“饭甑”里猛火久煮，熟透后随时可以取食。这种饭粒粒皆韧，十分经饿。若是带到地里吃的饭，是生米扎在“成草包”里，置滚水中“熼”，因此叫“熼饭包”或“箶箣饭”。平时的“日食”（家常饭）分主食和副食，福州话说“饭”和“配”，泉州话说“[ₒmai]”和“菜”。吃饱主要靠饭，酒菜的菜多数没有专门的说法。主食以米为常，伴以番薯等杂粮，唯福州地区较多吃面食，例如馍馍（馒头）、切面（面条儿）、索面（面线）、扁肉（馄饨）、烧卖、饺（饺子），甚至光饼、征东饼、麻饼（各种烧饼，相传是戚继光平倭时所制军粮，光饼微咸，征东饼微甜，麻饼面上有白芝麻）也可当饭，这种面食的习惯可能与清初的不少旗下人（满族人）在福州定居有关。主食中各地较有特色的有闽南的咸饭，闽东的糖粥。前者是糯米饭和肉类、豆类、菜类油炒后焖煮而成，可粗可精，简便易饱，甚受欢迎。后者又称“八果粥”。正月廿九所吃“后九粥”，一连可吃几天，大概有长久甜蜜的象征意味。

关于副食，山区尚咸、尚干，沿海尚淡、尚鲜。闽东好甜，闽南好酸，闽北好辣，闽西好咸。旧时山里农家宰一头猪制成咸肉、腊肉可吃一年，冬季种的芥菜腌制成咸菜干，家家户户备有几大桶，也够吃几个月。不同的方言说法各不相同：藏菜、腌菜、咸菜或糟菜。闽西的八大干（笋干、豆腐干、咸菜干、萝卜干、番薯干、猪胆干、老鼠干、肉脯干等），在本地一向被视为珍品。在沿海则好吃海味，有繁多的贝类和鲑类。闽江口习惯吃带壳的蛤类，如蟟囝、花蛤、蛏、蛎、蚶、珠蚶、蚌、螺、黄螺、淡菜，调味品则有家家必备的鲒油。闽侯县的昙石山文化遗址所发掘的贝丘，说明早在四五千年之前福建的先民就有好食贝类的习惯了。鲑，福州音[ₒkie]，厦门音[ₒkue]，是盐渍的小杂鱼，味道又咸又腥，旧时都说配着番薯吃，可消除胃病。后来都充当肥料，如今人们已绝少食用。精细的海味在闽南话中，鲜的称为“鱼货”，干的叫“甘味”。闽东则尤其喜好蟹类，各种名目繁多，海里的有鲟、蠘、毛蟹，小的有蟛蜞等。

说到吃鱼，建瓯的弓鱼值得一提。旧时交通不便，虽然建瓯人早就掌握了淡水养鱼技术，但即使是本地养的鱼，拿到市场出售也不容易存活保鲜，养在水里又费工太大，他们就发明了“弓水”的处理办法：捕鱼之后用小草绳把鱼的头部和尾部绑起，然后放在清水里让鱼吐出泥土吸进新水，一小时后再换一次水，然后把草绳拉紧挂起，使鱼弯曲成弓状，把清水保存在鱼肚子里，如此可以使鱼存活并保鲜一两天。此法简便而有成效，售购双方都有利，所以至今还保存着。

点心多在逢年过节时拜神、祭祖和待客用。全省各地都有糯米制品，普遍叫“餈”（《集韵》才资切，又津私切，《说文》：“餈，稻饼也。”闽南音[꜀tsi]写为“糍”，福州分读[꜀si]和[꜀tsɛ]，写作“粬”和“粢”）；粳米制品闽方言称“馃”（《集韵》古火切，“馃，饼也。”），俗写多作“粿”，客方言称“粄”（《广韵》：“粄，屑米饼也。”），经过发酵的称为“糕”，干而硬的称为“饼”。这些说法都见于唐宋字书，可见是早在中原时就有的食物。至于各种小类，名目繁多，粬有麻粬、浮油粬，粿有糖粿、麦粿、米粿、九重粿、白粿，粄有煎粄、粄子、芋卵粄、萝卜粄、苎叶粄、白头公粄。做法不同，便有各自不同的名称。或油炸或水蒸，或发酵而松软，或胶状而黏韧，或有馅或无馅，或咸或甜，形状味道多样，一县之内也往往有不少差异。

茶文化也是福建的饮食文化中的重要内容。

在闽南，家里来了客人先要“煎茶”（烧开水），然后“泡茶”（沏茶）、“停茶”（筛茶），茶筛在茶瓯里之后，由谁“捧茶”请客人是有讲究的，若是“探新侬”（探望新娘、贺新婚之喜），就必须不分辈分由新娘双手捧着请客，贵客则必须由主人的家长亲自捧茶。若是春节期间，家里必须备有泡冰糖的甜茶。通常请客人“食茶”时，还备有“茶配”，逢年过节时可用糍、粿、糕、饼等甜点，平时可用盐渍的油柑（一种木本果子）、橄榄或瓜子、冬瓜糖。戴云山区待贵客，茶杯里放着大块冰糖，客人每喝了茶都必须斟满，直到冰糖溶完便不再添茶，以示情意十足。客人如不想多喝水，必须把冰糖吃了，表示领受了甜蜜的美意。在客家地区，住在围屋土楼的大院子里的同宗亲人，一家来了客人，邻居要端着茶壶茶杯前来“请茶”（敬茶）。在闽南，进一步的接待称为“煎烧茶”，即煮一碗粉丝面条之类的“点心”。在将乐、宁化一带盛行的“擂茶”更有特色。客来之后，立即端出陶制的擂砵和油茶树枝截成的小棒做的擂槌（长尺许，粗寸许），把预先备好的茶叶、青草药（按季节变换如薄荷、菊花、肉桂均可）和着白芝麻，当场擂成粉末之后，用烧沸的开水冲在碗里，这便是擂茶。讲究的还要另配点心，这样吃吃喝喝、说说笑笑可以一直延续到深夜，亲戚朋友邻居乡亲，三五成群，在这样的场合交流信息、研讨计划、沟通友情，既融洽又温馨。据说有些外出的人还特地从家乡带去陶砵和油茶棒以及配好的茶料以备接待乡亲，畅叙乡情。

茶又有健身医疗之用。福州称喝汤剂中药为“食茶”，这是一种避讳。夏天多喝凉茶，“食积”之后或吃了油腻之物，口干舌燥，喝一杯浓浓的“旧茶”或“厚茶”，则是一般居家的习惯。泉州的“神粬”可治疗腹泻，茶饼可治疗发烧，因有显著的效果，许多华侨都带到海外。这些药茶据说放得越久，药效越好，甚至发了霉也不碍事，因而成了居家必备的常用药。旧时外出他乡，或到异邦定居，都必须带一小包故乡带去的茶叶和老家的“灶心土”（灶膛里抠出的久经烧炼的土块），一到新地便冲一杯茶，让一家大小喝了，以便大家都能适应新的水土。

茶还可在红白大事中作为礼仪之物。拜菩萨的供品中往往有“干茶”（即放在茶杯中的茶叶）。在长汀有一种“做欢喜头”的习俗，久病、大病痊愈，或遇险得救、大难不死，亲友前来慰问时需设宴款待。头道菜一定是“米茶羹”，用茶叶和米屑及其他佐料擂成糊状煮熟，可荤可素，可咸可甜，可精可粗。有的地方在相亲时，来到女方家的小伙子和来到男方家的姑娘端起茶杯，喝或不喝是不可造次的，因为它标志着当事者是否同意这门亲事。在闽南婚礼中，新娘必须双手捧着茶盘，逐一奉敬亲戚，长辈接过茶杯之后则必须把备好的红包放在茶盘上，称为“砼盅”（压着茶盅，表示回礼），忘了敬茶或砼盅便是失礼。老人新丧，停棺厅堂，清晨都必须由孀妇或晚辈媳妇穿着孝服，跪在灵前“叫茶”：筛好清茶数杯，摆在灵前，对着死者高声啼哭，叙述死者的德行，寄托生者的哀思。

因此，在福建茶乡，各种茶具形状各异，名目繁多，除了茶壶、茶杯，还有专用于装茶叶的陶罐，用于温茶的“茶宿”，一般中等人家都必须准备齐全。有的地方，也许因为从来不喝开水，只喝茶，甚至把开水也叫“茶”。

和茶相比，酒在闽中就逊色多了。爱喝茶、善品茶的被称为“茶师”、“茶仙”，爱喝酒、能喝酒的人则被称为“酒鬼”。

说到饮食，有些方言词和普通话说法不同，很值得一提。

一是闽方言把“鲜”说成“甜”。本来方言里也有“鲜”的说法，福州说[꜀tshieŋ]，厦门话说[꜀tshĩ tshioʔ̠꜀]，但只用来指鱼、肉新鲜不变质，煮成食品的鲜美之味一概说“甜”，和放糖的味道说法相同。

二是泛指“烹调”，普通话一般说“烧”（烧饭、烧菜），福建诸方言都说“煮”。普通话说的“煮”则是指放在水里，而且烧的时间要长些，如说煮饺子。

吃饭、喝茶、抽烟福建诸方言都说“食”，外地人听福建人说普通话，听到“吃汤”、“吃酒”、“吃烟”，常常觉得诧异。

有些方言词在普通话里没有相应说法，很难翻译。例如乡间有一种习惯，婚丧喜庆过后，有些果品或糖饼类的食品，常常要平均地散发给同宗亲人或住在一起的邻居，闽南话说“贱”，泉州音[huĩ꜄]，厦门音[hiŋ꜉]（《广韵》黄练切，“行贱”）。客方言里这个意思说“俵”（《玉篇·人部》：“俵，散也。”）。看来这种乡邻相互惠赠的习惯也由来已久了。

二、居处

福建境内除了闽西七个客家方言县和建宁、光泽两县的纯赣方言地方之外，都管房子叫“厝”（在浦城写为“处”）。“厝”在闽方言既指房屋也指家，可说是闽方言最重要而又最有特色的方言词，未见于其他汉语方言。至今学术界对这个字的词源还有不同的看法。厝，《广韵》仓故切，“置也”。在上古指磨刀石，如《诗经》：“他山之石，可以为厝。”又用作动词，为“安置、放置”之义。《列子·汤问》：“帝感其诚，命夸蛾氏二子负二山，一厝朔东，一厝雍南。”《汉书·地理志》有“五方杂厝，风俗不纯”句。从措置可以引申为居处之所，但与闽南话读音[tshu꜄]不合。有人认为是“戍”，《广韵》伤遇切，“遏也，舍也，从人荷戈也”。但古籍未见“戍”有“屋舍”的用例，而且建瓯音［tshiɔ˚］与伤遇切的音不合。有人认为是“庩”，《广韵》七赐切，“庩，偏庩，舍也”，但福州音［tshuɔ˚］与厦门音、建瓯音均不合。从字义和多数读音看，取伤遇切的“舍也”可能较妥。“厝”还用作“家”，“无着厝”是“不在家”，“伊厝”是“他家”，“厝里”可指家里，也指内人；还可用作地名，指称单姓的村落，如张厝、李厝。总之，这个方言词说明了闽人的居处文化基本是同源同型的。

但是造什么厝，怎么造，各地又因自然条件不同而相异。山区盖房子叫“徛厝”。徛，站立也。在山坡上盖房子，就地砍来杉木，先立起屋架再盖瓦片而后用木板钉成的墙把房间隔开。沿海盖房子叫“起厝”，是在平地上用砖、石、土坯一块一块垒起来的。闽江下游多盖木头房子，怕火灾，一家一座两旁都要有高出屋顶数尺的“封火墙”。闽南多石头房子，闽西多干打垒，均不怕火，所以没有封火墙之设。就传统建筑方式说，沿海风大，多建造不高的房，偶有二层楼，人多居楼下，俗谓“寒暑不登楼”，山区则造干栏式的楼房，楼下做饭、关鸡、养猪、堆工具，楼上住人。城市屋舍连片，街道“厝”或称“竹篙厝”，每户“一直”，除门面和后门之外，旁无采光的窗。沿海地少，人多，房子多密集，只隔着窄窄的“厝巷”，这种聚落很集中。山区则喜欢各自独立，不爱互相挨近，聚落分散。闽南的老传统，往往一个家族共建一座，每间屋子各有名称，并按其面积与质量分排等级。这种常见的旧式“大厝”（“十间张”）的结构和名称如图 1。

“大厅”、“下照厅”和“深井”都是公共活动场所，辈分最高的住“大房”，然后依次是“落规”、“榉头”、“下照房”和“尾间”。

如欲扩大，后面可以加“后落”成为“三落厝”，如加两道后成为“四落”，两边可以再加“护厝”。三落两护厝的平面图如图 2。

护厝之外再加“重护”则是“四落四条护”，就有数十间居室，足可住下一个大家族了。

这种大厝的优点是天井大，过道多，公共活动场所多，排水方便、光线充足、来往方便。直至 20 世纪四五十年代还有不少人建造这种房子。

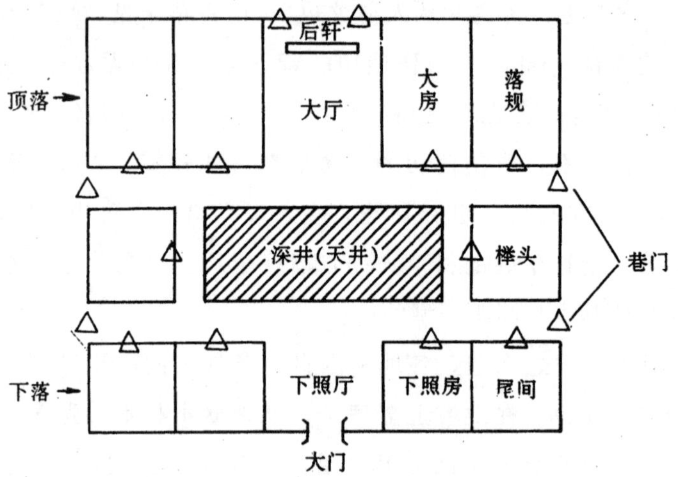

图 1　旧式"大厝"的结构和名称

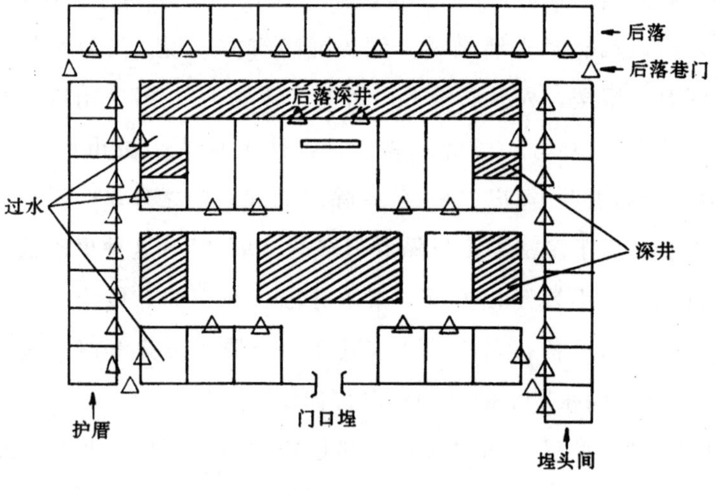

图 2　三落两护厝的平面图

这种"大厝"的墙壁讲究的会封有红砖，门口通常有"大埕"，讲究的铺有石板，"砖厅石埕"旧时就是富豪的象征了。"埕角"开着大井；两旁有"龙手"用来种花、种果；房后则常常有个"后背山"种上风水树。这是闽南侨乡常见的民居。

还有一种很具特色的民居是客家的围楼。在福建，围楼分布最集中的是永定和南靖两县。据统计，永定县内大大小小围楼有 2 万多座。在南靖县的闽南话地区也有一部分围楼。

围楼有圆形和方形两种，圆形的叫“圆楼”或“圆寨”，方形的叫“四角楼”或“土堡”。通常这种围楼是以姓氏聚居的，由同宗亲人合伙投资出工、联合兴建的。一座大围楼只有一个大门或外加一个边门，大门通常是石制门框，坐北朝南，大门内是一个宽敞的场院，北头有一个大厅，放置祖宗神主牌，可祭祀也可演戏。围楼多数是三到四层，底层称为“地脚”，用作“灶下”（厨房）和猪栏，二楼叫“二棚”，是贮谷子的仓库，一二层概不留窗。“三棚”和“四棚”才是“间哩”（卧室），留有内大外小的窗门。各家所分房间是从“地脚”到“尾棚”（末层）自己对齐的。每层楼有一条公共的过道，楼梯则是公用的，整座楼的楼梯视大小设四处或两处。大厅的两侧有厢房，左厢房可停棺，右厢房可办道场。大厅前的场院可以摆三四十桌酒席。当中挖有大井，建有舂米用的“石碓”。大型的围楼可以有两圈相套，多的可达400间屋子，四五千平方米，建筑面积达一万多平方米。

围楼的建造十分讲究，外墙的厚度有的达2米，隔墙也是土墙，打墙时当中夹有“墙骨”（由木板或竹条充当），更讲究的还在泥土中掺有石灰和煮黏的糯米和红糖。大墙四周都留有“铳角”（枪眼）。房间门面用木板墙。大门用的木板一般都有两三寸厚，关门用的木杠要两人才能抬起来闩住。地基也很深厚，埋在地下的大石块叫“大脚”，露出地面的方形石块叫“石脚”。围楼一般建在山边，依山傍水，不占用良田。这样建造起来的大楼，冬暖夏凉，不仅防震，而且易守难攻，遇有战乱或械斗，只要有足够的粮食和咸菜，整个大家族的人，可在里面坚持几个月。

围屋之内住着的都是同宗亲人，悉依辈分长幼相称。住在同一围屋的亲人们，对内和睦团结，对外则极具战斗力。一家受欺，全楼的人都会出动相助。

近几十年来，人们的大家族观念逐渐淡薄，家庭化小了，社会也安定，不再有械斗和抢劫，新一代人多愿住单门独户的小楼，大围楼的建造少了。不论是闽南话地区的“大厝”或客家地区的“围楼”，都显得不合时宜而逐渐退出历史舞台。

闽南地区在20世纪以来所建的街道，都仿照南洋的建筑方式，在店门口留着三四米宽的走廊，名叫“五骹忌”，这是个马来语的借词，原文叫kaki lima，意为“五英尺”。东南亚地区日照时间长，气温高，雨量多，朝街的商店门口让出一道走廊，顾客可免雨打日晒之苦。这种建筑方式很受欢迎。东南亚的华侨把这种建筑形式带回家乡后，凡是说闽南话、莆仙话的地方，从厦门到德化、大田、仙游的小镇，都可见到这种“五骹忌”。

人类的物质文明总是向前发展的，现实生活中的设施，总是不断变化着、改善着，但是方言词语不可能立刻跟着变化，因此常常落后于现实的情况，例如厕所的设施，方言中的说法很多，好些都反映了早期的简陋状况。上杭武平说“屎缸”，只是在地里埋个陶缸；长汀、永定说“屎窖”，福鼎、尤溪说“屎坑”，将乐说“粪窖”，永安说“肥池”，都是在地上挖个坑，内壁打上“三合土”，便成了。连城、清流说“粪寮”，浦城、建阳说的“茅司”，这才有了简易的瓦盖或草遮的掩体。福安说“屎房”，邵武说“肥瓮间儿”，福州说“粪坑厝”，就有了较为正规化的屋顶和门窗。如今有了抽水马桶等设备，厕所、卫生间、洗手间之类的说法也开始进入方言，但是旧有的说法也依然存在。

起居生活中还有关于“洗澡”的说法，反映着各地不同的卫生习惯。福州、福安、宁化、清流说“洗汤”，说明那些地方洗澡只能用热水。闽西客家地区长期以来养成了男女老少天天洗热水澡的习惯。客人来访，请客人洗个热水澡，表示主人的盛情。明溪有句俗谚：“穷人无浆养，全靠个盆汤。”意思说农民并无好的伙食，就靠天天洗个热水澡，以此来维持身体健康。可以想象，客家人刚从华北或江南来闽西山区定居时，可能不适应当地的瘴气，加上劳动量大，于是就地取材，砍柴火，烧热水，天天洗热水澡便成了传统的习惯。

关于建筑物，福建还有几件有特色的设施值得一提。一是加上屋盖的风雨桥，在闽北叫“厝桥”或“篷桥”，闽南叫“桥亭”，简易的只有屋盖，讲究的还有窗户和木板墙，甚至雕梁画栋。这种桥，行人可以避雨，乡人可以乘凉。如长汀的永隆桥、光泽司前的太安桥、武夷山城关的余庆桥、松溪渭田的五福桥、永春的东关桥等，都十分出名。另一样是山路上的凉亭。闽北叫“厂”，闽南叫“雨亭”。武夷山区有许多带“厂”字的地名，初到的外地人看见地图，还以为山里也大办工业了，殊不知那些“厂”都是些前不着村、后不着店的山道上的避雨亭。“厂”本是象形字，意指只有屋盖没有四壁的棚子。明代的特务机关“东厂”就是设在皇宫东边的马棚里。唐末流寓闽中的诗人韩偓有《南安寓止》诗：“此地三年偶寄家，枳篱茅厂共桑麻。”可见“茅厂”的说法已有千年的历史。不过现在山间的这种棚子，南安话叫“雨亭”，通常是木柱子瓦盖顶的，较为讲究了。简易的则叫“寮”，又按不同材料分为“草寮”、“柴寮”、“杉寮”、“枋寮”、“石寮”。此外，还有浮桥，即一排木船连成的桥，通常用铁链连接起来，每逢洪水便把铁链打开，不让通行，既利安全又不使浮桥受损。闽南话有的地方叫“枋船桥”，通常用厚木板架在浮桥之上。“枋”，《广韵》府良切，“木名，可以作车”。指的就是厚的木板。到了现代社会，山区的雨亭还可以成为卖冷饮的地方，浮桥已不多见了，风雨桥则多半成了古迹。

三、服饰

传统的服饰观崇尚整洁、节俭，反对奢华，在各地方言中，反映这种传统习俗的谚语甚多。例如：

连城方言：

勤洗勤浆，当过十笼八箱。

一针不补，十针难缝。

藏衣不寒，藏粮不饿。

省食天天有，省着日日新。（着：穿着）

一人省尺布，五人节约一条裤。

福州方言：

衣裳笑破无笑补。

省食钱债轻，省颂衣裳新。（颂：穿）

补补衲衲，节俭快活。

衣衫褴褛乞侬讥。（乞侬：被人）

头年新，二年旧，三年补纳介颂旧。（介：再）

晋江方言：

借食𫟛肥，借颂𫟛水。（水：漂亮）

惜米有饭食，惜布有衫颂。（惜：爱惜）

爱水不惊流鼻水。（讥衣着暴露者）

关于发式，闽南话和客家话还保留了唐宋旧制，只有“髻”的说法，没有“辫”的说法。闽南话把妇女梳的髻称“髻”或“头”，清以后梳的辫子叫“髻仔”。髻，《广韵》古诣切，“髻，绾发”，正是唐宋时期的说法。辫，《说文》：“辫，交也。”原只是个动词。闽南话还用作动词，“梳辫子”说“辫髻仔”。在清朝统治下，大家都梳了近300年辫子，但是在闽南和闽西，“髻”还没有改口说“辫子”。

关于穿鞋，旧时福建全省田间劳作都是打赤脚，福州话说“褪跣骹”（《广韵》苏典切，“跣，跣足”），闽北话说“拓赤骹”，这个传统至今未变。脚夫挑担上路，旧时穿草鞋，建瓯话说“草屩”。屩，《广韵》居勺切，“屩，草履也”。许多地方都有木屐，或叫“鞋套屐”（福州），或叫“柴屐”（泉州），或叫“木屐”。屐，《广韵》奇逆切，“履屐”。有韵书为证，可以说明“跣”、“屩”和“屐”都是千年以上的古老的说法。后来的布鞋、跑鞋、万里鞋、树椐鞋（闽南话称“胶鞋”）、水鞋、鞋靴（福州话称长筒靴子）、球鞋、鞋拖（又有草拖、珠拖、皮拖之分）、空气鞋（凉鞋）、皮鞋、塑料鞋乃至高跟鞋，新的花样层出不穷，更新换代越来越快。几十年间新的名称不知涌现了多少。从这个侧面也可反映出物质文明的快速发展。

一些前代的旧事物的名称，例如小脚女人、老人和小孩的服饰等，各种说法不一而足，闽南话有弓鞋（三寸金莲）、骹帛（裹脚布）、色裤（花布袜）、“[kauʔ̥]底”（旧时小脚鞋的木制高跟鞋底）、肚（肚兜）、虎头帽，客家话有大襟衫、对襟衫、大襟裤、掩腹、掩胸等等，许多年轻人都不知道是什么东西了。

有些全省多数地方一致的方言词，和普通话有明显差异，也成为福建人说不好普通话的原因。例如裤腰说成“裤头”，裤腿说成“裤脚”，帽子、袜子说“帽”、“袜”，鞋、领子又说成“鞋子”、“领头”，连衣裙说“跳舞衣”、“衣连裙”，手杖说成“拐子”或“杖杖”，理发说“剃头”，烫头发说“电头发”等。把这些方言语词带进普通话，不免弄出许多笑话。

四、器用

日用品和器具的名称也是方言差异的重要方面。这些横向的共时的方言差异有时正反映着纵向的历时的社会生活的演进。

桌子的说法就是一个很典型的例证。

福建方言中邵武、建宁一带管桌子叫“盘”或“盘儿”，莆田、仙游管桌子叫“床”。乍一听似乎很离奇，其实都是反映了早年的事实。原来在上古时期人们席地而坐，当时并无桌子，面前放个木盘，便可放置东西了。管桌子叫“盘”，反映了当时的社会生产力水平。到了汉唐时期，桌子有了短短的腿，只是一个不高的长方形的木架子，上面可以放置东西，也可以坐在矮凳子上拿它当桌子写字，甚至可坐可卧，可以说是桌床合用。放置七弦琴的架子就叫琴床，琴床就是琴桌。管桌子叫“床”，反映的是唐宋的旧制。后来，椅子高了，桌子也跟着升高了，起先写为“卓”，取其音而已，是通假字，卓的本义就是高，卓越不就是高超吗？后来写为“桌”，甚至有画蛇添足的“棹”的写法，反倒成了别字。

农村和城市生活方式不同，所用器物也大不相同，许多器物名称就反映了这种城乡差异。再以桌子为例，农村有长案桌（大厅里供祖宗的神案）、八仙桌（大方桌）、屉桌（带抽屉的桌子）、肉桌（肉案、卖肉处）、月桌（大圆桌），城里有书桌、茶桌（茶儿）、签押桌（办公桌）、牌桌（打麻将用）。

有些器具的名称反映了一定地区的习俗。例如家具，在闽南，婚娶成家时，新房的家具是由男方置办的，叫“房内”（或称“眠床”、“厨桌”，列举其要件以概括全套）；在闽北政和一带叫“嫁妆”，因为按那里的风俗，家具是女方置办以陪嫁的，举行婚礼时敲锣打鼓送往夫家；福州话说“闲架”，则与娶亲、出嫁、成家无关。有的方言叫“家私”，但多数闽方言中，“家私”

指的是生产工具。

许多用具改用新的材料后，其名称也相应地发生变化。例如脸盆在闽南话叫“面桶”，反映了早年脸盆都是木制品的事实。在福州话叫“罗盆”，这几十年来先后换成搪瓷品、铜铝制品、塑料制品，其名称也跟着改称为硋罗盆、轻罗盆（指铝制的）、铜罗盆、塑料罗盆。闽南话单说“水桶”原指木制品，洋铁做的说“阿铅桶”，铝做的叫“铝桶”，塑料做的叫“塑料桶”。

百余年来用品器具的舶来品甚多，这些外来事物中，凡是六七十年前传入的，那时正处于方言活跃的年代，各地方言都自己造一个新词来称说它，因此这些物品的方言名称就显得纷繁；而晚近传入的，则遇上普通话普及的年代，许多物品便直接用普通话语词对转为方音而成，也就少有方言差异了。

早期舶来品各方言说法不同的如：

汽车：大车、风车、把家车（闽南）

热水壶：电瓶（厦门）、电罐（泉州）、电壶（建瓯、上杭）、汽壶（将乐）

留声机：洋戏（福州）、马狗琴（泉州，makau 的音译，可能是早年从澳门进口的）

轮船：火船、电船（厦门）

冰棍儿：冰箸（福州）、霜条（厦门）、冰条（泉州）、冰棒（建阳）

肥皂：胰皂（福州）、雪文（厦门，马来语音译）、番仔碱（龙岩）、番仔蜡（永安）、蜡（福鼎）、鬼子碱（邵武）、洋碱（连城）

煤油：洋油（福州）、涂油（泉州）、番仔油（厦门）

汽灯：水月灯（福州）、轻灯（福安）、磅灯（泉州）、白火（厦门）

手电筒：手电（福州）、电火（泉州）、电筒（长汀）

火柴：自来火（福州）、火擦（厦门）、番仔火（漳州）、硫磺竿（永安）、鬼子火（建阳）、洋火（上杭）、番鬼火（武夷山）

电池：电涂（福州、厦门）、电泥（建瓯）、电油（永安）、电炭（石陂）

自行车：骹踏车（福州、厦门）、脚踏车（长汀）、米筛车（尤溪）、叮咛车子（宁化）

银元：光番（福州）、大银（厦门）、龙番（建瓯）、番钱（浦城）、花边（长汀）、大花边（将乐）

水泥：洋灰（福州）、霸涂、霸灰（厦门）、洋毛泥（建瓯）、红色毛灰（政和）

晚近传入的用品器具名称多与普通话说法相同。例如电话、电影、电报、电风扇、电冰箱、电子计算机、录像机、卡拉 OK，这类例子不再多举。

此外，虽是早期传入，但并未广泛应用于民间，而只是作为行业用语和书面语的，也不易出现方言差异。例如电力、电气、电子、电流、电镀、电解、电表、电台、电池、电阻、电讯、电汇等等。

还有几件器具在闽地颇具普遍性，而且可以说是有久远的历史。一是稻草编成的垫褥，名为“草荐”，旧时编成圆形的蒲团放在寺庙里可以打坐跪拜，有些新办的学校还拿它给学生当坐垫，编成和床铺一样大小则可当床褥。荐，《广韵》在甸切，《说文》：“荐，荐席也。”可见“荐”正是本字，这类东西已有很长的历史了。还有三样用具是闽地特有并用方言俗字来书写的，这便是“笳”、“楻”和“櫼”。“笳”是竹片编的晒器，有圆形的、带着厚竹圈的边，有方形的可以卷起来收藏。在山区难得找到平地，家家户户都必须备着这种晒器。“楻”是大木桶，高的可有一人高。在山区厨房里放个水楻，把山上的泉水用笕引来，便有源源不断的清泉。放在屋后，架两块板，围个棚子，便是“屎楻间”（厕所）了。种菁要制成染料蓝靛时，一定要把靛菁沤在这种大楻里数日，然后站在上面捣鼓良久，才能制成蓝色染料。还有打谷桶叫“谷楻”，放在室里贮存稻谷的也称“谷楻”。楻桶也是农家必备的。“櫼”是农家贮藏稻谷等物资的室内仓库，有木制和土制两种，所以又有“櫼”和“墭”两种写法。不论是木制土制，总有层层叠起的厚木板作门，称为“櫼枋”，并可加锁。笳、楻、櫼都是未见于古籍、无本字可考的方言词，可见是福建先民的独创，也是闽方言的特征词。

还有些和普通话说法大同小异的旧器用，如砻米用的“米砻”、“涂砻”，舂米用的“踏碓”、“骹碓”、“水碓”、“车碓”、“手碓”、“舂臼”，提水用具“水车”、“龙骨车”、“戽斗”、“戽桶”、“拔桶”，舀水用的“鲎桸”、“瓠桸”，舀肥料用的“粗桸”、“粪桸”，等等，由于方言不同、质地不同、形式不同、用途不同，各种名称举不胜举。看来，不在博物馆里放置这些东西，并标明其名称，后代的人就不知道了。中国历史太长，博物馆里摆千年前的东西就够多了，几时能轮到摆放这些50年、100年前的常用器物呢？近几十年来，有些县市办起小型的民俗馆，收集陈列当地的各种旧式服饰和器物，仿造旧式民居，很受群众欢迎。这种做法是很值得提倡的。因为让每一代人都知道过去，一定会使他们更加珍惜现在，更加努力去创造未来。研究方言，考察文化的演进不也正是为了这一点吗？

进入21世纪以来，为了防止方言的流失，方言学界的有识之士于2010年启动了“中国方言民俗图典系列”的调查和出版计划。该计划第一辑陆续出版了八大方言的十卷本，各卷采用方言词语加注国际音标并配图的方式，将方言所展示的文化记录下来。2011年教育部又启动了“中国方言文化典藏”项目，研制了800多项调查项目，以方便各地录音、录像并用音标记音，加以文字说明。该项目于2017年由商务印书馆出版了图文并茂、声像兼有的读本。这两个项目可以说把汉语方言调查提到了崭新的高度，展现了现代化的水平，为方言文化研究开辟了一片新天地。这是十分值得庆贺的。2018年9月19至21日，“世界语言资源保护大会”举办，在这期间，保护和促进世界语言多样性的《岳麓宣言》发布，“鼓励国家语言文字管理部门、学术界、非政府组织、公共和私人机构以及个人通过科研、媒体、课程、艺术、文化产品和信息通信技术等多种方式保护并促进语言多样性”。有了这个良好的开头，今后关于方言文化的研究作为一种重要资源的研究、保护和传承，各项工作将会得到更好的开展。地方文化是民族文化的重要组成部分，优秀的地域文化的传扬对于民族文化的传承发展是不可或缺的。

附　闽南方言与地方文艺[①]

一、语言和方言的艺术提炼

语言是人类为了认识客观世界和进行社会沟通创造出来的。初始的语言是日常生活中的有声语言，只是一些杂乱堆砌、形态无定的词句，在定型的过程中经过了科学的规整和艺术的提炼。英国文学理论家 L. A. Richards 说："一个陈述可以因它所引发的指涉的缘故而使用，无论指涉是真是假，这是对语言的科学使用。但陈述也可以因它所引发的指涉所造成的情感和态度的效果而使用，这是对语言的情感的使用。"在科学使用过程中，同一语言社团的人逐渐使语词和句型达到系统的规整，形成一定的规律，达到规范化和科学化；在情感的使用中则使这些词句能够适应表达各种复杂的思想感情的需要，从而达到多样化和艺术化。总之，在日常口语的基础上，经过无数的言语实践形成了科学语言和艺术语言，然后又回到生动活泼的口语之中加以应用和改进，如此不断的循环，使语言得到健康的发展。这就是日常口语和科学语言、艺术语言（或称文学语言）之间的关系：

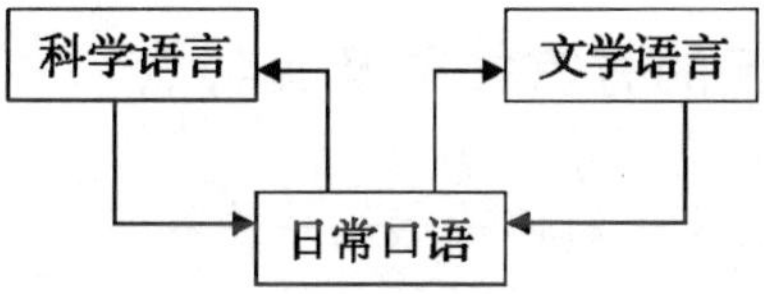

教科书、辞书、学术著作是对语言进行科学规整的产品，各类文学作品则是对语言进行艺术加工的成果。

在语言的艺术提炼方面，民族语言和方言有很大差异：民族语言的艺术提炼有书面语和口语双轨进行，而方言则往往只在口语之中进行创造、试验和加工。尤其在汉语的历史上，共通语的书面形式源远流长、高峰林立，所积累的经典作品汗牛充栋，对历代的口头语有很大的影响力。而大多数方言

① 本文原载于《闽南方言》（李如龙、姚荣松主编，福建人民出版社，2008 年版），收入本书时做过修改。

则缺乏书面形式，尤其是那些通行面窄、歧异大的方言更是难以书写，只有口语的交际形式，这类方言的艺术加工的力度就小多了。

语言是社会人群的行为，个人的言语是千差万别的，科学的规整和艺术的提炼是使语言保持生命力向前发展的必不可少的条件。有的语言没有形成书面语，科学的规整只能在漫长的社会生活中“约定俗成”，而艺术的提炼就只能靠口头文学来完成。可见，口头文学对语言的加工提炼和发展是更加广泛存在的影响，也是更加重要的动力，因而也更值得研究。

汉语方言的口头文学最常见的是歌谣、曲艺、民间故事和戏曲四大类。歌谣是唱的和吟诵的韵文，又有童谣、儿歌、山歌、情歌等小类。曲艺是说唱兼有，韵文、散文相间，其小类如北方的快书、评书、相声、大鼓、快板等，南方则有评弹、吴歌（苏州），伬唱、评话（福州），龙舟、粤讴、丰歌（广州），南音、锦歌、搭嘴鼓（闽南）、山歌、踏歌、采茶歌（客家地区）等。民间故事在民间口口相传，有古代传下的历史故事、神话传说，也有据本地人物、风俗所编造的内容。戏曲则是戏文、音乐、表演兼有，是声情并茂的综合艺术。不论南方北方，戏曲多是以方言为表达载体的，是对方言的深度艺术加工。

二、闽南方言地区的方言文艺及其特点

闽南方言地区的方言文艺总体特点是品种多、水平高、历史长、流传广。

论品种，上文所述的歌谣、曲艺、民间故事、戏曲在闽南方言地区都有，其中以歌谣和戏曲尤为突出。

闽南方言的歌谣有儿歌、童谣、山歌、歌仔、风俗歌谣等，原是口口相传的，20 世纪 20 年代后人们开始搜集整理、编印成册。现在看到最早的是厦门中学教师谢云声先生所编的《闽歌甲集》（1928 年顾颉刚作序）、《台湾情歌集》（1927 年钟敬文作序），分别是当年流传于少年儿童之中的歌谣和青年人中传诵的情歌，前者是供学话儿童诵读的长知识、学方言的口头教本，后者是反映青年情爱生活的山歌。30 年代之后，在闽南乡间流传过许多“歌仔册”，篇幅稍长，除了青年男女传诵的情歌之外，还有根据历史故事和本地传

说、故事编成的韵文，全是七字句。坊间印刷装订为小薄本，以便人们随身携带吟唱，既可识字学话，也可获得历史知识，得到有益的教化。后来闽南的“歌仔册”逐渐消失，但在台湾还不断有人翻印，稍加收集还有数百种之多。除了歌谣、歌仔之外，还有在各种民俗活动中流传的“送嫁歌”、“哭嫁歌”，这是婚嫁过程和丧事活动中妇女现编现唱的。

曲艺方面除了上文所述的泉州腔的清唱南音、漳州腔的锦歌之外，还有各地都有的“讲古”，在厦门发展为韵白兼有的以反映现代生活为主的搭嘴鼓。

至于戏曲，由于教戏师傅必须有戏文依据，历来就有编导人员把它记录传抄下来，后来也有整理编印成册的。至今流传的大量抄本还可以让我们看到当年方言戏曲流行时的盛况。

闽南方言的戏曲有“偶戏”和“优戏”两大类。偶戏就是木偶戏，“木偶”闽南话称为“嘉礼”。最早的偶戏演的是“目莲救母”的故事，又称“目莲嘉礼”。木偶有近一米高，专业主演者提线操纵木偶动作，木偶的头像服饰固定，木偶戏情节比较简单，主要是敬神、祭祀和红白大事时演出，伴有庄严肃穆的吹打器乐。后来又有40厘米高的提线木偶（俗称“抽线嘉礼”）和20厘米长短的、可更换头像和服饰的，在五指之间操作的“布袋木偶”（俗称“布袋戏”，也称“掌中班”）。这种中小型的木偶戏有很多是根据历史故事和戏曲剧目改编的，有情节、有唱词和道白的戏文。《旧唐书·音乐志》称“本丧家乐也。汉末始用之于嘉会”，“作偶人以戏”。可见，这种偶戏历史很长了，闽南的“嘉礼戏”之称应与此有关。闽南的优戏是从偶戏衍生出来的。闽南俗语“前棚嘉礼后棚老戏”就是说明这两种戏可以同时演出，嘉礼庄重、老戏生动。高甲戏还有“嘉礼丑”、“嘉礼步”之说，说的是模仿傀儡戏中的丑角的动作。

用闽南方言演唱的优戏品种之多是其他方言所难以企及的。

早期闽南的戏曲都曾称为“百戏”。《景德传灯录》曾有福州玄沙宗一法师“南游，莆田县排百戏迎接”的记载。宋元之后，昆腔、弋阳腔、徽腔陆续传入福建，闽南的本地剧种在吸收外来戏曲的营养后逐渐成形，由于方音的差异，在莆仙一带称为“兴化戏”，在泉州一带称为“梨园戏”，单唱不演称为“南音”、“南曲”，到了潮汕地区称为“潮剧”，到了海南岛称为“琼剧”。漳州一带的清唱“锦歌”传到台湾后发展出了“歌仔戏”，回传到漳州地区后又称为“芗剧”。泉州的梨园戏多是文戏，入清之后，又派生了以武打见长的“高甲戏”（或称为“九甲戏”）。戏班组织形式因角色人员多少和专长的不同又有“打城戏”、“老戏”、“戏仔”、“七子班”等称呼。正由于戏曲的普及，唐代著名乐工雷海清在闽南各地都被尊为“戏神”，称为“祖师”。在闽南多地均立有庙宇，尊为“相公宫”、“元帅庙”。

上文所述的老戏即梨园戏。相传唐代时属于泉州府的兴化美女采蘋被选召入皇宫，得到李隆基宠幸，赐其“梨园”班子带回兴化宴乐，“梨园戏”的得名可能与唐代的音乐机构“梨园”有关。

入宋之后，闽南地区的戏曲就相当繁荣。最早成形的是兴化戏。宋代泉州港兴起之后，温州南戏传入兴化军，形成了兴化戏并兴盛一时。莆田著名诗人刘克庄不少诗句反映了当时他的家乡的情景，字里行间还反映了一些不满和抨击：

儿女相携看市优，纵谈楚汉割鸿沟，
山河不暇为渠惜，听到虞姬直是愁。
（《田舍即事十首》之九）
抽簪脱袴满城忙，大半人多在戏场。
（《即事三首》之一）
棚空众散足凄凉，昨日人趋似堵墙。
儿女不知时事变，相呼入市看新场。
（《无题二首》之二）

明清之后莆仙戏大发展，据 1962 年的调查，莆田戏保存下来的宋元南戏的戏文就有 81 个，流传的抄本就有 57 种之多。康熙年间“各戏班妆架共有三十六台，十分华丽……道光年间，仅仙游一县就有戏班六十多个……从清中叶到清末莆田仙游两县的戏班达到一百五十多个……众多的戏班，悠久的历史，使莆仙戏长期以来积累了大量的传统剧目，据统计共有五千多个，八千多本，数量之多，冠于全国”①。1962 年，著名剧作家老舍看了莆仙戏后题诗赞道：可爱莆仙剧，风流世代传。弦歌八百曲，珠玉五千篇。断魂团圆后，神移笑语前。春风芳草碧，莺啭艳阳天。

南宋末年，从浙江传来的南戏在泉州一带又衍生了“上路戏、下南戏、小梨园”三种本地戏，后来形成了以下南腔为主题、泉州音为正宗的梨园戏。它不但以历史悠久闻名遐迩，更以保存着大量的南戏剧目而赢得“活化石”之美誉。梨园戏以其封闭式、凝固性的特点而成为戏剧舞台上的活化石，既不被别的剧种所异化，也不去同化别的剧种，始终保留着它顽强的、单传的独立性，以至七八百年来能够保存着自己的风格。②

漳州也是演戏成风，朱熹任漳州知事时为此曾“劝谕禁戏”，其弟子陈淳更是责之为“淫戏”、“随俗”，严加贬斥。他在《上傅寺丞论淫戏》中列举了八条“利害”，提出“按榜市曹，明示约束。并贴四县，各依指挥，散榜诸乡保甲，严禁止绝”。朱熹另一位大弟子真德秀在泉州任太守也曾规劝百姓“莫看百戏”。

明代嘉靖年间，《荔镜记》问世，用泉州和潮州的声腔演唱，剧中的爱情故事富有浓郁的地方特色，数百年间长演不衰，传唱不绝。清代泉州诗人龚显曾描写当时的盛况：“喧喧箫管逐歌讴，月落霜深剧未收；一曲分明荔镜传，换来腔板唱潮州。”在潮州则有民间歌谣：“东畔出有苦孟姜，西畔出有苏六娘。北畔英台共山伯，南畔陈三共五娘。”

明代万历年间，陈懋仁的《泉南杂记》就记载了“迎神赛会，莫盛于泉，游闲子弟，每遇神圣诞期，以方丈木板，搭成抬案，索绹绮绘，周翼扶栏，置几于中，加幔于上，而以姣童装扮故事”。这种抬阁而演的故事就是宋江

① 陈雷、刘湘如、林瑞武：《福建地方戏剧》，福建人民出版社，1997 年版，第 22—23 页。

② 陈雷、刘湘如、林瑞武：《福建地方戏剧》，第 27—30 页。

戏，道光年间南安的宋江戏和漳州的竹马戏合办了三合兴班，搬演梨园的传统剧目，后来，到了清末民初又吸收了北方传来的京剧武打，很快就形成了高甲戏。由于近音附会，也有写为“戈甲戏”、“九角戏”的。这个新的剧种，表演方面擅长于武打和丑角的夸张，科步活泼多样，节奏加快，和缓慢、庄重，带着几分沉闷的梨园老戏相比，确实是后出转精，有了新的风格和气氛，因此很快就受到海峡两岸广大受众的欢迎。不但闽南地区发展很快，台湾也时兴起来。19世纪中叶就有福金兴班、三合兴班到泰国、越南、新加坡、印度尼西亚、马来西亚等国演出。据统计，从清道光到民国的100年间，“出国演出次数最多、时间最长、剧目最丰富、影响最大的要算高甲戏了”。1962年，邓拓在北京看了《连升三级》后作诗赞曰：

> 三百年前唱宋江，闽南村社梨园腔。
> 泉州处处传高甲，水浒家家话晚窗。
> 莫怪舞台常有丑，从知技艺本无双。
> 远来京国殷勤意，相祝何须倒一缸！

到潮汕平原去的闽南人是两宋时期陆续迁移的。那里耕地多，水量也足，很快发展出了自己的经济文化，逐渐形成的潮汕方言也与闽南本土有了不少差异。到了明代，形成了南戏的一支，用潮州话，唱潮州调。据嘉靖《广东通志》记载：“潮俗多以乡音搬演戏文”，当局曾宣布“禁淫戏”，但“屡行禁约不止”。明清之交的屈大均《广东新语》云：“潮人以土音唱南北曲者，曰潮州戏”。可见三四百年前就形成稳定的表演形式了。后来所见闽南戏最早流行的戏文《荔镜记》、《金花女》、《苏六娘》等都是在潮州一带印制发行的。

入粤的潮人后来又沿着海岸线向雷州半岛和海南岛迁徙。清代之后，还先后形成了雷剧和琼剧，都是在当地民歌和潮剧的基础上吸收傀儡戏和道坛乐曲形成的。康乾年间就有“雷州歌班”，民国初年有“琼崖土戏改良社”编演现代戏。

跟着闽南人和潮、雷、琼、粤人出洋，几乎所有的闽南戏曲，如高甲戏、梨园戏、木偶戏、莆仙戏、潮剧、琼剧都在东南亚各国如马来西亚、泰国等地的华人社区流行过。起先大多作为华人社区酬神祭祀或盂兰盛会上作为禳灾、祈福、镇宅、还愿的活动，后来也作为义演集资兴办华文教育的方式，当然也可以应休闲娱乐之需。

清代之后，移居台湾的人以泉、漳、潮籍为主。他们立足之后，随即将本地戏曲、说唱也操办起来，并且场面之热烈不亚于闽南粤东，在歌仔戏上还有创造发展。据连横《台湾语典》所述，台湾的戏曲也是品种繁多的："台湾之剧，一曰乱弹，传自江南，故曰正音。其所唱者，大都二簧西皮，间有昆腔。……二曰四平，来自潮州，语多粤调，降于乱弹一等。三曰七子班，则古梨园之制，唱词道白，皆用泉音，而所演者则男女之悲欢离合也。又有傀儡班、掌中班，削木为人，以手演之，事多稗史，与说书同。……又有采茶戏者，出自台北，一男一女，互相唱酬。"至于演出盛况，该书也有描述："台湾演剧，多以赛神。坊里之间，醵资合奏。村桥野店，日夜喧闹。男女聚观，履舄交错，颇有欢虞之象。"实际上，除连横所述，在台湾流行的还有"白字戏、九甲戏、车鼓戏、皮影戏、京剧、潮剧、艺旦戏……滑稽戏"等等。[①]

关于歌仔戏，则有必要做一番专题介绍。

三、闽台戏曲文化交流的结晶——歌仔戏

谈到闽南话的艺术提炼，由海峡两岸说闽南话的人群共同锻造歌仔戏的历史过程值得专节论述，因为这是闽台两地戏曲文化交流的光辉艺术结晶。

歌仔戏是在歌仔传唱的基础上形成的。歌仔早期发源于漳州一带，九龙江流出漳州后称为"锦江"，那里的民歌因此称为"锦歌"。在泉州一带民间的山歌称为"褒歌"、"相消歌"。两地的民歌原来有两大类，一是抒情的山歌小调，一是有情节的叙事歌谣。前者大多是四句的七字格，如"五更调"、

① 转引自陈耕：《闽台民间戏曲的传承与变迁》，福建人民出版社，2003年版，第30—31页。

“过番歌”一类，后者则采自民间故事编成长篇，如《英台歌》、《孟姜女》、《雪梅思君》，也有《廿四孝》、《鸦片歌》之类劝人为善的中篇，多半是七句的长调，每句平仄相间，讲究押韵。歌仔的句型就是以七字调为基础的。19世纪厦门开埠后，有石印书坊把它印成歌仔册出售，歌仔戏逐渐在民间传唱开来。开始时，它有词无谱，大多套用山歌调随口吟唱。后来设立了歌仔馆，有人教唱，也逐步配上南曲的弦管伴奏，或者由抱琴艺人走村串巷卖唱。移台闽粤人中，有一部分是客家人，也是爱唱山歌的，客家情歌多半也是按口语组织的每句七字的小调，体裁和闽南山歌相近，可见台湾歌仔也融入了客家山歌的风格。

据《宜兰县志》所载，歌仔戏原系宜兰地方一种民谣曲调。阿助幼好乐曲，每日农作之余，辄提大壳弦，自弹自唱，深得邻人赞赏。好事者劝其把民谣演成戏剧，初仅一二人穿便服分扮男女，演唱时以大壳弦、月琴、萧、笛等伴奏，并有对白，当时号称“歌仔戏”。宜兰是漳属人聚居之处，歌仔戏以漳腔闽南话入戏，与此传说是相符的。其中所说“阿助”，就是民间传呼的“歌仔助”，原名欧来助，1871年生于宜兰员山乡头份村。很快地，歌仔戏在20世纪最初十几年间就传遍台湾全岛，1918年，厦门开始出现唱台湾“歌仔阵”的“仁义社”。

歌仔戏的唱词是彻底的闽南话口语，绝无文言词语，朗朗上口，易学易唱。下文是著名演员赛月金口述的《英台三伯》中的一段：

> 英台刺绣在大厅，听见外面地叫名；放落针线看啥物，莲步来到门口埕。
>
> 鹦哥见娘飞落木，英台出手甲伊摸；摸着鹦哥的翅股，一张批信看就知。

由于使用的方言贴近大众，歌仔戏很快就比乱弹、四平戏、梨园戏、九甲戏、潮州戏等更受欢迎。原来的演员也纷纷学起七字调。这时，大陆的一些京剧、闽剧赴台演出，歌仔戏又吸收了一些布景技术，演出效果更佳，乐师们又创造了许多新曲调，尤其是打造了多种多样的“哭调”，《三伯英台》有“哭墓”，《孟姜女》有“哭长城”，《五子哭墓》更是集哭调之大成。于是“苦旦”（青衣）成了大明星，“哭情戏”成了流行剧，其苦切的悲愤之情引起了日本殖民统治之下饱受压迫的同胞的共鸣，经常是演戏的、看戏的，台上台下哭成一片，后来又编演了取材于当时社会生活的剧目，使歌仔戏愈加成熟，并受到百姓欢迎，风靡一时。虽然1930年前后，歌仔戏曾被日本殖民统治当局禁演，但艺术之火并未熄灭，甚至还影响到了厦门。

厦门话和台湾闽南话一样都是“漳泉滥”（漳腔和泉腔的混合），口音最为相近，文化习俗也一直是相通的，两岸之间的沟通中，厦门港最重要，民间往来始终未断。1920年前后就有台湾艺人来厦门演唱和教授歌仔戏，如王银河、矮仔宝、温红涂、月中娥、陈月朝、曾琛、天连叫、青春好、锦上花等都成了厦门的明星。在厦门的邵江海通过勤学苦练，艺高一筹，于1931年当起了师傅，到漳州一带授戏，在反复的艺术实践中，他把闽南本地歌仔的风格和台湾歌仔相融合，创造了和大哭调相异而更加具有轻松活泼气氛和灵活格式的“杂碎调”、“改良调”，突破了七字四句的定格，延伸了长短句的表现空间，然而又保留了纯正的方言口语和题材本身的现实性，使歌仔戏在漳厦一带很快风行起来，连梨园戏、高甲戏的故地泉州一带也受到了影响。

30年代之后，台湾和厦门的许多戏班还把歌仔戏带到东南亚的华侨社区，获得极大好评，也同样夺取了旧戏班的阵地。

50年代，人们考虑到歌仔戏发源于芗江，将其定名为“芗剧”，但民间还习惯于称为“歌仔戏”。成熟起来的歌仔戏以其鲜活的口语、反映现实的清新内容、灵巧而贴近生活的表演艺术，在闽南的许多传统戏曲之中独树一帜，具有高度的感染力和强劲的生命力。虽然经历过日本侵略者的摧残和民不聊生的困境，歌仔戏在闽台两岸都得到良好发展，数十年间创造了《三家福》、《安安寻母》、《加令记》、《状元与乞丐》等脍炙人口的剧目。

两岸恢复沟通后，1992年，台湾歌仔学会首次派专家来厦门与厦门的台湾研究所、歌仔戏剧团交流。1995年，福建省也派专家应台湾中华民俗艺术基金会之请赴台访问，参加首次“海峡两岸歌仔戏学术研讨会”，之后，两岸的艺人和学者的交流、会演、聚会论艺，可谓往来频繁、交谊深挚。

歌仔戏就是这样从大陆传到台湾的漳州锦歌的基础上加工形成，又回到大陆锻造扩充的，它是两岸艺人和民众共同培育出来的艺术之花，是海峡两岸同胞用血泪浇灌出来的相思花。

原中国艺术研究院副院长、著名戏剧理论家郭汉城曾为歌仔戏作诗两首：

玲珑剔透听歌仔，贻荡亲情动远思。好藉东风飞海峡，殷勤着意拂离枝。

同根共土一般香，挈得春光忆更长。莺舌流珠如传话，相思格调不寻常。

四、闽南歌谣与闽南口语的加工

从内容上说，儿歌是传授知识、学习方言的好教材，情歌则是表达情爱的好方式。从语言形式说，歌谣都是从口头语言取材，经过加工，不论是诵读或者是配曲歌唱，都是节奏韵脚分明、朗朗上口的。可以说，歌谣因方言而美，方言的朴实清新也为歌谣的创作做出了贡献。

闽南歌谣中，最具魅力的是儿歌和情歌。儿歌是在学龄前儿童中传诵的，好的儿歌，使儿童获得知识，也学到语言。其知识包括对自然世界的认识，也包括对社会人情的理解，其语言即包含着方言的语音、词汇和语法的全面训练。

在闽南方言地区，《天乌乌》和《月光光》都是几乎无人不知的儿歌：

天乌乌，卜落雨，攑锄头，巡水路，巡着一尾鲫仔鱼咧娶某。

龟吹箫，鳖拍鼓，火萤担灯来耀路，水鸡扛轿目吐吐，田婴攑旗喊辛苦。

月光光，秀才郎，骑白马，过三堂。

三堂官，官真浮，触着牛。牛喂喂，触着鸡。

鸡血流，触着猴。猴放屁，叫汝买猪肝，汝去买猪肺。

叫汝分人食，汝家己巴囫做一喙。

这种儿歌都取材于日常生活，便于儿童认识身边的事物及最常见的生活动作，前者一韵到底，后者按“顶真格”换韵，都便于记忆。三字句多，幼童好说，两个三字句加上停顿，和七字句也能和谐。

阿达子，做人新妇八道理。晏晏睏，早早起。落灶骹，洗碗箸。

上大厅，拭桌椅，入绣房，做针黹。

呵咾兄，呵咾弟，呵咾父母势教示，呵咾丈夫好八字。

阿娘我唔嫁，我卜勤勤做工课。对今日起，也唔顶家盘下家，我卜勤勤来纺纱。

阿团汝着嫁，有头有对则是家。好翁好婿来相趆，卡好在家家己坐。

阿娘汝讲我也知，出嫁不比在家里，大家若好无么事，大家若歹拍甲狮。小姑小叔搬喙舌，大家千般来凌迟。

这两首是教小女孩念的，说了一些社会生活的道理，前者一韵到底，表示文意连贯，后者多次换韵和对话换人，和文意转接相应。在句式方面，多数还是三、五、七相间。

乌薰食了真有势，出门相趆十几个。有的手提乌薰管，有的身背家俬袋。

死钱食了有终尽，一个一路来比并。滕园厝宅卖了了，某团标致别人个。

单身流落无倚煞，啥人免去入养济。

风葱捻断腹内空，厦门水路透番邦。
哥汝许久伫外头，想着心酸目屎流。
封封批头一到厝，护娘带念在心头。

以上两首是讽喻、言情的七言诗，是成年人的歌谣，有时也在少年之中传诵。前者劝人莫吸鸦片，后者表达母亲对出洋儿子的思念。

茉莉开花白丝丝，谁人侥心路旁尸。
是汝当初对面讲，讲卜共阮结百年。

塗豆卜食粒粒芳，迎新弃旧唔是人。
向望兄哥相痛疼，痛疼阮身诸娘人。

为娘割吊桃花痟，倒落床中直条条。
朋友若来真见笑，起来无拐徛袂朝。

哥啊现时真歹运，向些娘囝牵成君。
牵成我身若出运，唔放船过水无痕。

以上四首情诗都是七言四句，押韵和旧时绝句相似，是常见句式。其中使用了许多方言常用词和成语。如“路旁尸”是咒骂人半路死，“当初”、“向望”（向往，仰望）、“痛疼”（疼爱）、“阮身”（咱，指我）“见笑”（害羞）、“徛袂朝”（站不住）、“牵成”（提携，成全）、“出运”（摆脱厄运）都是方言常用词，“船过水无痕”是方言常用俗语。

闽南歌谣的另一个大类是“歌仔”，用韵文形式讲故事，一般只念不唱，因为篇幅长，难以背诵，所以地方书局印成小册子（即“歌仔册”）流传。其中语言全然是地道方言口语，用字很不讲究，同音、训读、俗字都有，因为贴近口语，粗通文字的家庭妇女、半文盲都可以阅读、念唱。编成歌仔的故事，有的是本地流传的剧目改编的，如《陈三五娘》、《英台三伯》；有的出自历史故事，如《妲己拜纣王》、《大舜耕田》、《郑国姓开台湾》；还有一些采自时事新闻。除了七字一句、句句押韵之外，语言上并无更多的艺术加工，只是朗朗上口而已。就语言艺术说，较之童谣、情歌，稍逊一筹。下文略举数段，可见一斑。

《郑国姓开台湾》歌：

原早台湾无人管，平洋矿土专生蕃。明末清初天下乱，国姓即来开台湾。

成功汉人不降满，带兵即来开台湾。清朝光绪日本反，鸿章写字去下关。

台湾兄弟众同胞，束缚日子今过头。日本今朗总赶走，永远不肯带咱兜。

爱国也着人尽忠，国家即有出英雄。流传万国人敬重，不比日本即奸雄。

《劝世了解》歌：

做人不通想偏私，带只世间无几年。人那卜死目一尔，万事免甲人相争。

万般是人个命运，不是人有钱着春。咸万不煞免食困，有个春着讲万银。

有人一生尽忠义，富而无怨贫无欺。甘愿度苦过日子，干苦永有出头天。

《三伯探英台》歌：

英台捧，教梁哥，田庄烧，有恰薄。见哥一面足烦恼，心肝无人我个糟。

三伯想着流目屎，手牵贤妹坐过来。乎我愈想愈无采，不敢放开汝英台。

杭州三年同床枕，自返病甲只当今。小妹险险不成样，我比梁哥恰格心。

步入现代社会之后，共同语逐渐普及，百姓文化水平不断提高，家庭妇女也从厨房里解放出来了，歌仔册在海峡两岸渐趋沉寂，除了还有些出版家抱着怀旧之心翻印了一些，坊间也都难觅了。另一方面，用载歌载舞伴随演奏的综合艺术形式来取代徒口念唱也成了歌仔册淡出人们视野的原因。但是，经过歌仔册加工定型的许多生动活泼的方言词语，却更加牢固地在方言口语中常驻了。例如：

意爱（心里喜爱）	无彩（无可奈何）	惊歹势（不好意思）
配插（匹配）	参详（商量）	安尼生（如此这般）
了戇工（白费力）	尪婿（夫婿）	娘嫺（娘子和丫头）
觅亲情（找配偶）	上好额（很富裕）	三舍（三少爷）
讲𫠛行（说不通）	肴凸风（会吹牛）	超工来（特意来）
存意（立意）	幼声（轻软说话声）	侥倖（伤心，倒霉）
目转轮（眼珠转）	相牵手（携手）	有盘头（有利可图）
无药医（无药可治）	无歇睏（不停歇）	罩发落（帮忙备办）

五、闽南戏曲对方言的提炼

闽南戏曲之所以会成为艺术珍品，主要是因为其吸收了大量在民间流传许久的歌谣，对于定型已千年的闽南方言又进行了反复的锤炼。这里以明代嘉靖四十五年（1566 年）刊本“重刊五色潮泉插科增入诗词北曲勾栏”《荔镜记戏文》为例，以见一斑：

第三出　花园游赏

【粉蝶儿】（旦——黄五娘）：巧韵莺声，惊醒枕边春梦。起来晏，日上纱窗。

（贴——益春）见窗外尾蝶，双飞相赶。日头长，春花发得通看。

【锦田道】

（旦）：入花园，嫲相随。满园花开蕊，红白绿间翠。双飞燕，尾蝶成双成对。

对只景，恁人心憔悴。

（贴）白：娘身是牡丹花正开，生长在深闺。好时节，空虚费。

怨杀窗外啼子规，枝上莺声沸。

第五出　邀朋赏灯

【四边静】　（净——林大）：拙年无某守孤单，青青冷冷无人相伴。

日来独自食，冥来独自宿。行尽腌臜路，踏尽狗屎干。

盘尽人后墙，屎肚都蹊破。乞人力一着，鬃仔去一半。

丈夫人无某，亲像衣裳讨无带。

第十一出　李婆求亲

（丑——李婆）白：当初十七八岁，头上缚二个鬃袋。

都少人问我乞生月，我拣选卜着处。今老来无理会，人见我一面亲像西瓜皮。

从以上唱词和对白可以看出，《荔镜记戏文》的语言正是对当年的闽南话相当完美的加工。从韵律看，不仅唱词全部押韵，连道白也多是押韵的，按民间说法，不论说和唱，押韵才能“落句”。从句式看，有比较工整的七言诗，也有三字句、四字句、五字句，错落有致。从语体说，按不同角色的性格，偏向书面语（如净、旦）或多用口头语（丑、占），皆有讲究。从用词说，有通语与方言共用的，如“当初”、“孤单”、“日头”、“窗外”、“飞燕”、“憔悴”、“深闺”、“吩咐”、“做官”、“忠义”、“满园”、“花开”、“相伴”、“春花”、“春梦”、“花园”、“相随”。日常所用口语则大多直接采用方言词语，如丈夫人（男人），仔儿（儿子），诸娘仔（女儿），生月（生辰八字），某（妻子），嫺（丫头），尾蝶（蝴蝶），细二（小心、仔细），力（抓捕），亲像（好像），今（现在），紧（快），盘（翻越），卜（要），只（这），乞（给，被），冥（夜），晏（晚，迟）。

正是因为对方言的加工比较完美，既可以唱起来、读出来，又能让本地人听得懂、理解得快，也可以使舞台表演韵律分明，节奏有致，富有多样而和谐的音乐性，使受众得到艺术的欣赏，各种地方戏曲数百年来才会受到如此众多的闽南人的欢迎，许多唱段早已在民间传唱，许多剧中常用词和常用句式也已经进入了日常生活中使用。

由于地方戏曲乃至各种说唱在闽南地区的普及和盛行，这些方言艺术已经不只是点缀生活的文化娱乐活动了。从婚丧喜庆、逢年过节敬拜祖宗、超度亡灵到各类地方神祇的祭祀活动，都少不了“搬戏”唱曲。至今，闽南各地的城乡还有专业剧团与不脱产的戏班，演戏、唱曲成为一种谋生的职业。这些文化娱乐不但是各种民俗活动不可缺少的项目，也成了男女老少普遍喜爱的生活娱乐方式。老人喜欢观看木偶戏，主要是听老艺人讲故事，获得历史知识；青年男女看大戏、“越戏旦”（捧星、追星），也是交友择偶的一种方式；有的少年儿童则热衷于看武打、学功夫。在私塾弃除、新学尚未普及的年代，文盲充斥的乡间，看戏盛于赶集，看完回家，大人还给小孩“讲戏出”。因为用的是大家惯熟的方言，听起来有趣、好懂，实际上也是普及历史知识，传授道德信条、扬善贬恶的一种传习教育的方式。久而久之，许多戏文里惯常听到的语言也就很自然地进入方言口语了。这其中有不少是浓缩了戏文故事情节、剧中主人公的姓名以及体现了某种道德训条的谚语。以流行于泉州一带的为例，试举例如下。

关于看戏演戏的：

人做戏，戏做人（戏是人演的，演出之后会影响人）

搬戏痟，看戏戆［演戏的如疯子（假事真做），看戏的如傻子（假事当真）］

棚顶做戏棚下有（剧情中的故事常现于日常生活）

无丑唔成戏，无技唔成丑（闽南戏重丑角，丑角重演技）

本地戏恶（难）做（本地剧团观众太熟悉，因此爱挑剔）

搬戏状元才（好演员必定知识面广，演技高）

看戏的都是忠臣（观众受戏文影响分善恶）

戏仔弄破鼓，老戏亵查某（小戏锣鼓喧天，大戏挑逗妇女）

戏话无真言（戏文并非正道言论）

三年会出一状元，十年恶出一小生（小生名角必久经磨炼）

会上目莲棚，则会做嘉礼木偶师（能演目莲救母，才称得上是傀儡师傅）

嘉礼戏换头，布袋戏换衫（傀儡换头不换服装，布袋戏反之）

装娘易［kueᵓ］装嫺恶［扮娘容易，扮婢女难（因其性格灵活，动作复杂）］

装生成生，装旦成旦［扮生扮旦都到位（喻艺人多能）］

臭戏加诙谐（蹩脚的戏只会靠插科打诨）

千斤白，四两曲（唱功比道白重要，也更难）

装旦惜曲，补篮惜竹（也说“补箩惜竹，花旦惜曲”，名旦不轻易卖唱）

三分戏品，七分人品（好演员先要人品好）

瘖戏拖棚（差劲的剧团动作缓慢只会拖时间）

瘖戏锣鼓稀（多），瘖馆家俬全（差劲剧团靠锣鼓多，但是乐队的乐器必全）

搬戏头，乞食尾（乡间戏班头往往最后堕落浪荡成乞丐）

嘉礼骹，嘉礼手，嘉礼步（手脚和走路的动作如傀儡戏木偶一般）

掠人做嘉礼弄（拿人家当傀儡操纵）

三十六仙嘉礼当百万官兵（谓以少代多）

目莲看唔煞见鬼有日（演傀儡戏《目莲救母》总要请鬼邀神，故有此说）

好戏双爿听（两边的话都要听）

无戏无出（无所作为）

好戏候棚（高级剧团开场慢）

戏歇棚拆（谓事情完毕了）

抽歌拔曲（高声唱歌，也讥笑人说话造作）

书头戏尾（喻指无关紧要的部分）

老老戏唔知挂须（老演员了还不知道要挂胡须，讥笑人老糊涂）

清丑好口白（赞赏人口才好，善应答）

食鱼爱食马鲛鲳，看戏爱看《苏六娘》（《苏六娘》为潮剧名出）

千日琵琶百日筝，半世三弦学唔成（学筝易，学琵琶难，弹三弦更难）

未学弹三弦，先学捻药丸（学弹三弦要先训练三指灵活）

搽手遴目眉，分手遴肚脐（双手科步要有分寸）

花旦平肚脐，老生平下颏，老丑四散来（生、旦、净手势各有限制，丑角不论）

前棚嘉礼后棚戏（如果同时演两场戏，主场必是傀儡戏）

关于戏文内容和人物的：

程咬金尽弄三下斧头（讥笑人武艺有限）

黄忠不认老（老当益壮）

蒙正家伙大（反语，吕蒙正一贫如洗）

五虎死了了，魏延升大将（“蜀中无大将”之意）

桃园三结义，关张扶刘备（有本事的要扶助无能的）

马中赤兔，人中吕布（良马有赤兔，名将有吕布）

有人救李世民，无人救秦叔宝（感叹世人趋炎附势）

陈三磨镜（另有图谋）

益春留伞（找借口，另有目的）

陈三面，五娘声（让人捉摸不清）

这些方言词语都形成于地方戏曲盛行的年代，当时地方戏的名曲是男女老少都熟知的，这些生动活泼的戏谚便很能让人想起看戏听戏时所看到的戏中情、剧中人，因而成了人们喜闻乐见的常用词，从而也增添了方言词语的艺术性。

第七章
从方言词语看福建的传统观念

第一节　思想观念

方言最活跃的时代是封建时代，小农经济之中，多数人家自给自足，逢有墟日，互通有无，不必通及外郡。文化落后，共同语不普及，加以交通阻塞，大有“山高皇帝远”，“鸡犬之声相闻，老死不相往来”之势，在这种历史条件下滋生的方言词语，往往打上深深的时代烙印。本节所述从方言词语看思想观念，反映的多是时代的陈迹。

一、自然观

在科学尚未昌明的年代，人们对许多自然现象未能有正确的理解，因而产生恐惧和崇拜，为一些事物和现象命名时便反映着这种心理。各地方言都把天称“天公”。天公是主宰万物之主，是至高无上、广被慈爱、公平无私的神明，“侬咧做，天咧看”（人的行为有老天在监视）是劝人“慎独”。“天公疼戆侬”（老天爱护忠厚人）是给诚实的苦命人的安慰。“天顶天公，地上舅公”的谚语流传也很广，意思是天公在神明中最大，人间最应该受到敬重并具有裁决权的是舅舅（一般都认为这反映了母系社会后期的习俗，由舅舅代行母系的女权）。闽南话称月为“月娘”，在夏季的星空下，老人总要告诫孩子，不能用手指着月亮，否则会被月亮割耳朵。“雷公”在传说中是天庭的执法者，被雷打死被认为是做了亏心事、罪孽深重所得的报应。有人忤逆父母，糟蹋劳动成果（包括吃饭“留碗底”，把食物倒入马桶之类的事），大人就会警告说“雷公在头顶”，“无惊乞雷公拍死”（怕会被雷打）。客家谚语也说“剩饭碗，雷公打”。此外，许多方言把雹说成“龙雹”，地震说成“地牛翻身”，日食、月食说“天狗食日、天狗食月”，也都是带着这类迷信色彩的方言词。

各种事物和现象的分类和命名也反映着人们对于客观世界的不成熟的认识。厦门话冰霜不分，冻冰说“结霜”，冰棍儿说“霜条”，永安、建瓯、龙岩、福安冰与霜合称“霜冰”。闽北方言雾露不分，建瓯都说“露［suᵓ̱］”，也是分类太泛的例子。有时也有分类比普通话更细的，例如厦门话把山间的薄雾称为“雺［꜀bɔ］”，海里的浓雾称为“雾［buᵓ̱］”，普通话的“起雾”，前者说“罩雺”，后者说“起雾”。

人对于自身的理解是后起的事，而且很难做到准确和穷尽。古人说“心之官则思”，以心为思想的器官。闽南方言“腹”（肚子），有时也成了思想的器官。福州话说“䆀瓜无瓤，䆀囝无腹肠”（不成熟的儿子没心计）。再以泉州话为例：

心神（心力和精神，心血）

心行［hiŋᵓ］（心地品行）

心腹（有心计，能算计）

心适（有趣）

寸腹食水，喙食腹算（心中有数）

腹戳［tshɔʔ꜀̱］（心里骂娘）

心肝大，无造化（野心太大往往没好结果）

清心（灰心、心凉）

软心（软心肠）

激心（伤心）

苦心（悲伤）

擘腹（烦恼）

但是，各地方言中关于气候、农时以及耕作方法的谚语，是中国农民在长期的实践中总结出来的，大都符合科学道理，而且形象生动，声韵铿锵。略举数例可见一斑：

春寒雨那溅，冬寒叫苦旱（春寒多雨，冬寒多旱）

未落雨先唱歌，任落也唔多（先雷后雨，下雨不多）

日昼落雨当日晴，暗暝落雨到天明（“日昼”指白天，“暗暝”指夜晚）

春雾曝死鬼，夏雾出大水

春争日，夏争时（夏收夏种最需抢时间）

晚稻唔过秋，过秋九无收（晚稻应在立秋前收割）

花生爱听锄头声，一次锄来一次青（劝人多除草）

山头光，粮田荒，山头绿，谷满仓

在福建农村，各地诸如此类的农谚十分丰富。多年前各县市在为《中国谚语集成·福建卷》搜集资料和编修地方志时，都曾经广泛地收集过。经过整理便可发现其中有不少是长期实践经验总结出来的科学发现，当然也有一些是在落后的生产条件下，人力无法战胜自然而产生的悲观论调和迷信说法。例如：

人养人，一把骨；天养人，肥腯腯

千算万算，不如天算

蚬饥、蟹乱、蛤太平（说蚬多是荒年，蟹多是乱世，蛤多才是太平年，这是福州郊区的一种迷信说法，当然也没有科学根据）

方言词语反映了前代人的自然观。科学昌明之后，人们的自然观变了，有些方言词语也跟着改说新词，例如不说“地牛翻身”而说地震，不说“自来水笔”而说钢笔。有的方言词不改说，但并不妨碍人们建立新的自然观。例如“心里乱糟糟”还在说，尽管已经知道是头脑里乱。可见语言的变化总是比科学的发展和认识的变化慢，它们的演变并非同步。

二、社会观

中国传统的上层社会的运作，靠的是庞大的文官机构来维持政治上的统治，这个文官系统的后备队伍便是地方上的布衣之士。经过十年寒窗，这些文士在科举制度中竞争，只有少数人能跻身统治机构。这就是士和仕的交接。至于下层社会的运作，靠的是血缘相关的宗族、姓氏和地缘相系的邻里、乡情来调节。

士不但是仕的后备队，而且是沟通文官系统和宗族社会的中介，这就是《孝经》所云“以孝事君则忠，以敬事长则顺”。关于这一点，《论语》里有更详细的发挥：“有子曰：其为人也孝弟，而好犯上者，鲜矣，不好犯上，而好作乱者，未之有也。君子务本，本立而道生，孝弟也者，其为仁之本与!”儒家就是这样以孝为仁为忠之本，以孝为道德的核心的。

方言口语中，对于由血缘和地缘所交织而成的宗族关系，有许多直观的具体的反映。

福建各地的方言都把对血缘和地缘的尊重和依赖视为是天经地义的。拿闽南话来说，每个年轻人都知道下面这套方言词语所织成的社会网络以及许多俗谚所规定的行为准则。

爸母兄弟——这是至亲。谚曰：“兄弟情，心连心，父母恩，传子孙”，“父母如天地，兄弟如手足”，“拍虎亲兄弟，上阵父子兵”。

亲堂叔孙——同宗的族亲，又称“自家人”。谚曰：“拳头向外打，手指向内屈”，“肥水唔流别人田”。

亲情五十——即各种姻亲，有的方言称为“亲戚”或“亲眷”。“一代亲，二代表，三代煞了了”说的是亲戚不可能永远走下去的道理。

鸟篮血迹——即出生的故土、摇篮地，带着几分神圣，所以必须“富贵不离祖”，“落叶归根”。

厝边上下——即邻居。“远亲不如近邻”也是对长期生活实践的总结。

乡里头尾——同乡人，在农村又是同姓族亲，总是“出门相见，入门相见”的，所以必须以礼相待，互助友爱。

至于对待社会的上层——文官系统里的“父母官”，相对而言，内陆山区的人更加恭顺些，而在沿海城镇，人们便会多一些审察和批判。山里说“见官莫在前，做客莫在后”，沿海则有“乡下人惊掠（抓捕），城里人惊食（招待客人用膳）”的说法，正是这种差别的写照。

这里举两个事例略可说明这种差异。

清流县置于宋元符元年（1098 年），到明嘉靖二十四年（1545 年）修《清流县志》时，只有 8000 多户人家，不到 40000 人口，就建有祭祀本地官宦的祠庙 5 所，祀名宦 20 人，乡贤 7 人。至道光年间修县志，这类祠庙竟有 25 处，祀死者及生者（多为官吏）197 人，例如：

渔沧庙：祀五代光禄大夫樊令。

闽王庙：祀王审知。

普庵堂祀：名宦 35 人，乡贤 17 人，忠孝 70 人，节孝 51 人。

惠烈祠：祀知县吕镛。

惠利祠：祀惠利夫人（莘七娘）。

忠烈祠：祀元代忠烈伍宗尧父子。

裴恭靖公祠：祀知县娄光远。

报德祠：祀两浙学道李于坚之子李言平。

烈士祠：祀烈士邓瑶。

此外还有为曾在本县为官的名宦所立生祠 16 所，祀知县余祎、蒋育馨、文朋、桑大协、杨大名、邓应韬、方兆麟、焦荣、王笃亲、王鼎新，本县同知唐淳、黄邑中、黄镇昌，本县通判郑舜臣及署县司理马中铢等。[①] 在这个小小的县衙里，几百年之间真的出了那么多清官、好官吗？恐怕只能说明山区百姓太善良了，他们心目中的“好官”标准显然是比较低的。

而在沿海地区，为官宦所建生祠少，流传最广的庙宇是为老百姓中的好人建的，例如为宋代莆田民女林默所建的天妃宫、妈祖庙，为民间医生吴夲（吴真人）所建的慈济宫，为牧童郭忠福（郭尊王）所建的凤山寺，为接生村妇陈靖姑（临水夫人）所建的顺懿庙。对于政治和官场的黑暗，沿海人民倒是编了不少谚语予以谴责。例如闽南话：

严官府出厚贼（高压之下不太平，官逼民反）

忠臣死无粕（清官往往被害遭殃）

交官穷、交鬼死、交贼无身尸（官家多不善，不可与之交往）

家无浪荡子，官从何处来（有些官来自浪荡子）

骹踏马屎傍官气（讥皂隶公差倚仗官势，作威作福，坑害百姓）

人善被人欺，官善倒赔钱（清官只能贫困）

皇帝江山无万年

有千年山，无千年官

① 参阅嘉靖、道光《清流县志》，福建人民出版社，1992 年版。

明代倭寇骚扰闽东沿海，开始时巡抚游振得抗倭不力，人民受苦，后来来了戚继光，倭患始平。福州传有谣谚："油三油不如一过漆"，说的是清油油了三遍，不如过一遍漆。以"油"谐音游，"漆"谐音戚，嘲讽现实。又如光绪十年（1884年）法国海军在闽江口与福建水师对峙40天之后，发起攻击。由于当时驻防马江守将张佩纶、张树声和何如璋、何璟等人不负责任，惧强媚敌，贻误战机，以致多年辛苦组建的福建水师全军覆灭。当时福州城内就编出谣谚进行抨击："福州真无福，法人（法国人）原无法，两何无奈何，两张无主张。"

在社会生活中，沿海的百姓看重的不是与官府的交结，而是民间的往来。除了至亲、宗亲和乡亲之外，人们还十分重视"交陪"与"朋友弟兄"。也许是因为沿海的人更常出门讨生活，他们对"在家千日好，出门朝朝难"的体会特别深，所以信奉的是"在家靠父母，出门靠朋友"的经验。甚至对于结伴同行的同路人，他们也喜欢交个朋友，以便互相帮助。闽南就有谚语说"同行如同命"。

从社会观的不同，可以看到沿海和山区文化氛围不同的一个侧面。

三、人生观

福建的先民大多是由于战乱从北方南迁而来的。正是因为尝过了动荡的乱世之苦，他们总是盼望着和平、安定的生活。打开福建地图，便可以看到许多地名都带着"福"、"泰"、"安"、"宁"一类的字眼。仅以县市名为例，就有（括号中为旧名）：

安：福安、南安、惠安、同安、永安、诏安、华安、安溪、（崇安、东安、建安、绥安）。

宁：周宁、寿宁、建宁、泰宁、宁德、宁化、（福宁）。

福：福州、福安、福鼎、福清、（永福）。

平：平和、平潭、漳平、武平、南平。

清：清流、福清、闽清、（清宁）。

泰：泰宁、永泰、长泰。

像顺昌、长乐、永春、将乐之类名称也是很典型的祈福地名。来到福建这片丘陵山地之后，长期的小农经济生活，加以儒家所宣扬的安贫乐道、知足常乐等观念，多数劳动者但求温饱平安，不求发达进取，这些地名就反映了这种世况民情。闽南话“惜福”一词可谓典型，“惜福”就是安分、知足，惜福的人是被褒扬的，“唔惜福”就是有非分之想，不知足，身在福中不知福。浪费粮食、不爱惜用具的孩子常被家长谴责为“唔惜福”。在闽方言里，稳当、抱稳、稳顺、顺当、顺序、妥当、安稳、平稳、平安、好势一类常用词语都是人们所喜爱、所追求的目标，顺通、明通、顺安、庆安、嘉兴、阿平、阿盛、阿福、阿荣之类是男性的常见名。在俗谚中反映此类内容的也很多。例如：

平平安安，胜过金山银山

无病无灾就是大福

但求保平安，不求添福寿

金家银家，不如安闲居家

不贪财，祸不来

想金想银，越想越穷

宁做太平犬，唔做乱世人

万金唔值清心

有福唔知惜，福去得鲙着

无事便是乐，无病便是福

那么，比平安更好一点，人们追求什么呢？从方言所反映的内容看，传统的希求便是“福气”和“好命”。就其所涵盖的内容说，所谓“福气”，一是多子早子。“多子多福”是各地都有的说法，“三十岁牵孙过桥”、“儿孙满堂”、“五代同堂”被认为是最有福气的。闽南话说，“一世人三摆畅：娶某、生团、做引公”（人生三回喜，娶亲、生子、当祖父），也是同样的意思。二是健康，标志是发胖，就是各方言所说的“发福”、“福相”。所谓“好命”，除了上述的“多子早子”、“儿孙满堂”之外，常常还包含另外两个内容：一是精神方面，不受虐待不受气，家庭和睦，有贤妻良母，子女孝顺有出息；一是物质方面，不必从事粗笨的体力劳动，不必风里来雨里去，而能过得小康的生活。客家话说“心好唔使斋，命好唔使孩”（好命不要挑重担），如果是“恶妻孽子，无药可治”，浪荡子弟招惹祸害，或是凶恶蛮横的长辈、东家的严酷管制，只能用“粗气重力”、“劳心费力”才能换得温饱，那便是“歹命”、“劳碌命”、“油麻菜籽命”、“苦命”、“黄连命”了。

大概是因为能够当大官、发大财的人太少了，一般人并不敢奢望，所以“升官发财”倒不是“好命”、“福气”的必备内容。当然，能够升官发财也算是有福和好命了，但如果是巧取豪夺得来的官职、贪赃枉法得来的钱财，在人们心目中也未必算是有福和好命。有谚为证：“宁可冷清穷，也唔肮脏富”，“穷要穷得清香，死要死得明白”，“有道得财，宽心自在”，“有钱难买子孙贤”，“血汗钱，心里甜”，“做官买田，不如子孝妻贤”，“宁可无黄金，不可无良心”，“不义钱财如粪土，廉洁名声值千金”。

四、道德观

中国的传统文化历来提倡教化，注重道德，全靠体现着一定道德的礼仪来维护社会的统一和安定。可以说，道德是中国文化的核心。福建方言的许多基本的文化词语，直接而明确地体现着一定的道德观。兹举几个各地方言所共有的俗谚来说明。

一是以古为正，守旧为本。凡是办事“照古例”，牢记“古上书”（泉州话）、“载书其”（福州话）的条例的人便是可靠的人、厚道的人（福州话称之为“妥当侬”）。而循规蹈矩、行为随和，与人无争、与世无争，得过且过的人在闽南话中则被称为“古意”、“古道”。凡是“古早时”就有的事物，素常的习惯，便不须争议可以使人放心，不存在危险性。“马老知路途，人老知世故”、“不听老人言，食亏在眼前”是各方言都有的说法。闽西客家话说“若要好，问三老”，“九十九问一百”，“老人唔入少年行，少年阵子无商量”。与此相反，凡是要改变祖宗之法，换个新招，通常便会引起疑虑，招来非议，保守的老人会斥责说：“未曾三寸水就要爬龙船”，“未学行，先学飞”。

二是勤俭为本。全省方言不少把省俭说成“做家”，这是十分有道理的。持家必俭，挥霍就只会败家。“做家”古时说“作家”，《晋书·食货志》：“桓帝不能作家，曾无私蓄。”“作家”就是勤俭持家。可见这种说法由来已久。在家庭之内，男主勤劳，女主节俭，二者配合得好，便会“好翁食赊空，好婆无惊无”（好公吃不空，好婆不怕无），使家道兴旺起来。各地方言教人勤俭的谚语特别多，流传也特别广。“骨力食力，贫惮吞嘫”（勤劳得食，懒惰吞口水），在闽南方言区，可以说无人不知。闽西客家话说的“食唔穷，着唔穷，唔会算计七世穷”，这类说法也到处都有。“有钱唔做家，无钱苦难捱”，“食饱唔通赊记枵时竣”（吃饱勿忘饿时候），是从许多惨痛的教训中总结出来的警句。“只勤不俭无底洞，只俭不勤水无源”，“勤人荒年有余粮，懒汉丰年饿肚肠”，“勤耕细作般般有，好食懒做样样无”，“大食大喝眼前香，细水长流渡灾荒”，“多衣多寒，少衣自暖”，“唔食烂饭唔得饱，唔着补衫唔得老”，这类世世代代用来教育子女的名谚是举不胜举的。

三是诚善为上。诚就是忠实、信实、诚实、诚意、诚心，这是各方言都有的常用词。善就是与人为善，做好人，提倡忍耐、宽容。要当“好人”，就要待人“好心”、“好意”，自己则“好性地”（好脾气）、“好款制”（好习惯），对人说“好话”，做“好事”。种田盼“好田边”，住家盼“好厝边”（好邻居）。人们也总是相信“善有善报，恶有恶报”，虽然也有“好心乞雷拍（挨雷打）”，“天无照甲子，人无照道理”的时候，谁碰上这种遭遇，便只好“怨命”了。在闽方言里“命”和“运”还有不同。人们相信，命不好是“先天”的，“生辰八字”所定，娘胎带来无法回避的；运称为“字运”、“运气”、“运图”，是在一定环境条件下的某一段时期里的境遇。“运不好”是临时的，有时是可以回避的。

劝人诚实待人、行善自好，也是各方言谚语中常见的主题。“身子正、脚静（脚跟）硬”，“唔怕人唔敬，就怕己唔正”，“肚里无邪气，唔怕冷风吹”，“树身正，唔畏树尾风”，“人正无惊影斜”，“人直有人给，路直有人行”，这是给诚实正直的人鼓气的。“贪字贫字壳”，“贪字和贫字共样写”，“爱人好，自已好；爱人歹，自已歹”，“为人为已，害人害已”，“欺人人欺，骗人骗已”，“谁食盐谁渴，谁恶谁受”，“若要人不知，除非已莫为”，这是告诫人们不能存心害人、骗人。“忍气求财，受气得福”，“喙齿拍折连血吞”（断了牙齿连血吞），“忍得一时气，免得百日忧”，“逼人一步路头窄，让人一步天地宽”，这是劝人忍让、委曲求全的。

四是谦逊求群。中国文化是大一统的文化、群体的文化，和西方的个人奋斗、强调个人利益、以自我为中心截然不同。在中国社会生活中如果突出个人便会“树大招风”，“枪打出头鸟”，“撑头番薯乞鸡啄”（冒尖的红薯被鸡啄）。福州话有两个最形象也最准确地表现这种精神的方言词——“徛底”、“徛紧”。“徛底”字面意思是往里站，就是别突出个人，要谦逊；“徛紧”就是一伙人要抱团。家庭之内、家族之内、乡里之内就是需要“徛紧”的，不管是文的武的都要求团结一致：“一人智不如二人议，二人议不及众人意”，这是文的；“众人扛山山会动”，这是武的。“风吹单条竹，饿死单身哥”，这是比喻的说法。“有样看样，无样看四上（周围）”，“输人唔输阵，输阵番薯面”，这是教人在群体中顺时势、随大流。

用闽方言来说，符合这些道德规范的就是“好囝”，同这些原则相违背的便是“呆囝”、“歹囝”。好囝就是好儿子、好后生，就是家庭教育的成功典范。相对而言，在诸多道德训条中，好囝必须做到的，最重要的还是好劳动和作风好这两条。好逸恶劳、挥霍浪费便是呆囝。福州话有列举呆囝劣迹的谚语：“嫖、赌、饮、鸦片、拳头、伬，逢症唔辞”，把练武术（拍拳头）和爱唱曲（伬唱）也列为不正当的事，可见有些谚语也受特定历史条件的限制，现在看来并不是都有道理的。

在现实社会里，种种不公平、不合理的事是经常存在的。闽南话有“好心不得好报”，“人善受人欺”，“千斤力不如四两命”，“褪赤骹（打赤脚）的拍猎，颂（穿）鞋袜的食肉”，闽北话有“拿鱼人馌（吃）鱼屎”，都是对这种不公事实的抱怨。丰富多彩的方言谚语既有道德的教条，也有人民的呼声。对于方言中的俗语谚语，自然是要进行分析、区别对待的，吸收其中合理的成分，抛弃其中陈旧的、错误的成分。

五、职业观

对于不同的职业，方言里都有不同的称谓。不同的称谓带着不同的感情色彩，或敬重，或鄙夷，从中便可看出不同地方的职业观。

有些职业在全省各地都是受到敬重的。例如可以单独称为“先生”的，一是教师，一是中医师。有时为了区别也可称“教书先生”、“看病先生”。其他从事脑力劳动的，在一些地区也称“先生”，例如福州话有风水先生、看命先生、数簿桌先生（掌柜记账的），但是受敬重程度和前面二者不同。例如从事迷信职业的，多数人对其是将信将疑的，福州话说：“神妈神妈，半真半假”，闽南话说：“看命喙，糊泪泪”（相命者常常胡诌），有时称之为“看命仙”，将其和“跋缴仙”（赌棍）、“烧酒仙”（酒鬼）列为同类。

手艺人大多被尊称为“师傅”。盖房子的木匠、泥水匠各地都是称师傅。管衣、食二类的在闽东、闽北也称师傅（厨师傅、衣裳师傅），在闽南厨师称“馆夫”，裁缝就称“裁缝”。

在儒家思想占统治地位的古代社会，道教、佛教都不时兴。和尚、尼姑、道士、师姑，在方言中都不是很受尊敬的称谓。俗谚则说“好心唔用食斋”，“敬神不如敬人”，“心中无邪唔惊鬼”，“无想贪，免信神”，“神佛兴，弟子穷”，“无事请王爷——引鬼入宅”。至于西方传来的天主教和基督教就更没有地位了，闽南话说“食教食教，死无人哭”（信了基督教，人死不哭丧，被认为无人情味），表现一种明显的轻蔑。

从商者不论是老板、伙计或是经纪人等，都被认为是鲜仁少义、寡廉鲜耻的人。在封建时代，商业劳动不算是正当劳动，从商就是诈骗、盘剥。“无商不奸”是到处都有的说法。对商人的看法，各地说法也很有意思。“刣头生意有人做，蚀本生意没人做”，“有错买没错卖”，“福州价半半价”，“泉州客，对半说”，“熟熟熟，买贵肉”（对熟人卖得更贵），这是沿海的说法；“算盘珠不认人”，“奸商对你拍肩头，必有隐痛在心头”，“肥田不如瘦店”，这是山区的说法。福清话说“仁义不交财，交财仁义绝”，倒是很有概括性。

另一方面，在沿海地区，随着商品经济的发展，这种认识逐渐有了变化。南宋时，莆田人刘克庄就在他的《泉州南郭二首（之一）》诗里吟道：“闽人务本亦知书，若不耕樵必业儒。唯有桐城南郭外，朝为原宪暮陶朱。”原宪是孔子的弟子，陶朱是范蠡的别号，这里是寒士与富翁的代名词。宋元以来的泉州，明清以来的漳州，“五口通商”以来的福州、厦门，商业经济有了长足的发展。在对待商业的心态和观点上和山区有了显著的不同。例如就在“桐城南郭外”（现在的晋江市），我们也可以看到这样的商谚：

相请无论，买卖算分

一千赊唔值八百现

无赊不成店，赊了店不成

和气生财，生理（生意）捷捷来

歹歹顾客，较好人客

俗物无好货，好货无卖俗（“俗”就是便宜）

一桩钱，一桩货

同行三分仇，隔行如隔山

无惊唔八（不识）货，只惊货比货

卖货头，摔货尾（开始卖时利润高，货底要折价处理）

贪俗（便宜）食破家

跋缴（赌博）郎君买卖贼（赌客输时也会心甘情愿，做买卖的却要千方百计地赚钱）

喙水（口才）合汝捋，价钱无走跡（[tsuaʔ˳]，相差）

无惊高价，只惊假货（“惊”就是怕）

在有着悠久经商历史的地方，许多商谚还是有其合理性的。

对于读书人，还是内地山区更能保持传统的看法，在那里“万般皆下品，唯有读书高”还大体被认可。在山区人家的厅堂里，至今还将用红纸写的“天地君亲师”贴在神位旁。读书人被认为是“知书识礼”的，教书先生是开发民智的，因此人们不但普遍敬重他们，而且也给予他们优惠和照顾。“一日为师，终身为父”的话在那里十分盛行。逢年过节，学生家长还会宴请外地来执教的先生，唯恐不能尽自己一分心意。在沿海地区，可能是因为文化人多了，加上商品经济的冲击，教师普遍穷困，社会地位也不如山区的高。故福州话有谚：“先生先生，面觑鼓山，卜（要）食肉骨，共（与）犬相争”，这已经不是同情而近于戏谑了；又说“三十六箱，拣到笔、墨、纸、砚”，意思是运气太坏，专拣不值钱的东西。闽南话说“一守寡，二拎纸”，是嘲笑读书人、教书人因为收入有限而常显得吝啬，寡妇生活无来源，自应俭省，“拎纸”，泉州音 [ᶜ̲kimᶜtsua]，就是常要拿纸，和纸笔打交道的人，看来是早就清贫得很，才会有这样的说法。

卖艺、卖唱的人在旧社会所处的地位是末流的，他们收入低，工作累，还要受戏班主的剥削和欺凌。福清有《做戏苦》的民谣说：“做戏班，暝日爬深山。食饮（ [ᶜaŋ]，米汤）配薯干。锣鼓咚咚助威风，黄袍加身做大官。行落台，乞食（乞丐）般。”在黄淮经常泛滥成灾的年代，许多南下的流民就靠卖艺、卖唱求得一点施舍。福州话的“拳头伬”（耍武术、唱戏）被列入不规矩的职业。闽南话说“爸母无舍施（读去声），送团去扮戏”，说明学戏既是苦差又被瞧不起，只有穷苦人家才舍得送子女去学戏。

第二节 风俗习惯

一、关于人名

人名是语言中数量最为庞大的专有名称，一个人通常还不止一个名，有乳名、正名、字、号等等，因此人名比人口还要多。人名不仅是人的代号，而且体现了命名者的许多观念，寄托了命名者的希望。古往今来的人名，反映了不同历史时代、不同地域的人的种种意识、信仰和欲望，人名的研究实在是社会语言学极其有趣的内容之一。

最初的人名总是父母亲造出来的。传宗接代原本是自然现象，但是在文明社会里又加进了许多复杂的内容。在宗法社会中认为生子才能延续香火；在小农经济社会里，家庭是生产核算单位，生子才能娶媳妇，从而获得劳动力，只有多劳力才有发家的希望；在不很太平的年代，只有壮汉多才有安全感。这就是“多子多福”的观念得以长期存在的依据。福建的先民，初来时披荆斩棘，平地开垦完了又要造梯田、辟滩涂，再进一步只好翻山越岭、漂洋过海、出外谋生了。这些为了生存和发展的活计都特别需要男劳力。重男轻女的现象在福建特别严重，残溺或抛弃女婴直到20世纪40年代还是屡禁不止。命名时见是女的，就叫“招弟、抱弟、焉治”（闽南话“焉”，即带领。治、弟同音，养女儿盼的是引出个儿子来），厦门出生的女子小名叫“罔市”（音［ᶜbɔŋ tshiˀ］，姑且养着的意思）的据说也不少。那么，生了男孩一定是命名为金玉宝贝了吗？也不一定。因为难得，深恐得而复失。因此，往往要先起个低贱的乳名，什么无毛、大头、扁鼻、戆狗、乌豆、黄鳅、番薯、蒜子等，都可以入名，有的有意给男孩子起女名，如称大妹、细妹、戆妹。人们迷信认为听到这些贱名、女名，凶神恶煞就不会注意到，孩子就比较容易养活。

算命的习俗对人们命名也有很大影响，“金木水火土”五行之中缺什么就名什么，不但金生、木生、水生、火生、土成都是常见名，“鑫、森、淼、燊、垚”等字虽生僻却常见于人名。如无这类特殊需要，常见的大名多半是寄托着某种美好的愿望。或光宗耀祖（念祖、显祖、继祖、扬祖、荣宗、继宗、承宗、耀宗），或升官发财（祥官、品官、水官、云官、发金、连金、进财、金财），或一般性的兴旺发达（振兴、连发、达兴、贵兴）、吉利祥瑞（天祥、瑞裕、荣贵、连福）。

旧时编修族谱的时候，都要续编字辈供后人为男子命名。各字辈顺序连读往往表现一定的意义。例如南安梅山李姓的字辈就有“学大有晓，于国引成斯志，贻厥孙谋”。许多数千人同姓聚居的大村庄，每当有人外出远地与乡亲相会的时候，由于命名都恪遵辈分，镶用字辈，彼此都知道辈分上的关系，因此可以选择适当的称呼和采取应有的礼数。如果“名不正”，真要“言不顺”了。这套规矩是在宗法社会里形成的，成了维持宗法秩序的重要手段。

呼叫人名时，闽人的习惯是熟人呼名不呼姓，生人不知名自可用“老张”、“老李”此类称呼，连名带姓称呼是不敬的称呼。这大概是因为以往都以姓聚居，熟人多是同姓的本家，连名带姓地称呼，就会显得见外。若是异姓先就疏离了一层，不呼姓仍觉亲切，叫出姓来就更显得疏离了。

若是亲昵的称呼，往往摘取单音，用其简称，名为“金英”可昵称“金啊、英啊”或“阿金、阿英”。若是表示不友好，则取其一字另加绰号，成为“繁称”。在闽南农村绰号的繁称通常加上丑陋的形貌、残疾或不良的习性，或是低贱的职业，例如大头森、跛骹（跛脚）森、剃头（理发匠）周、冒光

（蛮横不讲理）昌、查某（查某，女人也。这是对男人女儿气概者的绰号）荣等等。

二、关于称谓

所谓称谓，包括亲属称谓和社会称谓。

著名的语言学家赵元任曾经说过，汉语方言之间，关于亲属称谓、小动物的名称，词汇的差异最多。拿福建方言来说也是如此，试看闽方言 12 个点的 12 个最常见的称谓（下表只取背称）：

称谓 地点	父亲	母亲	公公	婆婆	祖父	祖母	哥哥	弟弟	女儿	女婿	丈夫	妻子
福州	郎爸	郎奶	老官	大家	公	妈	依哥	依弟	诸娘囝	儿婿	丈夫	老妈
宁德	娘爸	娘奶	爹官	爹妈	翁	婆	哥	弟	tsɔm˳ᶜman	儿婿	老翁	老妈
福鼎	阿爸	阿奶	阿爹	阿妈	阿公	阿妈	阿哥	阿弟	做母仔	儿婿	老公	老妈
莆田	老爸	娘奶	大官	大家	阿公	阿妈	阿兄	阿弟	婶娘囝	囝婿	老翁	老妈
泉州	老爸	老母	大官	大家	引公	引妈	阿兄	小弟	查某囝	囝婿	翁	某
漳州	娘爸	娘奶	大官	大家	晐公	晐妈	阿兄	小弟	查某囝	囝婿	翁	某
龙岩	老倍	老母	大官	大家	公	妈	兄	老弟仔	查某囝	婿郎	丈夫	老婆
尤溪	阿爸	阿姐	阿爹	阿嬷	阿爹	阿妈	阿哥	阿弟	阿使	婿郎	老公	老妈
永安	唵爸	唵妈	阿官	婆哩	唵公	唵妈	老兄	老弟	娘囝	婿郎	丈夫	唵娘
沙县	老子	老妈	唵公	唵婆	唵公	唵妈	老兄	老弟	娘囝	婿郎	老公	唵娘
建瓯	爹	奶	公公	妈妈	公公	妈妈	哥仔	弟仔	阿娘囝	郎	老翁	老妈
建阳	爷	奶	爹爹	妈妈	爹爹	阿妈	哥仔	舍弟	阿娘囝	郎	老翁	老妈
长汀	爹哩	娘哩	家官	家娘	公爹	娘姐	老伯	老弟	女	婿郎	老公	老婆

亲属称谓方言差异大的原因，一是历来同义词多，古时候也有方言差异，历代又有不同说法，写在书上流传开来，便成了同义词；一是常用而且是近距离地使用，多数用于家庭、乡里，因而“约定”的面窄人少，“俗成”的过程也就会更快更短。

闽方言的亲属称谓中还有常见的“从儿称谓”和“偏称”。所谓“从儿称谓”就是女人跟着儿子称呼长辈。上文尤溪、沙县、建瓯、建阳各点公公、婆婆的说法和祖父、祖母的说法大体相同，这就是妇女跟着儿女称呼公公、婆婆为祖父、祖母。其中尤溪、沙县、建阳，公公从儿称，婆婆又不是，这说明了女人不能完全和男人享受同样待遇的习俗。所谓“偏称”就是不按原来称呼而改为别称，最常见的偏称是对父母的。称父母为叔、婶是闽南方言区常见的偏称，称父母为哥、姐则多见于莆仙方言区。偏称原本是为了回避“八字相克”的，生怕儿子命大“克父”，只好降低父亲的辈分，让儿子称他为“哥”，相应地称母为“姐”。后来扩大化了，为了使儿子容易养活，欺瞒“无常”，在称谓上权作胞弟，甚至权作外人。于是让儿子称父母为哥、姐，甚至直呼其名。西方人也有孩子直呼父亲小名的，但那是表示他们之间是平等、亲密的朋友，其文化含义与此完全不同。在莆田话地区，对父母的面称至今还盛行着偏称和直呼其名。笔者在讲授社会语言学课的时候，曾经组织学生回乡时对此做过一次社会调查，证明这种现象在较早的年代，在海岛、山区的农村，在农民之中较为盛行。具体的统计数字如下：

调查对象分类	调查总人数	正称		偏称		直呼其名	
		称父（百分比）	称母（百分比）	称父（百分比）	称母（百分比）	称父（百分比）	称母（百分比）
35—55 岁	29	3(10%)	8(28%)	5(17%)	5(17%)	21(72%)	16(55%)
15—35 岁	51	26(51%)	18(35%)	9(18%)	5(10%)	16(31%)	28(55%)
15 岁以下	12	11(92%)	8(67%)	0	0	1(8%)	4(33%)
海岛山区	29	7(24%)	8(28%)	10(34%)	3(10%)	12(41%)	18(62%)
一般农村	48	21(44%)	16(33%)	4(8%)	5(10%)	23(48%)	27(56%)
城镇	15	11(73%)	10(67%)	0	1(6%)	4(27%)	4(27%)
农民	父 51 母 67	11(22%)	22(33%)	13(25%)	7(10%)	27(53%)	38(57%)
居民	父 6 母 11	4(67%)	5(45%)	0	1(9%)	2(33%)	5(45%)
职工	父 35 母 14	26(74%)	7(50%)	1(3%)	1(7%)	8(23%)	6(43%)

关于社会称谓，在通行“同志”之前，对于不相识的路人，通常是按年龄、职业分别称呼，以厦门话为例，对老年人称“老阿伯”、“老阿婆”，对平

辈可称“咹大的”、“咹细的”，对青年人称“后生家”、“少年家”、“阿姑仔”，对手艺人称“师傅”，对有文化有身份的称“先生”，后来又有一般的通称“友的”。在长汀话里，社会称谓是在亲属称谓之前加“大”字，参照其性别年龄称为大伯、大叔、大哥、大嫂、大伯娓、大叔娓、大姑、大姐。福州话的社会称谓比较特别，干脆都套用亲属称谓，对老年人称“依伯”、“依婆”，中年人称“依伯”、“依姆”，对青年人称“依哥”、“依姐”、“依姨”，对少年称“依弟”、“依妹”，后面两项，老年人也这样称呼，实际上也是一种“从儿称谓”。外地人初到福州，听到这种称谓，都会感到距离缩短了，十分亲切。福州话有句谚话说：“有钱钱做好事，无钱喙做好事”，社会称谓的这些说法不正是用嘴巴做好事吗？

三、四时习俗

四时习俗，福建各地大同小异，有关习俗的方言词语，边远山区和闭塞的农村显然更多，因为那里旧俗保留较多，某些旧俗的留存往往有具体的历史原因。以下举些具体例子。

春节期间，建阳民众要“馌年”（家人吃团圆饭），“分年”（给小孩分压岁钱），“拎糖包”（送冰糖给亲戚），“出行”（大年初一出门向亲友拜年），“做正月昼”（正月初请客吃午饭），现在不但依然有这些说法，而且也大体保存着以往的旧俗。莆田城内人正月初二围炉聚餐，称为“断岁”，这一天不能出门拜年走亲戚，相传是因为嘉靖年间倭寇骚扰时曾经于正月初二日破城而入，烧杀抢掠，死者数万，房屋被焚万余家，惨绝人寰，从此年年的正月初二大家都不出门。

赌博在农村历来被认为是浪荡子的败家行为，但春节期间，各地却可以此作为娱乐，不加禁止，不受责问。在闽南称为“初一场、初二场”（到处都有赌场），在沙县称为“天子赌”（意为此时赌博不受干涉），而且像赴墟一样不同的地方安排不同的时日大赌一场，夏茂是初一至初三，城关是元宵，高沙轮到二月初一。

元宵，长汀叫“月半”。灯谐丁音，母亲送灯给出嫁之女，祝女添丁。但是只做灯、不买烛，由小儿子提着灯向“铺家”（开店做生意的）“打蜡烛”，口喊“老板，打蜡烛，买田做屋”，老板们成人之美便也备有小蜡烛来赠送。清流元宵节大办灯会。相传因田登当了刺史，讳人称“灯”（音同登），强令把“点灯”改称“放火”。这个小山城至今延续此讳，果然还把“点灯”说成“放火”。

清明节的扫墓祭祖也是普遍受到重视的。沿海叫“矺纸”（压纸）、“献纸”，是到坟前为死去的亲人送冥钱（方言说“金银”或“钱纸”）。内陆闽语叫“谯塚”、“谯地”（客家话称坟为“地”），包括要备办供品祭祀。还有叫“谯田”或“上墓祭祖”的，是轮流为远祖上坟和入祠堂祭祀。这种场合旧时往往只有男丁可以入席。旧时，好些有业产的祖先都划出一片公田，给轮值办祭祀的人耕作或收租，用来供少年儿童上学。此俗多数地方延续到土改时。

端午节在福建称为“五月节”或“五日节”，插艾、煮菖蒲、撒雄黄、裹粽子、划龙舟都是各地还保留着的旧俗。这是楚文化在福建的留存。

七月十五的鬼节在沿海地区特别受重视。在闽东称为“七月半”、“做半顿”，是一年中仅次于过年的大节。闽西叫“七月节”。在闽南，旧历七月是按乡轮流，每乡一天“做普度”，大家都要祭祀野鬼游魂，唱戏做醮，互相请酒。这一旧俗至今仍相沿不衰，所以如此是有深刻的历史原因的。闽南沿海历来多出洋谋生者，而旧时远洋航行海难频仍，死者无数，因此超度落水者亡灵被认为是人人有责、家家必做的积德之功。从农时季节说，七月中旬是夏收刚过，仓廪充实，也可忙里偷闲，安排一番游乐、聚餐、寻亲访友的活动。

在建阳一带，七月初七妇女须向娘家送甜饭供祭祀。在闽西，八月十五的中秋节叫“饼节”，融入了一些畲族的风俗，如“跳担杆”、“旋水碗”、“啄月姑”。长汀还有“九月节”，是乡间喜庆丰收慰问劳动者的节日。闽北则有重九登高放风筝玩乐的习俗。这些风俗在各地各有差异，并不普遍。

在闽南，中秋之夜有“听香”的旧俗，即祷月上香，到房后路旁僻静处偷听他人言语以求解心中疑惑。江日昇的《台湾外纪》曾有过郑成功“听香”

的记载：辛丑年（1661年）正月，成功计议攻取台湾，“是夜二更，成功祷天，效俗出听背后言，以决征台吉凶。忽闻一妇人唧唻曰：‘国姓好死不死，留这一个长尾星在此害人。’长尾星是吉兆，就于门上留一记号。次日，差卫兵到号处，带其妇人来见。妇人惊怖，魂不附体。功询之，方知是出征兵眷，慰之曰：‘莫怨藩主，此乃天也。’赏银四两、白麻五斤，令之去”[①]。可见听香之俗已有数百年历史了。

冬至各地大都称为“冬节”。冬至之时，秋收冬种基本完成，此时过节加菜可表庆贺。福建四季分明，入冬之后，气候转冷，也需要一番调养，旧时的农家杀鸡、杀鸭，焖一锅饭，吃一餐饱饭，就算是“补冬”了。长汀称冬至为“冬年”。谚云“冬年同年、剛狗过年”，过冬至有如过除夕，烫酒宰狗，也是在此日吃补调养。

腊月二十四，是为“祭灶”日，不知自何时起，清流有“官三，民四，倡优隶卒廿五”的说法，即祭灶过节的日期各不相同。官家是十二月二十三，百姓二十四，倡优隶卒二十五。相传“灶君”是上天庭汇报的使者，十二月二十四上天，闽南要“送神”，正月初四下凡也要“接神”。民间认为，这位老君，天天蹲在厨房里看着你一家人吃饭议事，他向老天汇报得可具体了，迎送之时若不照规矩，他把你家做的亏心事说出来了，就有可能要倒霉的。

四、婚丧习俗

婚娶、生育和丧葬都是人生大事，旧时礼仪繁多，福建各地所闻大同小异，但具体说法及相关名词术语各方言区往往不同。现以沙县方言为例介绍如下：

1. 婚俗。

旧时，媒人提亲后，男女家长交换“八字”（出生的年、月、日、时）是为“请庚”。而后请算命先生“合八字”（亦称“合婚”），用碗盖住双方庚帖，若三天中无不吉之事，则为“大吉”，可合。而后是“插记”，即定

① 江日昇：《台湾外纪》，《郑成功收复台湾史料选编》，福建人民出版社，1982年版，第52—53页。

亲。双方家长在媒人主持后签订婚书，称为“乾坤书”。男方送乾坤书时亦送聘金，女方则回赠红枣、花生、桂圆、莲子等，预祝早生贵子。男方选定迎亲日子后，须到女家“送日子”，如果遇有丧事，必须守孝三年，不能嫁娶，故双方若有病危之老人即可“抢亲”，让新娘提早过门。婚前一日，男家送礼物到女家是为“行盘”。所送喜盘有六种，称为“六合榼”。无非肉、蛋、鱼之类，并一定有猪肝、猪肺。肝、欢同音［꜀xuĩ］，肺［ʃyi꜄］、喜［꜂se］音近，用谐音表示满盘欢喜。“行盘”队伍在女家办“出门酒”（或称“嫁妆酒”）之后，运回女家备办的嫁妆。次日男方派出迎亲队，在“引娘”（伴娘）带领下前往女家迎亲。新娘上轿时必须放声大“啼”（哭），日后才能财富大“叠”。上轿时娘家用扫帚朝门内扫三下，以防女儿带走财气。旧时迎亲多在白天，但也必须打火把，应是古时候漏夜打火把抢亲的风俗的残留。到了男家，拜堂后即入洞房。乡亲们可到洞房“闹房”。次日新娘由弟妹领回娘家，是为“回门”。新郎随行到岳家，办酒答谢诸亲，席散回府。婚礼至此结束。

2. 育俗。

生育儿女，闽北方言说“洗囝”，必须向邻里“俵”散红蛋，并到“外家”、“报生”，送“上床鸡”。第三日做“三朝”，为婴儿沐浴换新衣，向邻里分送“洗浴蛋”和“剃头芋”，向内外亲戚分送鸡、酒等“泡酒碗”。产妇娘家回赠活鸡数十只、蛋数百个以及红酒、婴儿用品等，称为“送庚”。产后30天作“弥月”。四个月亦须庆祝一番。到一周岁那天“做晬”。晬，《广韵》子对切，“周年子也”，正是本字。“做晬”的说法和做法，普遍见于闽方言各地，看来也有近千年的历史了。

3. 葬俗。

闽俗普遍不让在外亡故者“入厝”（进屋）。如在家亡故，可移至厅堂之上布置灵堂，“张颂”（穿上寿衣）之后入殓，在尸体上盖上蓝布，称为“过河衣”。死者入棺后在肩旁放进他生前喜爱的用品，称为“塞肩”，夏茂一带还保留着在棺内放置“墓碣”之俗（即墓志铭，用石板刻字，富豪之家有用银板的，称为“定身牌”）。入殓后拆去“苫床”举行成服之礼。五服内亲属按等级穿戴孝服。出殡时沿途放爆竹、撒纸钱，墓穴是预先挖好的，叫“探金井”。死后七日以及七周之内的每个七日均需举行吊唁仪式，称为“做七”，至六十天满，焚烧纸船，意为死者已渡完苦海登上彼岸。百日“做功德”、“烧纸宅”，使死者在冥间安居乐业。[①]

相对于思想观念，语言的演变可能慢些。思想观念变了，语言未必就跟着变。在风俗习惯之中，关于人名、称谓方面的习惯也相对变得慢些，而各种民俗的演变就快得多。不论是四时节庆或红白大事，最近几十年间的变化都比较大。许多旧俗年轻一代已经不懂，连术语也不能理解了。究其原因，首先是与旧俗本身的复杂烦琐有关。中国的封建社会特别漫长，儒家的礼法又是世世代代有人制定标准，有人考订解释，有人贯彻执行的。但是要真正了解它、掌握它，并不容易。偌大的大观园，人才济济，真正懂得全套礼法的也不过是王熙凤、薛宝钗、贾探春等少数几人。这套中国式的繁文缛节怕是目前世界上还没有最后消失的旧俗中最复杂的一种。其次，这种多程序、慢节奏、多等级的仪式实在与现代社会的生活节奏极不相称。试问，再虔诚的孝子又有谁能坚持三年“丁忧”，在祖坟旁结庐守孝？父三年、母三年，人生有几多个三年？

五、避讳和行话

在人类的童年，由于产生了语言，原始人群在协调行动、战胜自然、传递信息、总结经验等方面节节取胜。人们不断地体会到语言的魔力，于是产生了语言崇拜。语言崇拜的最常见方式是语言的禁忌，受禁忌的语词首先是人名。法国人类学家列维·布留尔在他的名著《原始思维》中提到，印第安人不只把自己的名字看作简单的标号，而是作为自己的一个组成部分，类似自己的眼睛、牙齿之类的东西，他们相信，恶意地使用他的名字，他就会受苦，如同身上某部分受了伤而痛苦一样。[②] 在中国也有这样的禁忌。《红楼梦》

---

① 参阅《沙县志·风俗》，中国科学技术出版社，1992年版。

② ［法］列维·布留尔：《原始思维》，商务印书馆，1981年版，第42页。

里的赵姨娘为了陷害结仇的人，就是剪了纸人写上名字，用火烧了或者藏在某个角落里，相信这种巫法可以使人得病。这种巫法在闽南话称为“做扣”，俗谚云：“做扣护（让）别人死”，这是业余的巫者。专业的巫者所为则称“画符”或“念咒”。上文所说的亲属称谓中的偏称、贱称、直称实际上也是一种人名的禁忌。历代封建帝王的名讳是不可不避的，这在中国文化史上成了通例。

姓氏也有禁忌。泉州话“苦瓜”又叫“红洋”，苦与许同音［ᶜkhɔ］，红与洪同音［꜀aŋ］，卖苦瓜的人到许姓村庄叫卖，说“卖红洋”；到洪姓村庄要改说“卖苦瓜”。同样道理，卖李子的到李姓村庄叫卖，不说“李仔”，而说“粉李”或“血李”。据说，旧时长汀的陈姓的人乘船，在船上说话时，自称姓浮，这是因为在长汀话里，陈、沉同音。

除了姓名的禁忌，还有人们所不希望发生的有关事物的名称忌讳，为回避直接说出这些词语，有时说反语，有时换另一种委婉说法。这其中首先的忌讳是死。福州话把动物的死反说为“生”，至于人的死，有许多委婉说法：过去了、过后、行去了、无去了、无着咧了。也有戏谑的说法：“算米数”，“去黄土山映松柏”，“去外妈咧食粽”，“大舌摆扛灶——齐齐起”。由于忌讳死，各地连带着还有一系列的忌讳的说法。例如：

出丧：出山（泉州）、上山（厦门）、出门（将乐）、发靷（长汀）

棺木：老寿、寿木（泉州、长汀）、寿樵板（建阳，又分八人抬的“单车”和十六人抬的“双车”）、寿堂（将乐）

墓：风水（闽南）、地（客家）

墓穴：风窑（建阳）

骨殖瓮子：黄金（闽南）、金罋（将乐）、金瓮（长汀）

墓碑：碑石（长汀）

入殓：入材（长汀）、入柴（泉州）

疾病也在忌讳之列，小孩生病，福州话说“做犬”，长汀话说“做狗”或“冻感”。一般人生病，泉州话说“艰苦”、“畏”、“瘟善”，客家话说“嗅唔得”、“唔自然”。治病，福州话说“牧”，南安话说“安排”。药店里抓来的中草药，福州话说“茶团”，熬好的汤剂说“茶”。

有些忌讳是从方言语音来的。由于方言词的读音有意思不好的同音字，为避免引起不好的联想，改说别字。例如“舌”与折本的“折”同音，猪舌在长汀改说“猪利”，在将乐改说“千口”（上下合写是为“舌”），在泉州有人称“腩通”。数字的读音各地不同，也有不同的选择，“四”音近“死”，各地多忌讳，永定客家话阴上阳去不分，“四”、“死”完全同音，小孩四岁要说“两双岁”，四叔四哥要改说“细叔”、“细哥”。福州又忌讳“七”，因为死人要“做七”，设宴请客不办七席，送聘金多取“三”或“九”，“三”谐音同“生”，“九”音同“久”。福州又忌讳“失”，因为晕倒说“失”，失又指失落。熄、失同音，火灭了说“暗去”，把烛吹熄说“继去”。蛋说“卵”，音[lɔuŋ꜄]与“乱”[lɔuŋ꜄]相近，福州人外出时煮整蛋和线面吃以求平安，加蛋煮的面不说“卵面”而说“太平面”，太平者，压乱也，“压乱”又与“鸭卵”同音。与此同理，“扁肉燕”和整蛋煮的汤也叫“太平燕”。

客家人还有一种避讳十分复杂。制作木桶、饭甑或门板、床板时，木板数要合于“黄道”。“大黄道”是“道远几时通达，路遥何日还乡”十二字，逢有走之底的字的数（即一、二、五、六、八、十一）均是吉利，合黄道。“小黄道”是“生老病死苦”五字循环，只能取“生老”二字即一、二或六、七或十一、十二等数，才是合道。在闽南，床板忌六块或八块，因为棺材正是六块、八块拼成的。

福建境内的方言还有不少为保守秘密的行话。

较为常见的行话是反切语，各地的反切语大体都是按一定的规则把原来的一个音节变成两个音节。这里试举福州话、泉州话和长汀话三种反切语为例。

福州话反切语有数种，一为仓前廋，一为喙前话。仓前廋的反切语前音节声母固定为 l，与原字叠韵。后音节与原字双声并同调，韵母是固定的逢阴声韵为 i，阳声韵为 iŋ，入声韵为 ik。双音连读后，前音节按双音词的前字变调、变韵规则发生变调和变韵。例如：

福	原音	houʔ꜀	廋语	luʔ	hik
州	原音	꜀tsiu	廋语	liu	tsi
侬	原音	꜁nøyŋ	廋语	løyŋ	niŋ

喙前话结构较为简单，在原有音节的前面附加一个音节，声母固定为 l，韵母仍为 i 或 iŋ 或 iʔ。例如："福州侬"读为 [likₒhouʔₒ]、[꜀li꜀tsiu]、[ᶜniŋ꜁nøyŋ]。

泉州话的反切语结构和福州话类似，只是固定的韵母或者为 i 或者为 in。例如：

泉	原音	꜁tsuan	反切语	꜁luan	꜁tsin
州	原音	꜀tsiu	反切语	꜀liu	꜀tsi
侬	原音	꜁laŋ	反切语	꜁laŋ	꜁lin

附加式在原字后面加上叠韵音节，声母固定为 s，声调固定为阴上加阴平，如"泉州侬"说 [ᶜtsuan ꜀suan]、[ᶜtsiu ꜀siu]、[ᶜlaŋ ꜀saŋ]。

长汀话的反切语俗称"市语"，旧时多流行于商界，尤其是米市牙行之中。结构和上述两种闽方言也大体相似，只是固定的韵母 i，在 [tʃ、tʃh、ʃ] 之后为 ɿ，声调均与原调相同。例如：

长	原音	꜁tʃhɔŋ	市语	꜁lɔŋ	꜁tʃhɿ
汀	原音	꜀theŋ	市语	꜀leŋ	꜀thi
人	原音	꜁neŋ	市语	꜁leŋ	꜁ni

另一种行话是不成系统的，只是某个行业中若干常用词不用原字而改说他字。改用什么字多无一定规则，只是一种偶然的特殊约定。这里也举三个例子。

建瓯话中的商贩行话称为"话白仔"或"丢江口"。各行业自己约定，经过"会众"、"拜师"而在行中传习使用。如从一到九已知有两种不同的说法：

一	二	三	四	五	六	七	八	九
柳	月	汪	则	中	辰	星	张	艾
条龙	漏工	横川	空回	缺丑	断大	皂底	散人	缺丸

后者显然是按字形描述的，如二是工字漏一笔，三字是川字横写等。这类行话主要用来秘密地开价、还价，表达时，量词和十、百、千等位数一概省略，例如"十一把"就说"柳柳"（十和一同），"二十四"说"月则"，389.5 斤说"汪张艾破"或"横川、散人、缺丸、缺丑"。

其他行业用语的暗语如：

米——蜂仔　　黄豆——珠仔　　麦——皮仔

泽泻——白面	香菇——乌面	白笋——白袍
笋干——竹兜	鸡——尖嘴	鸭——扁嘴
鱼——摆尾	酒——三酉	猪头——元宝
蹄膀——帽子	猪肚——灯笼	排骨——排栅
行贿——打针	上等货——贡货	掺水——过溪
顾客——货钞	本乡人——监婢	外来客——老胡

南靖书洋乡闽南话的暗语中的一到九也有单音双音两种说法：

一	二	三	四	五	六	七	八	九
占	腰	赞	非	仁	天	扁	乃	局
扣四	倒三	减二	双双	满把	加一	小翘	两捺	大翘

其他用语如：

肉——溜子	粥——平洋旷土	鸡——尖喙
鸭——浮水	饭——竹竿插沙	

长汀客家话的行话中的一到九也有两种说法：

一	二	三	四	五	六	七	八	九
纤	腰	斩	飞	云	天	线	赖	脚
支花	兰城	盒子	朝阳	公羊	毛哥	娘子	巴掌	

其他行业词如：

油——滑老	黑豆——张飞	酒——点酉咧
鸡——蔡老	肉——内老	鸭——扁嘴
鱼——摆尾子	糯米——凳背	渗水米——蒸心

第三节　民间信仰

一、闽人的鬼神观

在福建境内，闽方言区和客赣方言区的民间信仰有明显的差别。闽方言区中，闽北又与沿海有别。在沿海，又以闽南、莆仙最为典型。

从闽方言的一系列词语，我们可以大体窥见闽人心中的鬼神世界。

受崇敬的偶像通称为神，闽人实行多神崇拜，见神就拜。“宁可信其有，不可信其无”、“搀香听拜”（拿着香跟着别人拜）是闽南话的俗谚。所拜诸神大体分为四类：

一是自然神。天有天神、山有山神，旧时人们认为天公、雷公、海龙王、天兵天将都是神力很大、叱咤风云的强者。天公是明察秋毫的至尊。雷公和天兵天将是为民执法的刑官，人们常用“天公在头顶”之类的话来警告忤逆父母、造谣诬蔑乃至浪费粮食的人。在下界还有许多管辖范围不大的小神祇。最常见的便是土地公（客家地区称为“伯公”、“社公”）。按闽南习俗，土地公简直无所不在，“厅头土地”、“田头土地”、“埕头土地”、“桥头土地”，一个个都是慈爱善良、人情味十足的沟通人神的老者。它是一村一社、一族一家甚至一座房子的保护神，架子不大、要求不高，但是礼拜必须经常，初一、十五要“点香”，初二、十六要“做牙”。此外还有灶君公、水井公、门口公，甚至一座鸡舍也有“鸡朝公”，古式大床铺则有“床母”，天井旁还有“檐墘妈”，这些下界小神都是土地公的助手，保护家庭“顺序”（顺当）、小儿平安、六畜兴旺的。

二是神仙，即道教中的仙人。神仙靠长期的修炼而具有法术，能做许多常人所做不到的事。例如腾云驾雾、飞天钻地、未卜先知，但毕竟不如神的力量大。李铁拐、张果老、吕洞宾在人们心目中虽有一些本事，但又都是邋遢滑稽的形象。在闽南话里，“仙”又是好逸恶劳的代名词，“仙骹”指不爱走动懒惰散漫的人，作为词尾，“跋缴仙”（赌鬼）、“乌薰仙”（鸦片鬼）、“烧酒仙”（酒鬼）、“风水仙”（看风水的）、“大炮仙”（说大话者）、“剔桃仙”（游手好闲者）也都有好逸恶劳的共同性。而“做人仙仙”，则是指对人态度轻慢、冷淡。可见闽人对神仙的崇敬不如神明（自然神）。在民间较有影响的是保护城池的城隍爷。宋元以后各地建了城隍庙，香火颇盛，但是毕竟只是在城里，乡下人主要还是拜土地公的。

三是神佛，即菩萨。神佛中最受欢迎的是观音菩萨，闽南话亲切地称为“观音妈”。在人们的心目中，她是一个年轻美丽而又善良的女性。姑娘长得秀气文静就说“观音妈面”。另外，“和尚念经”一直被认为是“有喙无心”

(口头说说，并不付诸行动的)。这大概因为，一来念经用的古梵语，从念者到听者都不知所云；二来多数和尚并非高僧，其道德风尚也并不能使人崇敬。在民间谚语中和尚常常受揶揄。以福州话为例，就有如下说法："和尚无姆(妻)是天赐"(理所当然)，"和尚头挺柑榄"(站不住)，"和尚寺借篦梳"(徒劳)，"和尚食十方"(到处白吃)，"和尚食犬肉，无颜见天尊"，"和尚𫜂做姆𫜂讨"(当不了和尚，讨不了老婆，两头空)。不过，当寺庙里集中了很多和尚做起佛事来，烟气缭绕，钟鼓齐鸣，还是颇为壮观的，各地的人对他们"超度亡灵"的"圆满功德"也还颇信任。至今还有不少人愿意花重金请他们代办佛事。

四是人神，即好人死后所变的神。这类神灵其实是老百姓塑造出来的神。人们把它塑成"金身"，供在庙堂，也成了菩萨。忠肝义胆的关羽是全国崇祀的人神。在福建，到处都有关帝庙，其名称也特别多：关公、关帝爷、关圣帝君。在长汀，单是城关之内，清末民初就有关帝庙十几座。在闽中，上至王侯将相、下至牧童村姑都可以被奉敬为神。这些土生土长的神，和本地人语言相通，习俗相同，因而特别为人们所信任，善男信女遇有坎坷、灾祸或心中有疑难、困惑，便去问卜求助，因此香火特别盛。

人们信奉神明、供祀菩萨，便是为了祈求他们的保护，让他们驱妖除鬼。平时给众菩萨"烧香"、"烧金"，逢其诞辰要庆祝"佛生日"，逢年过节还要"迎神赛会"、"割香"、"取火"、"迎街"、"游乡"、"倒祖"(回祖家)，唱连台大戏。对于鬼类，有时也用收买的手段，给他们"烧金"、"烧纸"(烧纸钱)，以防止他们为害生灵。

其实百姓对于鬼神的信仰也并非都是虔诚。那些大规模的祀奉神明的活动，大都安排在农闲季节(包括"佛生日"也没有出现在农忙季节的)，人们借题游乐吃喝一番，又可走亲戚、看热闹、听戏、交朋友，这就叫作"傍神福乐"。人们有时也并不怕鬼，不爱多祀鬼，闽南话说："恶马恶侬骑，恶鬼恶侬治"，"疑心生暗鬼"(本来无鬼，自己生疑)，"身旺财旺，鬼仔唔敢作弄"。对于神佛，尤其是那些自称通神通人、靠神佛吃饭的巫者，人们也抱着可信可不信的态度，闽南话说："供神也着供人"，"供神不如供人"(或说

“一敬神，二敬人”），“佛是扛的，人是妆的”（佛靠哄抬，人靠打扮），“神佛兴，弟子穷”（祀神祀佛，耗费太大），“求神不如求人，求人不如求己”，“修心较好食菜”（修养心性比吃斋念经更好），“食菜（吃素）若会成佛，牛马都会上西天”，“神仙难救无命侬（人）”，“仙人拍鼓有时唉（错）”。闽东话说：“神妈神妈，半真半假”，“看命先生半路死，地理先生无处埋”，“神仙也会拍遏计（失算）”。

二、地方神祇

除了关帝爷之类各地都供奉的人神之外，闽方言区还有繁多的本地人造出来的地方神祇。

闽地最重要的地方神祇是妈祖。妈祖原是莆田湄洲岛上的一个村姑，名叫林默，生于北宋建隆元年（960 年），死于雍熙四年（987 年）。据南宋绍兴二十年（1150 年）进士廖鹏飞所撰《圣墩祖庙重建顺济庙记》所云：妈祖“世传通天神女也，姓林氏，湄洲屿人。初以巫祝为事，能预知人祸福。既殁，众为立庙于本屿”。这是妈祖死后两百年内本乡进士所记，应是比较可信的。从北宋宣和五年（1123 年）皇帝赐庙号“顺济”起，历代皇帝加封赐号多达 30 余次（其中两宋 14 次，清代 18 次）。初称“湄洲神女”、“龙女”、“灵女”，宋封为“妃”，元加封“天妃”，明敕封“圣妃”，清加封为“天后圣母”。各地所建妈祖庙称呼众多。单在厦门的 30 多座妈祖庙就有“朝天”、“万寿”、“福寿”、“怀德”、“养真”、“迎祥”、“福海”、“凤山”、“龙泉”、“月霞”、“美仁”、“平台”、“洞贤”等名称。在民间多称妈祖，妈祖者“祖妈”也（闽南话称祖宗为祖公、公妈），意为女性老祖宗。这是一个极亲切、极崇敬的称呼。此外又称“天妃妈”、“圣祖妈”、“湄洲妈”、“妈祖婆”、“姑妈”、“祖妈”，在泉州一带又称“温陵妈”、“银同妈”，在台湾又称“开台妈”，在香港又称“娘妈”，在广州曾称“崇福夫人”。妈祖当年所梳的篷形髻式，后来一直在闽南一带流行，并被称为“妈祖髻”。有不少妇女把自己的婴儿起了“妈送”的乳名，寓意妈祖所送，以祈平安。

两宋时期妈祖崇拜不但传遍闽中各地，而且向北传往浙江和山东，杭州有顺济庙，宁波有灵慈庙，蓬莱长岛则建有天后宫，往南也传到广东。刘克庄在《风亭新建妃庙》中说："妃庙遍于莆。凡大墟市小聚落皆有之。……非但莆人敬事，余北游边，南使粤，见承楚番禺之人，祀妃尤谨，而都人亦然。"[①]

明初，妈祖信仰传入琉球。永乐间，久米村就有天妃宫两座。万历间，相传闽地商人驶船入澳门，遭台风，船上水手见一神女立于山旁，船之后安然无恙，于是闽贾巨舶驶澳立庙祀天妃，命名该地为"娘妈角"。后葡萄牙人来澳门，取"妈阁"之音名为 macau，成为澳门西洋名称的起因。明代的三保太监还把妈祖崇拜传往东南亚。

妈祖的崇拜形成于闽南人走向海洋的年代。他们在远航途中需要一个保护神来壮胆。而后来许多遇难脱险的人又不断记述了在他们幻觉之中看到妈祖前来护航的故事，于是凡有海水之处、凡有闽南人足迹之处都有妈祖宫庙。据宋元模先生统计，全世界共有妈祖宫 1561 座。可以说，妈祖是中国人创造的流传最广的神。[②]

闽人所造神祇中另一个影响广泛的是吴真人。他原是民间的医药先生，名夲，字华基，号云冲。宋太平兴国四年（979 年）生于同安白礁乡一个农民家庭。吴夲自幼聪颖过人，家贫，父母病逝，遂立志学医济世。他在闽南各地采药制药、义务行医数十年，"无问贵贱、悉为诊视"，"以济人救物为念，而义不受人一钱"。景祐三年（1036 年）一次上山采药时坠崖而卒。后百姓争敬祀之，奉为"医灵真人"。后来，历代皇帝不断加封赐号达十数次，名"御安太医"、"妙道真人"、"忠显侯"、"英惠侯"、"康佑侯"、"灵护侯"、"冲应真人"、"昊天御史医灵真君"、"万寿无极保生大帝"。民间称呼也很多："医神"、"吴真人"、"吴真君"、"真人仙师"、"吴公真仙"、"医灵真人"、"大道公"、"花桥公"、"帝君公"、"紫微帝君"。许多庙里还设有药签，有病可入庙问卜，按所抽的签上所示方剂服用调治。据统计，单是台南一地，就有保生

---

① 刘克庄：《刘克庄集笺校》，中华书局，2011 年版。

② 上文有关材料参阅朱天顺主编：《妈祖研究论文集》，鹭江出版社，1989 年版。

大帝庙92座，全台湾4000多座庙宇中，保生大帝庙有148座，另有383座妈祖庙兼祀保生大帝。在民间还流传着表彰他的崇高医德的歌谣《乌暗誓》，至今读起来还十分令人感佩的：

乌暗誓，乌暗誓，为黎民，免受罪，
唔惊风，唔惊雨，唔惊天乌地暗晦。
乌暗誓，乌暗誓，为扶伤，为救世，
山高险，岭难爬，水淹二腿唔后悔。
乌暗誓，乌暗誓，手执火把壶挂背，
猛虎出没蛇横路，赴汤蹈火唔反悔。[①]

医生在民间历来是很受尊敬的，加上有那么好的医德，人们怎能不颂扬、不崇敬他呢？立庙祀奉，请命加封，便是中国农民最朴素最虔诚的崇拜了。至今保生大帝还是许多村庄的“镇境佛”，人们经常要为他做佛诞，迎神赛会。

在闽东一带，有一个受到广泛崇拜的生育神——临水奶。相传她是唐代福州人，名陈靖姑，嫁往古田县临水乡，生前专救妇人难产，备受人民敬爱和信赖，昵称“临水奶”（福州话称母亲为“依奶”），尊称为“临水夫人”。旧时有慈善者祀于竹箩筐中，备有神签、竹筒，挑着箩筐走街串巷，是为“夫人奶抽签”，供不便出门的居家妇女问卜求嗣。不少地方也建有临水宫，或称顺懿庙、临水夫人庙、顺懿行宫，后来也有福州十邑的人出海后把对她的崇拜带往台湾，甚至带去了东南亚。

在漳州一带，普遍奉祀“开漳圣王”陈元光。这位首任漳州刺史一生之中颇多建树，先后被褒封为“大将军”、“保定男”、“广济王”、“文惠王”，陈王庙遍及漳属各县。

在泉州一带，还有奉祀牧童孝子郭忠福的庙宇。郭忠福，南安诗山人，生于五代闽国时期。家贫为人放牧，艰难地为父送丧并侍奉寡母。相传他十

① 参阅《吴真人研究》，鹭江出版社，1992年版。

六岁上山放牛时坐化于山顶古藤之上。里人感其孝德立将军庙祀之，俗称“郭圣王”、“圣王公”。后来朝廷加封为“广泽侯”、“广泽尊王”、“保安王”，其庙称威镇庙、凤山寺、郭山寺。

据民国《南安县志》，县内所祀“人神”还有：

宝泉宫，在城关，祀张、许二忠臣。

陈节度使庙，在潘山，祀宋岐国公陈洪进。

田帅祠，在县北坑口，祀唐镇帅田某。

灵乐祠，在九日山，祀永春乐山隐士“翁爹”。

陈郎庙，在官田，祀陈后主叔宝中子。

飞阳庙，在金鸡渡，祀王审邽及游辅、李弼、林慕。

静安宫，在一都张坑，祀潘、尤、李三神。

灵济祠，在五都龟板，祀唐人虞天保，能驱虎。

霞溪宫，在仁宅，祀明隐士黄霞溪。

昭惠庙，在八都，祀唐镇帅朱某。

石竹庙，在岱山，祀章氏，宋时迁中州民实于闽，民德之。

慈济宫，在高田，祀布衣叶森。

章侯祠，在洪濑，宋封武德英侯。

莱洲庙，在洪濑，祀晋郭景纯。

橡村宫，在湖尾，祀朱、邢、李三王府。①

据了解，这些庙宇至今大都还有人奉敬香火。对所受崇拜之神，当地方言一般称为“大人公”、“王爷公”等。

在福州及全省许多地方都有闽王庙，祀王审知，在长汀称“白马公王”；还有戚公祠，祀戚继光，主要是表达人民的崇敬和景仰，不像其他神祇有兴盛的香火。

在清流县有渔沧庙祀樊令。樊是五代时人，官至光禄大夫，赣寇曾常侍作乱时奉命征讨，战死于清流，乡人立庙祀之。后曾多次“显应”，每年八月

---

① 民国《南安县志·营建志》，南安县志编委会整理，1989年版。

廿八日樊公诞辰时人们迎神赛会，前后并有半个月左右的数省商贾来会，称为“樊公会”。这是祀神和商贸结合的庙会。

在闽西的明溪、清流、长汀一带有奉祀惠利夫人的惠利祠（或称“夫人庙”）。惠利夫人俗名莘七娘，传说她知文达理，又精通医术，夫奉命征讨贼人，她随夫出征来到福建明溪，夫死，她将夫葬于明溪，自己也寄居该镇，为的是陪伴丈夫的在天之灵。当时明溪贫困落后，缺医少药，惠利夫人用她的精湛医术为群众治病。她死后当地百姓感其恩德，建庙塑像祭祀。

三、禳灾驱鬼

闽人信鬼，历来有驱鬼的习俗，但各地做法各有不同。

福州崇拜“五帝”，认为五帝是凶神，足以驱鬼。平时骂人曰“五帝艙掰去”(意思是五帝为什么不来抓你去)，一说“五帝”就是三国蜀汉的“关张刘赵马”，五帝之庙在水边称为“水涧”，在陆地叫“殿”，福州城东西门、水门、汤门都有“涧”，冶山有“太岁殿”，每逢夏日五六月间，都要举行一次迎神赛会，逐疫鬼出海。将纸糊的“替身”迎街（游行）、游村，最后，数人背负的装着疫神和猪羊毛血的“福桶”倾倒“水尾”，是为“出海”。

闽北的驱鬼则在五月初五，村民集于五帝庙焚香礼拜，祈求消灾，而后游村，前有秧歌队，有人领唱击鼓，所唱古代英雄故事如薛仁贵救主等，余者帮腔。后有张天师紧逐无常、夜叉等鬼，回庙后灭烛驱鬼，到河边置纸船于木排送下水。

闽南民间祭祀孤魂野鬼均于七月半中元节，称为“做普度”。有的地方还分“初普”、“重普”、“陆普”、“水普”，名目繁多，旷日持久。至于平时治办恶鬼的是各地所信奉的“王爷”，相当于闽东、闽北所说的五帝，闽南话骂人作孽说“王爷唔掰去!”王爷是哪些呢？各地都不一样，大多是历代的能征善战的忠臣良将。上文所举南安县内众多的人神便属于“王爷”之属。此俗传至台湾，据统计，现在全台湾说泉州口音的闽南话的地区有王爷庙 717 座，有三十六王爷之说。

另据民国《南安县志》，自明代洪武年间起，官方还在城关设有“厉坛”，每年逢清明日、七月十五及十月初一都要延请城隍爷做主，祭祀无主鬼神。其祭文曰："此等孤魂，死无所依，最堪怜悯。或依草附木，或作妖为怪，徘徊于星月之下，悲号于风雨之中。今迎尊神城隍，以主此祭。"最后还号召孤魂野鬼们向城隍举报不良之徒及贪官污吏，表彰为善正直之人。

《史记·封禅书》曾载有越人勇之所云："越人俗鬼，而其祠皆见鬼，数有效。昔东瓯王敬鬼，寿百六十岁。后世怠慢，故衰耗。"越人说越俗，应是准确的。闽方言区信鬼、敬鬼、驱鬼可能和早期闽中多疫症、人们多因外出意外身故有关，也可能和古闽越人的习俗有关。

四、行业崇拜

除了普遍的崇拜之外，许多行业还有自己的崇拜。

对"孔子公"的崇拜也可算是行业崇拜。各个县城每年在文庙有大规模的祀典。旧时在书院塾堂之中都供有"孔子公"神位，在民间有些失意文人或家道不兴的人许愿要背"字纸笼"，"捡字纸"放入"字纸亭"焚烧。用"敬惜字纸"来表达对孔子公的崇敬。因为早时人们认为把写过字的纸乱扔乱踩，便是践踏斯文，是对孔子公的不敬。

手工业有更多的行帮色彩，他们的行业崇拜也更为虔诚。各个行业都有自己敬奉的神。木匠崇拜"鲁班先师"，铁匠崇拜仙人"李铁拐"，造纸者崇拜"蔡伦祖师"，吹鼓手崇拜"师旷先师"，石匠崇拜"杨公先师"。这些行业崇拜，在有些地方至今还有人遵循着。

在福建，种茶的历史最长的，数闽北的武夷山区。那里的茶农敬奉"杨太白君"，相传他是武夷山的制茶祖师。有些茶场和农家至今还供奉着杨太白君的牌位。每年头一次采茶时，众人要对着茶山高呼："茶发芽!"此俗称为"喊山台"。

闽南旧时有很多专业戏班，"戏头家"对"戏仔"（演员）、"馆内"（乐队）、"戏箱"（挑道具的）的管理甚严，并借助崇拜戏神"田都元帅"来加强管理。相传该神原名雷海清，精通音律，是唐玄宗时代的音乐机构——梨园的班头。

第八章
福建方言的文化类型

第一节　方言的文化特征

以往的方言学集中研究方言的内部结构体系，叙述方言的特征时着眼于方言内部的结构特点。例如人们常说的某方言 n、l 不分，f、h 不分，没有翘舌音，或没有入声韵和入声调，以及单音词占优势等等。这种纯语言学的研究是不可缺少的基础工作，但并不是方言学的全部内容。在现实生活中，我们还经常可以感觉到：有的方言比较单纯，有的比较繁杂；有的方言内部分歧大，有的则十分统一；有的方言变得慢，有的变得快；有的方言生命力强，对周边方言影响大；有的则处于弱势，深受别方言的影响……不同的方言在这些方面所表现出来的特征是很不相同的，这是从语言结构的外部观察点所看到的特征。这些特征显然是由方言的历史文化背景所决定的，因此，我们把它称为方言的文化特征。① 近年来，笔者主要针对汉语东南方言在这些方面做了一番考察，把这些初步研究归纳之后，认为方言的文化特征可以从五个方面进行考察。②

一、从方言成分的结构关系考察方言的整合力

不论是在部落语言的基础上发展而成，还是从部落语言分化出来，方言

① 参阅李如龙：《论语言的社会类型学研究》，《语文建设通讯》（香港），1992 年第 3 期。

② 参阅李如龙：《方言与文化的宏观研究》，《暨南学报》，1994 年第 4 期。

的形成都是一个复杂的历史过程。正如本书前文所分析的，福建境内的诸方言，有古方言的源流，有兄弟民族语言的“底层”，有不同时代共同语的影响，有方言自身的变异和创新。经过历史语言学的分析，我们可以看到，现存的方言的共时体系都存在着不同时期不同来源的语言现象的“叠置”。[①] 例如闽方言就有上古汉语的特点，也有中古汉语的特点，又有古吴语、古楚语的留存，以及古百越语的底层。然而这种“叠置”并非杂乱的堆砌，也不是机械的叠合，而是一种系统的整合。任何语言都有一个完整的结构系统。因为没有一定的结构，不成系统，人们就无从习得、无法运用，因而语言也就无法存在。

不同的方言在把不同来源、不同历史层次的语言成分和语言特点叠置起来时，表现出了不同的整合力。整合力强的方言往往以某一时代的结构系统为基础，结构比较单纯，古今语音的对应比较整齐，字音的例外变读比较少。例如声调的类别，福建东部沿海诸方言大体是七个调，古四声各分阴阳后，阳上混入阳去，对应都比较整齐。西部沿山的诸方言多为六个调类，多的也有七八个的，少的有四个的，各调类与古声调及古声母的对应比较零乱。建瓯、邵武把一些舒声字读为入声；长汀、连城则将古入声字都读为舒声。

整合力强弱的另一个表现是有无特殊的结构规律的创新。例如福州话和莆田话多音连读时后音节声母的弱化、浊化的变化，厦门话和莆田话文白异读有严整的对应（例如阳声韵字文读为鼻音韵尾，白读则兼有鼻化韵或脱落鼻音的阴声韵），沿海各方言的连读变调也大体都有较为严整的规律。这些结构规律既独特又整齐，并且带有全局性，对于共时的结构体系的整合显然是十分重要的，因而它往往成为方言语音的区别性特征。

在词汇、语法方面，不同方言也有不同的整合力。整合力弱的方言往往同义词和同义句型多，因为这类方言把不同时代的共同语的词汇和句型都兼收并蓄了，例如建瓯话的核心词里有上古时代的豨（猪），中古时代的渠（他）、嬉（玩），也有自己后来的创新，如捞（找）、让（应该）；反之，整合

① 参阅徐通锵：《历史语言学》，商务印书馆，1991 年版。

力强的方言则有更多的方言词的创新和鲜明的方言语法结构规律，例如闽南方言“有”的语法化，从动词（有无的有），引申为形容词（“有钱”表示钱多）、助动词（“有去”表示去了）、副词（“有洗”表示经洗）、疑问词（“买有无”表示买到了吗），各种用法既多样，同时又很严密。

整合力强的方言往往出现在人口众多而密集、经济文化比较发达的地区。因为不论是口语交际中的世代相传或学校里读书识字时的师生授受，这样的地区都比较容易遵奉已有的规律或形成新的变异。福建沿海地区的方言整合力强，西部山区诸方言整合力弱，就是这个道理。

二、从方言区的内部关系考察方言的聚合力

任何方言区都是由许多地点的方言组成的。同一个方言区的诸方言总是同中有异、异中有同的。然而不同的方言区在这种内部关系上有很大的差异。有的方言区内部差异小，代表方言的威信高，对区内的小方言影响大，整个方言区表现出很强的向心力，人们的方言意识也很强烈。福建沿海诸方言就是如此，例如闽东方言的聚合力就很强，尤其是闽江下游十县（市），内部差异很小，福州话在各地是理所当然的代表，影响很大，方言区域意识也很明确，出了闽东地区，其他方言一概被称为“两个声”（别种方言）。反之，有的方言区内部差异很大，没有一种方言有代表性，也没有明确的方言区域意识，聚合力很差。福建内陆各区闽方言大多属于此类情况。例如闽西北六县市（邵武、光泽、建宁、泰宁、顺昌、将乐），多数县之间难以通话，谁都没有代表性和权威性，人们也不知道这里是什么方言区。

调查方言的时候，不妨问问当地人：“你们说的是什么话?”但是不能以此来为该方言定性定名。许多聚合力不强的小方言之间其实有许多共同点，还是应该划为一个方言区的。例如南平四郊的多数乡镇和顺昌东部的乡镇，当地人都说自己的方言是某某乡镇的话，实际上都和建瓯话相去不远，属于闽北方言。

一般说来，方言的聚合力和整合力是成正比的。人口多、经济发达、文化繁荣、有中心城市的地方，其方言区往往是向心的。反之，通行于人烟稀

少的穷乡僻壤的方言往往是离心的，因为那里没有形成过真正的文化中心。

三、从方言间的接触考察方言的竞争力

方言和共同语总是并存并用的，不论什么时代，方言与共同语并用的过程中都会发生或强或弱的相互影响。只要不同方言区之间有往来联系，方言之间也就会相互影响。方言在与共同语或周边方言相互接触时，有的方言竞争力强，不易受别种方言或共同语的影响，还会影响别的方言。有的方言则缺乏竞争力，容易受相邻方言的影响，受共同语的影响则更大。莆仙方言区是个小区，但是在语言接触中却表现出了很强的竞争力，不但不太容易受邻近方言的影响，也很少受共同语的影响。而沙溪流域的闽中方言聚合力就不强，又是处于各种方言之间，南边的永安话明显受闽南话和客家话的影响，如出现鼻化韵，有 m 韵尾；北边的沙县话则受闽东话和赣方言的影响，如出现了系统的“变韵”现象，从［ts、tsh、s］中分出［tʃ、tʃh、ʃ］，［hi、hy］颚化为［ʃi、ʃy］。

方言的不同竞争力还有另一种表现。在方言的交界处，如果有双方言带，双方言现象总是出现在强势方言的一边。例如闽南方言和闽西客家话之间的双方言带，经常出现在闽南话一边，那里的客家人兼通闽南话的多，而闽南人在客家村落兼通客家话的少。

有的方言区的人迁入别方言区，语言上很快就被同化了，有的则形成了方言岛，能够形成方言岛的大体上都是有竞争力的强势方言。有的强势方言的方言岛甚至还能对包围着它的方言产生一定的影响，例如南平的土官话固然也受到闽方言的一些影响，但仗着官话的优势，也对闽北方言产生一定的影响。在福鼎，占有人口 1/3 的闽南话和福鼎的闽东方言之间也是相互有影响的。

从历史文化背景上看，人口密集、经济发达、文化繁荣的地区，其方言往往是强势方言。在城乡方言的竞争之中，城市方言往往占优势，就是这个道理。有时，某种特殊而强烈的意识也会造成方言的强大竞争力。例如客家人为了团结族群、立足谋生，特别强调“离乡不离腔”，不论是移居外乡、进

城或出国，客家话都是相当强势的方言。

四、从方言的社会运用考察方言的活跃度

社会生活的内容是极为丰富的，应该说，社会生活的任何一个层面都离不开语言交际，但是，即使在方言势力很强的地方，也不可能在每一个生活的领域都使用方言。例如书面语的写作，在福建各地普遍不使用方言，书面语的朗读在闽北、闽中等方言区如今也已不用方言，有的方言区没有自己的文艺形式，艺术欣赏不使用本地的方言而使用别种方言，例如闽北流行的越剧使用吴方言，闽西流行的汉剧使用的是官话。日常口语的交际中，由于普通话的普及，在一些方言区，方言已经逐渐退出校园的课堂，退出机关企事业单位的办公室和会议室，退出商业、服务行业的各种窗口和市场。有些地方的方言已经退缩到家庭生活之中，这种极不活跃的方言实际上已经带有残余的性质了。在闽西北的一些县城，已经出现这种方言萎缩的情形。

在现代社会里，不同方言的竞争力对比越来越悬殊，普通话的推广和普及也加剧了这一对比，因此方言在社会生活中的活跃度也显出了很大的差异。改革开放以来，广州话、厦门话比以前更活跃了，和闽北山区的小方言的残余状态恰好形成鲜明的对比。

考察方言的活跃度是社会语言学的研究课题，从横向的角度调查统计不同社会生活场景使用方言的频率，从历时的角度调查比较老中青少几代人使用方言的频率。这样的课题显然是一个很有价值的课题。

五、从方言的演变考察方言的稳定度

总的说来，随着社会生活的变化，所有方言都是不断变化着的，但是有的方言变得很慢，有的则变得很快。

明末清初福建编了三种闽方言韵书——《戚林八音》、《汇音妙悟》和《建州八音》，拿它们和现代福州话、泉州话、建瓯话进行比较，可以看到，近三四百年间，这几种方言并没有发生多少变化。福州话合并 6 个韵为 3 个

韵，有些字从一个韵移入另一个韵。[①] 泉州话少了3个韵，最近几十年间又少了一个声调。[②] 建瓯话少了一个声调，多了一个韵（字数很少）。[③]

而另外一些方言就变得很快。例如闽北方言的石陂话，老年人还有全套的浊声母（b、d、g、dz、ɦ），建阳、崇安话则有ɦ声母，但青年当中基本上都丢了。笔者多年前调查过宁德碗窑乡闽南方言岛，那里70岁的老人和20岁的青年之间，韵母的数目相差8个（老人多、青年少），另外14个韵的韵值则发生了明显的变化。[④] 其实，这种受包围的方言岛的急剧变化是比较少见的。

以上所说的五个方面的方言文化特征之间是有一定的联系的。一般说来，整合力强的方言，其聚合力也较强，在与其他方言相接触时就具有较大的竞争力，在自己的社区之内就往往使用得很频繁，比较活跃，而在一定时期内所发生的变异也必定较小。当然，不同的方言的文化特征可能在五个方面各有不同的“度”，但是在调查研究时总是需要相互参照、综合考察的。

不同方言在这些方面所表现的不同特征，虽然与方言内部结构体系也有一定关系，但更重要的是方言外部的文化原因所决定的，必须从语言外部的历史文化方面多加考察，这是属于社会语言学的课题，调查考察时就必须密切地联系社会文化的历史背景。

第二节　方言的文化类型

就上述各种文化特征对诸多方言进行比较，大体上都可以归纳出不同方言的相互对立的两种类型。例如整合力强的则结构单纯，整合力弱的则结构驳杂；聚合力强的同区小方言之间呈“向心”状态，聚合力弱的则呈“离心”

① 参阅李如龙、梁玉璋、陈天泉：《福州话语音演变概说》，《中国语文》，1979年第4期。

② 参阅李如龙：《闽方言的韵书》，《地方文献史料研究丛刊》（第二辑），福建省地图出版社，1991年版。

③ 参阅李如龙：《〈建州八音〉校印后记》，《福建文博》，1984年第2期。

④ 参阅李如龙、陈章太：《碗窑闽南方言岛二百多年间的变化》，《中国语文》，1982年第5期。

状态。在这两极对立之中，有的方言则属于极端，有的方言属于中间状态或者偏于某一端。这就是我们所说的方言的文化类型。

一、单纯型和驳杂型

整合力强的方言，其语言结构系统往往比较单纯，和古音的对应比较整齐，不同历史层次的语言特点有主有次，脉络清楚，而且往往具有重要的创新，方言特色鲜明。这种方言可以称为单纯型方言。

整合力差的方言，其语言结构系统比较杂乱，古今语音的对应不整齐，古时一个音类，今音可派入多类，今音一个音类，可以有古音类的几个来源。不同历史层次的成分很难分出主次。在语言结构上则缺乏重要的创新，因而较少鲜明的方言特色。在与周边方言相处时，容易受影响，兼收并蓄。这种方言在文化类型上属于驳杂型。

就历史情况说，早期定型的方言，后来又未经历过重大社会动荡或人口的大规模变动，这种方言往往是单纯型的。从社会情况说，人口密集、经济文化发达的方言区，通常也是单纯型的方言区。因为在较大的稳定的社区中约定俗成的语言结构体系就较难发生大的变动，也不易接受很多的外来影响。反之，历史上发生过多次大规模人口变动（移出或移入）的方言，晚近才分化而成的方言，人口稀少、地域不广的山区方言，经济文化落后地区的小方言，则往往是驳杂型的方言。因为这样的方言势必受到许多不同历史时代的共同语或邻近方言的影响，而难以保持单纯的结构。

从地域方面看，处于方言区中心地带的方言，往往结构较为单纯；处于方言交界处的方言，则常常因受外界影响而结构驳杂。

就城乡差异说，城镇方言往往因人口五方杂处、与外地交往频繁，因而相对驳杂；农村人口单纯而稳定，方言反倒比较单纯。

二、向心型和离心型

聚合力强的方言区，在文化类型上属于向心型方言。这类方言区各地的小方言之间差异小，代表点方言明确并具有较高威信，不断对各小方言产生示范的作用。这样的方言往往范围明确、特点鲜明、名称稳定，人们的方言意识也比较强烈。

反之，聚合力弱的方言区则属于离心型方言。这类方言区，各地小方言之间差异很大，甚至互不通话。或者根本没有代表方言，或者虽有代表点却不具权威性，对周围方言也未能产生较大影响，这样的方言往往区域不明、名称不定，人们的方言意识也很淡薄。例如连城的方言至少有十几种是不能互相通话的，总的说来，东部北部近于闽方言，西部南部近于客方言。各种口音范围多大，连本地人也说不清楚，全县的话还能称为连城话，各小区的人们也并无自己说的是闽方言还是客家话的意识。那里是典型的离心型方言。

向心型的方言区，往往有长期未经变动的威望高的政治、经济、文化中心（如福州），或虽有过变动，但是影响很大、地位很明确的中心（如厦门）。有些千百年未经变动的府城也算是政治中心了，但是由于经济、文化实力不足，影响不大，因而并未能使该府城所管辖的地区的方言成为向心型。

方言区是向心的或离心的，还与该方言区的人口来源、历史长短有关，人口来源单纯，形成历史长的，往往是向心的。而最重要的因素看来还在于交通情况以及商品经济发达的程度。交通方便、人口密集、商品流通频繁、社会交往密切的方言区，方言内部差异就会缩小，莆仙方言就是这样的典型。像建瓯和长汀都是千年不变的府城，但是那一带在很长的历史时期里一直人口稀少，交通不便，经济不发达，商品流通的主要形式是几个村庄间的墟场，因而并未形成真正的中心，闽北和闽西的方言多属离心型的。

三、扩展型和收缩型

整合力强的单纯型方言，聚合力强的向心型方言，往往也就是竞争力强的扩展型方言。随着移民的四散，这种方言的分布范围不断扩大，哪怕数十户人家插居在别方言区，他们也坚持说自己的话，成为方言岛。闽南方言千百年来的沿海播散，拥有那么多方言岛，便说明它是一个典型的扩展型方言。对于共同语的普及和影响，扩展型方言是具有抵制作用的，不轻易放弃阵地而接受影响，也不会简单地套用共同语的成分。多年来全国通行的社会称谓

“同志”、“解放军同志”在福州话还要换说成新方言词“依志”、“依解哥”，这就足见方言个性之强了。在不同方言的交界处，方言间多有相互影响，扩展型方言总是影响别方言的多，接受别方言影响的少。

与此相反，收缩型方言的分布范围呈收缩趋势。在边界，受邻近的优势方言的影响，或由于外方言区来的移民的增加，逐渐放弃一些地盘，例如南平市农村和尤溪县境都有受闽东方言“蚕食”的现象。

强势的扩展型方言往往是大方言区，经济文化比较发达的地区，其代表点方言有很高的威信（例如闽东方言中的福州话）。有时方言的区域虽然不大，使用这种方言的人由于某种历史的原因却也有很强的方言意识。这样的方言区也可能是强势方言。例如莆仙方言区人口过于密集，资源有限，这就迫使他们不论住居本地或出外谋生都必须团结互助才能立足和发展。在闽粤各地，客家人都是后来者，为了获得生存空间也必须加强凝聚力，因而其方言意识也很强，数百人也可以保存一个客家方言岛。

四、活跃型和萎缩型

在社会生活中广泛使用着的方言就是活跃型方言。向心的、扩展的强势方言通常都属于活跃型。尤其是那些人口多、分布广的大方言区，人们用自己的母语可以通行于广泛的地区，这样的方言一定是使用频繁而广泛的。此外，有多种方言艺术形式（戏曲、说书、清唱等）也是增加方言活跃度的重要因素。在福建，像广州话那样可以全方位运用（在广州还有专门的粤语歌，在香港还可用来写文章）的方言是没有的。近几十年来从台湾传入的闽南话流行歌曲也在闽南地区流行开来，但大多数学校里，方言已经退出课堂。社会上的口语交际，在沿海地区通常是实行双轨制：对外地人说普通话，本地人之间使用方言。[1] 相对而言，沿海的诸方言多是扩展型方言，而内陆山区的方言显然是萎缩型的，那里的普通话通行面要广泛得多，方言正在退缩到狭

---

① 参阅李如龙：《闽南方言地区的语言生活》，《语文研究》，1995年第2期；李如龙：《提倡方言地区语言生活的调查研究》，《语文建设通讯》（香港），1995年第9期。

小的范围内。

五、稳固型和变异型

变化缓慢的方言属于稳固型，变化快的方言属于变异型。

同一个区的方言，中心区变得慢，边缘地带变得快，散播在外地的方言岛变得更快。例如闽南话，漳、泉、厦变得慢，龙岩、大田变得快，分散在闽东地区的闽南方言岛（三沙、沙埕等地）变得更快。

不同的方言区中，地大人多的大区方言变得慢，小区方言变得快。向心、扩展、活跃型的方言往往也更为稳固，而离心、收缩、萎缩的方言则肯定变得更快。

决定方言变化快慢的基本原因还是方言势力的强弱。强势方言在语言接触中不易受别的语言的影响，对共同语又具有不同程度的抵制力，因而保留前代语言成分多，本方言独有的创新成分则因为使用频繁而能迅速在社区内普及，外来影响又较难发生，因而老中青年之间的差异不大。

社会生活是开放的还是封闭的，也是影响方言变化快慢的因素之一。封闭的社会，生活节奏缓慢，与外界交往不多，方言势必保守少变。新中国成立前的广大农村便是这种情形。一旦和外界交流多了，就会发生急剧的变化，像闽北山区，引进普通话之后，形成了很大的反差，那里的方言成了变异型的，本地人体会到说普通话便能通行无阻，因而逐渐放弃方言中的特殊成分，夹用普通话语词，套用普通话句法。

那么，为什么沿海那些早已开放的地区的方言反而趋于保守和稳固呢？那里由于历史上的开放和繁荣，已经形成了向心的、强势的方言，并且在社会生活中十分活跃。这就更加证明了强势还是弱势是决定方言变化快慢的主要原因。

诚然，稳固和变异是相对的，乙方言相对于甲方言是变异的，相对于丙方言却又是稳固的。现代漳州话 n 韵尾合并到 ŋ 韵尾，是变异的，但是日母字保留着浊声母 dz 则是稳固的。可见对具体现象必须做具体的分析。

第三节　福建各区方言的文化类型

上文所述的五种类型都有极端的典型和特征不太鲜明的一般情况。在两极之间又有广泛的中间地带，这种中介现象是许多社会现象共有的规律，各方言区在这些方面的表现如何，可能都有一些差异，必须具体分析。各种文化类型之间是有一定的联系的，例如单纯型、向心型的方言往往是稳定少变的，但也不一定都是必然的关系，在福建山区，还有一些离心型的小方言由于和外地交往还不多，至今还少有变化，十分稳固地保留着原来的面貌，例如建宁县的赣方言就属于这种情形。有时，即使在同一个方言区，不同的地片也可能表现出不同的文化类型特征。可见，各方言区属于何种类型还必须进行具体的分析。

下文试就福建境内各个方言区的文化类型做一番粗略分析。[①]

一、闽东方言区

闽东方言属于单纯型方言。和古音类对应比较整齐，又有一套声母类化和变调的规律，方言特点鲜明，内部差异较小，相对而言，南片比北片更为统一。因为南片的旧福州府“十邑”都在闽江下游两岸，人口密集、交通方便，人们交往多；而北片位于闽东腹地，山多人少，交通不便，因而方言差异较大。福州既是府城又是省城，历来是全省的政治文化中心。马尾港又是福建的重要出海口，闽北山货沿江而下，海外洋货从此入口，又使这里成了全省的经济中心。因此，福州话在闽东方言区中作为代表方言具有较高声望。福州话往往成了闽东方言的代名词。

福州话韵书《戚林八音》自问世以来一再重版，在南片“十邑”广为流传。光绪二十年（1894 年）又有基督教会所编《福州方言词典》和罗马字拼音及汉字本《圣经》，这些福州方言读物在教会之内有相当的影响。《闽都别

---

① 参阅李如龙：《福建方言与福建文化的类型区》，《福建师范大学学报（哲学社会科学版）》，1992 年第 2 期。

记》叙述了许多乡土故事、典故，使用了不少福州方言俗语，旧时是很受欢迎的读物。以福州话为标准音的地方文艺有晚清创立的闽剧、方言说书“评话”、乐器伴奏的清唱“伬唱”，均深受闽东各县人们喜爱。旧时地方文人中还有逢年过节创作、吟唱“竹枝词”的习俗。用福州音诵读旧体诗词形成一定格调，颇具音乐性。民间流行的谚语、歌谣也不少，20 世纪二三十年代曾有人整理了大批儿歌童谣出版。这些文艺娱乐形式和出版物对于福州方言的语音、词汇的一定规范的形成和艺术表达手段的发展，都起了很大的作用。这不但加强了闽东方言的统一性和表现力，也为闽东方言成为向心的、稳固的方言提供了重要的条件。

目前，福州话在社会生活中还比较活跃，城乡中的中老年人还普遍实行双语制，同外地人交往多数人能听能说普通话，本地人之间还以方言交际为常。但在福州城区，由于外地人定居不断增多，社会上普通话相当普及，青年学生已经难以用方言朗读书面语，他们在日常方言口语中也经常夹用普通话的语词，甚至有人已经不使用方言了。可见，虽然是稳固、活跃的强势方言，在青年学生之中，在政治文化教育界，方言的使用也在萎缩之中。

由于向外集体移民较少，福州方言的区外流播不多，只见于闽江中游沿岸和浙南部分县份。抗战期间，闽东人溯闽江而上，在闽北各县城关避难定居，如今在许多县市，如尤溪、南平、建瓯、沙县、顺昌等地城关都有许多人兼通福州话。在相互接触中，作为强势方言，在多数情况下，福州话易于影响别人而不易接受别种方言的影响。受福州话影响最大的是尤溪话、莆田话和沙县话。闽东方言区是单纯型、向心型、扩展型、活跃型、稳固型的方言。这些类型特征在闽东方言的南片（闽江下游）是比较典型的；在闽东腹地则典型性较差，其内部分歧较大，方言的变异也多些，方言成分的构成也有些驳杂，在与别的方言较量时影响力也较差，例如北面的吴方言对浙南的闽东方言就有很深的影响。泰顺、苍南一带的“蛮话”已经变得越来越像吴方言了。

二、莆仙方言区

莆仙方言区只分布在原来的莆田、仙游两个县，人口不算多，却是一个很有活力的强势方言。论语言系统它介于单纯型和驳杂型之间，既有与闽南话大体相当的文白对应，又有类似闽东话的声母类化规律，从这个结构情况也可以看出它是从闽南话分化出来，吸收福州话一些特点而形成自己的结构系统的。莆仙话称闽南人“南兄［꜁nam꜀mia］”，说明不久前还有 m 韵尾，也说明他们和闽南人本是亲切的一家人。

莆仙二县宋代建军，当时已有人口太多的压力，自从建了木兰陂之后，人口更是大幅度增长。不少人陆续移往漳州、潮州，后来又转徙到雷州半岛和海南岛，把当年的闽南话带往粤琼沿海，这是莆仙话的早期扩展，也是莆仙话从闽南话分化出来的证明。

莆仙方言是向心型的，两县之间均可自由通话，南片仙游话和莆田话虽有明显差异但并不妨碍交际。莆田话作为代表方言，威信甚高，这和莆仙戏采用莆田音作标准音有很大关系。莆仙戏的历史相当久远，传说唐明皇时代莆仙戏班就到长安的宫廷演出了。它是宋明南戏的嫡传剧种，传统剧目十分丰富。当代剧作家已搜集到明清时期的演出本 5000 多种，几乎包括了南戏的全部剧目。莆仙戏情节曲折，唱词典雅，表演细腻，至今还颇具艺术魅力。许多剧中人物故事进入了方言谚语，足见该剧种在民间是多么普及和受人喜爱。

兴化府素称“海滨邹鲁”、“文献名邦”，宋代 300 年间出过 990 个进士、5 个状元、6 个宰相。木兰陂和“宋家香”荔枝闻名千年，妈祖崇拜则广为流传。正是这些历史文化使历代的兴化人走遍天下也忘却不了自己可爱的家乡。他们人口少，又要闯天下，这就更加需要精诚团结，莆仙话便是他们协同沟通、团结互助的纽带。因此，莆仙人具有强烈的方言意识，经常使用方言，也不容易受外来影响。这就使得莆仙方言成为扩展型、活跃型、稳固型的方言。

三、闽南方言区

闽南方言的声母反映了不少上古音的特点，韵母则近于唐宋古音，声调则是古四声阴阳分化后大体保留下来的系统。它把不同的历史层次的特点分别整合在文、白两个读音系统里，多音连读则有变调和轻声。声韵调的组合，结构严密，与古今通语的音类对应相当整齐。其结构系统是属于单纯型的，各方面的结构规律都很严谨。

闽南方言区是全省最大的方言区，但是内部却相当一致，即使是边缘地带也大体可以通话。区内有两片不同口音，原泉州府属泉州口音，漳州府属漳州口音。龙岩、漳平则是在漳州腔基础上受到了客家话的一些影响，大田话是在泉州腔基础上受闽中（永安）话的一些影响，各自又形成两个小片的口音。闽南的开发数泉州最早。早期的闽南话的代表应是泉州音，下列两点事实可以作为证据：以泉州话编写的《汇音妙悟》是最早的闽南话韵书；古老的梨园戏、高甲戏、木偶戏和南曲清唱都以泉州腔为标准音。明清之后泉州港没落，月港、厦门港先后兴起。厦门港兴起，泉、漳二州的人口大量涌入厦门，本来差异就不大的泉、漳两种口音就此混合成厦门音。正因为这种混合腔更便于各地闽南人的沟通，加上厦门经济和现代化城市文明的大发展，厦门话成为闽南方言的新代表，并使闽南方言成为向心型的方言。

沿着闽南人外迁的足迹，闽南话不仅分布在东南闽台粤港琼的沿海，还传遍了整个东南亚。20世纪末在闽南本土之外说闽南话的人大约是本土人口的3倍，这就足见闽南话是怎样一种扩展型的方言了。在福建诸方言之中，它是最少出现萎缩的一种方言，至今还活跃在各种社会生活的领域。关于方言和普通话的关系，这里的处理也很得当。数十年前儿童入学读书识字时先学普通话的读音，又掌握本地话的字义“解说”，即普通话读音和方言读音同时掌握。一个小学毕业生，普通话就说得相当流利，闽南话母语也没有丢。走出家门都能用普通话和外人交谈，回到家里又能使用亲切的方言母语。闽南方言就是在这种双语制之中保持着它的活跃性。明朝末年传下来的梨园戏文，现在的闽南人大体还能读懂。清朝以来所编的泉、漳、厦的方言韵书和现代闽南话之间的差异并不大，闽南方言显然是稳固型的方言，在区内是向心的，到区外是扩展的，内部结构稳固，使用也是活跃型的。

不过，厦门开放为特区后，外来人口大量涌入，在都市化的冲击之下，年轻一代已经挡不住普通话的“冲击”，方言表现出了明显的萎缩迹象。

四、闽北方言区

现在能看到的闽北方言的文献材料，最早是乾隆年间所编的《建州八音》。当时的建瓯话同现在的建瓯话相比，也没有发生太多变化。可见闽北方言还是稳固型的方言。如果从西北片的石陂、建阳话看，至今还保留着浊音声母，这在各地闽方言中是绝无仅有的。说闽北方言是保守的、稳固的，是完全有根据的。

但是闽北方言在结构系统上却是驳杂的，而不是单纯的。其中包含的历史层次很多。例如有些来母字不读 l 声母而读 s 声母（螺、篮、卵、笠等），见母字读零声母（狗、秆、笕、稿等），禅母字读零声母（蛇、熟、上、城等），反映的是相当早期的语音特点，但后来又经历过曲折的变化。上述的浊音声母的保留是唐代以前的古音，而入声韵尾全部脱落，鼻音韵尾只剩一种却又是元明以后的新变化。6 个声调的字类划分则相当杂乱，从中可以看到福州话、南平土官话和现代普通话的多种影响。①

闽北方言之所以是驳杂型的又是稳固型的方言，这是由闽北的历史所决定的。闽北是福建最早入住汉人的地方，汉魏时期入闽的汉人主要就住在闽北，直到宋代，闽北鼎盛，经济繁荣，文化发达，人才辈出。仅是北宋的浦城就出过 122 名进士、4 名状元。但是经历过南宋的范汝为起义、明代的邓茂七起义和清代的太平天国起义，闽北人口一再锐减，外地人口又一再移入，经过几次“换血”，方言中势必掺杂进其他方言成分。例如，他说“渠”，玩说“嬉”，说话是“话事”，痛说“疾”，多少说“几多”，就都是客赣方言的说法，东西说“物事”则是吴方言的说法。

① 参阅李如龙：《建瓯话的声调》，《中国语文》，1990 年第 2 期。

闽北方言分为东西两片。东片内部差异小，府城的建瓯话有较高威信，属于向心型。西片差异则较大，有离心趋向。本书前面已经说过，闽西北的赣方言和浦城北部的吴方言，都是由闽北方言蜕变而成的。南片的沙溪流域的闽中方言和南平市郊的闽东方言原来也是闽北方言的地域。可见，闽北方言数百年来非但没有扩展，而且屡有收缩。这显然是南宋之后闽北的经济文化衰落及外来移民大量入住发生了异方言的接触和变异所造成的。闽北方言历史虽长，却没有形成方言文艺，后来流行起吴方言区传来的越剧，这也是闽北方言收缩、萎缩的一种表现。闽北的经济衰退直到民国期间也没有得到恢复，新中国成立后才逐渐有了变化。但随着外地人的大量涌入，普通话很快就被本地人接受而且普及开去，于是又加剧了闽北方言的萎缩。

向心与离心并存，稳固与变异并存，驳杂、收缩与萎缩，这就是特殊的历史条件下的闽北方言的特点。

五、闽中方言区

闽中方言所分布的三个县（市），在 1958 年以前还不满 50 万人口，永安、三明两市都是 20 世纪 60 年代发展起来的工业城市。永安是明代才建置的县，历来人口就不多。这个方言区的方言有共同点，例如都有两套塞擦音 ts、tsh、s 和 tʃ、tʃh、ʃ，都是 n、l 不分，都是 6 个声调，没有塞音韵尾。但是这三个县（市）的差异也很大，例如永安、三明有许多 m 韵尾字，有鼻化韵，沙县只有 ŋ 韵尾。沙县有变韵，其他两地没有。全区没有明显的代表方言，人们也没有方言区域的概念。抗日战争期间福州沦陷，福建省会迁到永安，许多外地人去了之后都听不懂当地的话，问本地人说的什么话，答曰：an ta ti（唔得知），有人就称那里的话是“安达抵”话。现在的“闽中方言”之称是学者们于 20 世纪 60 年代所定，这里的方言显然是离心型的方言。

闽中方言是从闽北方言分化出来的，它的东面是闽南方言区，西面是客家方言区，多少也受到这两种方言的一些影响。例如方言词中寒（天冷）、头壳（脑袋）、目眉（眉毛）、啥货（什么）、厚茶（浓茶）、冥昏（夜晚），这是闽南话的说法；禾（水稻）、包粟（玉米）、狗牯（公狗）、睒（看）、糖蜂

（蜜蜂）、狗造蝨（跳蚤），这是客家话的说法。因此，从语言结构体系说，闽中方言也是驳杂型的方言。

正因为是驳杂型、离心型的方言，历史又比较短，而且没有方言的文艺加工形式，因此它是一个弱势的方言。百来年来许多闽南人、客家人陆续移居本区，哪怕只有数十户，也完好地保留着自己的母语，成为方言岛，甚至还有一些附近的本地人，从闽南方言岛学会了闽南话。这些闽南方言岛中，旧的有永安的西洋镇，新的有20世纪60年代移居沙县的闽南话村落。这说明在方言接触中，闽中方言是缺乏竞争力的，属于收缩型。

自从三明、永安建成工业城市，外地干部职工大量涌入，人口数已大大超过本地人口，这一带便随之普及了普通话。像三明市区，旧三元县的本地人只剩数万，许多在本地生长的年轻人也已经说不好本地方言了。因此，闽中方言也明显在萎缩之中，有些年轻人虽还会说，但口音已经发生了变化，老中青口音明显不同，应该说它是十足的收缩型、变异型的方言。

六、闽西客方言区

闽西是客家先民首先落脚的地方，是客家方言的摇篮地，但作为特征鲜明的客家民系则是在客家人到了粤东、粤北之后才形成的。因此，在闽西七县之中，真正有明确的客家意识的只有三个半县，即南边边界的永定、上杭、武平及长汀的南半。那里和粤东的客家方言中心区连片，交往较多，有不少人还是清代之后从粤北倒流迁回来的。这一带客方言有入声调、有塞音韵尾，一些常用的浊上字读阴平调（社＝赊，动＝通，弟＝梯），什么说“么个”，铁锅说“镬头”，忘记说“天放”，父亲说“爷”，母亲说“娘”，都是和梅县一带的客家话一致的。南片的闽西客话和梅县一带的客家话属于同一个区，属于向心型的方言，内部差异小，共同以梅县口音为标准，彼此通话无障碍。结构系统也比较单纯，历史层次比较少。由于客家意识强烈，方言也更具活力。这里普遍都有“宁卖祖宗田，不卖祖宗言”、“宁卖身、不卖音”一类俗谚，人们走到哪里就把母语带到哪里，因此，这一区方言也是扩展型、活跃型、稳固型的。从这里出发，北到赣西北、湘东，西到广西、四川，南到香港乃至东南亚，东到海陆丰、台湾，真是“天下客家是一家”，没有不可通话的。

宁化、清流二县，虽是客家入闽的通道和中转站，但大多数客家移民稍后又陆续南迁而去，这里最早的一些先来者，应该是说着闽方言的汉人，后来这里同永安一带也有较多往来，因此这里的方言并非典型的客家话，而是杂有闽方言的特点。例如语音方面，没有塞音韵尾，没有 n 韵尾，有鼻化韵，有撮口呼，就语音结构说比较驳杂。在词汇方面，所在（地方）、箸只（筷子）、爹（父亲）、腹饥（肚子饿）、行嫁（出嫁）、瘪（瘦）都是闽北、闽中方言的说法。历来民间也没有多少客家意识，方言的稳固性和活跃度就不像南片那样强烈，普通话在这一带是比较普及的。

在长汀的北半部和连城县，尤其是连城县内，有一群相互之间差异甚大的小方言，至少有十几种是相互不能通话的。有的是客家化了的闽语，有的是客闽混合语，有的是带客味的闽语。这里只举一个字为例：“二”的读音。据笔者调查过的 50 个点，不计声调就有［n、ŋ、ŋi、ni、gi、zɿ、ŋeŋ、gei、dʒi］9 种读法。“他”有说“渠”、有说“他”、有说“伊”的，说“渠”的也有［ki、ky、khy、ku、kie、khe、tʃi、tʃɿ、tʃy］9 种读音。这是一片十分典型的离心型、驳杂型、收缩型、萎缩型和变异型的方言。

可见，闽西客话区的南、北、中三片是分属不同文化类型的。

七、闽西北赣方言区

闽西北四县的赣方言区是由闽北方言蜕变而成的。语音、词汇都有闽北方言的旧层，但更多的是赣方言的新层，自然不可能是单纯型方言，天生就是一个驳杂型的方言。举一两个例子即可见其一斑：邵武话的 th 声母字至少包括 11 个古音类的来源，偷（透母）、道（定母）、草（清母）、前（从母）、癣（心母）、斜（邪母）、超（彻母）、赵（澄母）、初（初母）、床（崇母）、筛（生母）；入声调则有来自平上去各调的字，例如：桃藻头（平声）、枣佬饺（上声）、继翅避（去声），甚至包括不少阳声韵字：篮［san꜀］、蚊［man꜀］、床［thoŋ꜀］，横［faŋ꜀］、接［tsien꜀］、执［tɕin꜀］、鸭［an꜀］、磕

[khn˳]。这种奇怪的变化产生的原因之一，是小称音变。邵武话小称音变的形式是一种声调的“促化”，因而混入了声调。

就内部差异看，这四个县之间的差异之大，也是其他方言区所少见的。例如：泰宁没有［f、v］声母，其余各点均有；有［h］与［x］的对立，其余各点皆无。建宁、光泽有 m 韵尾，其余两点无。邵武、光泽有塞音韵尾变读鼻音韵尾的（如上文所举的鸭［an˳］、接［tsien˳］），其余两点无。光泽老派有 8 个声调（平上去入各分阴阳），建宁 7 个声调（阳上、阳去合并），泰宁则只有 5 个声调，无入声。建宁有 p、t、k 韵尾，其余各点皆无；无撮口呼韵母，其余各点皆有等等。邵武虽说宋元以来一直是军、路、府的治所，但由于经济并不发达，交通不便，各县之间人们往来不多，因而未能成为真正的经济文化中心，从而发挥代表方言的作用。以上种种原因，决定了闽西北的赣方言是离心型的方言。①

宋元以来，随着赣人移闽，赣方言曾经向闽西北地区扩展过，除了邵武、光泽、建宁、泰宁蜕化为赣方言外，崇安、建阳、顺昌、将乐等县（市）也受到赣方言的不同程度的影响。但是近代以来这种影响就停止了，这一带民众更多的还是顺流而下和闽北、闽东建立各种联系，而与江西的往来越来越少，这主要是因为闽海的经济远比赣地发达。因此四个县方言的“赣化”没有继续进行下去（如泰宁话保留的闽方言成分还更多），也不可能再向周边方言扩展它的影响。随着普通话的普及，它们反而走上了收缩、萎缩的道路。但是由于这一带山高人少，交通不便，与外地交往不多，这些方言除了受普通话的影响之外，接受外地方言的影响也并不多，还是属于稳固型的方言，老、中、青之间口音的差异并不大。

由此可见，驳杂型、离心型、萎缩型、收缩型和稳固型的各种特征在闽西北赣方言区形成了特殊的统一。

---

① 参阅《闽西北七县市的方言》，见陈章太、李如龙：《闽语研究》，语文出版社，1991 年版。

八、其他小方言

除了上述七个方言区之外，福建还有三类小方言。一是大区间的过渡区。顺昌、将乐、明溪三县是闽方言和客、赣方言之间的过渡区；大田（西部北部）、尤溪是闽方言各区间的过渡区。这些过渡区内部又包含着一群有同有异的小方言。二是方言半岛，例如浦城县北部的吴方言，闽西北四县的赣方言也可看成赣方言区伸进福建的半岛。三是方言岛，包括南平城镇的土官话、长乐洋屿的旗下话、武平中山镇军家话，还有闽方言、客方言在省里分布的许多方言岛。[①]

这些小方言由于地域小、人口少，位于边界上的农村或山区，周围的强势方言不断对它们施加着影响，普通话普及之后对它们的作用力更大，因此，它们都不可能是单纯型的方言，而必定是驳杂型的；不可能是稳固型，而必定是变异型的。这些地区，不论是政治、经济、文化或方言分布上本来就是无中心的，方言差异又大，因此又是离心型的。在福建普及普通话的大环境之中，这些小方言的地域显然都在收缩着，其社会功能也在严重退化。近年去调查时，有的地区已经很难找到理想的发音人了。可以预计，数十年后，只有老年人还可能留下这些方言的依稀记忆，年轻人是一定说不好了。取代它们的必定是本地所通行的带着闽味的普通话。

附　闽粤方言的不同文化特征[②]

作为文化的载体，语言总是忠实地反映着使用该语言的社会的历史和文化，通行在一定地域的方言则是各种地域文化的最直接的体现。研究方言既应该研究它的内部结构，展示该方言的语音的、词汇的、语法的特征；也应该联系该地的历史文化研究其文化特征。

---

① 有关这些小方言请参阅《闽语研究》中其他篇目。

② 本文原刊于《暨南学报（人文科学与社会科学版）》1999 年第 6 期，收入本书时做过修改。

什么是方言的文化特征？经过多年的思考，笔者认为可以概括为这样一句话：方言的文化特征就是方言在内外关系和古今流变中所表现出来的特点。所谓的“内外关系上的特点”，包括在一个方言区里的各种小方言之间是差异很大或相当一致，有没有权威方言起规范作用，方言与共同语之间关系如何，共同语是否普及，方言是否受到共同语的重大影响，在与周边方言相处中谁是强势的谁是弱势的，强者对弱者如何扩展其地盘、施加其影响等问题。所谓“古今流变中的特点”包括方言的形成叠加着多少历史层次，哪一个层次是决定性的，方言定型之后演变速度是快是慢，历史上的共同语对它施加影响是大是小，有无其他民族的语言渗入，在演变模式上有什么特点等问题。所有的这些，都不是方言的内部结构所决定的，而是它的历史文化背景所决定的。因而，这些不是方言内部的结构特征，而是方言外部的文化特征。

不同的方言之间，既有明显的方言差异（结构特征），也有不同的文化差异（外部特征）。比较研究方言的文化差异，不但有助于我们理解现存的方言共时系统形成的历史背景，而且对我们了解地域文化的特点有很大的启发。

这里从四个方面就闽粤两大方言的文化特征的异同做一番比较。

一、关于方言的内部差异及闽粤方言的代表点方言

同一区内的小方言之间，有的差异甚大，甚至没有明显的有代表性的中心方言；有的差异甚小，有高威信的代表点方言，并对各地方言产生很大的影响。前者是离心型方言，后者是向心型方言。在这一点上，闽粤方言就有明显的差异。相对而言，粤方言内部差异是比较小的，即使在有明显方言差异的地区，例如粤西的高雷地区和桂南的钦廉地区，代表点方言广州话也可以通行无阻。不仅如此，在香港，虽然百余年间受英国殖民统治，在吉隆坡和旧金山，虽然远隔重洋，这些地方所通行的粤语竟比广东省内的一些地方的粤语更加接近广州话，甚至于别方言区的人都难以辨别。像这样高度集中的向心型方言，在汉语方言中是任何方言所无法比拟的。在闽方言中，虽然有些二级方言区也可称为向心型方言，福州话在闽东可通行十几个县，厦门话通行于闽南 20 多个县和台湾省，汕头话在粤东十几个县市，海口（文昌）

话在海南全省，海康话在雷州半岛各县市也都通行无阻。而在闽北和闽中，建瓯话和永安话的通行就有些勉强了。至于各小区之间，不但没有形成共通的代表性方言，各方言之间还相差甚大，大多并不能通话。因此，整个闽语的一级区应该说是离心的，而二级区则多为向心的，少数也离心；换句话说，是大分散小集中。

闽粤方言在这方面的差异是有深刻的历史原因的。从地理环境上说，粤方言分布的中心地带珠江三角洲是平坦的河网地带，在省外和国外的分布也大多集中于大城市（如南宁、北海、香港、澳门、吉隆坡、旧金山），各个粤语区之间交通较为便利，人民之间历来彼此交往频繁，更重要的是南粤商品经济早在千年之前就已十分发达，商业流通正是方言沟通的润滑剂。广州历史悠久，也是中国对外贸易的南大门，广州话在粤语区内的权威地位是自然形成的。而在闽语所分布的地区，虽然也有闽江、晋江、九龙江等造成的平坦地区，但彼此相距遥远，没有连成一片，其余各区多半是崎岖的丘陵地，向来交通不便。泉州、漳州、厦门和汕头也曾有贸易港口，由于兴衰历变，并未形成稳定的大型的商业中心。省城福州虽然历史悠久，政治经济的力量都有限，显得鞭长莫及，福州方言也未能成为全区的中心方言。

二、关于与古今共同语的关系

在闽语区，方言和共同语素有双语并用的传统。各地闽语多数的字都有文白异读。白读是方言固有的读音（说话音）；文读则是早期共同语的读音（读书音——也就是读书时模仿得不准的正音）。从以下例字的福州话和厦门话文白异读就不难看出，其文读音是接近于《广韵》系统的中古音的。

	初	梯	沙	拖	皮	驶	教	头	流	林
福州文	tshu	thɛ	sa	tho	phi	sy	kau	theu	liu	liŋ
白	tshœ	thai	sai	thua	phui	sai	ka	thau	lau	laŋ
厦门文	tshɔ	the	sa	tho	phi	su	kau	thɔ	liu	lim
白	tshue	thui	sua	thua	phe	sai	ka	thau	lau	nā

	闲	前	秧	双	生	声	青	东	毒	滑
福州文	haŋ	tsieŋ	yoŋ	souŋ	seiŋ	siŋ	tshiŋ	tuŋ	tuʔ	huaʔ
白	ɛiŋ	sɛing	ouŋ	soeng	saŋ	siaŋ	tshiaŋ	tœyuŋ	tœyʔ	kouʔ
厦门文	han	tsian	ioŋ	sɔŋ	siŋ	siŋ	tshiŋ	toŋ	tɔk	huat
白	iŋ	tsiŋ	ŋ	siaŋ	sĩ	siã	tshĩ	taŋ	tak	kut

近代社会以来，闽语区逐渐出现了普通话和方言的双语制。雍正年间，鉴于闽粤官员说话别人听不懂，曾有诏令要求闽粤两省设立正音书院教习正音，后来，在福建就陆续出版了一些推广官话的读本，例如蔡伯龙的《官音汇解》、张锡捷的《官音便览》、黄绍武的《闽音正读表》，连一些地方韵书如《汇音妙悟》和《汇集雅俗通十五音》也收入了一些“正音”。辛亥革命以后，福建所办的新学堂至少在闽南地区识字教育都是用注音符号拼注当时的国音，教学生读字音，然后用方言解说字义的，因而脱盲后的青少年大体上都能勉强听懂普通话。在西部山区，由于外地人口的不断涌入，本地方言又格外有分歧，有时一个县内就有几种不能通话的小方言，为了交际，都先后推广了普通话。大田、尤溪、将乐等县，先后因推广普通话的成绩突出而受到中央的表彰。

而在粤语地区，方言和共同语的关系可以说是方言为体，共同语为用。在口语方面，真正在普通百姓之中推广普通话还是近几十年间的事。由于识字教的是方音，连知书识礼的文化人都只能用方音读书而很难说一口流利的普通话。在书面语方面，不论是纯粹的方言口语或是掺杂着文言成分和书面语的混合文体，都可以用粤语书写成文。早先的木鱼书、通俗小说和现代香港报刊的副刊、广告，用的都是这类方言书面语。而且共同语书写的书面语，由于识字是经过方音，用方音去阅读也可以理解。这就是粤式的方音为本，言文同音而异词，文白夹用，雅俗共赏。换言之，在粤语区，说话用粤语粤音，读书也用粤音，在书面语可用的地方也可用方言，还可夹用文言成分。文言、白话、方言三语共一音。改革开放以来，学校的普通话教育有明显的进步，社会上则因大量外省打工者的涌入，普通话逐渐普及开去。

由此可见，共同语对方言的制约作用，尤其是在书面语方面作为标准、规范的地位是普遍存在的，不同的方言区只有作用力大小、作用方式不同的差异。从闽粤方言的这方面差异也可以看出两地的历史和文化心态的诸多不同。闽语的形成主要是汉人四次移民潮叠加的结果，第一次是汉末东吴人移居闽北、闽东；第二次是东晋南迁时辗转入闽；第三次是初唐陈政、陈元光的平定闽西、闽南；第四次是唐末王审知的据闽、治闽。头两次时代久远，批量较小，在闽中分布面也较窄；后两次批量大、分布广、影响更大。这两次移民的主体虽然也是避乱南下的农民，但是多为加入行伍的兵卒，后来在闽中掌权落籍了（陈元光是漳州刺史，王审知是闽王，其所部后来都在福建各地安家落户），因此形成了浓重的正统思想。虽然远处东南海陬，关山阻隔，无复北顾，但总是以"中原贵胄"、"华夏传人"引为自豪，不论传到多少代还是忘不了中原老家的郡望，盖起房子便在大门口写明"某某衍派"的堂号。宋以后，闽中文教渐兴，士子十分热衷应举，取得功名者不在少数，于是一些文化荟萃的古城往往自称"海滨邹鲁"。这种注重故土的血缘、地缘的"根"的意识至今不衰。许多后来移居台湾乃至东南亚的闽籍人士，至今还记得自己是"陇西李"、"颍川陈"或"燕山黄"。这种"根"的意识对于注重学习主流的"官话"和"正音"，显然是十分重要的。闽语区所以素有方言与共同语双语并用的传统，乃根植于这种崇正意识之中。

粤语的形成一般是追溯到秦始皇时期的50万戍卒入粤。这个数字显然是为了壮大声势而夸大了的。即使发兵时不下十万，渡长江、过湘桂而入粤，北人不适南方水土，又要历经攻战，能够到达南粤的兵士，为数一定不太多。一番征战之后，留下来的汉人还是要与南越人和平相处的。因而赵佗上书中央时自称"蛮夷大长老夫臣佗"。汉唐之后直至五代十国的南汉，中原汉人也陆续有进入粤中的。唐开元间张九龄开凿梅岭新路时，粤北韶州人口只有6000多户，到了天宝年间增至30000多户。和粤方言形成关系最大的一次大批量的汉人移民该是两宋之交经由南雄珠玑巷进入珠江三角洲的这批人。这些人应有北宋之前先在粤北定居的老移民，也有因宋室南迁而流离南下的新移民，不论是新的老的，其口音都不会去《广韵》系统太远，所以那时所定型的粤语的音系才那么接近《广韵》音系。时至今日，定居在珠江三角洲的各个大姓的族谱，几乎没有例外都追述了南宋初年迁自珠玑巷的历史。从珠江三角洲出发远涉重洋发迹之后的广府人也都没有忘记珠玑巷。近些年来，到那里寻根访古、扶助故地经济建设之举愈发频繁和盛大。在这一点上，正史、谱牒的记载，口碑的流传，民心的记忆和语言的印记，完全是可以相互论证的。这样的移民史造成的文化传统是随遇而安，面向实际，落地生根，图谋发展。在珠江三角洲立足之后，粤人利用大好的气候和水文条件，发展农业，经营商业，逐渐地又走出伶仃洋，四海为家，把生意做到五大洲。新的天地如此富饶，外面的世界如此精彩，他们自然是无复北顾了。用祖传的方言说话，用同一套现成的读音读书识字，比起学习另一套共同语，显然要简便些，这是十分符合实际要求的。

三、关于方言的运用和方言间的接触

闽粤方言在社会生活中的应用及方言的接触中的表现有不少共同的特点，也有一些不同之处。

闽粤方言的运用，不但有口语的交际，而且有舞台艺术的加工。粤语是向心型方言，粤曲和粤剧在粤语区各地都很受欢迎。闽语各小区之间差异较大，几乎所有沿海各小区都有自己的地方文艺——闽东方言有闽剧、评话、伬唱，莆仙方言有莆仙戏，闽南方言有南曲清唱、锦歌清唱、高甲戏、木偶戏、芗剧、潮剧等戏曲，雷州有雷剧，海南有琼剧。这些地方戏曲、清唱、说书等大体上是明清以来随着近代城市的兴起而发展起来的。大量的地方文艺形式从说到唱，都在对方言口语进行艺术加工，深为本地人所喜闻乐见。应该说，这些艺术语言对方言口语产生着相当大的影响。

和闽语区相比，粤语的书面语加工更为广泛，这主要是因为粤语区形成了完整的书写体系。只要是粤语的音，或本字或俗字，或者用同音字、借用字，都可以找到方块字来写。有些常用的俗字，书写定型，已在社会上被普遍接受。因此，用粤语写的读物便可以在社会上通行。从 20 世纪 30 年代以来，所谓的“木鱼书”，韵文有说唱文学，散文则有历史故事、时事评论，曾经在穗港两个都市盛行。此外，在民间也常可见到粤语书写的告示、便条和广告。在香港，至今各大报刊都还有用粤语写作的副刊杂文。普通话口语、粤语口语和书面文言乃至英语杂而用之的市井小说还在大规模地出版发行。反观闽语区，书面语在明末清初曾有过一批地方戏的脚本（如《荔镜记》等），民初有过针砭时弊的杂文（如《畅所欲言》等），20世纪三四十年代有不少在家庭妇女中流行的小唱本（如《英台三伯》、《雪梅思君》等），后来就销声匿迹了。在这一点上，吴语和闽语情况相近。明清以来，吴语区也曾有过《山歌》、《九尾龟》、《海上花》等韵文和散文形式的通俗读物，后来由于共同语的普及，这类读物也逐渐衰微了。

方言间的接触是历来就有的，近代以来，社会生活复杂化了，人们交往多了，方言之间的较量就更加剧烈了。在与外方言接触时的表现上，闽粤方言也是有同有异的。

闽语也算是强势方言了，明清以来闽南话散播到浙南沿海的苍南、玉环、洞头，苏南的宜兴，赣东的上饶，赣南的蟠龙，粤北的连县，珠江三角洲的中山，以及广西玉林、平南等地，使用人口多则数十万人，少则数千人、几百人。在其他方言的包围之中，他们还能保留自己的母语，从而形成方言岛。在东南亚的菲律宾、泰国、新加坡、马来西亚、印度尼西亚各国，“福建话”（实则闽南话）一直是当地华裔之间的共通语。这是由于到东南亚定居的华人之中，年代最早、人数最多的正是闽南人。大大小小的移民群体能够更注重保留自己的母语，在这一点上，闽语和粤语是十分类似的。

相对而言，粤语是比闽语更为强势的方言。这主要表现在以下三个方面：

第一，在广东全省乃至广西的部分地区，粤语成了区域共通语。广东的闽语区、客语区和北部土语区，近数十年来，人们竞相学习粤语，至少在县、市、镇的人口密集地区，尤其是在商业服务行业中，粤语大体上都能通行无阻。

第二，在某些城市，粤语甚至有取代原有方言的趋势，例如韶关城区原是韶州土话的地盘，如今市面上主要通行粤语，能说土话的人只是为数不多的老人了；在湛江市区，原有的雷州话也不那么时髦了，白话（广州话）则有喧宾夺主之势。

第三，在华裔比较集中的新马地区，近几十年间，闽南话的共通语地位正在逐渐让位给粤语。许多以闽语、客家话为母语的人，都已经学会粤语，而以粤语为母语的人则不再学习闽语了。这个转变发生于近几十年，究其原因，首先应该提到的是，20 世纪 50 年代以来，香港出版了大量的粤语书报，录制了大量的粤语歌曲录音带和粤语电影片，这些大众传播物在新马一带影响很大，应该说它们为推广粤语立下了汗马功劳。

粤语在方言接触中的这种强势，主要来自粤人的商业运作。从唐宋的市舶司到明清的“十三行”，广州历来就有对外贸易的传统和经验，近代以来通过港澳，更与国外建立诸多商业联系。改革开放后，珠江三角洲的经济突飞猛进，并与港澳的经营构成系统，自然影响更大了。应该说，粤语在诸多周边方言中的强势地位，今后还会持续下去。不过也应该指出，这种强势，出了广东省，便只有在广西有一定的表现，在湘、赣、闽、琼的周边省区就已经不大起作用了。至于在官话区，除了酒吧歌厅里的几句粤语歌曲，相声小品里几句模仿得并不太像的粤语，其他方面并没有多少影响（有些创新语词的影响另当别论）。在同一个省里，有相同的经济政策，共同的新闻传播媒介，彼此的交往也多，这就提供了形成区域共通语的可能性，离开了省域，情况就很不相同了。对于粤语的扩大影响，也不能一味加以夸张，不加分析地说什么“普通话南下和粤语北上”是不合适的。

四、关于方言演变的类型和整合的模式

按历时演变的速度分，方言有稳固型和变异型之别，稳固型方言的结构系统不容易受共同语或强势方言的影响，因而变化就比较慢；变异型方言则容易发生变化。但是任何方言都不可能一成不变，都有不同历史层次的成分的叠置。如何把几个不同时代的语言成分和语言特点整合成一个共时的结构体系，不同的方言则有不同的模式。稳固型的方言不容易受外来影响，因而结构体系就比较单纯，拿语音说，和古音类的对应比较整齐；反之，容易受外来影响的变异型方言，就往往呈现驳杂的系统，和古音类的对应通常就不

大整齐。

闽粤方言都是稳固型的方言。从一些零星的记录可以看出，“歌豪不分”从宋代到现在，在闽语已有近千年历史。像“父亲”称“郎罢”，“闽人呼儿曰囝”，这是唐代就有的方言词。晚唐泉州和尚所编的《祖堂集》中的不少句子至今还同现代泉州话十分相近。如果说粤语的语音是两宋间定型的话，这1000年间的变异则比较少，难怪有人戏说“广韵”者，粤音之韵也。从五口通商之后，教会所编的广州话、厦门话、福州话、潮州话的各种词典看，不论字音还是词汇，大体上都没有大的变化。这是闽粤语的稳固性相类似的一面。闽粤语的稳固性也有一些不同的表现：粤语是内部相当一致的大面积稳固，闽语则是有些小区较为稳固，某些小区则还有较多的变异。例如闽东、闽南是稳固的，闽中、闽北是变异的。在闽北方言，入声字的塞音韵尾已经全部脱落了。而同是声韵调都相当稳固的方言，闽南出现了轻声和普遍的变调，闽东则变声、变韵、变调兼而有之，在多音连读的音变方面的表现可以说完全是变异型的了。

就整合的方式说，闽粤方言则有较大的差别。

粤方言的语音显然是单纯型的，与《广韵》系统的对应相当整齐，字音的异读和多音词的连读音变也很少；词汇系统则比较复杂，既有不少古代南越语的底层，又有相当数量近代的英语借词。闽方言的语音系统多包含着几个不同的历史层次，既有上古音的留存，也有近代以来的变异，不同历史层次的语音往往用文白异读、别义异读的方式来整合，使之共居在一个系统中。至于近代以来多音词大量增加后带来的连读音变的表现，在闽语中则既有最保守的，如闽北方言没有任何音变；也有最多变的，如闽东方言的变声、变韵、变调。

闽粤方言之所以是稳固型的，看来主要是因为它们远离官话区，定型后的内部结构又与官话有较大差别，所以不容易受到官话的影响。至于周边方言，相对都是弱势的，对它们的影响力也不足。在整合的模式方面，闽粤语之间的差异则是两个方言区的历史文化背景所决定的。论历史，粤语比闽语更长，但为什么上古音的留存反倒比闽语少呢？正如上文所述，可能是因为两宋时期入粤的人数批量大、文化层次高、影响深，而且时间集中，正如大浪淘沙，这个时期的语言把前代旧音都覆盖了。又由于是向心型方言，代表点方言影响巨大，内部的不同整合方式就比较少。而词汇之所以驳杂，则与上文所述的“随遇而安、讲求实际”的文化传统紧密相关。在闽语区，既是大区离心、小区向心，在演变的速度和整合的方式上就出现了比较复杂的情形，而正如上文所述，由于重视正统，尊重共同语，普遍存在更多的文白读，这便成了闽语的一大特色。

第九章
福建各方言区的不同地域文化

第一节 从方言看地域文化特征

一、什么是地域文化特征

不同的地域都有不同的文化特征。

人类要生存，首先就必须适应环境、改造自然。在生活的各个层面上，人们都很难完全摆脱环境的制约。在不同的地域，人们在物质生活中总有一定的共同的取向，这种取向首先表现在传统的经济门路和生产经验，特定的组织生产的方式。俗话说的“靠山吃山、靠海吃海”也就是这个意思。存在决定意识，在共同的生产、生活之中，一定地域的人们组成了一定的社区，在一定社区之内就会形成一定的习俗，以及某些异于其他地域的特殊的观念。这些传统的生计（农业、牧业、林业、渔业、手工业、航运等），地区性的协同动作（筑坝、挖渠、修桥、造路、开山、辟港等），以及与此相适应的价值取向、传世经验、道德时尚和风俗习惯，便构成了特定地域独有的文化现象、文化习俗。

地域文化是民族文化的分支，不同地域的文化既体现着民族文化的共同特征，也必定有本地区独特的内容。

地域文化中那些有别于其他地域文化的主要特征，便是该地域文化的特征。

地域文化特征是多层次的，一个省、一个大方言区、一个县、一个乡镇都可以有自己的文化特征。几个地区之间由于有共同的地理环境或共同的历史渊源，其文化特征也可能具有共同性。但是，一般说来，范围越大的地域文化，其共同的文化特征就越少。

地域文化特征对于外地域来说是独特的，对于本地域来说则是较为普遍的，被多数人所理解和实践，也在历史上形成了一定的传统。当然，诸多特征中有基本的，也有一般的。越是重要的特征在本地域越具普遍性，在历史上也越有久远的传统。地域文化特征有显性的、世代相传的、人所皆知的；也有隐性的、潜移默化的、心照不宣的。但大多数都能用方言形式表达出来，流传下来。

同一个地域的人，受过相同的文化熏陶，有共同的语言，行动也容易协调。在不同地域生长的人，由于文化心态的差异，有时就容易造成误解，甚至格格不入，共事不易协调。比如，大多数南方方言区的人都认为见到老乡说家乡话是天经地义的事，北方方言区的人就未必这样想，他会觉得你在背着他说什么私房话，或者有意冷落他。其实山东人、山西人各自在一起也是说家乡话的，只不过那些话好懂，不像南方方言那样特别。这就是文化差异引起的误解和不协调。有的方言区不回避说“死”，什么“笑死人”、“高兴死了”、“忙得要命”、“累得剩下半条命”、“你死到哪里去了”，随口而出，甚至成了口头禅。另一些方言区来的人总以为他把事情说得太严重了，觉得不可理解，甚至造成彼此都不易觉察的误解和争端。这也是地域文化差异的反映。

随着社会生活的现代化，地区之间的文化差异是越来越小了，但是有些固有的观念和习惯，往往还在有意无意地制约着人们的行动。如不小心把茶杯打破了，连忙脱口而出说“岁岁平安”，有时，这只是一种下意识的习惯。

二、地域文化特征的观察点

地域文化特征通常是怎样表现出来的，我们应该从哪些方面去观察呢？

首先值得注意的是职业的选择。不同的地域常常有不同的营生门路和手段。它反映了人们是如何适应自然环境、改造自然环境的。例如瓷土资源丰富的地方，便有烧瓷业的发展；地下蕴藏着煤炭的地方，便有地方小煤窑的经营。沿海的干旱区常有晒盐场，浅海滩涂处则兴海产养殖业。然而并非所有山区都采用“刀耕火种”的耕作方法，也并非所有的出海口都经营外海捕捞和远洋航运。地区的职业选择除了地理环境所提供的条件之外，还有人文环境的塑造，例如历史上和什么民族有过接触，沿袭了什么样的生产传统，技术上是否具备必要的条件等等。

形成了一定的行业取向，许多人从事同一行业，生产经验可以互相交流，生产技术可以互相竞争，长期的大规模的实践便可以形成高效益的传统经营。例如东北种植大豆、岭南培育荔枝、景德镇烧制瓷器就是这样发展起来的。

职业的选择还受意识形态的制约。在中国传统社会里，长期是按照士、农、工、商的顺序确定不同行业的社会地位的，因为“学而优则仕”，“仕”就是“为民父母”，万民的“牧者”，因而“万般皆下品，唯有读书高”。这种社会风气在有的地方至今还未有大的变化。在商品经济发达的地方，商的地位高了，士则成了寒酸、迂腐的代名词。又如，在迷信崇拜兴盛的地方，风水先生、巫师、相命先生备受敬重，而破除了迷信之后，这些人形同骗子。在“诗礼传家”的“耕读社会”里，走江湖、唱戏的属于社会的末流，在城市文化发育得比较充分的地方，一个歌星的身边会聚集着数万名追星族。

和职业选择相联系的是角色的分配。在一些人多地少，农业收入不足以维持生计的地方，男人常要学点手艺远走他乡，经年累月在外谋生。女人们在家就要挑起家务和农业生产的两副重担。有的地方妇女不参加田间劳动，有的地方丈夫要帮妻子看顾未满月的婴儿。不论山区或平原，凡是草场多的地方，放牧可以交给儿童，牛倌、羊倌往往是未成年的孩子；在无专门草场的地方只有大人才能放牧，因为那里的放牧，既要寻找草原，又要照看牲畜，不让它们去糟蹋庄稼。

其次，应该注意的是崇尚的精神，也就是社会舆论的导向，人们景仰的楷模。忠贞、孝悌、仁义是汉人社区普遍都崇尚的精神，但是在不同的地域可能就有不同的侧重点。从民间所树的神明和英雄也可以明显看到这一点。例如闽南地区崇拜最为虔诚的是真人神化的妈祖和吴夲，都是以仁爱行义、救助百姓而闻名于世的。就过去的传统而言，相对地说，闽北崇仰名宦、道学家，闽西则对崇拜血亲祖先最为重视，如果说，闽南尚义、闽北尚忠、闽西尚孝，当是有一定根据的。

和崇尚的精神相联系的是人际关系。凡是尚忠的地区必定重视权势关系，平民百姓对于官家总是比较顺从的；尚孝的地方重视血缘关系，认宗派、分亲疏；尚义的地方珍惜情义和友谊，多结社、行义侠、路见不平便拔刀相助；尚利的地方，则注重利害关系的权衡。

和崇尚的精神相对的是地方的禁忌和避讳，有时也很能表现地域文化的特征。如海边的渔民不说“沉”，重商的地方把猪肝、猪舌说成猪润、猪利等。

三、从方言看地域文化特征

透过方言去考察地域文化特征可以说是文化语言学的微观研究。

不是所有的方言词语都能表现地域文化特征。猪、狗作为一种动物的名称未必有文化内涵，作为“三牲”的供品，“公猪”称为“猪公”，怕小孩养不大，起个乳名叫“阿狗”、“狗屎”，这就有了一定的文化内容。一般的数词“一、二、三、四”并没有特殊的文化色彩，但是回避“四”（“四”、“死”音近），把“四”说成“两双”，这也就有了特定的文化含义。

能表现文化特征的方言词语可以称为“文化词语”。常见的文化词语包括以下几个小类。

1. 方物词。一定地域特有的人物、事件的名称。例如福州话的“光饼”、“征东饼”、“麻饼”、“福清饼”，闽北方言的“笕”（山区竹制导水管）、“厂”（山道上的凉亭），泉州话的“半南番”（经由南洋来的阿拉伯人与汉妇所生育的后裔）、“出世团”（华侨与南洋土著所生的混血儿）。又如闽江下游过去多盖木头房子，为防火灾，盖房子时要修筑“火墙”、“火墙包”、“火墙弄”，一旦“火烧厝”（失火）、“火鹞”趁火打劫，“落地”（大火熄灭）之后，“火主”（失火的房主）只好坐在“火烧埕”（废墟）上哭。这其中便有许多方物词。广义地说，山区关于山、谷、林、木的繁多名称，沿海关于潮汐、滩涂、船舶、鱼货的详细分类，某种地域特有的生产工艺流程以及工具的各种名称

（如闽西的造纸业、茶乡的制茶业）也可以列为方物词，因为它们反映了不同地域所开辟的不同经济领域及其生产的深度和广度。

2. 风俗词。直接反映地方习俗的术语。例如闽东方言的“做晬”（小儿周岁庆典），“头七、二七……”（为新丧亲人逢七祭祀），“普度、做半段”（七月十五祀鬼）；客家话的“细新妇、等郎妹”（童养媳）、“完房”（圆房）、“检金改葬”（收拣骨殖装在坛子里迁葬）等等。闽南地区的割香（迎神赛会）就有一整套专门的术语，例如：“请火”（取火），“开眼”（为新塑的菩萨装眼），“装阁”（化装游行），“搾旗”（扛大旗），“香埔”（烧香迎神的广场），“奉茶”（道旁为迎神者提供茶水），“签刀”（扶乩时在腮旁扎铁线），“扛佛”（抢先抬菩萨游行），“倒祖”（菩萨回老家），“激辇”（抬着坐着菩萨的轿子快速进退），“放铳”（放火铳），“弦馆”（管弦乐队），“大鼓吹”（大型锣鼓阵），“锣仔鼓”（小型锣鼓阵）等等，不一而足。

风俗词中有些是许多地区共有的说法，有些则是某个地区特有的，后者显然更加值得注意。经过周密的调查，把各种风俗词加以综合分析便可以了解很多地方特有的观念和传统。

3. 观念词。反映一定地域特有的观念的语词。这种语词不是很多，但是很具文化特色。例如上文已经提过的各地闽方言常说的“好团”、“呆团”（歹团）、“好命”、“歹命”、“牛命马命”之类，不同的地域可以有不同的具体内容。闽南话的“古意”、“勢”（能干）、“无人情狗”（无情汉），闽东话的“妥当”、“王道”（厚道）、“夹壳”（棘手）、“奸尻利”（吝啬鬼），客家话的“知人情”、“衰运”等等都是这类语词。其具体含义都表现了独特的价值观和道德观。有些表现观念的词语，用的是相同的字眼，不同地方所理解的内容却又存在明显的差异，考察这类词语时需多加分析。例如“合适”，在普通话里是“适宜”的意思，在福州话相当于“合算”，多半是“占了便宜”的意思，在闽南话却表示“活该、不值得同情”。

4. 色彩词。即除了基本意义之外还带有一定的附加义或褒贬义的方言词。例如许多方言都有的“洋鬼子”、“番仔”、“番鬼佬”、“洋人”、“乡巴佬”、“土包子”、“土老包”等名词，就都带着贬义，“哥儿们”、“妹子人”、“小哥儿”、“小弟哥”等称呼就带着亲昵的味道。和尚或称“斋公”，或称“长老”，或称“和尚仔”，道士或称“师公”，或称“道老”、“道仔”，都隐含着不同的感情色彩。又如福州话“平搭”、“平直”、“平长”都是清楚、妥善的意思，含褒义，“平正”是质量差，带贬义；“徛底”是谦逊，“软主”是懦弱。不同地域褒贬词语的比较往往可以看出人们不同的价值观念。

5. 哲谚。带有一定的哲理，用来教育世人和子孙后代的谚语、警句，往往集中地表现了地域文化中的许多主题：价值观念、道德准则、是非标准、行为取向，因而是研究地域文化特征的重要凭据。诚然，在民间谚语中，常常有自相矛盾的情况，例如既说“善有善报，恶有恶报”，又说“人善被人欺，马善被人骑”；既说“身正不怕影斜”，又说“舌头下压死人”。这就需要具体分析、权衡轻重、区别主次了。有时似乎是矛盾，其实并不一定是对立的。如说“单丝不成线，独木不成林”、“众人拾柴火焰高”，这是“人多力量大”的道理。又说“一个和尚挑水喝，两个和尚抬水喝，三个和尚没水喝”，这是说大家共同做事时，如果不合作互相推诿，人越多越糟。类似这种意思，闽南话也有两种说法，既说“众人扛山山会动”，又说“秾牛踏无粪”（人多办不好事）。

在研究方言与地域文化特征的关系时，我们必须注意到，方言对于同个地域的各色人等都是一视同仁的，它既可以用来表达一般人所理解的共同概念，也可以用来表达不同思想体系的观念。方言和文化毕竟属于不同范畴的社会现象。方言是在整体的社会生活的土壤中形成和发展的，作为一个表达—交际手段的体系，它对于每个社会集团或每个个人都是适应的。因此，透过方言去考察地域文化的特点，只能看到同一地域的文化中的某些共性，只是一个考察的侧面，对于地域文化的分析研究，它只是一种参数。换言之，从方言看地域文化是有局限性的，文化语言学的研究只是文化研究的一个特殊的视角。

本章以下各节，便是分别就福建境内的几个大方言区，透过文化词语去考察其地域文化的特点。这里的地域文化的表述当然不是全面研究的结论，而只是从一个侧面见到的影像而已。

这里说的只是初步探索的体会，远非成熟的论述。下文关于“江城文化”、“海洋文化”、“青山文化”和“移垦文化”等提法也只是就这些地域的某一显著的文化特征所做的概括，而不是该地域文化的整体面貌的描述。笔者认为，不同方言的地域文化之间本来就是同中有异、异中有同的，即便是同一个方言区，中心地带和边缘地带，沿海、沿江和沿山的不同区域也一定还有更具体的差异，对于地域文化特征的概括和表述，只要能反映该地域文化的重要特点，就算是触及了问题的实质了。基于这种认识，为了引起有关学者对于文化语言学的兴趣，吸引大家共同来研究这些问题，不揣粗陋，谨就个人看法做一番叙述。[①]

第二节 闽东方言区的江城文化

一、闽江口文明区

闽东方言区以闽江下游福州“十邑”为主体，“十邑”之中，市区、闽侯、长乐、连江这个闽江口的三角地带人口最密集，口音也最接近，因而在闽东地区最有代表性。闽东方言的大量文化词语反映的是闽江口的文明。

闽江是闽东地区的母亲河。闽江下游在汇入尤溪、古田溪、梅溪、大樟溪之后，流量更大了，闽江的长度虽然在全国江河中排不上队，但因为沿江中上游地区雨量足，它的年平均流量在全国外流河中名列前茅。从马尾港到南平早有机动轮船通航，小木船则沿滩而上可通 20 个上游县城，沟通近半个省，在公路未通的年代，它是不折不扣的福建交通大动脉。

闽江水和海水在福州马尾附近交会，数千年来，这里一直有吃河鲜海鲜的饮食习惯，“蟟囝”、“鲔油”是外地人来福州定居最先从菜市场学会的方言词，因为几乎家家户户都经常吃。许多本地人迁居外地还常托人捎些鲔油去作调料。在沿海，过去番薯米也是主食，据说有了鲔油，番薯米才不伤胃。

① 参阅李如龙：《福建方言与福建文化的类型区》，《福建师范大学学报（哲学社会科学版）》，1992 年第 2 期。

当然水准高些的，海里有马鲛、鲳，至于“瓜鱼”（黄鱼），旧时到“泛三”（三月盛产黄鱼）季节，在没有冰库的时候，廉价出售，也是十分普及的家常菜。

闽江下游的传统民居是柴扇厝。柴扇厝以前叫“弄篱厝”，原是由六个门扇组成的简易木屋，后来成了通称。这种木头房子特别能防涝、防震，也容易做卫生。逢年过节人们“筅尘”时还要用长把的棕刷把门扇木墙一片片刷洗干净。住在中洲的人每次上游“做溪水”（发大水），除了淹过二楼，人们才避一避，否则就用吊桶打起江水，乘机把木头房子刷洗一遍。住久了，木头房子歪斜了，就用几条大原木斜着撑住，称为“搮搮”（本义是“撑住”）。住这样的木头房子，唯一就怕“火烧厝”，一烧起来整条街便成了火海。如今的城乡早已普及了钢筋水泥或砖木结构的楼房了，但许多居委会到冬季的夜晚，还在住宅区鸣锣高喊：“风高物燥，小心火烛！”旧时这是由巡更的更夫沿途叫喊的。

这些木头房子是以闽江上游源源不断漂下来的“柴排”（木排）作为原料的。闽江口的人没见过林木生产，把山上的树和砍下的原木都叫作树，山里人听了觉得好笑。这些漂来的“树”，除了“起厝”（盖房子）之外，还可以送到马尾港去造船。从东吴时代算起，那里的造船业已有1700多年的历史了。

闽江口的农业生产也是依赖这条母亲河。这里最好的农田便是“洲田”。由于上游的水土流失，闽江下游沿岸及江中，过几年便要浮出一片“溪洲”（河滩）来，而且一旦浮现，还可能逐渐扩大面积。洲田中可种植各种庄稼，洲田旁还可以开辟“蚬埕”，培植蟟团。垦殖洲田，地平，土松，肥又多，省工又省料，真是一本万利。因此，沿岸的人过去便经常为争夺闽江上的洲而争执。俗语说“无尸不成洲”，因为争占洲田，常常引起乡与乡的械斗。闽侯县的尚干、义序、远洋、江边等乡，旧时都是惯于争洲和械斗的乡镇。闽江下游两岸的人口历来不是十分密集的。因有闽江之利，这一带农村除种植沿江的水田之外，近山缺水之处便种植大片福桔、橄榄、油柑等果树，小山坡的农地还种茶、种茉莉花。这些经济作物工本不高，收益又好，早已成了闽江下游农村的传统耕作项目。据宋代蔡襄《荔枝谱》所载，当时福州城内外还盛产荔枝，数百年后，大概是气候变化，竟没有了。

在公路、铁路未通的年代，闽江是十邑人民的交通线。各县之间的来往，都是按照闽江的流向来称说的。例如福州人去闽清、尤溪、南平就说“上”[suɔŋ˨]、“悬”[˛kɛŋ]，到长乐、连江就是“下”[kia˨]。

闽江下游的人就是这样，衣食住行都离不开这条母亲河。因此，可以说闽东方言区是闽江口的文明区。

二、省城文化区

秦代的闽中郡可能是虚设的，汉代的东冶究竟在何处，至今也还有争议。但是东汉末年所置的侯官、晋代所置的晋安郡以及隋代所置的闽州都在现在的福州，这是可以确定的。从晋太康三年（282年）晋安太守严高在福州筑城算起，福州城已经有1700多年历史了。

福州成为像样的文化都城，始于闽王王审知的多年苦心经营。他拓展旧城，建立新城。又在西门外疏浚西湖、灌溉民田。他设学教士、搜集图书、奖励工商。据《恩赐瑯琊郡王德政碑》记载，他“尽去繁苛，纵其交易。关讥鄽市，匪绝往来；衡麓舟鲛，皆除守御”。[①] 海舶通商远及苏门答腊、三佛齐诸国，“虽同临照，靡袭冠裳。舟车罕通，赇赆罔献。亦逾沧海，来集鸿胪”。到了南宋时期，北人再次南移，福州更成了繁华都会。《舆地纪胜》所引温益《咏福州》写道：“潮回画楫三千只，春满红楼十万家。”

作为全省政治文化中心，闽江口一带的人自有笔耕及仕宦之便，受到民族文化的熏陶最深，见识和参与政治风云的机会也最多，因而这里涌现的政治家、军事家、文学家确实不少。入宋以来，这里有过陈襄、许将、黄榦，明清以来又有叶向高、张经、曹学铨、许友、陈第、陈若霖、谢章铤、魏子安、林则徐、沈葆祯、陈宝琛、陈衍，近代则有黄乃裳、林森、萨镇冰、严复、林纾等，还有后来的郑振铎、高士其、贾祖璋、高名凯、谢冰心等，都是有全国

① 转引自朱维幹：《福建史稿》（上），福建教育出版社，1985年版，第159页。

性影响的人物。尤其是林则徐，以及稍后的林觉民、林祥谦，更是具有政治卓见和革命气质的英雄。左宗棠在马尾创办船政学堂，建设第一代海军，其中的许多学生以及先后被派到欧洲、日本留学的人员，大多是本地的学子。

福州话口语中至今还有许多常用词是从文言词、书面语转来的。这些语词的流行应该同这里有过许多读书识字的“斯文人”有关。例如：何如（怎么样）、会意（理解）、附会（糊涂）、离乎（离谱）、清醒（睡醒）、载书（肯定的）、舒畅、丰彩、直截、腐儒（懦弱者）、光鲜（明净）。

20世纪以来，海关、邮电和银行这三家业务的有关职员大多是福州一带的上层人家子弟充任的，福州话至今还有所谓“海关缺”的说法，意为“肥缺”。

至于劳动人家，则有所谓“三把刀”的热门行业。从事烹调的叫“厨师父”，成衣业叫“衣裳师父”，理发业叫“剃头师父”。管吃管穿管打扮，到处都需要，容易谋生。清道光年间所修《沙县志》就有“福州人多在此经营裁缝、理发、饮食业”的记载。可见福州人早有此传统。抗战期间福州沦陷后，这些师傅走遍全省各地，好些就在当地成家立业，落户定居了。虽说不如“海关缺”那么“肥”，但是不怕“拍风遏雨曝日头”（刮风、下雨、日晒），不怕“改朝换代丢饭碗”，干活比较“闲落”（宽松），收入又是“抱稳”（稳定、无风险），在靠手艺吃饭的人中，也可算是“好命人”了。

福州当然还有许多生活在社会底层的劳动者。现今的福州话中还保留着许多对旧时下等职业和劳动者的称谓。例如：

下脚（下等人）	下八洞（干粗活的下层人）
粗做（粗工）	做灶前（临时女佣工）
煮食其（厨房帮工）	干唤（保姆）
义女（婢女）	丫头囝（丫头）
拔刺其（纤夫）	行做（不住家的女佣，钟点工）
撮做（杂工）	伊嫂（成年女佣）
徛鐳其（掌勺的）	扛轿其（轿夫）
朠牛其（牛倌）	拍铁铜其（走江湖的）
锔碗其（补碗的）	拖车其（车夫）

还有一些既无家业又不愿出卖劳力的人，并无正当职业，在街头巷尾混日子，例如：

呆侬（坏蛋）　呆囝（小流氓）　野囝（二流子）

白遢（小偷）　拨马（扒手）　五九六一（下流社会的人）

三姑六婆（无正当职业的妇女）

三、手工业、商业社会

福州地区的手工业在全省是首屈一指的，形成了许多生产门路和传统技术，也养活了很多人。同时，福州也是北半个福建的土产、洋货的集散地和出入口。手工业和商业经济的发育也在福州方言中留下了许多印记。

福州的传统手工业，成就最高的是寿山石雕和脱胎漆器。寿山石产于福州北郊寿山，唐代之后就在外界有影响。明清宫廷里藏有许多石雕珍品，有许多至今还保留在台北故宫博物院。千百年来从开采到鉴别、雕刻，形成了一套传统技术，单是原料的名目就有：

田坑石：田黄、田白、田红、田黑，最为上乘是田黄，价昂于黄金。

水坑石：坑头冻、水晶冻、鱼脑冻、牛角冻。

山坑石：杜陵坑石、旗降石、高山石、白水黄、芙蓉石。

雕刻之前要"相石"，研究石的形状和色彩，依此进行设计。雕刻方法则有圆雕、浮雕、镂雕、薄意和印钮五种。清代诗人朱彝尊曾称颂寿山石是"天遣瑰宝生闽中"，"剖之斑烂具五彩，他山之石皆卑凡"。

脱胎漆器曾见于宋代墓葬，可见亦已有近千年历史。传统的手工制作方法有上百道工序，如制坯胎、裱褙、上灰地、打磨、髹漆、研磨，其技法有推光、晕金漆、嵌银、暗花、雕填、浮堆、台花等等。

此外，福州一带传统手工业还有纸伞、角梳的生产，抽纱刺绣，硬木、象牙的雕刻以及软木画、漆筷的制作。可谓门路繁多，业有专攻。许多行业在省内外都有一定影响，有的产品还行销国外。[1]

① 参阅《福建风物志》，福建人民出版社，1985年版。

谈到商业，明清时期的福州，坐商行贾，分工已经相当细，各种店铺的名目繁多。以下列出的说法不但与普通话说法殊异，也与其他闽语不同，可见都是用福州话造出来的方言词：柴房店（做屋架的），细作店（做细木的），闲架店（家具行，又称家俬店），柴店（卖柴火的，又称柴把店），衣裳店（旧时称成衣店），托衣店（卖估衣的），苏广店（小百货，从这个名称可看出当时的百货多从广州、苏州进货），碗店（瓷器店），桶店（卖木制桶盆），京果店（山货店），药材店（中药铺），暎相店（照相馆），剃头店（理发馆），汤池店（温泉澡堂），馆店（菜馆），饭店（旅馆），粿店（卖糕点的），肉桌（肉铺），蝴蝶店（兼有两种营业项目的小店），酱园店（卖酱油小菜的），钱店（钱庄），当店（当铺），柜头肆（小酒铺），杂排摊（杂货摊），蚕豆摊（卖儿童食品），菜摊（卖蔬菜的），饭盘摊（卖小盘早菜的）。关于商业从业人员也有许多方言名称：徛店其（伙计），掌盘使（掌柜），数簿桌先生（账房），伢人（经纪人），成行（房地产经纪人），走水（跑单帮的走私者），经手（钱货经手人），佣人（中人），猪囝伢（专营贩运契约华工的经纪人）。此外，还有许多专门用语，例如：铺家（老主顾），替许（推销、认购），死货（滞销货），倒街（商品过剩），牌头（商标），花采（小费、回扣），家和做（优质货），去欠（抵销欠账），成花（成交），疲（滞销），旲（音［uəᵓ］，见于《集韵》，胡化切，口大貌，音义有异，义为生产兴隆），东馆（二掌柜），填价（还价），退时（不时髦），光番（银元），钱团（铜钱），票团（小票），硼团（小硬币），钱声（钱数），钱尾（款项的尾数），等等。

帝国主义入侵中国，逼迫清政府开放沿海口岸，实行五口通商之后，从福州进口的洋货也不少，福州方言为各种舶来品的命名有的很特别。例如：电光（电灯）、洋戏（留声机）、千里镜（望远镜）、洋衣（西服）、洋装（西装上衣）、洋裤（西裤）、洋油猴（煤油灯）、自来火（火柴）、自来水笔（钢笔）、番槵（杧果）、番囝薯（马铃薯）、番椒（辣椒）。

在长期的商业经营中，民间也总结了不少谚语，例如，关于买和卖："有错买，无错卖"，"啼买笑卖"，"熟熟熟，买贵肉"，"猪母肉，卖乡里"。关于竞争："同行三分仇"，"人告（叫）客，客唔来；货告客，客就来"，"明码实价，成交就快”，“一千赊不如八百现”，“一本求万利，自家辞生意”。

由于有闽江口、省城的地理优势和手工业、商业的优势，除了战争年代，这里的百姓生活过得还比较平稳。时间一长，在许多人当中，就养成了一种求稳怕乱，宁可在家清淡过，不愿出外冒风险的性格。福州话里有许多反映这类内容的谚语：“本山牛食本山草”，“又惊贼、又怕鬼，又惊猫、又惊鼠”（前怕狼，后怕虎），“行船走马三分命”，“海风有日做，海水有日食”（老在海上走，难免一天遇难），“有菜莫食菇，有路莫登攀”，“福州福地，快活到地”，“宁作太平犬，不作乱世人”。人们多情愿在家“节流”，也不愿意出外“开源”，关于勤俭持家就近争取收入的说法很多：“做家”、“扒宝”、“扒擒”、“扒挖”、“挠粒”、“变仗”。还有，以占便宜为“合式”，也是和这种风尚习俗相一致的。本来，这里的人也有许多机会出洋的，但是相对而言，出洋的人比闽南少多了，这就是江城文化使然。这一带只有沿海的长乐和福清华侨较多，主要是因为那里人多地少，天旱，人们生活无着，只好出洋谋生。抗日战争期间，福州沦陷，许多人内迁到上游各县避难，光复之后，绝大多数都回城了，真的是“七溜八溜，无离福州”。

根据以上分析，我们把闽东方言区的文化概括为江城文化。位于闽江下游和闽江口的省城周围的这个文化区的基本特征在本区是有代表性的，与别的闽方言区相比也颇具特色。自然，在远离省城的县份，尤其是闽东腹地的山区，这些特征淡化了，又具备了另外的一些山区文化特征，在沿海的侨乡也有自己的一些特色。在一个方言区内，除了中心地带的主要文化特征之外，存在着其他的一些文化特征，这是正常的现象。

第三节　闽南、莆仙方言区的海洋文化

一、精耕细作的农业

闽南方言区和莆仙方言区在省内属于同一个地形区，全省四个平原中，这里占着三个：漳厦平原、泉州平原、莆仙平原。论农业耕作的条件算是好的，只是山不高，河不长，流量不大，降水量又少，经常出现旱情。闽江口

以南的沿海县市除了漳州、云霄、诏安外，年降雨量都在1500毫米以下，其中惠安仅1022毫米、厦门1094毫米、晋江1100毫米、泉州1215毫米，而两个海岛县——东山和平潭，都是有名的干旱区。[①] 闽南话把“干旱”说成“苦旱”，最准确地反映了这一带受干旱之苦的历史。宋元以来，各地修了一些坝、陂、圳、塘，还是无法根本解决问题。旧时的“父母官”，经常要和老百姓一起“祭天祈雨”。这种习俗在其他地方很陌生了，但在闽南地区谁都会知道祈雨说“乞雨”，若有人不带雨具在雨中行走，或把斗笠放在灶台上，就会被问道：“你是不是在乞雨？”可见在民间也有简易的“乞雨”形式。

在人多地少又经常干旱的情况下，闽南人的祖先发扬了渡江南下前的老传统，因地制宜，精耕细作，发展农业。早在唐代，闽南就有了双季稻的耕作制度。漳州刺史陈元光手下的司马丁儒退休后所作《归闲诗二十韵》有“杂卉三冬绿，嘉禾两度新”句，可以为证。宋代莆仙学者郑樵的诗句：“新秧未插水田平，高低卷垅相纵横”，则证明宋代的福建在水稻两熟之外还已有麦子的冬种。在闽南话里，这一整套轮作制度有一系列的方言词来称说。早季又叫六月季，晚季又叫十月季，冬种则称麦季。早稻有麦头（上一季种麦）、蔗头（前作为甘蔗）、番薯头（早稻插秧前是地瓜园），晚稻有涂豆头（前作为花生）、苦麻头（前作为黄麻），糯稻生长期长，一年种一季，叫大冬秫，除了在水田种水稻，还在旱地种埔稻（旱稻）。

除了在河谷平原造田，有低山的地方还开了山田，称为“尖田”、“山垅田”，在海边则围海筑堤造田，称为“埭田”，闽南沿海许多村落以“埭”为通名（如陈埭、埭村、后江埭等等），足见早年筑埭十分普遍（《玉篇·土部》：“埭，以土堨水。”埭就是海边堤坝）。在河边开有“溪埔田”、“沙田”，挑海泥到沙田里种花生、种番薯，挑土上山种果树、种茶，以及在甘蔗园、番薯园里套种花生、大豆等等，都是古已有之的措施。为了充分利用土地，这些开山、围海、连作、轮作、扩种、套种的花样之多，水平之高，怕是其他丘陵地的农业地区所难以企及的。

---

① 关于各县雨量资料采自《福建省地图册》，福建省地图出版社，1982年版。

1949 年后，由于兴修水利、改良品种等措施的落实，闽南农业大有发展，漳州还多次派出农业专家出国指导第三世界的国家发展农业。

二、港口的经营

宋元之后，闽南、莆仙地区的百姓一方面是沿着海岸向南迁徙，到潮汕平原、雷州半岛定居，另一方面则建造海舶，对外通商。宋元时期的泉州港，明清时期的月港，近代的厦门港的相继兴起，在本书上文也已经多处提及。这里说的是关于闽南方言区的港口文明在方言中的反映，只举三点。

第一，闽南人长期从事造船和航海，积累了许多经验，提炼了许多船谚、海谚。这些谚语有许多是富于哲理的。例如：

千日造船，一日过江（养兵千日，用在一朝）

船过水无痕（事过境迁）

船头走马——进前无步、退后无路

𫠛用驶船嫌港狭（“嫌港狭”即嫌溪弯。讥人总是埋怨客观条件不好）

𫠛用掠鱼嫌水深（义同上）

水真鱼就现（“真”即清。水落即可石出）

近溪搭无渡（条件优越也可能办不成事）

慢步搭无渡（事不抓紧办不成）

虎唔惊山悬，鱼唔惊海深（“悬”即高。艰难的境遇更能造就人）

水遘船就浮（“遘”即到。事到自然成）

坐侬船、爱船行（同舟共济）

未曾三寸水，就卜爬龙船（不自量力，浮夸不实）

船易［kue²］坐，浆恶摒［kiaʔ₅］（“恶”即难。坐享其成易，技术过关难）

天无边，海无角（海阔天空）

双骹踏双船，心头乱纷纷（心挂两头不踏实）

有风唔通驶尽篷（“篷”即帆。有风不必拉全帆，留有余地，好条件不要尽用）

溪里鱼，会肥摒大尾（不到外界见世面，不能有大发展）

大船𫠛起碇（“碇”即锚。讥讽动作迟缓者）

海罔阔、船头船尾会相撞（冤家路窄）

有船无港路（有本领没机会）

船舵把定，无惊横头风（树正不怕风斜）

三年水流东，三年水流西（时世变幻莫测）

行船走马三分命（行船跑马多风险）

入风随俗，入港随弯（外出后必须适应环境）

东洋无洋过西洋（天无绝人之路）

东港无鱼西港抛（义同上）

心平会过海，摇橹去番邦（出海必须沉着，有信心）

船趁船食，船破做乞食（“趁”即赚。航运者开支大，无法节余）

厝破遇着久长雨，船破遇着横头风（祸不单行）

海唔行，船桨做扁担（航海者后退有路）

有路唔坐船，有裤唔颂裙（“颂”即穿。航海是不得已而为之的行业）

一支竹篙䘺使两只船（一时不能办两事）

有山就有路，有溪就有渡（车到山前必有路）

风涌里见好汉（“风涌”即“风浪”。烈火见真金）

行船看风势（见机行事）

一时风驶一时船（义同上）

看风驶帆，看水下篙（义同上）

第二，闽南人很早就从事外贸活动，因而较早就有了商品经济的意识。不要说泉州、漳州和厦门这些港口城市，就是在莆田和永春这些地方也流行着“无兴不成市”、“无永不成市”的说法，意思是没有兴化人、永春人参与，就不能算是市场。这说明了许多闽南人都认为自己是离不开商品经济的。这一带的许多商业谚语也可以看出这里的商品经济发展得比较成熟、商品意识也相当强：

礼数照来，价钱便排（照算）

买的算值钱，卖的算本钱

加过一摆手，加了一摆钱（“加”是“多”的意思，说的是商品流通

的耗费）

剑头生理有侬做，折本生理无侬做（“生理”即生意。营商必求利润）

生理无斟市，亲像独骹戏（“斟”即“凑”。按行业设市场，较之单门独户营商，更易发达）

会晓得做是生理，bet晓得做是生死（从商自有规律）

孔子公唔值孔方兄（从文不如从商）

八字的共唔八字的做奴才（“八字”即识字。文人应有所依附才能发达）

做生理三项宝：人缘、门面、信用好

客兄卡大三界公（“卡”即较。顾客就是上帝）

歹歹顾客，卡好亲家（义同上）

买卖讲交情，十摆九摆成（注重商业道德，交易讲交情）

死店活人开（营商须灵活）

本无去、利bet来（要善于使资金周转）

人着长交，账着短结（营商须常结账）

生理生理，敢趁敢折（做生意有时要舍得折本）

亲兄弟，明算账（兄弟之间账目也要清楚）

俗俗卖，较好无事做（资本必须流通）

百货中百客（商品品种要多）

瘖数肥算盘（“瘖”即瘦。薄利多销，积少成多）

无惊趁少，只惊赊多［tsue²］（赊账会抽空资金）

势卖唔值好市（“势”即善于，“好市”即走俏。赶上走俏最重要）

生理侬，无大细（营商讲平等互利）

店头生理好做，门口生理歹做（行商不如坐贾）

第三，闽南的港口兴起，同时带动着内陆地区的发展，从城市辐射农村，因而能够刺激整个地区的经济发展。中国早期城市的兴起和西方资本主义的原始积累造成农村的破产是不同的，这一点从闽南的港口城市可以看得很清楚。不论是泉州港、月港或厦门港，造船工人、航海水手以及第三产业的职工都来自农村，许多出口商品都是就近组织生产的，例如烧瓷、制茶、丝织、刺绣和竹编、石雕等手工艺品，都在闽南各县形成生产基地。傅祖德先生在谈到福建的海洋文化时说："海洋文化的发生和发展是以海外贸易所带动的农林牧副渔的综合发展以及手工业的发展为基础的，而海洋文化反过来又对经济发展起推动作用。"①

出国定居的华侨，从前大多是农民，他们发迹之后也在城市投资开店办厂，但更多的是把钱寄回农村消费，许多侨乡生活水平并不比城市低，因此城乡对立并不严重，城里人对乡下人的歧视也不明显。这种城乡关系在方言的发展上得到了一种有趣的反映，这就是方言的融合。乡下人把自己的方言，带进港口城市，融进城市方言。泉州话就是兼容了许多附近农村的方言词而形成丰富多彩的同义词的。例如"遇到"，泉州话说"撞着"[ᶜ̱tŋ tioʔ]，南安话说"拄着"[ᶜtu tioʔ]，晋江话说"遇着"[buᵓ tioʔ]，后来三种说法在泉州话里都通行了。又如"给予"，早期泉州话多说"乞"[khitᵓ]，明末的戏文《荔枝记》以这种说法最常见，后来多说"度"[thɔᵓ]或"传"[꜀̱tŋ]，后来晋江人说的涂[꜀̱thɔ]，惠安人说的"糊"[꜀̱khɔ、khɔᵓ̱]，乃至厦门人说的"护"[hɔᵓ̱]也都在泉州话里说开了。② 闽南地区的乡下话进城后成为城里话的有机组成部分。

三、海洋文化

就福建省范围内来说，莆仙方言区和闽南方言区的海洋文化是发育得比较充分的，这不但表现在造船、航运和外贸等行业的发展带动了地域经济文化的发展，而且表现在开拓海洋事业中形成了颇具特色的思想观念。这些观念在方言中也有许多记录。

第一，要开拓海洋谋求生计，就必须有冒险精神。宋元时代，泉州初开港的时候，虽然船上有了罗盘，舵工手上有海图、针经，船舱隔成彼此密封

---

① 王耀华主编：《福建文化概览》，福建教育出版社，1994年版，第10页。

② 参阅李如龙：《泉州方言"给予"义的动词》，《方言与音韵论集》，香港中文大学中国文化研究所，1996年版。

的十几个隔舱，撞破几处还不致沉没，但毕竟还是靠人工和自然的风力，再大的船也要随风漂泊，听天由命。走一趟阿拉伯，来回必须两年。如果是近一些的东南亚地区，冬季顺着西北风到马六甲海峡要走一个多月，到了那里，要等到夏季刮东南风才能返回，来回也得一年。“行船走马三分命”就是这样总结出来的。难怪出海前要到九日山祷风，要礼拜妈祖，祈求神明保佑一帆风顺。至于离乡背井、抛妻别子，食不甘味、卧不安寝的日日夜夜，就只能“艰苦无人知，目屎（泪水）流入海”了。在这种情况下，要坚持“业海”、“以海为田”，没有置生死于度外的冒险精神是难以想象的。

闽南人不畏死，闽南话里几乎没有“死”的忌讳，只有委婉说法，用以表示尊敬，如“老去”、“过身”。下列“死”的说法在泉州一带的口语中都很常用：

时钟死去咯（钟停了）	死咸（一味地咸）
好死（脾气好）	歹死（凶恶，脾气古怪）
硬死叫伊去（硬是叫他去）	死直（直率而不灵活）
存死跳过去（拼着命跳过去）	死侬面（哭丧着脸）
着死	死共侬（死皮赖脸）
畅遘卜死（高兴得很）	死侬（蠢货，比喻义）
畏死尸（懒鬼）	死了（糟了）
孤死酸（不合群，孤僻）	死目（睡觉，骂人语）
苦死（不高兴）	注死（该死）
去死（去你的）	假死（装蒜）
死硬（注定，肯定）	死穲［ᶜbai］（不灵活）

“死囝仔”、“死鬼”、“死查某鬼”、“死囝仔巴”等有时用于骂人，有时却是亲热的表示。

在潮州话里，“死”、“绝”的说法就更多了，“死”放在形容词后面表示“得很、极了”，如咸死（咸得很），芳死（香极了）。“死绝”连说更是到了极点的意思，如贵死绝（贵极了）。“孤生独死”是脾气古怪，“经生经死”是费尽心机，“假死绝”是虚情假意，“快活唔死”是自讨苦吃，“拼生死”是不要命、豁出去干，“横生散死”是装死作活。像这样开口闭口说“死”的方言，除了闽南话，在汉语中怕是不多的。

“三分天注定，七分靠拍拼”，“敢死提去食，敢拼则会赢”这是流行最广的闽南谚语。他们深信“一支草、一点露；壁边草，坦横露”（任何生物都自有活路），“天无绝人之路”，“鸭子落水身就浮”。但是，他们更知道奋斗是要付出代价的，求生计、创事业都必须“犁头戴鼎”（吃大苦、耐大劳）。“甘愿做牛马，免惊无犁拖”，“人若敢死，阎罗王也惊伊”。遇到灾难，则须富有韧性，俗话说：“扁担愿折唔愿弯”，“喙齿拍折连血吞”（打断了牙带着血吞下去，意为不叫苦、不退却），这些都是闽南人可以随口说出的俗语。泉州人说“泉州人个个猛”，南安人也说“南安人个个猛”。这话带有几分讥讽，但也说明泉州人、南安人都是要强不示弱的。

这种冒险精神和奋斗精神是在长期的海洋生涯中培养出来的，当它受到压抑时便会走向反抗。明代月港兴起之后，朝廷一直有争议，时而保守派得势禁海，时而改革派得势而开放通商。遭禁之时，人们就走私，武装护航，走又商又盗、商盗结合的路。

第二，漂泊四方靠江湖义气，互相提携，协作团结。既然要出外谋生，走南闯北，客居异邦，为了立足，只好自己组织起来，按照血缘（姓氏）组织宗亲会，按照地缘建立同乡会，按照业缘建立同业公会，有时还发展为秘密会社。在民间，大家都说“在家靠父母，出门靠朋友”，为了结交肝胆朋友，到处都时兴“结拜兄弟”、“换帖”、“结谊”。“孤屈”［khutɔ］（孤僻）的人总是被瞧不起的，必须“协”、“好斟”（好共事）、“有信用”、“敢作敢为”才可称为“血汉”。“血汉”就是闽南话里的“好样的男子汉”、“江湖好汉”，其含义就是见义勇为，不计较个人利益，敢于奋斗。所谓信用，并非正式协议，而往往只是一声承诺，谚曰：“允人恰惨欠人”（答应了人家便像欠了人家一般），“愿字笳箩大”（“笳箩”指直径一米多的竹编晒具，指许了愿的事决不能退悔食言）。不守信用的人也是会被瞧不起的。

“过番唔是掘金”，初到南洋去的“唐人”是很难立即找到活干的。这样的“新客”开头总要“把草找亲”（寻亲访友），找一家同乡或同宗（有时要经过再三的转托），寄食糊口，名为“浪邦”。只要自己能立足，有点家业，接待“新客”就被认为是天经地义的事。一般人都信奉“有量就有福”、“福大量大”（有多大度量就有多少福气），所以，只要力所能及，一般人都乐于助人。俗语还说：“远亲不如近邻，近邻不如对面”，“千金买厝，万金买厝边”（花本钱搞好邻居关系），“人骹迹有肥”（家中有人往来总有好处，至少是信息多，遇事有人帮）。凡是平时不热情接待朋友、不与人往来的，或者“人来扫地，人去煎茶”的人都是被鄙视的。

靠血缘、地缘组织起来的团体和靠义气结合起来的组织固然也可以做些善事，救助困难中的个体，但有时也会成为狭隘的小集团，而发生彼此间的争斗。在闽南地区（包括莆田、仙游一带），族姓之间、乡村之间，先前是经常发生械斗的。土地山林的界线纠纷，水利受益的纠纷，媳妇受虐待致死，牧童斗殴受伤，都可能成为武斗的起因。这种武斗叫作“拼乡”，开始时站在山头上远远地丢石子，叫作“相摃”。一旦伤了人，见了血，便拿起棍棒，冲出去大打出手，叫作“相拍”。要是死了人，便会冲进村庄，放火烧房子，通常是先烧祖祠或老屋的“公婆龛”（神主牌架），这是最大的侮辱。这种武斗之风从闽南传到了台湾。直至民国年间这种械斗还没有止息。这便是“勇敢”的精神和集团主义、江湖义气相结合后走到了反面的情形。

第三，开拓和回归。闽南人千百年来漂洋过海，不断地开拓自己的生存空间，然而，不论走了多远多久，他们都没有忘却自己的祖先和故土。勇敢的开拓和坚定的回归在这里得到很好的统一。

离开了家乡的人把自己的出生地称为“乌篮（乌篮，即摇篮）血迹”。老一代华侨病笃之时，还要挣扎着返回故里（贫穷的则由乡亲集资提供旅费），为的是“把骨头送回故土”。此类事到几十年前还经常可见。一般的侨胞则恪守“番平钱，唐山福”的信条，手边有了余款，便要寄“家批”（带汇款的家信）养家糊口，寄“探批”贻赠亲友。再有余力就“回唐山”（回国），“倒祖”（返梓），“起大厝”（盖新房），“做功德”（超度祖先亡灵），祭祖宗，建祖祠。本事再大点的便为乡里修桥造路、办医院、建校舍。这便是“显祖荣宗”，是“积德”，不但对得起祖先，也对得起后代，而且大家都深信这样做一定会得到善果。"量大福大"，"富贵不还乡，如衣锦夜行"，"叶落归根"，一直是老一辈华侨的信条。如果一去不复返，连家信也不寄，便会被乡人说是"成番"了，是无良心的"番猪"、"次丁"。这种人在海外的华侨社会里也很孤立，事业也难以发展。

在台湾，许多村落的闽南人都移用闽南故乡的地名为新地命名，至今大多数人还清楚地记得自己的祖籍在哪里。20 世纪 80 年代之后，数年间涌来故土探亲的台湾群众达数百万人次。

不论是沿着海岸线迁居或远涉重洋到了东南亚，闽南人都能随遇而安，勤奋劳作，学习新的知识，创建新的家园，开启新的生活。外间有什么新的作物、新的工具，他们便千方百计引进家乡。而对于故土的文化，从南曲的"弦管"、"傀儡戏头"到妈祖、吴真人、郭圣王的神像，他们都不愿意轻易放弃，走到哪里，带到哪里。一面是跟上世界的潮流，建设现代化的物质文明，一面又固守着千百年来的文化传统，这不也是一种开拓和回归的统一吗？

第四，反叛和忠诚。中原汉人来到东南沿海后形成的海洋文化与中原的黄土文化存在着不小的反差，从经济上说，有农与商之争，静与动之别，对内与向外之分；从政治上说，这些差异必然要造成一定的抗争。海洋文化造成的资本主义生产关系的萌芽势必与封建主义和自然经济形成深刻的社会矛盾。这种反差、矛盾，从本质上说是一种历史的超越，甚至还是一种反叛。明末清初在闽南地区关于海上通商的开放与禁止就是一场尖锐的斗争。每当"海禁"下达之后，商民们便武装自己，亦商亦盗，有些农民起义的失败者也走向海洋。然而从中原故土带来的正统文化在闽南也并没有湮灭，对于故国的怀念以及对君王的忠诚，在大多数人的思想中还是备受尊奉的。郑成功就是集中了这种反叛和忠诚的典型。他一面不顾禁令在海上谋求与国外的贸易，一方面又坚持反清复明到最后。

闽南人的这种文化传统，在方言语音系统的构成上有十分类似的表现。这就是闽南话语音十分突出的特点——文读音和白读音的统一。在诵读旧诗文、书面语或运用文言词时，闽南话所保存的文读音是相当古老的，许多读音和语言学家们构拟的唐宋古音相差无几；而在日常生活的口语之中，人们又创造着大量新词术语，包括引进南洋民族的语词，其白读音则又是层出不穷的。以谚语为例，有的用文读音读，有的用白读音说，就显得风格互异而丰富多彩。例如（下列例句的读音中____为文读，____为白读。字下加点表示该字无文白异读，﹏﹏表示训读）：

家和万事成	春寒雨那溅
天无绝人之路	近溪搭无渡
人穷志不穷	穷厝无穷路
先小人后君子	好头不值好尾
上不正则下歪	肥水莫流别人田
十赔九不足	船过水无痕

像闽南、莆仙方言区这种海洋文化的特点，在闽东方言区的福清、长乐一带，在闽西客话区的永定侨乡，也有一定的表现，但它们不像闽南地区这样鲜明、这样集中。论历史，闽江口的马尾港的航运和造船，比闽南的泉、漳、厦三个港口兴起都早，但是马尾港是省城的官方所管辖的，其吐纳的经济联系则是依托于闽江动脉向内延伸的。不像闽南的港口，自民间经营开始兴盛，以泉州和漳州两个平原为依托，其商业经济很快就辐射到大半个方言区。更为突出的是，闽南的港口成为十几个县的农村剩余劳动力和破产者向海外移民的出口，数百年间闽南人断断续续地向外移民，不论是散布的地域或外迁的人口，都比本土大过数倍。这样的港口带来了海上移民、带来了侨乡，侨乡经济又使整个闽南地区的社会生活发生了深刻的变化。可以说，这种港口文明——海上移民——侨乡经济的模式，从闽南地区扩展到闽南话分布的潮汕、海南，成了南中国沿海数百年来的海洋文化的特有模式。研究这种海洋文化的模式不但可以把闽南文化同福建的其他地域文化区别开来，还可以同中国东南沿海的同类文化模式联系起来。

诚然，在闽南方言区也有德化、大田、平和、漳平、龙岩这类离海较远的内陆地区，海洋文化的辐射在这一带显然是减弱了，但是说海洋文化在闽南方言区是占着主体地位的文化，应该是没有争议的。查查20世纪上半叶闽南侨乡的侨汇收入在农村里所占的比重，看看改革开放以来侨乡较之内陆地区的经济发展，谁都无法否认这一点。

第四节　闽北诸方言区的青山文化

本节所述方言区包括闽北方言区、闽西北赣方言区、闽客赣过渡区（顺昌、将乐、明溪）、闽中方言区和闽方言五区间的过渡区（尤溪、大田）。这几个区的方言大体上都属于同样的文化类型——驳杂型、离心型、收缩型、萎缩型和变异型。造成这种文化类型的社会历史原因也是基本相同的：第一，都是内陆山区，交通阻塞，来往不便。第二，都经历过大规模的社会动乱，如唐末黄巢起义、宋末范汝为起义、明末邓茂七起义、清末太平天国起义，人们都曾在这一带辗转征战，尤其是宋、明两次皆以这一带为中心区，因而发生过多次人口锐减和外地移民的流入。这便是几个方言区共同的历史背景。

共同的历史背景也铸成了共同的文化特征。透过方言事实，我们可以看到这些文化特征的要点。

一、青山文化

本区是福建省内的四个地形区之一——闽西北山地，包括武夷山北段（松岭）和鹫峰山—戴云山西坡之间的闽中大谷地。这一带，高峰林立，是全省海拔最高的地区，也是全省降雨量最多的地区，年平均降雨量都在2000毫米左右，闽江上游四大支流（建溪、富屯溪、金溪、沙溪）汇集了全省大多数的雨量，因而水流大而急，河滩多而险。其中泰宁的金溪、清流的安砂溪的险滩最多，名称和传说也最多。富屯溪则有“一滩高一丈，邵武在天上”的俗谚。这种地形和气候决定了本地区的几个特点：青山常绿，植被多样，极少干旱，宜于农耕。但是毕竟因为谷地狭窄，发展农业的余地并不大，而水陆交通均不能畅通，欲与外地交往甚为困难。由于历史的原因，这里长期是人口稀疏的地区。

在这样的自然环境里，人们不用花太大力气，便能生存，谷地里的水田总是稳产的，闽北一向是福建的粮仓。山坡上可种经济林：栗子、油桐、棕、药材。建宁俗谚说：“千蔸棕，万蔸桐，万代子孙不会穷”，说的就是“靠山吃山”的道理。山上的木头扛下来，靠亲戚邻里相帮，便可建起新房子，解决住的问题也不难。充足的粮食用不完，不但可养人还可用来养猪、养鸡。建宁又有谚语说：“男要败，架屋卖，女要败，供鸡卖”，说的是房子和鸡都是工本大，价钱低，本来都是农家自建自用、自产自销，作为商品出售就折本了。交通不便嘛，不出门就是了，出门奔波，远不如在家过日子舒畅。正如建瓯谚语所说“惮人（懒人）有惮福”，“做了三年化食（乞丐），有皇帝都唔想当了”。沙县一带多有“一日安闲一日仙”，“好汉不趁（赚）六月钱”的说法，反映了只图温饱的心态。

在将乐通往外地的路上有一座山，本地人称为“回头山”，说是许多人到了这里，见到它便舍不得离开家乡，又往回走了。其实，那山并不像回头的人，这不过是借题发挥，反映了一种眷恋青山，不忍离弃故土的情绪而已。新编《沙县志》说：“本籍百姓安分守业，务本节用，富不喜外出，穷不嫌乡土。农事田园，无奇产，女工织纴，无文绣，而‘商贾工技之流，视他邑为多’。”[①] 这是吸收了旧志的一些精彩观点推敲而成的说法，确实颇能反映闽北山区的民情。

少沙石、多雨量的青山只是使人“地着”的条件之一。闽北人为青山所系，还有另外的重要原因，这便是“以农为本”的自然经济和奉祀祖宗、安土重迁的习俗。几千年来统治中国人思想的儒家道统正是建立在这两点上。重农抑商，是为了使民地着，以求稳定；注重丧礼，祭祀祖宗，包括“父母在不远游，游则有方”等，则是为了维持长幼有序的传统，以免人们离开故土和亲人到外面的世界而变得“人心不古”。可以说，这两个传统在闽北都是根深蒂固的。朱熹说：“生民之本，足食为先，是以国家务农重谷，使凡州县守倅皆以劝农为职。”“民生之本在食，足食之本在农，此自然之理也。”直至现在，从闽北农村的农业生产以及种种习俗都还处处可以看到这种正统的理学文化打下的烙印。

---

① 《沙县志·风俗》，中国科学技术出版社，1992年版，第684页。

二、理学文化

理学的代表人物朱熹，生于尤溪，长于崇安，一生中大部分时间在闽北各地设学论道，著书立说，几乎走遍了闽北的每一个县。据统计，他所教学生 488 人，其中不少是闽北人，仅在建阳就有百余人。这些弟子不少也是出色的理学家，他们世代相传，为朱子学说的传播发挥了巨大的作用。朱子的学说在他的生前被贬为“伪学”，受到压抑，就其基本精神说，他主张“为政以德”，提倡德教齐民、节用爱民、救灾恤民、除暴安民，是深得民心的。朱子的学说有可取之处，但也有应该抛弃的糟粕。不论是语言还是文化，我们并不难看到，朱子的学说长期制约着闽北的文化。下文试从两个方面进行简单分析。

第一，对朱子等理学家的崇拜处处皆是。许多理学家所设书院后来都几经修葺用作祭祀他们的祠堂，当然也有些是后人新建的。闽北各县，此类书院（祠堂）之多，难以胜计。仅建阳一县，据道光《建阳县志》所载就有：

横渠书院，横渠先生（张载）祠，在麻沙，系张载六世孙张德所建。

霄峰精舍，明道、伊川二先生祠，在洛田，宋贯之所建。

荐山书院，游文肃（游酢）先生祠，在禾平。

献靖公祠（启贤祠），祀朱熹之父朱韦斋，在考亭书院后。

考亭书院，即朱子祠，在三桂里，配祀蔡元定、黄榦、刘爚、真德秀。

庐峰书院，即西山先生（蔡元定）祠，在崇泰里，有祀田。

环峰书院，在妙高峰下，又潭溪书院在崇泰里，皆黄勉斋（黄榦）先生祠。

云庄书院，即刘文简公（刘爚）祠，在崇泰里。

鳌峰书院，即勿轩先生（熊禾）祠，在崇泰里。

瑞樟书院，即刘翱先生祠，在永忠里。

溪山书院，即叶文修公祠，在崇泰里。

在建瓯，城内有朱文公祠，有朱熹九世孙朱梃的“博士府”，有朱子讲过学的建安书院及其所凿的“艮井”（后称“朱子井”），在城南有环溪书院，祀朱熹之父朱韦斋，并有为纪念朱熹八岁时坐地画卦的画卦亭。在将乐，有“泰宁满堂官，不如将乐一个杨龟山”的谚语。传说杨时在朝中为太子太傅时曾为民请命，求皇帝御批“福建山不纳粮，水不交税”。在建阳，传说朝廷拘捕蔡元定时，三个钦差见百姓如此拥戴他，不忍下手而跳涧身亡，因建有钦差祠奉祀他们。在尤溪，传说朱熹出生时啼哭不止，卜者谓，须挑着他翻山越岭，待到止哭之时方可定居，于是历经数昼夜到了建阳才落户。松溪则传说朱子在湛庐山夜读时，每以当地八味糕作点心，后人便将八味糕改称“文公糕”。朱熹的时代距离现在800余年了，类似这等遗迹、传说，在闽北各地还处处皆是，足见民间对他的崇拜之盛。

第二，诸多习俗也说明朱熹理学在闽北是影响深远的。直到20世纪40年代，闽北许多地方还有“书灯田”之设。陈盛韶《问俗录》谈到建阳的书灯田时说：“祖父分产之始，留田若干亩，为子孙读书之需，后有入学者收其租，捐纳者不得与其租。或一人独收，二人平收，三人均收。故建阳极贫之士颇鲜，而延师修金从厚，诗书之遗泽长矣。”① 建阳的《后山蔡氏宗谱》也曾记载：“各房均各购书灯田，入学以后每年即将此租按照规条，届期发给以昭激励。”② 这种“书灯田”，在顺昌称为“书田”，有些地方称为“儒资谷”。这种制度一直维持到20世纪50年代的土地改革时。乡间许多老屋的厅堂里大多还供着“天地君亲师”的牌位，常见的厅联则是“读圣贤书，行仁义事”。书香门第、生员子弟在乡间普遍受到尊重。

当地人过去认为，读书只是男子的事，俗谓“送子上学堂，养女见家娘”，“灰筑不得墙，女养不得娘”，妇女向来被剥夺学文化的权利。不少地方甚至经常将女婴溺死或弃置。沙县弃置女婴常常是放在米篓里置之路旁。至今还有许多女子乳名称为“米篓”，就是由此而来的“贱称”。旧俗，男子丧偶续弦是光荣的事，女子守寡改嫁则是被看轻的，二婚女人带往男家的儿子

① 陈盛韶：《问俗录》卷二，转引自陈支平：《近500年来福建的家族社会与文化》，生活·读书·新知三联书店，1991年版，第204—205页。

② 转引自陈支平：《近500年来福建的家族社会与文化》，第204页。

更是受歧视，称为“猪尾屌（屌，生殖器也）”。

“存天理灭人欲”，这是朱子理学的总纲，“澄心默坐”是他们倡导的修道方式。在这种思想的影响之下，“安贫乐道”，无所作为，明哲保身，中庸之道的风气笼罩闽北。俗谚说：“捧人碗、服人管”，“有样觑样，无样觑四上”，“闲事唔管、白饭食三碗”，“人比人，气死人”，“打架莫向前，做客莫退后”，“忍气生财”，“出头的椽子先烂，出头的隻子（麻雀）先挨”都是这些思想观念的反映。“竹有上下节，人有长幼分”，“有爷听爷，无爷听大侪”（有爹听爹的，没爹听大哥的），“蓑衣再大，总在笠嫲下”（辈分不可僭越），这是维护孝道，区分尊卑，叫人勿忘祖先的。“日求三餐，夜求一宿，粗菜淡饭，一生清福”则是劝人安分守己、知足常乐的。“不要当官的爷，宁可讨饭的娘”是劝人清高自守，勿近官场的。据全祖望《鲒埼亭明事杂录》所述，清军入闽后，征战数年，从未遇着建安人那样顽强的反抗。1648 年，大军围困建瓯城十多天，破城之后，“建人惊觉，各归纵火焚其居，先聚妇女于其中，俟焰炽，然后以身跃入”，“合城自焚十万户”。[①] 为了忠于故国，真是“宁为玉碎，不为瓦全”，忠贞精神可谓惨烈，可惜只是充当了一个腐败王朝的殉葬品。

闽北方言文艺中，不论是民间小调还是小演唱的唱词，都充满着理学的说教。闽北流传最广的小演唱——游春戏，形成于清代初叶，流行于建瓯、建阳、松溪、政和和水吉一带。这是一种业余的三至七人组成的演唱队，后台五六人，戏文短小、不重情节，服装道具也十分简单，曲牌有 40 多种，皆地方小调。如《十劝夫》中有一段台词云：

一劝奴的夫呀，劝夫莫食酒，妻子话你听，前朝有个名字叫薛刚，佢本爱酒来出身啰，打死唐太子，惊死唐老三，后来他一家都丧亡，千劝万劝，嗳，劝夫莫食酒。

① 转引自朱维幹：《福建史稿》（下），第 318 页。

又如建瓯小调《山水劝》：

人要四海为君子，人生到处有相逢咧，虎离深山龙离海，人离家乡到处难喽！

好手莫打孤单客，言语唔骂老年人咧，手打客人心有罪，口骂老人罪难当喽！

山是为主人为客，皇帝老来靠臣保，君王落难忠臣保，人到老来要靠孙。

娶妻养子来防老，关仓米谷防饥荒，人要心好五男二女，命好命坏福就来当。

武夷山市的小调——采茶调，分明是男女山头对唱的情歌，其唱词也是一味的说教：

正呀月子红是新年啰，妹劝阿哥莫赌钱，我的采茶哥，十个赌钱九个输，我劝我的郎，哪个赌钱赢上天？

六呀月子热是三伏天，妹劝阿哥莫食烟。我的采茶哥，后生食烟唔要紧，我劝我的郎，老来食烟泪淋淋！

十呀月子是小阳春啰，妹劝阿哥快回村。我的采茶哥，心中真把别人想，我劝我的郎，找到媒人就来求婚。

真是一本正经的文以载道！

大河上下、大江南北的各种方言说唱、小调、情歌，恐怕很难找到这样的渗透着理学精神的作品了。

曾有学者指出，中国古代文化有三大支柱，一是精耕细作的农业，乃建立经济的基础，维持了社会的物质生活；一是“学而优则仕”和“以吏为师”的文官制度，建立政治和思想的基础，维持着政治上的大一统；一是农村里凝聚而不离散的亲缘组织，建立了井然有序的社会结构和道德规范，维持着精神上的稳定传统。如果说，这是中国文化的正宗的“三原色”的话，闽北的文化正是福建文化中最能体现这一正宗的区域文化。

闽北不但有碧水丹山的武夷胜景，许多县乡还有各自的“小武夷”。山清水秀的闽北确是风光旖旎的，全省林木最为茂盛的山头大部分集中在这里。从环保、生态的角度看，这里真是个绿水青山的好去处。在旧时代，人们日出而作，日落而息，过着自给自足的田园生活，似乎也颇有诗意。然而官匪兵绅的盘剥常常使惨淡经营的个体农业、手工业从业者濒于绝境，小农经济太不堪一击了！到人们连奴隶也当不成的时候，只好揭竿而起，这就是闽北的另一种文化，从范汝为到邓茂七，再到太平军的反抗传统。

青山文化和理学文化一直没能使闽北山区摆脱贫穷。改革开放以来，许多有识之士常常感到一种无形的羁绊阻碍着社会的前进，这就是依赖青山、自给自足的小农思想。随着改革开放的深入发展，闽北人一旦放眼时代风云，投入商品经济大潮，也一定能够立足青山，创办自己的现代化大农业，实现农工商的一体化经营，那时，他们一定可以唱出更加动人的青山恋。

第五节　闽西客家方言区的移垦文化

一、移垦文化

客家人入闽之前已经经历过数次大动乱，从黄河南北到闽山赣水，他们经历了几十代人的艰苦跋涉，许多族谱都说他们的祖宗是名门望族，实际上大多数应该是流离失所的劳苦百姓。即使有士大夫，也是中下层的，在乱离中已经破产沦落。所以一到新地，他们便能操起旧业——向大地要粮食，在山区图生存。早期的闽西山区应该是有原始森林的，华北平原的新来人不适于这里的“山高水冷”，他们学来了畲民的生产方式：放火烧山，开荒造田，这便是所谓“刀耕火种”。这种原始的耕作严重地破坏了植被，造成水土流失。种植数年，地力衰退，产量不高，不仅劳动量大，而且难以糊口。因而有的人又纷纷拔足，继续南下，迁到粤东山区。定居在这里不走的人，为了弥补收入的不足，许多男子都学点手艺，出外谋生。客家俗谚说：“人唔辞路，虎唔辞山”，“命长唔怕家乡远”（或说“命长唔怕路远”），“情愿在外讨饭食，唔愿在家掌炉灶”，“无山不住客，无客不在山”，这便是客家移垦文化的写照和客家人不避跋涉的性格和传统的概括。

长途跋涉，垦荒创业，最需要的是精壮男子。中国的宗法社会又是以男性为中心的，这就使客家族群的男尊女卑更加走向极端。俗谚说：“共爷各嬷（母亲）亲姊妹，共嬷各爷两边人”，“一生劳劳碌，讨媳养儿做屋”。生育儿子不但是实现传宗接代的目标，而且是承继家业的需要，“有子贫不久，无子富不长”。实际上，客家妇女对于家业的建设是立下汗马功劳的，她们在家里生男育女，教育后代，管吃管穿，安排家庭生活，还要从事农业生产，即所谓田头地尾、针头线尾、锅头灶尾，无所不包。她们一年到头没有休闲的时候，而所有的享受，她们都让给了爹、妈、夫婿以及子孙。祭祖宗的时候，她们还不能上席喝酒。没有一个客家人不曾领受过这种最深沉、最浓烈、最无私的母爱，也没有一个客家人会忘却慈母的这种平凡而伟大的精神。朱德的母亲就是这样的妇女，以前收进小学课本的他的短文《我的母亲》所以脍炙人口，就是因为他用朴素的语言写出了这种伟大的母爱。

虽然自然条件不好，农业收入不足，客家人还是按照传统的办法，刻苦耐劳、省吃俭用，守住农业不弃，最多兼做点手工业和小生意。谚曰：“若要富，开药铺，蒸酒磨豆腐。”他们固守老传统，耕读为本，重农重文而轻商，许多谚语都反映了这个主题：“养子不读书，不如养头猪”，“农家莫断猪，秀才莫断书”，“百般生意百般难，唔当（不如）掌牛（放牛）最清闲”。经商被认为为富不仁，“无商不奸”，“朋友不谈钱，谈钱多牵连”，“亲戚莫共财，共财莫往来”，“血汗钱，食得甜，不义钱，难过年”。贷款做生意怕冒险，小农又经不起高利贷盘剥，于是只怕欠债。“欠字压人头，债字受人责”，“欠债人低头”，“多借债、穷得快”，“寒寒在风、穷穷在债”。在这种氛围之中，客家地区历来只有小农经济，几乎没有商品经济。每逢墟期，日中为市，以物易物。改革开放以来，政府为了扶贫而发放贷款，许多客家农户却不愿借贷，几千几万元贷款，在他们看来，都是不堪设想的。在清流时，笔者曾听当地发音人说过，扶贫的低息、无息贷款，到头来都给闽南来的移民借走了。

在自然经济中过惯了的劳动者，总是相信“勤耕细作般般有，好吃懒做样样无”，“屋是汗水盖，衣是双手缝”，“食唔穷，着唔穷，毛划毛算一世穷”，“街上买唔当（不如）田里扒”，“穷在有闲地，富在无荒坡”，“男也勤，女也勤，食饭着衣唔求人”，勤劳节俭是中国人民共有的传统，但是像客家人那样，能够吃大苦耐大劳而奋斗不止，在极端艰难困苦的条件下还能生生不息的，怕是不太多吧！试想想 20 世纪 30 年代吧，闽粤赣边区的革命摇篮正是在客家人的居住区，在红军北上长征之后，精壮男子走光了，客家的妇孺是怎么在白色恐怖中挣扎着活下来的，如今的新一代人怕是很难想象的了。

这就是移垦文化带给客家人的生产方式、生活方式和思想方式。[①]

二、崇尚正统的文化

客家先民虽是因战乱而南迁的，却从来不把自己看成流浪汉，而是怀着浓厚的国家意识和民族意识，认为自己是中华文化的正宗传人。正是这种崇尚正统的意识，给了他们光荣感、自豪感，给了他们无穷无尽的精神力量，使他们在大难当头的时候能挺得住，在走投无路的时候能走出自己的路。客家人所崇尚的正统文化，究竟是什么呢？很多学者对此做过研究。据笔者的体会，主要有以下内容。

第一，重亲缘，论宗派。据各地客家族谱所载，他们的迁徙一般都是整个家族共同行动的。在那种兵荒马乱的年代，只有整个家族团结一致，才能战胜困难得以生存，即使是落脚之后也必须协同行动才能立足。在家族之内，自然是论资排辈，长幼有序的。客谚曰：“竹有上下节，人有长幼分。”所谓“白头哥、坐地叔”说的是白头老翁可以是三岁孩童的兄长，地上坐的婴儿可以是成年人的叔叔，这在客家地区至今还是天经地义的事。正是因为重亲缘、论宗派，虽然历经浩劫，许多客家族姓都还保存着自己的宗谱。体现着血缘关系的宗谱，是一种协同劳作、团结御侮的无形却又十分有力的纽带。俗谚说：“三兄四弟共条心，门前土地变黄金”，“兄弟不和旁人欺，子嫂（妯娌）

① 本节及下节可参阅《福建文化概览》，福建教育出版社，1994 年版。

不和门外徛（站）”。这里说的兄弟、子嫂不光指的近亲，在按姓聚居的客乡，同村里平辈的汉子都是兄弟。又说“拳头向外打，手指向内弯”，要求同宗的人要团结对外。旧时，由于资源有限，为了争取生存空间，不同姓氏不同家族之间常有矛盾，土地、山林、水源、风水都会引起纠纷，有时便酿成械斗。在永定，20 世纪 40 年代的宗族械斗曾经出动过飞机。这种极端的恶性事件，自然是走到了团结互助以求生存的反面。

第二，重丧葬，讲孝道。上文提到，儒家所重，民、食、丧、祭。关于丧祭礼仪怕是没有谁像客家这样恪遵旧制的了。客家先民在迁家移居时，是背着祖宗的神主牌，挑着父母的骨殖瓮子走的。有时为了觅求风水宝地，死人可以封存在棺木里数年，下葬三年之后要捡起骸骨，装入陶罐，迁葬他处。从断气到入殓，死后的祭祀，整套礼仪十分烦琐。武平曾有一位举人当过知县，告老回乡后用客家话编有《一年使用杂字》，文句通顺入韵，用客家话读起来，好懂又好记，在民间一直流传着。文盲用它作为识字课本，族长们据此料理公事。全文不到 700 句，其中关于丧葬礼仪的行文就达 94 句。例如：

升棺入殓爱仔细，丧事称家有俭奢，
子孙钉盖用四枚，千年万载不回来，
红漆棺材为棺柩，孝子披麻尽举哀。
开冥路，还受生，三魂七魄领官钱，
任你富贵官宦家，贫穷老嫩一般行。
……
作古人，登鬼序，瞒踪灭迹今辞世，
小仙维重扛棺柩，一人前吊粮罂子。
做孝子，背弓弓，不敢剃头满百工，
……

谚语说，“宁拆十座庙，不拆一家坟”。从这里可以看到客家人把祖先置于鬼神之上。刨了别人的祖坟，这是对别的家族的最大侮辱，通常是会引起械斗的。重丧葬、讲孝道和重血缘、论宗派是紧密相关的，都是为了加强血缘群体的凝聚力。古来所谓“慎终追远，民德归厚矣”，就是这个意思。

第三，重学文，尚教化。上文提到的《一年使用杂字》在介绍春节“年初一”的习俗活动之后，接着使用40个句子转入读书应举的事：

世间第一读书篇，打扮学堂安圣贤。
厨桌一条并凳子，墨砚纸笔要齐全。
温熟书来原本背，分明章句莫乖蹇。
最怕学生打冇口，字眼不识亦徒然！
惟有破蒙加小心，起头先点三字经。
合本纸薄学写字，捉笔填红上大人。
直落横划并点子，端端正正分均匀。
幸有聪明智慧者，学庸论孟及五经。
……

论尊师重道，全省没有超过客家地区的。旧时，儿童入塾启蒙，家长必须专宴塾师，每年端午请师来家中过节，平日大小喜事摆酒宴，老师总是上宾。直到现在，有些春节没有回老家的外地老师，每天都有学生来请吃饭。

然而能够脱产入塾、一心读书的人只是少数，能够坚持十年寒窗的就更少了。客家社会为了“崇正”，除了读书，还依赖更大规模的家庭教育。谚曰：“竹要嫩时掘，人要幼时教”，“幼小时唔学，老竹片难弯”，“小时唔管束，大时对渠（他）哭”，“大做样，细学样”，“父正子不邪，母勤女不懒”，“屋檐流滴水，点点不差池”（子女学父母样如屋檐滴水上下对准），“为老不尊，教坏子孙”。此类注重家教的谚语还有很多。客家话如果说人“早死爹娘毛教养”便是很毒的詈骂了。

语言是文化的载体，也是教育的工具。为了承续正统的文化，客家人十分重视把自己的方言世代相传下去。到处都有“宁卖身，不卖音”，“宁卖祖宗田，不卖祖宗言”的说法。方言的差异甚至和族姓、宗派结合起来，许多大的自然村，如果有几种姓氏往往要分住不同角落，方言也会按姓氏分为几种口音。这种情况在客家社区是常常可以见到的。武平县东留乡新联村社下坝自然村，有李、钟两姓，就是按姓氏分说两种口音的。妇女出嫁之后要改口跟夫家人说同样的口音，俗谚说："食男饭，转男声，不转男声骨头轻"，几乎成了一条不成文的规矩。

第四，尚忠义，重气节。中华传统文化里，国家是放大了的家族，家族是缩小了的国家。孝是忠的基础，忠是孝的归宿。客家的崇尚正统意识，往细处说会变成同族异派人的争斗，往大处归则又升华为伸张民族大义的气节和对国家的忠诚。

关于对待义和利，客谚有恪遵孔孟之道的说法，"不义钱财如粪土，廉洁名声值千金"，"钱财如粪土，仁义值千金"，"有钱出钱施公德，无钱出力劈路塞"，这些都是常常听到的谚语。在长期的封建社会里，贪官污吏横行霸道，客家人对官场是非看得很透，谚曰："一代做官三代绝"，"好官唔留种"，"出门趁官样，唔管家中毛米放"，"无官一身轻，有子万事足"。这是劳动人民对于腐败官场的抨击。然而，在非常时期，当民族矛盾上升的时候，客家人又会站在对异族斗争的最前列。在郑成功驱荷复台、开发宝岛的过程中，就有闽西客家人积极参与的身影。光绪二十一年（1895 年）日本侵台，台湾南部屏东县一带 100 多个自然村的客家人自发武装起来，先后在唐景崧、丘逢甲、刘永福等领导下，坚持了半年之久的自卫战，许多客家村庄男女老少齐出动，和日本人作战，坚持战斗，直到最后一人。

诚然，客家人所崇尚所恪守的中华文化在全国各地都是共有的，也可说是民族的共性而不是地域特有的个性。但是，他们对这些文化精神的崇拜、传承以及结合自身的境遇而努力的实践，又是许多其他地域文化所少见的。客家学者陈运栋先生在他的《客家人》中说："客家人是把儒家文化实现得最彻底的族群。"这种说法是有根据的。

三、走出围屋

直到明末清初，客家人还散居在闽粤赣边界。这时的客家文化可以说是中原文化在东南丘陵上的适应和延续。这种文化大体上还是封闭的内陆文化、分散的小农文化和守旧的忠孝文化。客家的围楼就是这种文化的最准确的缩影。门楼上的“彭城堂”、“颍川衍派”之类牌匾标明其千年源头。土楼团团围绕的形态表现了这一个个家族的高度凝聚力和牢不可破的团结。宽厚的墙基和门板足以使人相信它的稳当持重和经久不变。一座座土楼沿山而布、相向而立，则说明它的分散的特征。客家黄姓族谱中有一首诗相传是唐代邵武人黄峭所作：

骏马匆匆出异方，任从随处立纲常。
年深外境犹吾境，日久他乡若故乡。
早晚勿忘亲命语，晨昏须荐祖宗香。
愿言苍天垂庇佑，三七男儿总炽昌。

另一种版本作：

信马登程往异方，任寻胜地振纲常。
足离此境非吾境，身在他乡即故乡。
早晚勿忘亲嘱咐，春秋须荐祖宗尝，
漫云富贵由天定，三七儿郎当自强。

这颇能概括客家的移垦文化和崇尚正统文化的特征。

在许多谚语中，“命长唔怕路远”最生动地反映了客家不畏跋涉的行者性格。他们通过艰难的跋涉，终于走出了围屋。

明以前，走出闽粤赣的客家根据地的客家人大概很少。人们成批走出这个三省连界的山区，是在明清之交，即所谓第四次、第五次客家的迁徙。

顺治年间，清政府为了对付郑成功的反抗，杜绝他们与大陆的一切往来，实行坚壁清野，强令东南濒海 50 里的住民移居内地，这就是“迁界”的惨祸。到康熙二十三年（1684 年），郑氏既平，清政府下令“复界”。那时还散居在粤东的客家人不怕荒凉，迁往海丰、陆丰、惠州、宝安（今深圳）一带沿海，有些和说粤方言的人杂居，有的和说闽方言的潮汕人杂居，有些跟着闽南人到台湾垦殖去了。后来客家人又陆陆续续从闽粤沿海出发，到了东南亚乃至非洲和南美。

从此，客家人接触了海洋文化，在固有文化中掺入了新的成分。客家人在与广府人、福佬人相处之中，既联合、又争斗，三个不同的民系原来有自己不同的地域文化，在分分合合之中也互相渗透、互相影响，客家文化从而吸收了闽文化、粤文化的一些精神。

于是，客家人创造了改革的文化、开拓的文化。以洪秀全为首的太平天国起义，许多中坚分子便是客家人。他们吸收了西方的教义来批判传统的孔孟之道。在上层士子之中则有黄遵宪、丘逢甲为代表的改革家。闯荡海外的客家人经营商业、创办工业，涌现了胡文虎式的热心公益事业的侨领。20世纪以来，从旧民主主义革命到新民主主义革命，从孙中山到朱德、叶剑英，客家人中涌现出来的革命家前仆后继、不屈不挠，做出了更加伟大的贡献。在闽西地区，反映这种客家文化的新篇章的，是土地革命时代中央苏区对革命的贡献以及永定侨乡的变化。

永定是闽西最著名的侨乡。客家人出洋应该说比沿海的闽南人、广东人更加艰难。一般农民，家徒四壁，许多人是变卖田产、筹措盘缠才跟着“水客”，挥泪走上“过番路”的。出洋之后，他们还是那样的刻苦耐劳，开锡矿、种树胶、拉车、扛码头、做药材生意。经过几代人的努力，在异国他乡，他们都站稳了脚跟，开拓了事业。论收入，他们或许比不上福佬人、潮州人、广府人，但是论对于家乡的奉献，他们都是从来不落人后的。

客家人的移垦是他们在战争动乱、流离失所的景况之下得以生存的物质基础；他们的崇正意识是他们在艰难困苦的奋斗之中的精神支柱；走出围楼，奔向海洋则是他们谱写的新篇章。

“凡山皆有客，无客不住山”，客家人和青山打交道、恪守儒家信条，这是他们和闽北人的共通点。耕读之家，自给自足的小农思想也使客家地区的农业生产长时间停留在低水平上。他们学来的“刀耕火种”其实并非良法，几百年过去了，青山成了秃头山，论耕作条件，客家山区还不如闽北地区。正因为条件差，又是“后到之客”，他们只好在移垦上做文章。经过许多代人的长途跋涉和艰苦奋斗，他们练就了一副钢筋铁骨，吃苦耐劳，生生不息；养成了奋发追求的精神和性格，不辞困顿，奔走不息。移垦文化是许多客家研究者做过的概括，这种概括是切合实际的。客家人的移垦文化与闽北的青山文化相比，不同之处就体现在这个“移”字上。在我看来，“命长晤怕路远”这个名谚是客家精神最集中的表现。“走”就是摆脱困境，追求光明的未来，就是改变现状，争取幸福。他们从不断移垦的土壤里吸取养分，在变动之中改进自己，发展自己；走出传统观念的精神围屋，谱写新的篇章。“流水不腐，户枢不蠹”，对于一个族群、一个地域的文化来说，也一样是真理。

第十章
福建方言与文化的历史发展

上文第八章是联系社会历史背景来考察不同方言的不同文化类型，第九章则是透过方言来看不同方言区的不同地域文化特征。二者视角不同，都是对福建方言与福建文化的分体研究，着重于不同方言区、不同地域文化区之间的差异的比较分析。本章则是对福建方言与福建文化的总体研究，即考察它们在宏观的历史发展中所表现出来的共同规律，并和福建以外的方言和地域文化做比较，说明福建方言与文化的共同特点。

第一节　分化与融合

一定地域的方言和文化都有自己的发展过程。地域方言是民族语言分化出来的支流，地域文化是民族文化的别派，这是容易理解的。事实上，地域方言和文化也有融合的一面。这种融合包括不同的历史时代、不同地区的移民带来的语言和文化的融合、移民族群的语言文化与当地原住民的语言文化的融合，本区的方言、文化之间的融合以及同别区方言与文化的融合。弄清方言与文化的分化过程及融合过程，方言与文化的内外特征就会突显出来。

一、福建方言的分化和融合

福建的方言是从古代汉语分化出来的。中原汉人的迁徙南下是这个分化的动因。这种移民是战争动乱、流离失所之后的迁徙，而不是穷兵黩武的征服。福建地处东南海疆，从中原南下，过黄河、渡长江，路途遥远，在古代社会里，非经历千辛万苦不可。可见这种移民只能是自发的、长时间的、多批量的移民。由于移民的起点不同、时代不同、批量不同，入闽定居是集中一处或分散多处也各不相同，说某个方言区是何时何地的移民带来的，多半是说不清的。

事实上，福建境内诸方言的形成大多是多来源的，其结构成分则是多层次的。例如闽方言既有古吴语、古楚语的成分，又有六朝时代的上古汉语和隋唐时代的中古汉语的成分。不仅如此，唐宋间自闽西边界入闽的客家先民也有零星地到闽方言地区落户的，不少客家的族谱都记载了他们的祖先在闽语地区住过，有的旁支就在那里长住下去。因此，闽方言也杂有宋元以后的语言成分。至于它受后来的官话、普通话的影响而发生的变异，那又是更为晚近的层次了。

对于中原的汉语来说，福建方言的形成是分化的结果。就福建各个方言的形成过程来说，一开始又都是一种融合的过程。最先是汉语和古闽越语的融合。其次是先后从外地移来的汉人所说的汉语的融合。然后还有各邻近方言形成之后，由于彼此的接触而带来的相互影响（例如莆仙方言就是在闽南话的基础上接受闽东话的影响而形成的），以及不同时代的共同语对方言的影响。最后，还有方言接触其他外国语言时发生的交流——借词。广义地说，这些不同语言间的吸取、交流，同一语言内的共同语或不同方言间的相互渗透都是融合的现象。

有些形成不久的很小的方言岛，还可能明确地说明其形成过程，其语言也许还没有发生与其他方言的融合。除此之外，任何一个方言区都不可能是纯正的某时某地之音的重现，而只能是多方融合的产物。

语言是有生命的，它存活于社会生活的运用之中，不断地补充着新的成分，调整着自己的结构。社区的活动空间扩大了，社会生活的内容变化了，族群增添了新人，不论是亲密的、友好的、陌生的或敌对的，都会造成语言的变动。它不可能像古代诸侯国的国君搬走他们的“鼎”那样，原封不动地从一处搬到另一处。

这本来是一个很平常的事实，很朴素的道理，但是至今还经常可以见到一些违背这种道理的说法和做法。有的人总喜欢说，某方言是纯正的某世纪某地的语言，是某个时代的语言的“活化石”，有的则说某方言是唐音，另一个是宋音，一个是叔辈，一个是侄辈。有些人看到几本族谱说这些人是几百年前从何处迁来的，连忙不远万里前去寻根，希望也在语言上找到许多印证，结果往往是乘兴而去，败兴而归。为方言考订年龄、分清辈分的说法和做法，大概是出于某种文化趣味：总以为越是千年不变的纯正的正宗，就越是可贵，这种文化心态本来就反映了中国传统观念中的落后面——向后看，以古为正，以古为贵。这种心态既不合逻辑，也没有好处。

历史比较语言学拿现代方言材料进行比较，在中国还有大量记录古代语言材料的典籍可资参照，经过历史透视可以为现实的方言结构系统进行历史层次的分析。这种分析只是探寻历史的足迹罢了，绝不可能是旧有面貌的重构和重现。这些年来，为某一大区方言构拟原始母语（或称祖语）的研究方法，已经引起越来越多人的怀疑和反对。拿闽方言来说，没有任何史料和迹象能够说明，现代的闽方言都是从某一个共同的闽方言分化出来的。既然如此，构拟一个实际上未曾存在过的、只有“理论上的意义”的“原始闽语”，有没有必要，有没有意义呢？语言和方言的分化实在不能按“谱系树”方式去理解，以为共同语分化出方言就像是大的树干长出小的枝丫那样。如果要打比方，更像是江河流入洼地，形成湖泊，不同的湖泊有原来的积水，有江河多次源源不断流入的水，加以地质、气候、植被和养殖种类的不同，造成了不同湖泊的不同景观。

总之，不论是历史的考察还是现实的比较，都说明了现有的福建方言是从古代汉语分化出来的，但又是几经融合而形成的。大多数方言都是多源流、多层次整合的结果，从根本上说，纵向的分化理应是受横向的融合制约的。中国东南各省原来都是非汉族杂居之地，汉人都是在几个大动荡的年代（魏晋南北朝、五代十国、宋末、明末等）陆续南迁的，论分化的历史，各方言大同小异，但为什么这一带的方言又如此悬殊呢？这就是因为融合的内容不同，整合的方法不同。可见，研究方言的分化是重要的，但研究方言的融合更加重要。分化是起因，融合才是结果；分化是历史，融合才是现实。

几个不同来源、不同层次的语言成分在整合的时候，有各自不同的地位和命运，有的是无条件被保留，有的是经过改造而被吸收，有的则被抛弃了。哪个源流、哪个层次的成分成为主体，取决于历史文化的种种条件。

福建各方言的不同的形成过程及整合方式上文已经说过，此处不再重复。若与邻近的吴、粤方言相比较，在民族融合上，吴、越人汉化早，吴语又近中原，“底层现象”不太明显。南越人多势大，汉化最少，粤语中“底层”就必然较多。闽语则介于二者之间。就历史层次说，吴、粤方言分化比闽方言早，但由于福建交通阻塞，偏安一隅，所以保留上古汉语成分反而更多。关于与共同语的关系，吴语受共同语影响最深，方言词汇语法特点较少，普通话也较为普及；闽语采取双轨制，方言受共同语影响小；粤语则有明显离心倾向，系统上受到的影响（特别是语音上）少，普通话的普及也差。至于与外国语言的交流，三种大方言也各有不同的方式：吴语是双轨制，另有“洋泾浜英语”在“十里洋场”勉强应付与洋人的交际；粤语是吸收不少英语音译词汇来丰富自己；闽语则多与南洋的马来语有借词上的双向交流。

二、福建文化的分化和融合

正如地域方言是民族语言的分支一样，地域文化也是民族文化的分支。从主要来源说，福建方言是从北方汉语分化出来的，福建文化则是中原文化的延伸。和方言一样，福建文化也是多来源、多层次的，它不是中原文化的简单派生，而是经过多元整合、多次融合而形成的。

在多元的文化整合中，不同民族或族群、不同时代的文化制度、文化意识，地位不同，作用不同，因而在新整合的文化中所占的比重也是不同的。

闽北、闽东和闽南，古时候应该都是闽越人生活的地方。这些地方的文化成分，应该都有古闽越人的文化成分的遗存。相对而言，这些文化成分在现在的闽南、闽东保留得较多，例如好吃海鲜、贝类，“饭稻羹鱼”，“便于用舟”，“习于水斗”等，而在当年闽越人居住的中心地带——闽北，反而保留得少了。究其原因有三。第一，汉武帝迁闽越人，重点应是闽越人势力最强大的闽北地区，除了“迁江淮间”，可能还有沿武夷山西侧过江西下湘桂的。第二，宋代理学影响极大，宋室南迁之后，这里又距离临安不远，正统文化的影响更大。第三，闽北地区在宋明之后流入大量江西人。经过几次冲刷，原来土著的文化几乎荡然无存，剩下的只是假托为神仙的武夷君的传说了。当年的朱熹曾经猜测过，“武夷君”可能就是“夷落”的君长，他的这个猜测已经逐步为考古学、民族学研究的新材料、新成果所证实。

正如语言的底层可能只在局部地区保留，文化的余存也可能仅见于局部地区。例如惠安县的部分乡区直到解放初期还有妇女“不落夫家”（或称“长住娘家”）的习俗。新娘婚后三天即回娘家居住，只有逢年过节才回到夫家，待怀孕之后才回夫家长住。这种习俗还见于广东的顺德以及少数民族中的布依、苗、藏诸民族。惠安、顺德的长住娘家是禁欲的，虽然和一些少数民族的自由私交有别，但起源应是相同的。据林惠祥教授研究，这是母氏制到父系制过渡时期的残留现象。① 凡是长住娘家的妇女都是不缠足的，在崇武小岞一带还有特殊的服饰：包大头巾，仅留双眼，上衣短，裤腰低，露出小肚子，腰间扎有多条裤带。由此看来，此俗可能是古闽越族留下的遗俗。又如福州的水上居民，俗称“科题”（或写作“曲蹄”），终年居住在小船之中，打点小鱼虾为生。妇女天足（不缠脚），生活穷苦，文化落后，逢年过节上岸为人唱曲贺年，换取一点年糕，语言及习俗均与福州无异。同类水上居民在广东、浙江也有，称为“疍民”、“蜒民”，他们应是汉化较迟的古越人的后代。

客家文化则显然是融合了畲族的文化。闽西重要的史料文献——杨澜的《临汀汇考》说：“唐时初置汀州，徙内地民居之，而本土之苗仍杂处其间，今汀人呼曰畲客。”② 客家初到闽西时，当地的居民就是畲族人。宋以后，一部分畲民向闽北、闽东迁移，但是经过长期的相处，他们接受了客家方言，基本上放弃了原来的语言。在文化方面，据《闽峤辅轩录》及《天下郡国利病书》所述，畲民原是实行火葬的，后来受客家影响改成了土葬。民族的融合从来就不可能是单方面的，而必定是你中有我，我中有你，当然也会有一

① 林惠祥：《论长住娘家风俗的起源及母系制到父系制的过渡》，《厦门大学学报（哲学社会科学版）》，1962 年第 4 期。

② 杨澜：《临汀汇考》卷三《畲民》，转引自《畲族简史》，福建人民出版社，1980 年版，第 10 页。

方占着优势。客家妇女善劳动，不缠脚，爱唱山歌，所唱山歌都是七言四句，曲调也有类似处。还有服饰方面，客家的年轻妇女梳的两头向上翘的“船子髻”，以及红头绳、银簪，袖口和裤腿下端的花边等，和畲族妇女的服饰也很相近。可以肯定，有相当一部分畲族人（尤其是妇女）留在闽西和客家人融合了。畲族的兰、雷、钟三姓在现今的闽西也特别多，以致后来谁是畲、谁是客都分不清了。上杭县的官庄、芦峰两乡一部分畲民的族别是前些年才识别论定的。

地域文化可以融有不同民族的文化成分，也可以是不同地域文化之间的相互吸收。例如上文提过的，客家人和福佬人、广府人走向海洋之后，其精神境界也发生了变化，商品经济的意识明显增强了，对祖宗传下来的教条也产生了怀疑。在闽南方言区的西侧，和客家方言区连界的地方——南靖、平和一带，也有客家式的围楼，在永春、德化、大田一带山区，则多有闽中腹地那种一字形干栏式的楼房。这种和沿海的闽南方言区明显不同的民居，显然是从相邻的地域文化区吸收的。

可见，方言和地域文化在发展过程中都经历过分化，也经历过融合。分化和融合的内容不同、过程不同、比重不同、方式不同，便造成了方言的差异和地域文化的差异（包括内部的小区间的差异和外部的大区间的差异）。这是方言和地域文化共同的发展规律，也是我们在考察方言和文化的特征时必须着重考察的内容。

第二节　继承与变异

在方言和地域文化的整个发展过程之中，总是充满着继承与变异的矛盾。继承是前代语言、文化的留存（包括前代的共同语和方言、前代的民族文化与地域文化）；变异则是发生在一定地域的扬弃、改造和创新。我们经过细致的考察便可以看出，不同的历史时代都有继承，也都有变异。当代的方言和地域文化就是历代的继承和变异所构成的复杂系统。正是历来的继承和变异的内容不同、比重不同、形式不同，才把不同的方言和地域文化区别开来了。可见，继承和变异是考察方言与地域文化历史发展的另一个重要的思路。

方言和文化为什么有时继承得多，有时又变异很大，看来也有共同的起作用的因素。让我们先来讨论这个问题。

一、决定方言与文化变异的诸因素

1. 自然环境。

为了适应不同的自然环境，人们要认识新事物，制作新工具，寻求新的生产门路，许多生活习惯也必须发生相应的变化。到了山区增加山岭、林木方面的词汇，到了沿海则多船舶航行、鱼类及其养殖、捕捞方面的名称。物质生活和精神文化也随着发生新的变异。北方人一到福建，开了水田就得打赤脚，到了夏收夏种，烈日之下经常就得打赤膊，任何一种方言都有这两种说法，并且说起来并没有任何一点不好意思的色彩。为什么华北平原和东北平原的官话最统一？这和那里的地理环境相同、经济生活相近是不无关系的。

2. 民族成分。

不同的民族，在语言和文化上都有明显的差异，并且彼此都很敏感。不同民族的杂处，可以是各自保留自己的语言和文化，在同一个地区多种文化并存、多语并用，如新疆的许多多民族地区那样；也可以是发生融合，一方化入另一方，东南各方言区大都融入了古百越族的语言和文化。是否发生民族的融合，通婚是最重要的内在条件，通商是最重要的外在条件。原始居民的数量越多、能量越大，语言和文化融合之后留下的语言“底层”和文化“留存”就越多。

3. 交通往来。

一般说来，共同的语言总是在相互交往之中得以维持，共同的文化也必须有共同的社会生活的土壤去养育它。离开本土到了新区之后，如果与本土继续保持往来，继承的成分就多，如果路途遥远，交通阻隔，不再保持民间往来，方言和文化的变异必然加大，时间一长还会变得面目皆非。像带往东南亚的闽方言那样，路途遥远，往来艰难，却又顽强地保留着自己的完整的语言体系和文化传统，实在是罕见的特殊情况。因为他们如果在语言和文化上不认同、不沟通，行动上不抱团、不互助，大家就必定无法生存。

4. 经济状况。

经济生活对于语言和文化的变异也有很大的影响。封闭式的自给自足的小农经济往往按照狭窄的生活圈子（例如赶同一个集的几个村庄）形成小区方言，相对而言，这种小方言变化较慢，但并非长期不变，也未必显得古色古香。本书上文提到的尤溪—大田的土语群就是这类情形。相反地，经济生活开放，商品经济发达的地区，社会生活节奏较快，方言的变异也较大。但是同一区域之内的各地小方言，因为经常沟通，彼此差异反倒较少。表现在文化方面也是这样，闭塞的山区往往“世风淳厚”，开放的沿海城市则“新潮迭起”。

5. 政治生活。

行政属辖对于方言和文化的继承或变异也有不小的影响。已经有不少历史学家和方言学家注意到，东南部汉语方言分区和明清时期的州府的划分有对应关系。凡是大的行政区划的治所、政治中心，占统治地位的思想文化，往往体现了全民族共同的传统思想文化，都有较强的影响，因而变化较慢、变异较小；反之，在政治影响比较薄弱的边远地区，变化必然更大，变异也更多。太平盛世，社会安定、经济文化繁荣，地域文化也较为趋同；而战乱频繁、社会动荡，人民流离失所，则往往是方言和文化变异的原因。

二、福建方言的继承和变异

福建方言之中，分布最广的是闽方言。在全国各大方言中，闽方言在继承前代语言成分中是最保守的。清人钱大昕所论证的上古声母的两大特点，“古无清唇”和“古无舌上”，都比较完整地保留在闽方言中，在其他方言中都极少见。此外像匣群同声，支—之、鱼—虞有别，歌—麻—豪、通—宕互谐，四等韵读洪音等，也都是于古有征的语音特点。在词汇方面，不论是上古的通语，例如鼎（铁锅）、箸（筷子）、粟（稻谷）、犬（狗）、必（裂开）、八（认识）、解（通晓）、埕（道路）、冥（夜晚）、殕（霉）、晬（周岁）、喙（口），或早期的吴楚方言，例如农（人）、鲑（鱼菜）、裪（衣袖）、箬（叶子）、豨（猪）等等，都是在其他方言很少见的。难怪许多音韵学家要惊呼闽方言是“超《广韵》”的，研究汉语史的人都要在闽方言中寻找“活化石”。福建境内第二大的方言区是客方言区，闽西客话和粤东客话相比，也保留着较多早期的语音、词汇特点。可见，福建的方言都偏于保守。

福建方言当然也有变异的一面。如果说在继承方面它是保守的，那么在变异方面它则是分散的。所谓分散，指的是语言结构的变化是多元的、多面的；不同方言之间的变化则是歧异的、不协同的。例如古音的辅音韵尾在现代的福建方言有维持 m、n、ŋ、p、t、k 结构的，有合并简化为 ŋ、k、ʔ 的，也有弱化、脱落为鼻化韵、阴声韵的；多音连读之后的字音，有维持原音不变的，有变调而不变声韵的，也有声、韵、调全变的。凡此种种，这里不再细说。①

继承方面的保守，使福建的方言显得古色古香；变异方面的分散，又使福建的方言显得纷繁复杂——这便是福建方言的两大基本特征。在全国各方言中，说福建方言具有这两个基本特征，大概是容易被认可的。

正是由于保守传承，福建的方言成为研究古汉语的宝库；也由于繁复变异，福建方言又成了探索语言发展的类型和规律的重要资源。难怪，中国现代语言学形成以来，福建方言一直在学术界引人注目。我们更应该珍惜这个资源。

三、福建文化的继承和变异

福建文化在继承和变异上的表现和福建方言的表现也十分类似：继承是保守的，变异则是分散的。

福建受传统观念影响较深，儒家正统思想比较浓厚。许多地县自古至今，只要有机会（诸如修地方志，举行各种庆典），都要宣扬自己是“海滨邹鲁”、“文献名邦”、“民风正，教化好”，对于本地生长或在本地待过的历史名人普

① 参阅李如龙、张双庆：《客赣方言的入声韵和入声调》，《吴语和闽语的比较研究》（第一辑），上海教育出版社，1995 年版；李如龙、陈章太：《论闽方言内部的主要差异》，《中国语言学报》，1985 年第 2 期。

遍都存着崇敬之心，津津乐道，寻觅、保存、修复与他们活动有关的古迹，收藏、编印、注释他们的著作，以至逢他们诞生或逝世的整十整百的年份组织纪念他们的各种活动。例如朱熹在各地留下的古迹在历代的方志中都有详细的记载。像邵武的李纲、浦城的真德秀、建阳的宋慈、将乐的杨时、莆田的蔡襄和郑樵、连江的陈第、东山的黄道周、安溪的李光地、南安的郑成功、福清的叶向高、同安的苏颂、宁化的李世熊等等，在当地都是家喻户晓的，流传着不少褒扬他们的故事和传说。宋朝的理学家杨时在明溪、将乐都生活过，两县县境属辖历史上有过变动，直到近年编修县志时，两个县都坚持说，杨时应是本县人。关于南少林，至今还是个悬案，莆田人说在莆田，泉州人说在泉州。像闽王王审知，“开漳圣王”陈元光，更是成了神明，不少地方为其建造庙宇，至今依然香火缭绕，不乏顶礼膜拜的善男信女。地域文化中，一旦形成了一定的传统习惯，就根深蒂固，难以改变。例如沿海的祀鬼、“普度”、“做半段”、拜“妈祖”、迎神赛会等民俗活动，20世纪50年代和“文化大革命”中曾两度受到抑制，近几年来几乎又全部恢复原状了。吴语区的人，尤其是官话区的人来福建，见到这类大规模的节庆盛典，真是大开眼界，许多人甚至觉得大惑不解。

从变异方面说，福建文化在各个方言区的表现也是相当歧异的。造成这种歧异的基本原因有二。一是地理环境的多样化。福建境内有山有海，纬度相差也大。生存空间是人类社会的第一现实，“一方水土养一方人”，“靠山吃山，靠海吃海”是社会的必然。历来都说福建是“八山一水一分田”，在长期的农业社会里，这是制约人们生产、生活的最重要因素。上文分析的闽东的江城文化、闽北的青山文化、闽南和莆仙的海洋文化、闽西的移垦文化首先就是因为地理环境的差异而分道扬镳的。半个多世纪以来，曾有过几次闽东人到闽北去，闽南人到闽西去，20世纪40年代是逃难去的，50年代有过官方组织的集体移民，60年代是干部下放和知识青年上山下乡，后来西行的沿海人民绝大多数都回流了，这其中不能不说是有着文化差异的深层原因。想当年，闽人下潮州、过台湾就基本上没有回流。

造成福建地域文化的歧异的另一个重要原因是历史上的家族制度。陈支平经过研究认为："中国历史上的家族社会与文化，是中国传统社会形态的基础"，"福建是中国传统家族制度最为兴盛和完善的地区之一"。[①] 他的说法是有根据的，仅从两个事实就可以得到证实，一是闽人到了台湾把宗族之间的械斗也带过去了，数百年间未能止息；二是出洋的闽人许多到现在还在实行家族制的经营，包括那些已经十分发达的财团和跨国公司。建立在血缘基础上的家族制度，稍加放大便是和地缘相关的乡缘组织和按方言区组织的制度，例如海外闽人之中的"南安公会"、"福建帮"（说闽南话的人的总称）一类的组织。正是这种家族制的基础和传统，使福建文化没有实现一体化，福建的经济发展长期以来也未能形成大规模的网络，而是分散成许多范围不大而互有差异、甚至互相竞争的区域经济和区域文化。

四、闽、粤、吴的方言与文化的差异

为了说明闽方言和闽文化的保守、歧异的特点，不妨拿它和周边的粤方言、粤文化及吴方言、吴文化做一点比较。

为什么闽方言地区会比吴、粤方言地区保留更多的前代语言文化而又呈现和当代的语言、文化的更大的歧异呢？这里试做简单分析。福建远离北方和京城，东临大海，西部又有高山阻隔，新中国成立前没有一寸铁路，没有一条航空线，海运也不发达，与外界交往甚为不便。在这一点上，同是东南部方言，闽语区就不如吴语区和粤语区。自从秦始皇开凿沟通湘江、漓江的灵渠之后，长江和珠江就可通船运。唐代张九龄开通南岭大道后，赣粤的交通也大为改善。至于湖南方面，京广铁路早在1936年就通车了（仅未造武汉长江大桥），所以连地理距离更远的粤方言也没有像闽方言保存这么多的古代汉语特点。全浊声母清化后，多数广东话和官话一样逢平声送气，逢仄声不送气。吴语区和官话区大体按长江分界，但长江早已不是天堑，两区间的交往更是频繁。现今的上海话和广州话大体上可以将普通话的词汇按本地音读

① 陈支平：《近500年来福建的家族社会与文化》，生活·读书·新知三联书店，1991年版，第1页。

出来，本地人也能接受，而在福州、厦门反而很难被接受。这说明吴、粤方言接受普通话的容量比闽方言还大。

在民族融合方面，吴语区的吴越人汉化最早。春秋战国时代，他们和黄河流域的人就有许多交往，因而吴方言中的古吴越语底层几乎消磨殆尽。上文提过，“鲑，吴人呼鱼菜总称”，今未见于吴语区而仍应用于闽语区。闽语的闽越语底层比吴语的吴越语底层多，然而又不如粤语中的南粤语底层多。近年来，有人甚至做了统计，说粤方言词汇中古越语底层过半，认为粤语不是汉语方言而应该列为汉藏系语言的一种。那当然也言过其实，因而受到语言学界的抵制。在文化上，粤语区的越俗留存也比闽语区的越俗留存更多。例如上文提到的水上居民“疍家”，不落夫家的婚姻制度可能就是此类留存。还有饮食习惯中的食蛇、食猴诸多特点也可能与此有关。可见，从这方面的不同表现，便可以把吴、闽、粤三种方言的不同特点区别开来。

从经济的开放和政治的氛围论，吴、闽、粤都有沿海门户，也早有对外交流的传统，但三者也是同中有异。吴语区向外国开放较迟，他们引进国外资金和技术是用来改造和发展本地的经济，建立民族工业，发展民族资本的。20世纪的上半叶，苏、沪、杭、宁一带的丝绸工业、轻工业和商业资本都发展得相当可观。那一带不但经济有了很大的发展，方言也跟着发生很大的变异。粤语区开放最早，不论是发展本地经济或创办域外企业，都做得十分成功，这种经济上的发展，已经推动了政治上、思想上的改革。百余年来，对腐败的政权和陈旧的传统观念的叛逆和反抗，多是从广东发起的。与此相应的，粤语的变异也很少受到共同语的约束，甚至有刻意求异的倾向，连书写形式也自成一体，造了大量的方言俗字来记录粤语。相形之下，闽语区虽也开放，走向海洋，到外面发展现代化经济，但是并未用来改造本土的社会。华侨寄回来的钱，只是供家人消费，办点公益，因而侨乡的发展，从经济到政治并没有多少新内容。原来的方言和文化还是保留着稳固少变的风格。就方言的变异说，吴语变异多是变得更近普通话，如声调减少了，浊音淡化了，词汇语法大量吸收普通话成分。粤语的变异多是变得离普通话更远，虽然用粤音读普通话的书面语本地人也能听懂。而闽语则稳固少变，依然保留古代语言的更多成分，和普通话差异大。这都是闽语区和吴、粤语区的方言和文化的不同点。

第三节 歧异与趋同

如果说，在古代社会里，语言和文化演变的主要趋势是分化和歧异的话，到了近现代社会就转变为统一和趋同了。近代社会以来，商品经济发展了，城市兴起了，交通发达了，不同地区之间的人们交往也多了，民族共同语和民族文学因而得到长足的进步。民族共同语的发展势必对方言产生愈来愈大的影响。大量反映现代生活的用语应运而生，不但进入共同语，也进入方言。同样的道理，民族文化的现代化使各地域文化的因素更多地融入全民族的文化，也使民族文化对地域文化产生更大的制约作用。可见，研究方言和地域文化的发展，到了近现代社会，主要就应该着重于研究方言和地域文化怎样从歧异走向趋同，寻求其中的规律，探测并预见其演变的前景。

一、福建方言从歧异趋向一致

方言是在古代社会形成的。战争、割据造成的分裂和迁徙是产生方言的动因，分散、落后的小农经济则是方言成长的土壤。应该说，方言是落后时代的产物。然而落后时代产生的东西未必都是没价值的。古希腊的神话产生在奴隶时代，却是艺术的珍品，至今还闪烁着人类童年时期的智慧之光。在方言活跃的年代，方言在社会生活的应用中发挥了巨大的作用，这时的方言，并无所谓先进或落后。各种汉语方言长期形成的文艺形式——地方戏曲至今还为人们提供着丰富多彩的艺术享受。然而，随着民族经济、民族市场的发展，以及民族文化、民族语言的普及，歧异的方言逐渐变得不能适应社会的需要，成为“过时”的东西。

福建境内的方言，同许多省份相比，显得特别纷繁复杂。如上文所述全国七大方言，福建占着五种。各大小区方言之间差异很大，互相听不懂的大约有数十种。为了说明这种歧异的程度，试举两个字在 12 个方言点的读音看看（只取口语音）：

六	福州 løyʔ꜇	福安 loeʔ꜇	尤溪꜀luo	厦门 lak꜇
	永安꜃ly	建阳 so꜇	邵武 su꜆	建宁 liuk꜇
	清流 niɤ꜆	长汀꜁tɐɯ	南平 liuʔ꜇	连城 tɐə꜅
十	福州 seiʔ꜇	宁德 sep꜇	尤溪꜀sa	建瓯꜀si
	松溪 tsi꜅	浦城 ɕieʔ꜆	邵武 ɕin꜆	沙埕 tsat꜇
	厦门 tsap꜇	长汀 ʃʅ꜅	连城 ʃɯ꜄	永安꜃ʃʅ

在12个点的读音中，“六”有4种声母l、n、s、t，清、浊、塞、擦、边、鼻音兼而有之，12种韵母（没有哪两种是相同的），四呼齐全，有3种韵尾，6种声调，平上去入齐全。“十”有4种声母s、ɕ、ts、ʃ，10种韵母，5种韵尾，阴阳入三种韵齐全，也是6种声调，四声俱全。

就各区方言的构成说，它们各自的历史层次都较为复杂。就其社会文化背景看，又有各种不同的条件，造成了不同的方言文化类型。像福建这样明显的方言差异在全国确实是少有的。

然而，福建的方言也在逐渐趋同。

从各方言的走向看，由于文化类型的不同，方言的趋同有三种明显不同的形式。第一种是取代式。即普通话迅速普及并不断扩大其在社会生活中的使用范围，以致最后由普通话取代方言。闽北、闽中方言及尤溪、大田土语群大多呈现这种走向。第二种是渗透式。即普通话普及之后，不断对方言施加影响，使方言放弃独特的成分，向普通话靠拢。最后，说普通话或说方言也相差无几了。西部客方言和赣方言同普通话的差异本来就较少，其趋同走向就是渗透式的。第三种是沿海诸方言的方式——双轨式。即方言与普通话长期共存，并行并用，对外来的人、外地人说普通话，本地人之间说方言。前者避免了与外人沟通的困难，后者则保证了本地人之间交际的自然、亲切和达意。应该说，不论是取代式、渗透式还是双轨式，普通话都普及了，方言也都从歧异趋向一致。这又是一种异中有同。

拿邻省的方言区做比较，江西的赣语、客家话大多是渗透式的趋同。浙江的吴语，北片是取代式加渗透式，南片是双轨式。而在广东省的非粤语区，别有一种三轨制，即使用本方言，兼通普通话，同时也普及粤方言。广州话实际上已成了广东省内三个方言区之间的区域共通语。这种区域共通语的出现也是一种趋同。但不是趋同于民族共同语，而是趋同于强势方言。福建没有广东的三轨制，因为在福建境内没有一种方言具有全省性的绝对权威的地位。这是福建和广东的相异之处。

二、福建文化也在从歧异趋向一致

从一般原理说，方言从歧异趋向一致较之文化是滞后的。语言是全社会不可须臾离开的沟通工具，不容快速地更新换代，而文化上的变化，特别是物质文化的变化，一旦成为时髦的风尚，就普及得极快。20 世纪 80 年代打开国门之后，各方面的新潮此起彼伏，一浪高过一浪。喇叭裤尚未普及，牛仔裤就风行起来了。电视的普及大体上用了 10 年，彩色照片的普及大约是 5 年，卡拉 OK 恐怕只用了 3 年时间就遍布于全国的城镇。

文化的趋同很早就从城市开始了。城市出现之后，来自不同文化区域的人们杂处在密集的街巷里，人们从单调的劳动工场走出来，回到鸽子笼般的寓所，跨出门又是熙熙攘攘的马路和商场。乡间那种温情脉脉的人际关系，时而紧张、时而舒缓的多彩的生活和多样化的节奏，变为枯燥无味的简单重复。河边嬉水捉虾，星空下、谷堆旁听妈妈讲故事，迎神赛会时凑个热闹、抬抬菩萨、敲敲锣鼓的机会都没有了。城市的文化模式一开始就是趋同的模式。改革开放之后，商品大潮从城市向农村涌进，公路、铁路两侧和码头附近，到处是工场、市场，新兴的集镇如雨后春笋。农村劳动力大批量地往城里涌。为了赢得时间，在竞争中获胜，多少人整天匆匆出入在机舱、的士和宾馆里。地球变小了，个人活动空间似乎大了，其实是小了。生活内容似乎是丰富了，其实是单调了。你看，那些商场上的“大款”连家人的团聚长叙都难以安排，哪有可能坐在剧院里听那些咿咿呀呀的一唱三个小时的地方戏！

三、福建方言和福建文化的前景

地域方言和地域文化不同的趋同方式，显然会有不同的前景。在福建西部山区，取代式和渗透式的趋同，是很有典型意义，这完全是一种自觉的社会运作。人们的文化水平提高了，眼界开阔了，思想也复杂了，于是感到方言的表达有一定局限，普通话不但可以通行无阻地广泛交际，而且有更加精密而丰富多样的表达手段，因此不但自己喜欢说普通话，也希望下一代能学一口标准的普通话。尤其是小方言区的方言，本来通行面就不广，也缺少方言艺术形式的加工，表达手段有限，只要大多数人觉得不利于表达而不用，逐渐就会后继乏人，退居到家庭生活的小角落里。

然而，每个人习惯和偏好不同。方言和地域文化可能在一些人当中被淡忘，但是在另外一些人当中还会留下长久的记忆。在农村生长的人都记得，在牙牙学语的童稚时代，一个个的方言词是和一幕幕生动活泼、丰富多彩的生活情景同时印入自己幼稚而好奇的心灵的。朗朗上口的儿歌，教给了他们许多知识和道理，触发了他们的许多美丽的憧憬和奇妙的想象。

至于双轨、多轨的趋同，方言和地域文化就更是会和民族共同语、和民族文化长期共存了。在社会生活中，方言是民族共同语的补充手段，地域文化则是民族文化兼备的内容。就像穿衣服，有古色古香的对襟衫、旗袍，也有笔挺的西装，随意的夹克，灵活的坎肩儿，让生活多一点色彩，这又有什么不好呢？

此外，也有不少学者致力于编写方言志、搜集民间谚语、歌谣和故事，地方对于整理、研究民间音乐、地方戏曲、曲艺，开展丰富多彩的群众性地方文化活动也予以了大力支持，这是值得肯定的。地方文化中那些给人带来美的享受、善的教育的东西，一定会世世代代地传下去的。

第四节　在福建方言土壤中生长的福建语言学

由于福建境内的方言复杂，并且在语音、词汇、语法上都有许多和上古汉语、中古汉语相关之处，这就很容易触发文人学士们对研究古代语言及自己方言的兴趣。记得笔者刚接触古诗文的时候，用闽南音诵读苏东坡的《念奴娇·赤壁怀古》时："……卷起千堆雪……一时多少豪杰……雄姿英发……樯橹灰飞烟灭……早生华发……一尊还酹江月。"凡是落韵处都十分顺口，其韵味比普通话朗读好多了。又读唐诗“妆罢低声问夫婿，画眉深浅入时无？”“若抛风景常闲坐，身向东京作底来”时，也觉得其用词造句和自己的母语十分相近。我的语言学兴趣也是从这里开始的。宋元以来，福建人研究语言学形成了优秀的传统，其成就成了福建学术史上的闪光点，应该说，这也是福建文化的特点之一，因此有必要做一简要介绍。

一、音韵学的传统

1. 吴棫和他的《韵补》。

福建人研究音韵学第一个有大成就的是宋代的吴棫。吴棫，字才老，北宋宣和年间进士，任过太常寺丞、泉州通判。他的关于音韵学的著作除了《韵补》，还有《诗补音》、《楚辞释音》等，但现在留下来的只有《韵补》五卷。

《韵补》是一部研究上古音的著作，也是中国音韵学中研究先秦古音的第一部著作。该书以《广韵》韵序列韵收字，每个小韵统计所收字数，用当时的音注有切语，所切的便是他所理解的上古音。书中还注明古音（上古音）某韵与某韵“古通”、“古转声通”，并逐字注明字义，援引书证以证其古音。根据他的“通转”整理出来的上古音，共有平声、上声各 9 部，去声 11 部，入声 6 部。

吴棫为上古音分韵显然太宽，通转太泛，而且援引的书证一直扩大到和他同时代的人如苏轼、欧阳修的诗文，以后代语证古代音，这是他最明显的错误。但是他所用的方法，如运用古书异文、声训、韵文以推求古音，都是首创的。正如清代古音学大师顾炎武在《韵补正》序言里说的，“考古之功，实始于宋吴才老”。吴棫在古音学上筚路蓝缕之功是不可抹杀的。从吴棫所造反切，大概也可探知当时闽北方言的一些语音特点。

2. 郑樵的《七音略》。

郑樵，字渔仲，南宋莆田人。仕宦出身，不肯应举为官，居夹漈山治学 30 年，撰《通志》200 卷，其中《二十略》为全书精华，关于音韵学的是《七音略》。

《七音略·序》说："臣初得《七音韵鉴》，一唱而三叹，胡僧有此妙义，而儒者未之闻。"《七音略》正是依照胡僧所编《七音韵镜》修订而成的，和传世的《韵镜》体例十分相近，《七音略》和《韵镜》是宋代兴起的等韵学的两本开山之作。

等韵学是以列造音节表为主要形式对汉语字音进行分析的学科，是音韵学的分支。等韵学始于宋元韵图，而最早的韵图则是《韵镜》和《七音略》。

《七音略》将《广韵》的 206 个韵分列在 43 张图之中，各图又有三十六声母和四声的组合，每个声韵调组合（小韵）各列一个例字，其对广韵的语音结构体系的反映是一览无余了。汉语音韵学有了等韵学之后才有了理论性，因为它揭示了中古汉语的语音结构规律。

3. 黄公绍、熊忠的《古今韵会举要》。

黄公绍，邵武人，南宋咸淳间进士，入元不仕，于元至元二十九年（1292 年）撰成《古今韵会》。该书以《说文》为本，参考诸家韵书、字书，是音韵训诂的集大成之作。因为篇幅浩瀚，"四方学士不便遍览"，其同乡门客熊忠于元成宗大德元年（1297 年）删繁举要，改编成《古今韵会举要》30 卷，此书编出后，《古今韵会》不再传世。

熊忠改编的《古今韵会举要》按照官方颁布的韵书《壬子新刊礼部韵略》分韵 107 韵。作者认为这种守旧的韵书反映的是"吴音"，和当时的"雅音"（应是指中原及江南的官话）并不相合。于是在书中另外注明"某字母韵"。根据他所列的"字母韵"，可以归纳出平声韵 60 类，入声韵 29 类。入声韵中《广韵》的 p、t、k 三种韵尾已经合并为一种塞音韵尾。声母方面，《广韵》的知、庄、章三组声母已经合流。事实上黄公绍是主张反映当时的实际语音系统的，这在编纂韵书上是一种难得的革新精神。[①] 应该说，它对于其后不久编出的《中原音韵》有明显的影响。这部韵书对于研究元代官音有很大的价值，其所搜集的字义训释资料以及对古今字、异体字、通假字的说解也很有见地。

---

① 李新魁、麦耘：《韵学古籍述要》，陕西人民出版社，1993 年版，第 130 页。

4. 陈第的《毛诗古音考》。

陈第，字季立，连江人，明万历间秀才，曾从俞大猷学兵法，当过戚继光幕僚，善诗。晚年寄情于山水和学术研究。他关于音韵学有《毛诗古音考》、《屈宋古音义》等著作。

宋以前，人们对上古韵文读起来不能押韵的现象，总以为是字的临时变读，即所谓"叶音"。第一个反对此说，指出这其实是由于古今语音发生了变化的就是陈第。他研究《诗经》的叶韵，认定了那就是《诗经》本来的韵脚。他指出，在同时同地，字的读音是统一的，而"时有古今，地有南北，字有更革，音有转移，亦势所必至"[①]。他的这一发现为后来的古音学提供了坚实的理论基础，因此历来为音韵学者所称道。陈第所提出的语言是历史演变的这一观点，在世界语言学之中，也可说是难得的先知。

《毛诗古音考》四卷，收《诗经》韵字读音中与今音相异者498字，每字之下先拟其古读，标注"直音"，间或用反切，而后列出《诗经》内部的"本证"和从先秦各种韵文所采的"旁证"。《屈宋古音义》和《读诗拙言》也用新的材料与《毛诗古音考》所考相互论证。

清代的古音学家都尊陈第为开古音研究之先河者，章太炎在《太炎文录·说林下》中说："周秦古音之例，造端于陈第。"

以上几位闽人不只是一般的音韵学家，而且都是某一方面的开拓者和奠基者，他们之所以能做出如此可贵的贡献，和他们谙熟闽音及上古诗文是紧密相关的，毕竟正如前文所述，闽音与古音（尤其是难得的上古音）确实有着密切关系。

二、方言学的传统

明清以来，鉴于南方方言读音与官音殊异，各种以北音编成的韵书，南人翻检查阅甚难，士子十载寒窗，死记各字所属韵部，也未必能做到正确无误，初学者要查识生字，更是无从下手。于是民间下层文人就有为方言编写

① 陈第：《毛诗古音考》，中华书局，1988年版。

韵书之举，最早为方言编韵书，编得最多、最齐全的正是闽方言区。以下择要介绍。①

1. 福州话的《戚林八音》。

最早是明末蔡士泮所编《戚参军八音字义便览》，清初又有《太史林碧山先生珠玉同声》，署名“闽中藤山陈他也人氏汇辑”，“梅谷林涛与群氏校阅”。乾隆十四年（1749 年）又有署名晋安作序本，将以上两书合订，从此合称为《戚林八音》。书上署名的蔡士泮、陈他的原籍与身世、学术背景均不可考，戚参军、林碧山也只是拿名人来挂名。这部明末清初所编的韵书，反映的是 400 年前的福州音，其作者应该是科举未第的下层文人。

《戚林八音》是闽方言的第一本韵书，也是为官话以外的方言所编的第一部韵书，可谓开风气之先。

该书为福州话所定音系有 15 个声母（柳、边、求、气、低、波、他、争、日、时、莺、蒙、语、出、喜），36 个韵母（春花香，秋山开，嘉宾欢歌须金杯，孤灯光辉烧银缸，之东郊，过西桥，鸡声催初天，奇梅歪遮沟）以及 8 个声调（称为“八音”，平上去入各分上下两调，实际阳上、阳去相同，只有 7 个调）。列字时先分韵后分声再分调，每一个声韵调组合都列出许多同音字，字下有简单义注。林本的语音系统与戚本并无多少不同，只是多列了两个口语音的韵（各只管一两个字），实际上是戚本的简编本（收字较戚本少）。其作者的音韵学修养远不如戚本编者。

《戚林八音》的编纂应用了等韵学的原理，对福州话做了精到的分析，多数字收了文读音，也收了白读音。收字是参考《康熙字典》的，所以字数甚多，也收了一些本地通行的俗字。义注比较精练。总的来说，是编得相当好的一本方言韵书。正因为如此，此书版本繁多，数百年间在福州“十邑”广为流传，民间拿它因音查字，艺人拿它作为地方戏文曲艺合辙押韵的依据。

---

① 参阅李如龙：《闽方言的韵书》，地方文献史料研究丛刊，福建省地图出版社，1991 年。

1870年在福州出版的、由西方教会所编闽中第一部方言词典——《福州方言词典》和1906年钟德明所编《加订美全八音》，都是参照《戚林八音》编成的。

2. 建瓯话的《建州八音》。

该书全称是《建州八音字义便览》，是流寓建瓯的福清人林端材仿照《戚林八音》的体例，根据建瓯音编成的。初版刊于乾隆六十年（1795年）。该音系的声母15个，韵母36个，声调8个（二、六同音，实只七调），韵目名称是：时年秾，梅儿黄，犁田园，种茄麻，吴舍正剫鱼，脐油茅厝园，桐发放茶，莪阳蟠蛇，人贩柴，南桥过。除了声调的顺序与平上去入分阴阳不合（系仿《戚林八音》所列福州字调的调值套出来的顺序）之外，其他方面都无可指摘，应是反映了200多年前建瓯话的实际语音的。这一点可以拿1901年在福州出版的《建宁方言词典》作为证明。教会所编的这本建瓯话字典正是以《建州八音》作底本的，它用罗马字所注各音类和今日的建瓯音并无多少出入。[①]

3. 泉州话的《汇音妙悟》。

《汇音妙悟》的编者是南安人黄谦，字思逊。现在见到的最早版本是薰园藏版木刻本，全称为《新镌汇音妙悟全集》，书前有嘉庆五年（1800年）其叔黄瞻二（兴安府学官）所写的序。此书也是仿照《戚林八音》编成的，声母也是15音，声调8个，实际阴去、阳去二调已乱；韵母称“五十字母”，包括：春朝飞花香欢高卿杯商东郊开居珠嘉宾莪嗟恩西轩三秋箴江关丹金钩川乖兼管生基猫刀科梅京鸡毛青烧风箱三熋嘐。其中有16个代表字和《戚林八音》相同。

《汇音妙悟》最重要的优点是注重区分文白读，能够反映泉州话的这一重要特点。它把字的白读音称为“解”、“土解”或“俗解”，有些白读韵也能在韵首眉注：“此韵俱从俗解”。此外，也收了一些受官话影响而立的韵。这都是难能可贵的。

① 参阅李如龙：《〈建州八音〉校印后记》，《福建文博》，1984年第2期。

《汇音妙悟》的流传也甚广，对此后的各种闽南话（包括潮州话）韵书都有影响。

4. 漳州话的《雅俗通十五音》。

现在所能见到的漳州话韵书至少有 6 种，通常都被简称为“十五音”。最早的是嘉庆二十三年（1818 年）出版的木刻本，后来有 1928 年上海大一统书局出版的石印本。前者是详本，有 50 韵，后者是简本，只收 30 韵（单收文读音）。其 50 个韵母如下：君娇规瓜恭官沽经桧姜公交皆艍胶巾扛迦稽坚甘丩江嘉干金观乖兼闩居㗰高姆惊钢栀茄光牛监闲㚘姑箴伽糜裈薑更。这些例字尽量选取 k 声母字，明显是仿照《古今韵会举要》的“字母韵”而立的。

《十五音》因为出版较迟，后来多用袖珍本（64 开本）并套色印刷，文读印黑字，白读印红字。在漳属各县也是流传很广的民间识字本子。

5. 厦门话的《八音定诀》。

《八音定诀》现在见到的有宣统元年（1909 年）厦门信文斋的铅印本和民国十三年（1924 年）厦门会文书局的石印本。书前有光绪二十年（1894 年）觉梦氏所撰的序。该书是参考《汇音妙悟》和《雅俗通十五音》，按照当时厦门话的语音编成的。其音类是声母 15 个、声调 8 个、韵母 42 个。韵母例字选用《汇音妙悟》和《十五音》各 20 字。该书收了许多异读字，即兼有泉腔和漳腔，甚至有同安音、海沧音、长泰音等，这反映了厦门开埠初期各地闽南人来厦门定居杂处、口音混杂的情况，对于了解厦门话是怎么形成的，很有价值。其 42 个韵类代表字是：春朝丹花开香辉佳宾遮川西江边秋深诗书多湛杯孤灯须添风敲歪不梅乐毛京山烧庄三千枪青飞超。[①]

闽方言韵书编得早，编得多，这是有历史原因的。音韵学的传统独好，文人留意自己的方言，便是两个基本条件。长期以来这些韵书在民间是“因音识字”的工具书，使人们“无事载酒问字之劳”（《汇音妙悟》序），因此，深受劳动大众欢迎，在社会生活中发挥过很大的作用。20 世纪七八十年代，笔者在漳州和建瓯调查方言时，就曾有当地农民非常兴奋地拿出他所珍藏的

① 参阅李如龙：《〈八音定诀〉的初步研究》，《福建师范大学学报》，1984 年第 4 期。

本子给我看，甚至赠送给我。就现在说，这些韵书也还有重要的价值，一是为我们如实地保留了一二百年甚至三四百年前的各地闽方言的语音系统全貌，二是提供了许多闽方言的单音词以及民间通行的俗字。拿这些韵书和当代闽方言做比较，便可清楚地看到数百年间的变化，从中总结闽方言演变的历史规律。

6. 帮助闽方言区的人学习官话的著作。

尤其可贵的是清代中叶之后，闽中还出现了一批拿闽方言和民族共同语做比较的著作，有做字音对比的，也有做词汇对比的。这些读物在当时都是为了帮助闽方言区的人学习官话的，说明了闽语区的人早有推广普通话的传统。对于后代来说，这为我们保存了当年的闽方言以及在福建地区通行的官话的面貌，也有重要的史料价值。

这类著作中较为重要的有：

闽清人黄绍武所编《闽音正读表》，该书"依戚氏八音例，先录闽音同读之字，用字母切字法，以正音异读注之"，也就是将福州话同音字表的每个音类加注"正音"，以便教人学习官音。[①]

漳州人蔡伯龙所著《官音汇解》，又名《官话汇解便览》，后收入蒋致远主编的"中国民俗丛书"《中国方言谣谚全集》（宗青图书公司印行）。该书头两节"口头套语"和"笑谈便语"是开列官话常用词语，遇有与方言差别较大的字在两旁用小字注"直音"。以下各节则是先列方言词语，然后在"正"字之后注明官话的说法，方言词按义类罗列，如：身体举动、器具服饰、宫室物料、饮食调和、衣服制作、天地山水、士农工商、禽兽鱼虫、花草果木……全书分上下两卷，共26节。比较了闽南话和普通话有词汇差异的词汇四五千条。例如：

头壳髓	正脑浆	袂食得	正吃不得
好目色	正有眼力	困	正睡着
屎礐	正茅坑、粪池	透冥	正连夜

① 黄绍武：《闽音正读表》，上海宏文阁（石印本），1919年。

如果没有词汇差异，列在各类末尾，称为“通音”，用方音加注。例如：

立裂说春　　小寒罕　　霜双正　　降姜去

“裂说”意思是用“裂”字的方言说话音，“双正”意为“双”字的正音，“姜去”是“姜”的去声。

后来，又有漳浦人张锡捷“不揣鄙陋，谬将蔡讳伯龙氏先生《官音》增补集注，附以百千意义”编成《官音便览》，现在见到的版本是同治甲子（1864年）春重刊本。[①] 该书仿照《官音汇编》分为若干义类，但列条时用官话领头，加注方言词或用汉字注音。

赵　招去声，音照、兆　　　地　底去声，音帝

假如　贾儒　　　周　之由切，音州

（以上是注音）

天亮　天光　　　带鱼　白鱼

逞威风　展猛　　　十来个　十外个

（以上是注方言词）

三、文字改革研究的传统

西学东渐以后，中国知识分子中的先知先觉者在中西文化的比较中看到了西方的长处和自己的短处，痛感只有学人之长补己之短，改革汉字和启蒙教育才能振兴中华。在晚清的维新运动中，研究语言文字的学者们发起了“切音字运动”，主张把汉字改成“切音新字”。这个运动的首倡者和头批响应者中，就有三位福建人。

卢戆章，字雪樵，同安人。早年到新加坡谋生，后回厦门教英语兼教西人学汉语。从28岁开始，他定居鼓浪屿，拟制了一套用拉丁字母及其变体拼写厦门话的新文字方案，取名“中国第一快切音新字”。于1892年自费出版了作为教学这套方案的课本《一目了然初阶》。

1906年，他又拟制了另一套采用汉字笔画符号代替声韵母的拼音文字方

① 许长安、李熙泰：《厦门话文》，鹭江出版社，1993年版，第118页。

案，编写出版拼写官话的《中国字母北京切音教科书》和拼写福州、泉州、漳州、厦门、广东音的《中国字母北京切音合订》。

《一目了然初阶》的序言说："国之富强，基于格致，格致之兴，基于男妇老幼皆好学识理。其所以能好学识理者，基于切音为字，则字母与切法习完，凡字无师能自读；基于字话一律，则读于口遂即达于心；又基于字画简易，则易于习认，亦即易于捉笔，省费十余载之光阴。将此光阴专攻于算学、格致、化学以及种种之实学，何患国不富强也哉！"[①] 他的研究动机是十分明确、十分感人的。

卢戆章的拼音方案一方面吸收了传统的地方韵书对方言语音的科学分析的成果，音类悉依韵书，采取声韵双拼制，声调只标调号；另一方面又吸收了西方文字的字形简单、连写方便的特点，一声一韵均是一个字符，字形也简短。从方案本身说具有科学性的。只是排列时声母在后韵母在前，和书写方向不一，显然不妥。他不但拟订方案，而且自费出版教材在厦门办班，进行教学和推广。为了倡导中国的文字拼音化，他奔走呼号，不遗余力。于1898年、1905年两度赴京呈交他的方案，在所呈交的《北京切音教科书》上印有一联对语："卅年用尽心机，特为同胞开慧眼；一旦创成字母，愿教吾国进文明"，表达了他平生的夙愿。他的精神和方案对清末的切音字影响很大。1913年民国政府支持的"读音统一会"议订注音字母时，他是福建省代表。后来他又用自己的方案于1915年出版《中国新字》，1916年出版《中华新字》，1920年他应陈炯明之聘到漳州教注音字母，并用注音字母设计了拼写闽南音的方案。可以说，他为中国文字改革呕心沥血奋斗了一生。

蔡锡勇，字毅若，龙溪人，幼时在同文馆学习外语，后出使日本、秘鲁、美国任参赞。在美国期间接触到西方速记，他参照西文拼音方法，运用速记符号设计了一套拼写汉字的方案，目的在于"自上而下，由男及女，无事不有学，无人不有学"。为了研究这套方案，他用了十几年时间，于光绪二十二年（1896年）出版了《传音快字》，为官话语音设计速记式拼音方案。方案共有声母字 24

① 卢戆章：《一目了然初阶》，文字改革出版社，1956年版，第3页。

个，韵母字31个，一声一韵两笔相连切成一字，标调则用小圈标在字两边，左近处为平，远处为上，右近处为去，远处为入，上下平则用连笔分笔加以区别，此外，他还主张多音词连写。

蔡锡勇把他的拼音方案教给了全家人，家庭通信都用它，以此作为一种试验。后来他儿子蔡璋据此编成《中国速记学》一书，十多年间培养过2000多个速记好手。从清末到民国初年他的学生们均用这套方案为宫廷和中央机构作速记。可以说它是中国速记学的始祖。[①]

力捷三，字子薇，永泰人。光绪甲午（1894年）举人，善书法。他的方案是参照蔡锡勇的“八方孤矢”做声，“绳尺圈点横斜曲直”做韵，“一声一韵，两笔相配，切成一音”。他的《闽腔快字》于1896年在武昌出版，书中用速记笔划符号来拼写福州话，福州话的语音系统是依照《戚林八音》所订的15个声母、33个韵母和8个声调。[②] 六年后他又出版了《无师自通切音官话字书》二卷，把他的拼音方案推及官话。

中国近代的文字改革运动是从切音字运动发端的，切音字运动则是福建的三位学者发起的。这个运动在配合当时的政治改革、启发民智、制造改革舆论方面以及对后来的制定注音字母、推行国语运动乃至制定和推行汉语拼音方案，都有重要的影响。

沿着切音字运动的轨道前进，到20世纪20年代又有罗马字运动。罗马字运动中的两位首领人物也是闽南人——周辨明和林语堂。

周辨明，生于厦门，是卢戆章大女婿周宗侨的孪生兄弟。1921年，陈嘉庚创办厦门大学时，周辨明应聘为总务主任兼数学教师。林语堂，龙溪人，早年先后到美国和德国研究语言学，1923年在北京女师大任教，因支持学生运动被北洋政府通缉，1926年回厦门大学任文科主任。

五四运动后，《新青年》等杂志讨论文字改革问题，周辨明于1922年发表

---

① 参阅倪海曙：《切音字》，《中国大百科全书·语言文字卷》，中国大百科全书出版社，1988年版。

② 力捷三：《闽腔快字》，文字改革出版社，1956年版。

了《中华国语音母和注声的刍议》，主张用国际音标为汉语拼注“音母”（声韵母），用Ⅰ、Ⅱ、Ⅲ、Ⅹ来标记平上去入四声。林语堂也于1923年发表了《国语罗马字拼音与科学方法》。1923年《国语月刊》出版汉字改革专号，发表钱玄同、蔡元培、黎锦熙、赵元任等人文章，倡导用罗马字拼写汉语。不久，周辨明在厦门创办厦语社，其宗旨是“根据语音学制定厦语音字并推行之”，“用厦语音字在厦语区域作文化运动，以谋教育普及，民智增进”。他所创制的“厦语罗马字”是中国学者最早研制的罗马字拼音方案之一。他所主持的厦语社还办有《指南针》拼音刊物，印行《厦语入门》罗马字课本以及《厦语短篇小说》、《卫生讲话》等拼音读物。1948年之后，在厦语社的基础上，由周辨明的学生黄典诚和潘懋元等人发起成立了厦门新文字协会，继续研究和推广厦门话的拼音字。林语堂则于1924年在北京大学与董作宾、顾颉刚、汪怡、沈兼士、容庚等人发起成立方言研究会，作为该会主席，他提出了“方言调查会方音字母草案”。周辨明和林语堂都是民国初年教育部国语统一筹备会所成立的国语罗马字拼音研究委员会的成员，也是后来刘复发起的数人会的成员，该会所议定的“国语罗马字拼音法式”，于1928年由政府大学院正式公布作为“国音字母第二式”。[①]

历史上的切音字运动、罗马字运动都曾经推动过现代中国的革命思潮，推动过汉语汉字的研究，推动过汉字拼音运动、文字改革事业。沿着这条道路，后来所制定的汉语拼音方案已经被联合国确认为拼写汉语汉字的国际通行的标准形式。前人在这条路上所做的筚路蓝缕之功，是不可抹杀的，他们当年那种忧国忧民，为大众着想，为了发扬民族文化力倡改革的精神，更是值得我们珍视并加以继承和发扬。

① 许长安、李熙泰：《厦门话文》，第六章。

参考文献

李如龙有关本书内容的论著：

专　著：

《福建风物志·福建方言》，福建人民出版社，1985年版。

《闽语研究》（与陈章太合著），语文出版社，1991年版。

《客赣方言调查报告》（与张双庆等合著），厦门大学出版社，1992年版。

《地名与语言学论集》，福建省地图出版社，1993年版。

《福建文化概览》（副主编），福建教育出版社，1994年版。

《福州方言词典》（与梁玉璋等合著），福建人民出版社，1994年版。

《福建双方言研究》（与庄初升、严修鸿合著），汉学出版社（香港），1995年版。

《方言与音韵论集》，香港中文大学中国文化研究所，1996年版。

《福建方言》，福建人民出版社，1997年版。

《汉语地名学论稿》，上海教育出版社，1998年版。

《福建省志·方言志》，方言出版社，1998年版。

《客家方言研究》（与邓晓华合作），暨南大学出版社，1998年版。

《方言学应用研究文集》，湖南师范大学出版社，1998年版。

《建瓯方言词典》（与潘渭水合作），江苏教育出版社，1998年版。

《东南亚华人语言研究》（主编），北京语言文化大学出版社，2000年版。

《汉语方言学》，高等教育出版社，2001年版。

《戚林八音校注》（与王升魁合作），福建人民出版社，2001年版。

《汉语方言的比较研究》，商务印书馆，2001年版。

《福州方言志》（与梁玉璋合作），海风出版社，2001年版。

《福建县市方言志 12 种》，福建教育出版社，2001 年版。

《汉语方言特征词研究》，厦门大学出版社，2002 年版。

《汉语应用研究》，中国传媒大学出版社，2004 年版。

《闽南方言语法研究》，福建人民出版社，2007 年版。

《闽南方言》，福建人民出版社，2008 年版。

《闽南文化百科全书》（主编之一），福建人民出版社，2009 年版。

《汉语方言研究文集》，商务印书馆，2009 年版。

《全球华语词典》（编委之一），商务印书馆，2009 年版。

《汉语词汇学论集》，厦门大学出版社，2011 年版。

《尤溪县方言志》（与张其兴、邓享璋、林天送合著），海峡书局，2015 年版。

《汉语方言调查》，商务印书馆，2017 年版。

《汉语特征研究》，厦门大学出版社，2018 年版。

《莆仙方言调查报告》（主编），厦门大学出版社，2019 年版。

论　文：

《厦门话的变调和轻声》（加工整理），《厦门大学学报（哲学社会科学版）》，1962 年第 2 期。

《厦门话的文白异读》（加工整理），《厦门大学学报（哲学社会科学版）》，1963 年第 2 期。

《福建汉语方言分区略说》（与潘茂鼎等合作），《中国语文》，1963 年第 6 期。

《长汀话两音节、三音节的连读变调》，《厦门大学学报（哲学社会科学版）》，1965 年第 2 期。

《福州话语音演变概说》（与梁玉璋等合作），《中国语文》，1979 年第 2 期。

《福州话声母类化音变的再探讨》（与陈天泉等合作），《中国语文》，1981 年第 3 期。

《闽台地名纵横谈》，《地名知识》，1982 年第 4 期。

《论汉语方言的词汇差异》，《语文研究》，1982 年第 2 期。

《碗窑闽南方言岛二百多年间的变化》（与陈章太、游文良合作），《中国语文》，1982 年第 5 期。

《福州方言本字考》，《福建语言论文集》，福建省语言学会编，1982 年第 11 期。

《论闽方言的一致性》（与陈章太合作），《中国语言学报》，1983 年第 1 期。

《闽西北方言来母字读 s-的研究》，《中国语文》，1983 年第 4 期。

《闽方言和台语的关系词初探》，《第 16 届国际汉藏语言学会议论文》，1983 年第 6 期。

《闽方言和苗、壮、傣、藏诸语言的动词特式重叠》，《民族语文》，1984 年第 1 期。

《〈建州八音〉校印后记》，《福建文博》，1984 年第 2 期。

《自闽方言证四等韵无-i-说》，《音韵学研究》，1984 年第 3 期。

《〈八音定诀〉的初步研究》，《福建师范大学学报（哲学社会科学版）》，1984 年第 4 期。

《略论语言人类学的一些课题》，《人类学研究》试刊号，1985 年。

《澳腰莆田方言岛记略》，《福建师范大学学报（哲学社会科学版）》，1985 年第 2 期。

《中古全浊声母闽方言今读的分析》，《语言研究》，1985 年第 1 期。

《论闽方言内部的主要差异》（与陈章太合作），《中国语言学报》，1985 年第 2 期。

《福建方言——奇妙的博物馆》，《福建文博》，1986 年第 1 期。

《闽南话的“有”和“无”》，《福建师范大学学报（哲学社会科学版）》，1986 年第 2 期。

《在方言复杂地区加速推广普通话》，《语文建设》，1986 年第 6 期。

《一种混合型方言——福建大田县后路话》，《全国汉语方言学会第 4 届年会论文》，1987 年 1 月。

《论普通话的普及和规范——就福建省推广普通话工作谈几点认识》，《语文建设》，1988 年第 2 期。

《考求方言词本字的音韵论证》，《语言研究》，1988年第1期。

《论方言与普通话之间的过渡语》，《福建师范大学学报（哲学社会科学版）》，1988年第2期。

《闽方言和普通话的主要语法差异》，《语海新探》，福建人民出版社，1988年版。

《闽南方言的“相”和“厮”》，《方言》，1989年第4期。

《闽台地名通名考》，《地名学研究文集》，辽宁人民出版社，1989年版。

《建瓯话的声调》，《中国语文》，1990年第2期。

《闽方言的韵书》，《地方文献史料研究丛刊》（第二辑），福建省地图出版社，1991年版。

《福建方言与福建文化的类型区》，《福州大学学报（哲学社会科学版）》，1992年第2期。

《语言的社会类型学研究》，《语文建设通讯》（香港），1992年第3期。

《陈第在音韵学上的贡献》（与游文良合作），《连江文史资料》，1992年4月。

《闽南方言和印尼语的相互借词》，《中国语文研究》（香港），1992年第10期。

《福建境内的两种双方言现象》（与万波合作），《双语双方言》，彩虹出版社（香港），1992年版。

《闽南话的“阳入对转”派生词》（与张双庆合作），《第二届闽方言学术讨论会论文集》，暨南大学出版社，1992年版。

《客家方言本字考》（与张双庆合作），《客家学研究》（第三辑），上海人民出版社，1993年版。

《闽台方言与闽台文化》，《同源同根，源远流长》，海峡文艺出版社，1993年版。

《从客家方言的比较看客家的历史》，《国际客家学研讨会论文集》，香港中文大学，1994年。

《潮州方言语音的演变》（与李竹青合作），《潮州学国际研讨会论文集》，暨南大学出版社，1994年版。

《方言与文化的宏观研究》，《暨南学报（人文科学与社会科学版）》，1994年第4期。

《闽南方言地区的语言生活》，《语文研究》，1995年第2期。

《提倡方言地区语言生活的调查研究》，《语文建设通讯》（香港），1995年第9期。

《从词汇看闽南话和客家话的关系》，《第一届台湾语言国际研讨会论文选集》，文鹤出版公司（台北），1995年版。

《客赣方言的入声韵和入声调》（与张双庆合作），《吴语与闽语的比较研究》（第1辑），上海教育出版社，1995年版。

《姑嫂塔与回头山——地名的文化蕴含漫议》，《语丛》（澳门），1995年第12期。

《论闽方言的文白异读》，《第三届闽方言国际研讨会论文集》（香港），1995年。

《论汉语方言的类型学研究》，《暨南学报（人文科学与社会科学版）》，1996年第2期。

《说“八”》，《中国语文》，1996年第3期。

《泉州方言的“体”》，《动词的体》，香港中文大学中国文化研究所，1996年版。

《闽粤琼闽语词汇比较研究》（与詹伯慧等人合作），《第四届国际闽方言研讨会论文集》，汕头大学出版社，1996年版。

《语言教学与方言调查研究》，《语言教学与研究》，1997年第2期。

《论音义相生》，《暨南学报（人文科学与社会科学版）》，1997年第3期。

《略论东南亚华人语言的研究》，《学术研究》，1997年第9期。

《泉州方言的动词谓语句》，《动词谓语句》，暨南大学出版社，1997年版。

《〈华夷通语〉研究》，《方言》，1998年第2期。

《客家方言与客家的历史文化》，《嘉应大学学报》，1998年第2期。

《闽西七县客家方言语音的异同》，《客家方言研究》，暨南大学出版社，

1998 年版。

《琉球方言中的闽方言借词——中琉文化交流的见证》，《方言学应用研究文集》，湖南师范大学出版社，1998 年版。

《论汉语方音异读》，《语言教学与研究》，1999 年第 1 期。

《闽南方言的代词》，《代词》，暨南大学出版社，1999 年版。

《闽粤方言的不同文化特征》，《暨南学报（人文科学与社会科学版）》，1999 年第 6 期。

《论汉语方言语音的演变》，《语言研究》，1999 年第 1 期。

《论汉语方音的区域特征》，《中国语言学报》（第 9 期），商务印书馆，1999 年版。

《南洋客家人的语言和文化》，《东南亚华人语言研究》，北京语言文化大学出版社，2000 年版。

《福州话声母类化的制约条件》，《厦门大学学报（哲学社会科学版）》，2000 年第 1 期。

《论汉语方言比较研究》，《语文研究》，2000 年第 2—3 期。

《二十世纪汉语方言学的经验值得总结》，《语言研究》，2001 年第 1 期。

《论汉语方言特征词》，《中国语言学报》（第 10 期），商务印书馆，2001 年版。

《闽南方言的结构助词》，《语言文字学》，2001 年第 9 期。

《论闽台两省方言和文化的共同特点》（与钱莫香合作），《语言文字应用》，2002 年第 2 期。

《论汉语方言的语流音变》，《厦门大学学报（哲学社会科学版）》，2002 年第 6 期。

《吴语闽语的“女、许、驶、母”及其他》，《吴语研究》，上海教育出版社，2003 年版。

《方言与地域文化》，《潮声——厦门大学人文讲演录》，黄山书社，2003 年版。

《闽南方言的否定词和否定式》，《中国语文研究》（香港），2003 年第 2 期。

《渡江书十五音·导言》，厦门大学出版社，2003年版。

《海南闽语声调的演变》（与符其武合作），《中国语文》，2003年第4期。

《从闽语的“汝”和“你”说开去》，《方言》，2004年第1期。

《华人地区语言生活和语文政策研究》，《厦门大学学报（哲学社会科学版）》，2004年第3期。

《东南方言与东南文化论纲》，《东南学术》，2004年增刊。

《关于方言与地域文化的研究》，《泉州师范学院学报》，2005年第1期。

《关于东南方言的“底层”研究》，《民族语文》，2005年第5期。

《客家的历史、文化和语言》，《华南客家族群追寻与文化印象》，黄山书社，2005年版。

《闽语的“团”及其语法化》，《南开语言学刊》，2005年第2期。

《永安方音的内部差异》（与邓享璋合作），《集美大学学报（哲学社会科学版）》，2006年第2期。

《厦门方言词汇一百多年来的变化》（与徐睿渊合作），《厦门大学学报（哲学社会科学版）》，2007年第1期。

《闽南话的几个虚字眼儿》，《汉语方言语法研究》，华中师范大学出版社，2007年版。

《汉语方言资源及其开发利用》，《郑州大学学报（哲学社会科学版）》，2008年第1期。

《汉语方言的接触与融合》，《汉藏语学报》（第2期），商务印书馆，2008年版。

《客家方言的“不对应词”》，《客语纵横》，香港中文大学，2008年版。

《福建民族民间传统文化·方言》，福建人民出版社，2008年版。

《香港福佬系的方言》（与张双庆合作），《中国语文研究》（香港），2009年第1期。

《关于客家方言研究的若干问题》，《客家方言研究》，福建人民出版社，2009年版。

《从方言和地域文化看海峡两岸的文缘》，《厦门大学学报（哲学社会科学版）》，2011 年第 2 期。

《从特征词看莆仙话和粤琼闽语的关系》，《田野春秋》，暨南大学出版社，2011 年版。

《闽语的“卜”和“挃”》，《泉州师范学院学报》，2012 年第 3 期。

《黄典诚先生对音韵学的重要贡献》，《古汉语研究》，2012 年第 4 期。

《论方言特征词的特征：以闽方言为例》，《方言》，2014 年第 2 期。

《论客家方言的类型特征》，《客家方言研究新论》，黄山书社，2014 年版。

《海峡两岸语缘关系研究》，《两岸视域中的传统文化与文化传统》，人民出版社，2014 年版。

《从〈龙岩方言词典〉看龙岩话的特点和研究价值》，《龙岩学院学报》，2015 年第 4 期。

《关于汉语方言特征的研究》，《学术研究》，2017 年第 1 期。

《现代汉语方言的萎缩和对策研究》，《语言战略研究》，2017 年第 4 期。

《说“闽”》，《厦门大学学报（哲学社会科学版）》，2017 年第 6 期。

《东南亚闽南方言的分布和变异》，《漂洋万里觅乡音》，世界图书出版广东有限公司，2018 年版。

《厦门方言词汇一百多年来的变化——对三本教会厦门话语料的考察》（与徐睿渊合作），《基于域外文献的南方汉语研究论集》，商务印书馆，2019 年版。

《海上丝绸之路与闽方言》，《中国语文通讯》（香港中文大学），2020 年 7 月。

《内陆闽语的语言接触与变异》，《厦门大学学报（哲学社会科学版）》，2021 年第 1 期。

其他论著：

专　著：

罗香林：《客家研究导论》，古亭书屋，1933 年版。

倪海曙：《中国拼音文字运动史简编》，上海时代书报出版社，1948 年版。

《畲族简史》，福建人民出版社，1980 年版。

《郑成功收复台湾史料选编》，福建人民出版社，1982 年版。

连横：《台湾通史》，商务印书馆，1983年版。

朱维幹：《福建史稿》，福建教育出版社，1985年版。

《福建风物志》，福建人民出版社，1985年版。

周振鹤、游汝杰：《方言与中国文化》，上海人民出版社，1986年版。

陈国强、蒋炳钊等：《百越民族史》，中国社会科学出版社，1988年版。

李宗桂：《中国文化概论》，中山大学出版社，1988年版。

庞朴：《文化的民族性与时代性》，中国和平出版社，1988年版。

《妈祖研究论文集》，鹭江出版社，1989年版。

罗常培：《语言与文化》，语文出版社，1989年版。

张卫东等：《客家研究》，同济大学出版社，1989年版。

《朱熹与闽学渊源》，生活·读书·新知三联书店，1990年版。

邢福义等：《文化语言学》，湖北教育出版社，1990年版。

《吴真人研究论文集》，鹭江出版社，1991年版。

陈支平：《近500年来福建的家族社会与文化》，生活·读书·新知三联书店，1991年版。

徐通锵：《历史语言学》，商务印书馆，1991年版。

张卫东：《客家文化》，新华出版社，1991年版。

邱权政：《中国客家民系研究》，中国工人出版社，1992年版。

戴庆厦：《社会语言学教程》，中央民族学院出版社，1993年版。

葛剑雄等：《简明中国移民史》，福建人民出版社，1993年版。

杨力、叶小敦：《东南亚的福建人》，福建人民出版社，1993年版。

游汝杰：《中国文化语言学引论》，高等教育出版社，1993年版。

赵昭炳、陈佳源等：《福建省地理》，福建人民出版社，1993年版。

罗美珍、邓晓华：《客家方言》，福建教育出版社，1995年版。

张光宇：《闽客方言史稿》，南天书局，1996年版。

陈泽平：《福州方言研究》，福建人民出版社，1998年版。

陈泽平：《福州方言熟语歌谣》，福建人民出版社，1998年版。

蓝小玲：《闽西客家方言》，厦门大学出版社，1999年版。

丁邦新、张双庆：《闽语研究及其与周边方言的关系》，（香港）中文大学出版社，2002 年版。

陈泽平：《闽语新探索》，上海远东出版社、上海三联书店，2003 年版。

秋谷裕幸：《浙南的闽东区方言》，台湾“中央研究院”语言学研究所，2005 年版。

张屏生：《台湾地区汉语方言的语音和词汇》（共四册），开朗杂志事业有限公司，2007 年版。

秋谷裕幸：《闽北区三县市方言研究》，台湾“中央研究院”语言学研究所，2008 年版。

陈泽平：《19 世纪以来的福州方言》，福建人民出版社，2010 年版。

蔡国妹：《莆仙方言研究》，厦门大学出版社，2016 年版。

林清书、罗美珍、罗滔：《闽西客家方言语词文化》，世界图书出版广东有限公司，2020 年版。

罗常培：《厦门音系》，厦门大学出版社，2021 年版。

论　文：

严修鸿：《福建琴江北方方言岛双方言现象调查》，《双语双方言》，1994 年第 3 辑。

林立芳、邝永辉、庄初升：《闽粤客方言共同的方言词考略》，《韶关大学学报（社会科学版）》，1995 年第 3 期。

庄初升：《从方言词汇看客家民系的历史形成》，《韶关大学学报（社会科学版）》，1998 年第 2 期。

庄初升：《论闽南方言岛》，《韶关学院学报（社会科学版）》，2001 年第 11 期。

严修鸿：《连城方言与闽语相同的层次特征》，《闽语研究及其与周边方言的关系》，（香港）中文大学出版社，2002 年版。

庄初升：《中古全浊声母闽方言今读研究述评》，《语文研究》，2004 年第 3 期。

邓享璋：《闽中方言与客家方言的关系词》，《龙岩学院学报》，2006 年第

4 期。

邓享璋、李如龙：《内陆闽语的音变与变音》，《中国方言学报》，2010 年第 2 期。

邓享璋：《内陆闽语的同化与合音现象》，《方言》，2012 年第 4 期。

（书中其余古籍、地方志等从略，引用时随文作注）